독일 통일과 여성

서울대학교통일학연구총서 19

독일 통일과 여성

젠더 관점에서 조망한 독일의 분단과 재통일

지은이 한정숙·홍찬숙·이재원
펴낸이 성낙인
펴낸곳 서울대학교출판문화원

초판 1쇄 발행 2012년 12월 31일
초판 3쇄 발행 2019년 1월 10일
출판등록 제15-3호

주소 08826 서울 관악구 관악로 1
대표전화 02-880-5252 **팩스** 02-888-4148
홍보마케팅팀(주문상담) 02-889-4424, 02-880-7995
이메일 snubook@snu.ac.kr
홈페이지 www.snupress.com

ISBN 978-89-521-1367-2 94920
978-89-521-1029-9 (세트)

2013년 문화체육관광부 우수학술도서

서울대학교통일학연구총서 19

독일 통일과 여성

젠더 관점에서 조망한 독일의 분단과 재통일

한정숙·홍찬숙·이재원 지음

서울대학교출판문화원

Women and the German Reunification

Hahn, Jeong-Sook

Hong, Chan-Sook

Lee, Jae-Won

Seoul National University Press

서울대학교통일학연구총서를 내면서

냉전체제가 와해되고 남북교류가 증대하면서 21세기 한반도의 창조적 미래구상이 절실히 요청되고 있다. 우리의 희망과는 달리 남북관계는 여전히 불안정하고 국제정세 또한 유동적이지만, 상호적대적인 분단체제는 더 이상 유지되기 어려운 상황임이 분명하다. 민주화와 경제발전을 성공적으로 이룩한 우리 사회의 역량을 바탕으로 이제 통일한국의 미래를 기획하고 추진하는 일이 핵심적인 시대적 과제로 부각되고 있다.

어떤 형태의 통일이 바람직할 것인가에 대해 완전한 합의를 얻기는 쉽지 않다. 통일이 이루어질 시기를 예측하기도 어려우며, 통일 과정이 반드시 점진적이거나 평화적일 것이란 보장도 없다. 우리가 원치 않는 방식으로 통일문제에 맞부딪치게 될 가능성도 얼마든지 있다. 그럼에도 불구하고, 아니 그렇기 때문에 통일에 대한 연구는 더욱 총체적인 시야에서 체계적으로 이루어져야 한다. 실제로 통일 과정에 돌입했을 때 그 전 과정을 적절히 관리할 역량이 갖추어지지 못하면 오히려 심각한 갈등과 후유증을 겪을 우려가 크기 때문이다.

통일 논의가 구체화되고 정책적 실현가능성이 높아질수록 그에 적합한 전문성과 책임성을 갖추기 위해 노심초사해야 하는 것이 한국 지식인의 책무일 것이다. 반세기 이상 남북한 주민들이 경험해 온 상이한 제도와 관행을 적절히 통합하고 전쟁의 상처와 오랜 대립에서 비롯되는 적대감과 이질성을 극복하기 위해서는 고도의 전문성과 기획력이 무엇보다도 필요하다. 한반도 통일을 바람직한 동북아 지역질서와 연계시키고 보다 나은 공동체를 구현하는 일도 지식인들의 높인 식견과 섬세한 대응역량이 없이는 불가능하다.

서울대학교는 2003년부터 통일학 연구 지원 사업을 시작하였고, 우리 사회의 지적 대응능력을 키우는 데 진력하고 있다. 서울대학교의 통일연구사업은 북한에 대한 지역연구 차원을 넘어서 통일 과정 전반에서 고려되어야 할 쟁점들을 학제적으로 분석하는 데 목적을 둔다. 따라서 정치, 경제, 사회, 역사, 문화, 환경의 영역은 물론이고 농학과 의학, 과학기술과 예술 및 체육에 이르기까지 광범위한 영역을 포괄한다. 이 일을 총괄하는 서울대학교 통일평화연구원은 국내외의 연구기관 및 연구자들과 교류하면서 종합학문으로서의 통일학을 정립하고자 애쓰고 있다.

서울대학교통일학연구총서는 이러한 학문적 노력의 결실이다. 이 신서가 우리 시대 최대의 과제인 분단극복과 통일한국을 향한 역사적 장정에 긴요한 지적 자산이 되기를 기대한다. 또한 소모적인 이념 논란을 지양하고 창조적인 대안과 정책적 지혜를 탐색하는 이성적 도구로 활용되기를 바란다. 끝으로 통일 연구의 시대사적 중요성을 인식하고 서울대학교 통일연구사업의 제도적 바탕을 마련해 주신 정운찬 전 총장님과 변함없이 이 연구사업을 지원, 격려해 주신 이장무 전 총장님, 그리고 종전의 통일평화연구소를 통일평화연구원으로 승격하여 새로운 도약과 발전의 기틀을 마련해 주신 오연천 총장님께 깊은 감사를 표한다.

2011년 9월

서울대학교 통일평화연구원

머리말

이 책은 여성의 관점에서 학제적으로 동서독 통일을 조명해보려는 시도이다. 역사학, 사회학, 문학 전공자들이 각자의 학문 영역에서 여성을 중심으로 독일 통일 과정을 살펴보고 평가해보고자 한다.

세계적 차원에서 냉전이 극복되었음에도 이와 발맞추지 못하고 분단은 더욱 깊어만 가는 듯이 보일 때도 있는 한반도 상황에서 독일 통일은 부러운 일이기도 했지만, 또한 반면교사적인 면도 분명 가지고 있었다. 그런 까닭에 한국 사회는 독일 통일에 대해 많은 관심을 가지고 있고 학계에서는 나름대로 적지 않은 연구가 수행되어왔다. 여성의 관점에서 독일 통일 과정을 살펴보는 작업도 이미 어느 정도 진행되어왔다. 그러나 이 책의 세 필자들은 이를 종합적으로 살펴보고 정리하는 작업이 필요하다고 여겨 학제적 작업을 진행하게 되었다.

여성의 관점에서 독일 통일을 살피는 작업은 여러 차원에서 진행될 수 있다. 여성이 통일 과정에서 어떠한 역할을 했는가, 여성의 삶이 통일 전후로 어떠한 변화를 겪었는가, 통일 전후로 독일 사회에서 여성관과 여성 정책은 어떻게 달라졌으며 이는 사회 전체적으로 어떤 의미를 가지는가, 여성은 통일을 어떻게 보고 있는가와 같은 물음이 제기될 수 있다. 이 책의 필자들은 가능하면 장기적인 관점에서 이 같은 물음에 답해보고자 한다. '독일 통일과 여성'이라는 제목을 가진 연구임에도 2차 대전 후 독일 역사가 새로 출발하는 시점부터 여성의 역사를 살펴보고자 한 것도 이 같은 이유 때문이다. 패전 후 동서독 정부가 수립되기까지 동서독 여성들이 겪었던 여성으로서의 경험, 곧 '여성의 시간', '집단 강간', '잔해청소여성'과 같은 핵심어로 집약되는 원형적 체험에서 출발하여 현대사의 변화 속에서 다양한 형태로 전개되었던 그들의 경험을 종합적으로 보아야 통일 이후의 변화에 대해서도 일방적이지 않은 평가를 할 수 있다고 생각한다. 그리하여 이 연구는 2차 대전 직후 시기부터 출발하여 최근까지를 포괄하게 되었다.

이 연구가 동서독이 통일되는 과정 속에서 여성이 겪은 변화를 살피는 작업이므로 동서독 여성을 같은 비중으로 다루어야 한다고 생각하는 분도 있을지 모르겠다. 그런데 이 책에서는 동독 여성에 대한 분석과 서술이 훨씬 더 큰 비중을 차지하게 되었다. 그것은 다음과 같은 이유에서이다. 첫째, 궁극적으로 동독 정권의 붕괴와 동서독 통일을 가져온 정치적 변화 과정에서 서독 여성보다는 동독 여성의 역할이 훨씬 더 컸기 때문에 이들의 역할에 초점을 맞추어 살펴보지 않을 수 없다. 둘째, 통일 이후 여성정책의 급격한 변화로 인해 삶의 큰 변화를 겪은 집단은 구서독 출신 여성이 아니라 주로 구동독 출신 여성이었다. 이들이 사회경제적으로, 특히 노동시장과 관련하여 어떠한 변화를 겪고 있는지 살펴봄으로써, 독일 통일이 사회적 통합이라는 면에서 어떤 문제를 가지고 있는지 검토할 필요가 있다. 셋째, 통일로 인해 변화한 자기 사회의 삶을 여성의 관점에서 성찰하는 문학적 활동 또한 구동독 출신 여성 문인들에 의해 주로 수행되었다. 같은 관점 아래 구서독 출신 여성 문인들의 저작을 검토하고 분석하는 작업은 다른 기회에 수행될 수 있었으면 한다.

이 연구는 서울대학교 여성연구소의 세 연구자가 같은 대학 통일평화연구원의 연구과제를 공동으로 수행한 결과이다. 독일 통일 후 구동독 여성들이 겪고 있는 지위 변화, 특히 노동시장에서 그들이 부딪친 어려움에 주목하고 있던 사회학자 홍찬숙 박사가 2009년 여름에 '독일 통일과 여성'

이라는 주제 아래 종합적인 연구를 해보면 좋겠다는 제안을 했고 서양사를 전공하는 한정숙, 독일 문학을 전공하는 이재원 박사가 동의하여 이 작업을 수행하게 된 것이다. 세 필자의 연구계획을 통일평화연구원이 지원해주었기에 우리는 독일에서 관련자들과 인터뷰하고 자료를 모으는 작업을 할 수 있었다. 마침 2010년이 독일 통일 20주년 되는 해였기에 가능하면 이에 맞추어서 빨리 연구결과를 발표하고자 하였으나 뜻 같지 않아서 2011년 초에 일단 보고서를 제출한 후 이를 조금 더 보완하여 책으로 내게 되었다. 연구를 지원해준 서울대학교 통일평화연구원과 원장이신 박명규 교수님께 감사드린다. 연구기간 중 서울대학교 여성연구소는 연구공간을 비롯하여 여러 편의를 제공해주었고 특히 안상욱 연구원은 보조 연구원으로서 번거로운 잡무를 처리해주었다. 이 기회에 아울러 감사의 뜻을 전하고자 한다. 2010년 독일에서 현지조사 작업을 수행하는 과정에서 많은 도움과 편의를 제공해준 튀빙겐대학교 한국학과의 이유재 교수, 러시아-동구연구소의 주자나 크르지조바(Zuzana Křižova) 씨, 베를린의 역사학자 이자벨 데 케헬(Isabelle de Keghel) 박사, 독일 뮌헨 시청 산하 교육문화청의 강정숙(Kang, Chong-Sook) 박사께도 멀리서 뒤늦게나마 고마운 마음을 보내드린다.

아직 불완전한 면이 많은 연구이지만, 관련 연구를 활성화하는 데 조금이나마 보탬이 된다면 다행으로 여기고자 한다. 내용상의 오류를 비롯해서 부족한 점을 지적해주시면 보완하여 좀 더 충실한 연구를 위한 자극으로 삼고자 한다.

2012년 9월
공저자를 대표하여
한정숙

차례

표, 그림 차례

일러두기

- 고유명사는 인명의 경우 괄호 안에 원어를 병기하는 것을 원칙으로 하되, 개인 사생활 보호가 필요하다고 보이는 경우 원어 표기를 하지 않는다.

들어가며

왜 여성의 관점에서 독일 통일을 살펴보나

한정숙 · 홍찬숙

1990년, 동독과 서독은 분단 41년 만에 통일되었다. 19세기 후반에 프로이센의 주도로 이루어진 독일 통일에 이은 또 한 번의 통일이기에 '재통일'이라고 부르기도 한다. 2차 대전 이후에 전개된 독일의 분단과 재통일 과정은 냉전의 시작과 그 극복을 의미한다는 점에서, 그리고 분단된 민족이 통일을 이루어가는 과정의 모범적 선례를 보여 준다는 점에서 아직 분단 상황에 있는 한국 사회에도 시사하는 바가 크다. 그동안 국내에서는 독일 통일 과정과 통일 이후 구동서독 사회의 통합 과정에 대해 다양한 연구가 이루어져왔다. 그러나 독일의 분단 상황과 통일 과정이 개별 집단의 삶에 미친 구체적 영향에 대한 연구는 충분하다고 볼 수 없다. 분단사회의 통일은 정치적 통일이라는 물리적 결합만을 의미하는 것이 아니라 시민사회의 통합이라는 화학적 작용에 의해 완수되는 것임을 상기해야 한다. 그중에서도 여성적·젠더적 관점에서 독일의 분단과 통일 문제를 살피는 것이 중요하다는 데 대해서는 폭넓은 공감대가 형성되어왔다. 그동안 이 주제에 대해 국내에서 이루어진 연구 작업의 결과를 분야별로 살펴보면 다음과 같다.

'독일 통일과 여성'에 대한 국내 연구 현황

독일 통일이 여성의 삶에 가져온 변화에 대한 국내 연구는 문학, 정치학, 사회학, 사회복지학, 역사학 등 다양한 분야의 전공자들에 의해 이루어졌다. 문학 연구자들은 문학작품 비평을 통한 연구뿐 아니라 여성운동,

여성문화, 여성정책, 구동독 지역 여성의 당면문제, 세대갈등 등, 독일학의 관점에서도 연구 작업을 진행하고 그 결과를 내놓았다.[1] 정치학 전공자들은 주로 통일 전후 여성정책의 변화, 여성노동시장 문제와 그에 따른 여성의 지위 변화 등의 문제를 다루었고,[2] 사회학과 사회복지학 전공자들은 가족정책과 여성노동정책 등 전반적으로 여성복지와 관련된 정책분야, 여성운동, 여성의 경제적 지위 변화 등의 문제들을 고찰하였다.[3] 역사학 분야에서는 독일 통일이 여성운동과 통일운동, 남북한 여성교류에 주는 시사점 등에 대한 연구가 이루어졌다.[4]

이처럼 국내에서 독일 통일과 여성에 대한 연구는 다양한 전공 영역의 연구자들에 의해 각기 다른 방식으로 이루어졌으나, 연구주제는 몇 가지

---

1 독문학 전공자 중에서는 도기숙과 사순옥이 대표적 연구자들이다. 도기숙의 연구는 다음과 같다. 「통일 이후 동독여성이 겪는 사회·문화 갈등: 한반도 통일을 대비한 교훈」, 『한국여성학』 제21권 1호(2005), 265-299쪽; 「통일 이후 구동독출신 여성의 세대별 갈등양상」, 『뷔히너와 현대문학』 제25집(2005), 363-387쪽; 「독일통일 이후 여성상의 변화 — 동독여성을 중심으로」, 『독일문학』 제101집(2007), 256-276쪽; 「통일 이후 동독지역 여성문화의 변화 — 동독여성운동을 중심으로」, 『독일어문학』 제38집(2007), 445-466쪽. 사순옥의 연구에 대해서는 「통일 이후 독일 여성정책의 발전과정과 현황」, 『괴테연구』 제19집(2006), 197-216쪽; 「독일 새 여성운동과 통일 이후의 여성운동」, 『괴테연구』 제18집(2006), 227-244쪽 참조.

2 전복희, 「독일여성운동의 페미니즘적 주요쟁점」, 『한독사회과학논총』 제8권 1호(1998), 59-86쪽; 전복희, 「1989년 이후 체제전환기 구동독 지역의 여성문제」, 『국제정치논총』 제40집 1호(2000), 185-204쪽; 김재경, 「통일후 독일의 여성 및 가족정책」, 『한독사회과학논총』 제10권 1호(2000), 1-29쪽; 김경미, 「독일통일과 구동독지역의 여성: 왜 구동독지역의 여성들은 "통일의 잃은 자"가 되었는가?」, 『국제정치논총』 제41집 1호(2001), 287-306쪽 참조.

3 박명선, 「통일독일의 여성복지와 여성운동」, 『경제와 사회』 통권 제17권(1993), 286-304쪽; 박명선, 「통일독일의 가족문제와 가족정책」, 『한국사회학』 제33집(1999), 609-640쪽; 정재훈, 「통일 후 독일 여성 운동에 관한 소고」, 『오늘의 문예비평』 통권 제28호(1998), 133-148쪽; 함인희, 「동구 사회주의 국가의 붕괴와 성 불평등의 재구조화 과정: 구동독 여성의 경제적 지위 변화를 중심으로」, 『한국여성학』 제20권 2호(2004), 105-140쪽 참조.

4 정현백, 「통일운동과 여성주의」, 『창작과 비평』 통권 제109호(2000), 97-112쪽; 정현백, 「북한 여성, 어떻게 만날 것인가」, 『여성과 사회』 제12호(2001), 81-103쪽 참조.

핵심개념을 중심으로 모이는 경향을 보인다. 즉 가장 주요한 연구주제는 ① 여성운동과 여성정책, ② 구동독 지역 여성의 지위하락, ③ 남북한 여성교류, ④ 통일방안에 주는 시사점 등 네 영역으로 분류할 수 있다.[5]

그 내용을 일별해보자. 우선 여성운동과 여성정책의 영역에서는 통일 전 구동서독 지역의 여성운동과 여성정책이 어떤 차이를 보였는지를 부각시키고, 통일 이후 그러한 차이가 특히 구동독 지역 여성에게 어떤 결과를 초래했는가를 설명하는 방식으로 연구가 수행되었다. 다음으로 구동독 지역 여성의 지위하락과 관련해서는 통일 후 여성 관련 정책의 변화와 함께 여성노동시장이 변화함으로써 구동독 지역에서 여성의 지위가 급격히 낮아지고 여성의 삶이 불안정해지는 양상이 연구자들의 주된 관심의 대상이 되었다. 마지막으로 남북한의 분단 문제와 독일의 경우를 비교하는 연구자들은 독일 통일 후 이처럼 급격히 진행된 여성지위의 하락이 남북한 여성교류와 통일방안에 어떤 교훈을 주는지를 밝히는 데 주력하였다.

이러한 연구들을 볼 때 통일 이후 구동독 지역에서 여성의 지위가 급격히 하락했고, 따라서 통일의 가장 큰 피해자 집단은 여성이라는 인식이 거의 모든 연구에서 드러난다. 경우에 따라서는 여성이 단일한 피해자 집단이 아니라 여성들 중에서도 통일의 혜택을 누리는 범주 역시 존재한다거나, 구동독 지역 여성이 일방적 피해자가 아니라 오히려 통일독일의 미래를 개척할 주체가 될 수 있다고 보는 등, 보다 차별화된 관점을 강조하는 연구들도 있다. 그러나 그러한 관점의 연구는 소수에 불과하고 전반적으로, 특히 노동시장지위의 급격한 하락으로 인해 구동독 지역 여성의 삶

5 독일 통일이 남북한 여성교류와 남북통일에 주는 시사점에 대한 연구로는 김원홍, 「남북한 여성교류 현황 및 활성화 방안」, 『통일문제연구』 제8권 1호(1996), 95-113쪽; 김미경, 「독일통일이 여성노동시장에 미친 영향: 한반도 통일에의 시사점을 중심으로」, 『통일정책연구』 제10권 2호(2001), 99-137쪽; 김미경, 「통일시대: 북한 여성들의 인권」, 『인권과 평화』 제2권 1호(2001), 1-21쪽 참조.

이 불확실성과 전망 부재의 상황에 빠져 있음을 보여주는 연구들이 대부분이다.

국내의 연구는 시기적으로는 주로 독일 통일 후 만 2년이 경과한 1993년부터 통일 15주년을 지난 2000년대 중반에 이르는 시기에 집중되어 있다. 연구방법은 대체로 독일의 관련 연구문헌이나 인터뷰 문헌, 언론기사, 정부기관 홈페이지 등에 의존하는 문헌연구 방법을 사용하고, 직접 인터뷰를 진행해 수행한 질적 연구가 드물게 존재한다.[6]

외국에서는 통일 전부터 지금까지 이 주제에 대해 적지 않은 연구가 쌓여 있다. 그 개별적 내용에 대해서는 본문과 참고문헌란에서 좀 더 구체적으로 소개할 예정이다. 국내외를 막론하고, 기존의 연구 결과들은 여성이 독일 통일 과정에서 남성에 비해 변화에 더 직접적으로 노출되었으며, 특히 동독 여성들은 '통일의 최대 희생자'로서 그 피해를 고스란히 떠안았다고 말하고 있다.

왜 여성의 관점에서 독일 통일을 살피는가

여성 문제는 실업, 사회적 불평등, 정체성의 위기 등 통일로 인해 비롯되는 다양한 사회문화적 모순이 집약되어 드러나는 장으로서, 독일 통일 연구에 있어서 매우 중요한 의미를 지닌다. 통일 과정에서 여성의 문제는 단지 남성과 여성의 차이만이 아니라 동서독 체제 간의 차이, 계층 간의 차이, 나아가 세대 간의 차이 등 다양한 갈등이 얽혀 있는 문제로서, 정치·사회·문화·역사를 아우르는 총체적 관점에서 접근하지 않으면 안 된다. 이를 위해서는 통일 이후의 문제만을 다루는 데 그치지 않고 분단 시기부터

---

6 문헌연구에만 의존하지 않고 직접 인터뷰를 한 경우로는 김해순의 「독일통일 이후 동독여성의 생활변화에 관한 사례연구」[『여성학논집』 제14권 1호(이화여자대학교 한국여성연구원, 1998), 113-137쪽]와 도기숙의 「통일 이후 구동독출신 여성의 세대별 갈등양상」[『뷔히너와 현대문학』 제25집(2005), 363-387쪽]이 있다.

통일을 거쳐 이후 통합의 과정에 이르는 변화의 양상을 역사적으로 고찰하고 구체적인 사회조사와 문화적·심리적 자기 이해를 일관된 '여성적 관점'에서 아우를 수 있는 학제적 연구가 필요하다.

본 연구는 여성의 삶 및 여성과 관련된 삶의 변화라는 관점에서 독일 통일 과정을 이해하고자 하는 목적을 가진다. 이는 젠더 관점에서 독일 통일 연구의 공백을 메우려는 작업이면서 동시에 통일학의 관점에서 여성 문제를 이해하고자 하는 연구자에게도 통찰을 제공할 수 있으리라고 생각한다.

한 사회의 젠더관계는 여성의 지위에만 관련되는 것이 아니다. 그것은 사회의 지배관계, 가족관계, 교육·보육·복지·고용체계, 국방·군사 관계에 두루 영향을 미치며 사회 전체의 가치관을 좌우하는 구조적 요인의 하나다. 우리가 독일 통일 시기의 여성 문제를 살펴보고자 하는 것은 이것이 통일 전후 시기 독일 사회의 내면을 탐색하고 그 심층을 추적할 수 있게 해주는 안내도 역할을 한다고 보기 때문이다. 여성적 관점에서 분단과 통일 과정을 이해하는 것은 냉전과 탈냉전에 대한 종합적 인간학을 위해 불가결하다. 아울러 여성적 가치가 독일 사회의 정치적 통일과 시민사회적 통합에 어떻게 기여했고 또 지금도 기여하고 있는지 밝혀낼 수 있다면, 그것이야말로 이 연구가 목적하는바 최대의 성과일 것이다.

이 책의 구성

이 책은 크게 세 부분으로 나뉜다. 첫 부분은 역사학적 연구로서 분단 상황과 통일 과정 속의 여성정책과 여성주체들의 대응을 살핀다. 곧 분단 상황 속에서 체제경쟁의 한 요소로서 동서독 사회가 각각 어떤 여성정책을 펴왔으며, 통일 과정 속에서 여성의 위치는 어떠하였는지, 그리고 동서독의 여성들은 각기 이에 대해 집단적으로 혹은 개인적으로 어떤 선택을 내려왔는지 역사적으로 살핀다. 둘째 부분은 사회학적 연구로, 통일 후 여성들의 노동시장 변화 과정을 살핀다. 과거의 연구가 여성(특히 구동독 지역 여성)을 동질적인 단일한 집단으로 해석하는 경향을 보여 온 데 반해 본 연구는 유럽통합으로 연결되는 흐름 속에서 통일 후 독일 여성의 삶에 나타나는 변화를 보다 역동적으로 살피고자 한다. 세 번째 부분은 문학작품 속에 나타나는 여성의 의식 변화를 살핀다. 이를 통해 독일 통일이라는 국민국가 차원의 정치적 틀의 변화가 여성 구성원 개개인의 가치관과 정체성에 미치는 작용을 미시적으로 추적해볼 수 있을 것이다.

제 1 부

분단 · 통일 · 여성

동서독 여성은 어떻게 살았고, 어떻게 통일에 이르렀나

한정숙

이 글은 2차 대전 후 통일에 이르기까지 독일 현대사 속 여성들의 삶을 살펴보려는 의도를 가진다. 통일 이전, 상이한 체제 아래서 동서독 여성들이 살아냈던 삶의 객관적 조건은 어떠했으며 통일 과정에서 여성들의 주체적 대응은 어떠한 것이었는지, 특히 분단과 통일 과정을 겪으면서 여성들의 삶은 어떻게 변화했는지 짚어보고자 한다.

독일 여성의 삶은 독일 사회의 구성원으로서 제국-국민국가 정책이 만들어놓은 테두리 안에서 결정되었지만 또한 여성으로서 양성관계의 고유한 조건에 의해 중첩적으로 결정되었다. 국가와 젠더, 이 가운데 어느 것이 독립변수였는가는 쉽게 답할 수 있는 물음이 아니다. 여성들은 국가의 틀 속에서 일상적인 삶을 영위하면서 국가체제에 적응하고 협력하는 경우도 많았지만, 국가권력에 의해 일방적으로 동원되거나 국가이익이라는 이름으로 희생과 피해를 짊어져야 하는 상황으로 내몰리기도 했다. 또 어떤 경우에는 희생과 책임이 구분할 수 없이 얽혀 있기도 했다. 모든 사회적 삶의 복합성이 그러한 것이듯이.

이 글은 크게 세 부분으로 나뉜다. 제1장에서는 히틀러 정권이 불러일으킨 2차 대전의 참상을 겪은 후 여성들이 독일 사회의 생존과 복구를 위해 짊어졌던 짐은 어떠한 것이었고 그들의 삶은 어떻게 전개되었는지를 살핀다. '여성의 시간', '잔해청소여성', '미군색시', '집단 강간' 등의 핵심어는 패전 후 독일 여성들이 처했던 삶의 다양한 모습을 드러내준다.

제2장에서는 독일의 분단 이후 사회주의적 동독과 자본주의적 서독에서 여성들의 지위가 상이한 체제에 따라 법적·사회적으로 어떻게 상이하게 규정되었으며, 여성들의 주체적 대응은 어떠했는지를 살핀다. 한편으로는 동서독에서 여성과 관련된 노동·가족·재생

산 정책을 통하여 국가가 여성을 어떻게 장악하고자 했는지, 그리고 이에 대한 여성들의 반응은 어떠했는지 고찰한다. 다른 한편으로는 '동서독 사회가 각각 변화하면서 통일로 나아가는 과정에서 여성 및 여성운동이 어떠한 역할을 하였는가'라는 문제도 주의 깊게 살펴보고자 한다. 예를 들어서 서독에서는 68혁명 이후 서독 사회의 폐쇄적 반공주의를 변화시켜 사회주의권 사회에 대해 개방적 자세를 가질 수 있게 압박했던 사회운동세력의 역할을 살펴보면서 이 가운데 여성의 역할을 평가해보고자 한다. 이와 관련하여 여성들의 동등권 운동과 평화운동의 의미를 짚어볼 것이다. 또한 동독에서도 여성 평화운동이 전개되면서 서독의 사회운동세력과 연대할 수 있는 길이 열렸는데, 이 경험이 통일 과정에서 어떻게 활용되었는지 살펴보고자 한다. 아울러, 1989년 베를린 장벽의 붕괴 전후 상황에서 동독의 개혁운동을 이끌었던 여성 지도자들의 역할도 구체적으로 살펴보고 그 의미를 평가해보고자 한다.

제3장에서는 동서독의 통일 과정 속에서 여성이 여성으로서 경험한 삶, 변화의 주체로서의 여성의 능동적 행위에 대해 살펴본다. 동서독의 통일 이후 변화된 체제가 특히 동독 여성에게 불리하게 작용했다는 것이 지금까지의 일반적인 평가이다. 이 글에서는 단순한 명제를 넘어서서 통일 전후 동독 여성들의 삶이 어떻게 변화하였고 여성들은 이를 어떻게 인식하고 있는지 간략히 살펴본다. 이는 제2부의 논의를 위한 도입부의 역할을 할 수 있을 것이다.

이 글의 필자는 인터뷰를 통해 여성의 생생한 목소리를 직접 들어보는 데 노력을 기울이고자 했다. 독일 통일을 전후한 시기 독일 여성들의 일상생활과 정치적·사회적 의식 변화를 살펴보는 인터뷰 자료들은 이미 1990년대 초부터 출간되어 있다. 여기에 필자가 2010년 7월 독일 현지에서 인터뷰한 내용이 추가된다.

통일 과정에서 여성의 삶의 변화는 통일이 문물제도와 체제뿐 아니라 인간의 통합 과정이어야 한다는 사실을 일깨운다. 이 글은 동서독 여성들의 역사적 경험을 살펴봄으로써 통일 과정 속에서 여성이 어떠한 주체적 역할을 할 수 있고 또 해야 하는지, 그리고 통일 과정에서 여성과 관련해서 어떠한 정책적·인간적 고려를 기울여야 하는지에 관해 시사를 얻고자 한다.

제1장

제국의 흥망과 독일 여성의 경험

1. 제국과 여성

독일은 역사상 세 번에 걸쳐 제국을 경험하였다. 첫 번째 제국이었던 신성로마제국은 나폴레옹 전쟁의 와중에서 해체되어 19세기 이후로는 단지 역사적 사유(思惟)의 영역에서나 의미를 가질 뿐이었다. 근대민족주의의 물결 속에서, 분열되었던 독일의 각 지역과 정치단위들이 통일되면서 19세기 후반 독일은 제2제국을 형성했고, 이와 함께 근대적 강국으로 발돋움하였다. 여성들도 제국을 원했고[1] 제국의 테두리 내에서 근대적 혜택을 누리기를 원하였다. 중산층 여성들은 참정권운동을 전개했는데, 특히 취업의 권리와 고등교육의 기회를 강력히 요구하였다. 그러나 제국 안에서 지위의 진정한 향상은 이루어지지 않았다. 여성의 대학 입학에 대한 프로이센 정부의 허가는 1908년에 가서야 어렵사리 내려졌다.[2] 1차 대전 말

---

1 Lora Wildenthal, *German Women for Empire 1884–1945* (Durham: Duke University Press, 2001).

2 Ute Frevert, *Women in German History: From Bourgeois Emancipation to Sexual Liberation*, translated by Stuart McKinnon-Evans / Terry Bond / Barbara

까지 여성은 공직에 진출할 수 없었고 참정권을 가지지도 못하였다.[3] 다만 제2제국 시기에 노동계급 여성운동이 전개됨으로써 비스마르크식 여성정책의 틀을 무너뜨릴 수 있는 가능성을 열어준 것이 큰 성과였다.

1차 대전에서의 패배와 전승국이 강요한 굴욕적 배상조건 때문에 격앙된 독일인들의 민족감정에 편승하여 히틀러의 나치 세력이 제3제국을 수립했을 때에는 여성들도 이미 참정권을 얻고 투표에 참여하고 있었다. 나치의 집권에 여성이 얼마나 찬성했는지는 정확히 알 수 없다. 그러나 나치가 집권한 후 여성들의 삶은 직접적 영향을 받았고 일부 여성들은 나치 체제에 적극적으로 동참하였다.

여성에 대한 나치의 정책은 이중적이었다.[4] 나치는 한편으로는 파시즘 근대화 정책을 통해 여성을 공적 영역으로 불러냈다. 그것은 나치 체제를 직접 지원하는 기구에 여성들을 동원하고 생산 영역에서 여성 노동력을 활용하기 위한 의도에서였다. 나치가 공적 영역에서의 활동을 장려한 여성은 뛰어난 예술적·지적 능력을 가지거나 조직자로서의 역할을 기대할 수 있는 인물들이었다. 1934년 뉘른베르크에서 열린 제1회 나치전당대회 기록영화인 <의지의 승리>(Der Triumph der Wille)와 1936년 베를린 올림픽 기록영화인 <올림피아>(Olympia)를 감독한 레니 리펜슈탈(Leni Riefenstahl)[5]이나

Norden (Oxford; Washington D.C.: Berg, 1990), 113-130쪽.

3 문수현, 「독일 제국 시기 성의 담론과 여성노동: 1878-1891년 독일 여성노동자 보호법을 중심으로」, 서울대학교 대학원 서양사학과 석사학위 논문(1999), 5쪽.

4 나치의 여성정책을 전반적으로 개관하려면 다음을 참조하시오. Kirsten Heinsohn, "Germany", Kevin Passmore (ed.), *Women, Gender, and Fascism in Europe, 1919-45* (Manchester: Manchester University Press, 2003), 33-56쪽; Claudia Koonz, "The Fascist Solution to the Woman Question in Italy and Germany", Renate Bridenthal / Claudia Koonz / Susan Stuard (eds.), *Becoming Visible: Women in European History*, 2nd ed. (Boston: Houghton Mifflin Company, 1987), 513-529쪽 등.

5 레니 리펜슈탈의 전기 가운데 한국어 번역본으로는 오드리 설킬드, 『레니 리펜슈탈, 금지된 열정』, 허진 옮김(마티, 2006)이 있다. 자기의 주인공을 우호적으로 다루는 경

친나치 여성조직의 지도자였던 게르트루트 숄츠-클링크(Gertrud Scholz-Klink)와 같은 여성이 그 대표적인 경우였다.[6] 다른 한편으로 나치 체제는 일반 여성에게는 재생산 담당자의 역할을 부여하고 이를 강화시키고자 했다. 여성의 자리는 부엌(Küche), 교회(Kirche), 유치원(Kindergarten)이라고 주장하는 이른바 '3K 정책'을 통해 제3제국의 집권세력은 전통적 여성성을 더 강조하였다.[7] 여성은 전통적 가치관을 그대로 유지하면서, 집 밖에서는 나치 체제의 보루 역할을 하라고 요구받기도 했다.

2차 대전이 일어나면서 전쟁은 여성에게 더 많은 짐을 지웠다. 남편, 아버지, 형제들이 전선에 동원되자 여성들은 집안을 지키면서 생산까지 담당해야 했다. 2차 대전 발발 후 미국에서는 민간인 노동력 가운데 여성의 비율이 1944년에 35.4%로 최고치를 기록했음에 반해 독일에서는 1938년에 전체 노동력 가운데 37.4%였던 여성의 비율이 1944년에는 51.1%를 기록하였다. 그런데 여성 노동자 비율의 이 같은 급격한 증가는 남성 노동력의 현저한 감소로 인한 것이었다는 점을 염두에 두어야 한다. 여성 노동력의 절대수치 자체는 1939년의 1,462만 6천 명에서 1944년에 1,480만 8천 명으로 근소하게 늘어난 데 불과했기 때문이다.[8] 그렇더라도 이는 여성이 남

향이 있는 모든 전기작가들과 마찬가지로 설킬드노 리벤슈발을 옹호하기 위해 노력하는 편임을 염두에 두어야 한다.

6 나치 시대 역사 전문가인 위스트리치는 숄츠-클링크를 호전적인 나치 여성의 전형(prototype)이라 평하였다. Robert Solomon Wistrich, *Who's Who in Nazi Germany* (London; New York: Routledge, 2002), 128쪽.
숄츠-클링크의 친나치 여성조직 지도자로서의 역할에 대해서는 다음을 참조하시오. Jill Stephenson, *The Nazi Organisation of Women* (London: Croom Helm, 1981), 97-129쪽; Koonz, "The Fascist Solution to the Woman Question in Italy and Germany", 519-520, 522-524쪽.

7 Charu Gupta, "Politics of Gender: Women in Nazi Germany", *Economic and Political Weekly*, Vol. 26, No. 17 (Apr. 27, 1991), 42쪽.

8 Theodore S. Hamerow, "Review: Women, Propaganda, and Total War," *Reviews in American History*, Vol. 7, No. 1 (Mar., 1979), 123쪽.

성 부재의 상황에서 가정과 노동시장을 모두 떠받쳐야 했다는 것을 말해줌에 틀림없다. 부족한 노동력을 여성 노동력으로 메우기 위해 나치 정권은 1942년부터는 여성 노동과 모성을 보호하는 정책을 부분적으로 쓰기 시작하였다. 전시상황이자 나치독재 상황 속에서 여성은 집안을 지키고 생산을 하면서 전선에 나가 있는 남자들의 사기를 북돋워주어야 하는 다중부담을 져야 했다.

2. 독일 영시(零時, Stunde Null): 여성의 시간

1) 구원자로서의 여성

나치 체제는 독일 사회를 몰락과 패망의 길로 이끌고 갔다. 파시즘과 전쟁, 유대인 학살 속에서 많은 독일인들은 자신들의 삶이 어떤 의미를 가지는지 인식하지 못했다. 그들은 경우에 따라서는 맹목적으로 자국 정부의 정책을 지지했으며, 다른 경우에는 자국 정부의 정책이 별로 마음에 들지 않더라도 이에 저항할 별다른 방법을 생각하지 않은 채 수동적으로 살고 죽기도 했다. 사실 일반적으로 말하면 여성들이라고 나치 체제의 본질을 더 잘 알았던 것은 아니며, 그 비인간성과 광증을 더 예리하게 인식했던가도 명확하지 않다.

극단적 파시즘 체제에 대한 독일 남성의 저항이 희소했던 것만큼이나 독일 여성의 직접적 저항도 희소했다. 그러나 비록 소수일망정 저항하는 여성들도 있었으며, 그들은 진정으로 용감했다. 나치 체제하에서 독일인들의 양심과 용기가 완전히 죽어버렸던 것은 아니었음을 보여주는 그리 많지 않은 사례들 가운데서도, 디트리히 본회퍼(Dietrich Bonhoeffer) 목사가 관련되었던 1943년의 히틀러 암살 모의, 1944년 7월 20일 독일군 참모 본부의 히틀러 암살 시도와 더불어 가장 잘 알려진 것은 흰 장미단(die Weiße Rose)의 저항[9]이다. 뮌헨 대학의 학생들과 교수로 구성된 지하 저항 조직이었던 흰 장미단은 조피 숄(Sophie Scholl)과 한스 숄(Hans Scholl) 남매를 주축으로 하고 있었다. 스무 살의 여학생 조피 숄은 이 저항그룹의 가장 젊고도 가장 열성적인 일원이었으며, 그 대가로 비극적 죽음을 맞아야만 했다.

이러한 직접적 저항은 희소한 것이었던 데 반해 성별을 불문하고 독일인들이 직접적으로 나치의 전쟁정책과 인종차별정책에 협력한 사례는 수없이 많으므로, 나치로 인한 독일의 몰락을 초래한 책임이 독일 국민에게 있었다면, 남성만큼이나 여성도 이에 대한 책임에서 벗어날 수 없었다. 그러나 적어도 여자들은 무너져가는 사회, 생존 자체가 벽에 부딪친 몰락하는 사회에서 생존의 구심점이었고 잿더미 속에서 사회를 다시 일으켜 세우는 데 중심적인 역할을 하였다. 독일 남자들은 나치 체제의 더 중요한 운영자들이었고 전쟁을 수행했고 혼란을 초래한 장본인들이었다. 각기 다른 나라에 속한 남자들은 서로 살육했지만 한쪽은 전쟁에서 이기고 한쪽은 졌다. 독일 남자들은 패배자들이었다. 그들은 패전으로 주권을 잃은 존재들일 뿐 아니라, 죽고 부상당하고 포로로 잡히고 먼 곳의 수용소에 갇혀 있거나 하여 신체적으로도 부재하거나 존재감을 상실한 그 누군가였다. 이 상태를 "남성성의 위기"(crisis of masculinity)라고 표현한 연구자도 있다.[10] 실제로 이 시기는 남성이 무력해진 시기였고 여성이 사회적 삶

---

9 페트리의 『나찌하의 抵抗運動』(문희영 옮김, 일월서각, 1983)은 원제가 *Studenten aufs Schaffot*(사형대 위의 학생들)로서, 흰 장미단의 역사를 다룬 책이다. 흰 장미단의 역사에 대해서는 조피 숄의 큰 언니인 잉게 숄이 쓴 *Die Weiße Rose*(Frankfurt am Main: Verlag der Frankfurter Hefte, 1952)가 잘 알려져 있다. 이 책은 판본을 달리하여 여러 번 출판되었으며 외국어로도 번역되었다.

10 Heide Fehrenbach, *Cinema in Democratizing Germany* (Chapel Hill: University of North Carolina Press, 1995), 95쪽.

의 구심점이 된 시기였다.

그리하여 이 시기는 '여성의 시간'(die Stunde der Frau)이라고 불리게 되었다.[11] 바로 이 구절을 자신의 책 제목으로 삼음으로써 이 시기 독일 여성의 역할 앞에 깊은 경의를 표했던 인물은 한 남성 저자였다. 크리스티안 크로코 백작(Christian Graf von Krockow)은 나치 말기에서 종전 후의 어려운 시절에 이르기까지 자기 손위 누이인 리부사(Libussa)가 지금은 폴란드 영토가 된 동프로이센에 거주하다가 서독으로 옮겨오는 과정에서 집안의 구심점 역할을 했던 것에 깊은 감명을 받고 고난과 삶에 대한 용기와 의지, 지혜를 포함한 그녀의 삶의 역정을 기록했던 것이다.[12]

크로코가 자기 누이의 삶을 묘사한 시기는 1944년에서 1947년에 걸치는 시기였다. '여성의 시간'이라는 말은 적용되는 시기가 논자마다 약간씩 편차가 있기는 하지만,[13] 크게 보면 1942년부터 1948년에 이르기까지 격변과 불안, 절망 속에서 구원을 희구하는 사람들의 삶과 상황을 상징하는 의미심장한 구절이 되었다. 이는 전쟁의 한복판에서 여자들이 남자들을 전장으로 떠나보내고 유대인들이 집단 학살을 당하던 시절, 독일이 패망하고 분단을 겪고 승전국들에 의해 분할 관리되던 시절, 동서 양쪽에서 긴장이 높아가던 시절, 그래서 앞이 보이지 않는 시절이었다. '여성의 시간'

---

11 Doris Schubert, *Frauenarbeit 1945-1949: Quellen und Materialien*, Annette Kuhn (Hg.), *Frauen in der deutschen Nachkriegszeit*, Bd. 1 (Düsseldorf: Schwann, 1984), 37쪽; Martin Broszat / Klaus-Dietmar Henke / Hans Woller (Hg.), *Von Stalingrad zur Währungsreform: zur Sozialgeschichte des Umbruchs in Deutschland* (München: Oldenbourg, 1990), xliv쪽.

12 Christian Graf von Krockow, *Die Stunde der Frauen: Bericht aus Pommern 1944 bis 1947* (Stuttgart: Deutsche Verlags-Anstalt, 1988).

13 하이네만은 1942년부터 1948년에 이르는 시기를 이렇게 명명하였다. Elizabeth Heineman, "The Hour of the Woman: Memories of Germany's "Crisis Years" and West German National Identity", *American Historical Review* (April, 1996), 356쪽.

은 이 어려운 상황에서도 여성이 가정과 사회에서 중심적인 역할을 하고 기울어진 집안과 사회를 다시 추슬러 일으켜 세우는 역할을 한 데 대해 보내는 감사의 표현이기도 했다. 그리고 어떤 논자들은 이 시기 여성의 역할을 돌이켜 보며 "독일의 운명은 여자들의 손에 달렸다."라고 쓰기도 했다.[14]

이 구절의 출전이 무엇이었던가. 바로 기원전 5세기 아테네의 희극작가였던 아리스토파네스의 작품 『뤼시스트라테』 중에서 주인공 뤼시스트라테가 이웃 여인 칼리오페에게 하는 말이다. 잘 알다시피 이 극에서 아테네 여성 시민 뤼시스트라테는 30년에 걸친 펠로폰네소스 전쟁 속에서 남자들이 헬라스 도시국가들을 공멸의 길로 몰아넣는 것을 눈앞에 보면서 전쟁을 중지시키고 헬라스 국가들 사이에 평화를 회복하기 위해 여자들이 연대할 것을 제안한다. 그때 뤼시스트라테가 하는 말이 바로 "헬라스 전체의 구원이 여자들의 손에 달렸어요…… 나라의 운명이 우리 손에 달렸어요."였다.[15] 뤼시스트라테의 제안은 교전국 여자들에게 받아들여져 여자들은 결국 연대의 힘으로 헬라스에 평화를 가져왔다. 2차 대전 후 독일 여성이 수행한 역할은 바로 이처럼 나라와 사회를 파멸에서 구하는 것이었고, 독일 사회가 '잿더미 속에서 솟구쳐 오르는 불사조'라는 자화상을 가지게 된 것은 여성의 절대적인 공이 있었던 덕분이었다.

전쟁 시기 동안 여성이 짊어져야 했던 짐과 치러야 했던 희생, 그리고 전후의 복구기에 여성이 사회의 재건에 끼쳤던 공헌은 오랜 시간이 지난 후에 최고 층위의 정치적 담론을 통해 공식적으로 인정되었다. 1985년 5월 8일

---

14 Elizabeth Feier / Annette Kuhn (Hg.), *"Das Schicksal Deutschlands liegt in der Hand seiner Frauen": Frauen in der deutschen Nachkriegsgeschichte* (Düsseldorf: Schwan, 1984). 책 제목의 일부인 인용부호 안의 문구는 '독일의 운명이 여자들의 손에 달렸다'를 뜻한다.

15 아리스토파네스, 『뤼시스트라테』, 29–30, 33행.

리하르트 폰 바이츠재커(Richard von Weizsäcker) 당시 서독(독일연방공화국) 대통령은 종전 50주년 기념 연설에서 역사 속의 여성의 희생과 공헌을 평가하면서 이렇게 말하였다.

인간에게 지워진 짐 가운데 가장 큰 몫을 짊어진 분들은 아마도 여성 인민들이었을 것입니다.

세계 역사는 여성이 겪어야 했던 고통, 여성이 감당해야 했던 체념, 여성이 지닌 조용한 힘을 너무 쉽게 잊어버리는 경향이 있습니다. 여성은 불안해하고 노동하면서 인간의 삶을 지탱하고 지켜왔습니다. 여성은 전쟁터에서 쓰러진 아버지, 남편, 남자 형제, 그리고 친구를 위해 애통해 했습니다.

여성은 가장 암담했던 시기에 인간성의 불빛이 꺼지지 않도록 막아주었습니다.

전쟁이 끝났을 때, 확실한 미래에 대한 보장도 없는데도 가장 먼저 나서서 다시금 한 장씩 한 장씩 돌을 쌓아올리기 시작한 분들도 여성이었습니다. 베를린을 위시하여 독일 전역에서 활약했던 잔해청소여성들(Trümmerfrauen) 말씀입니다.

전쟁에서 살아남은 남성들이 귀향하자 여성들은 많은 경우 다시 뒤로 물러서야 했습니다. 수많은 여성들이 전쟁 때문에 혼자 몸이 되어 지내야 했고 고독 속에서 살아야 했습니다.

그러나 인민들이 파괴와 황폐화, 잔혹함과 비인간성에 직면해서도 내면적으로 무너지지 않을 수 있었고, 더욱이 전쟁이 끝난 후에는 서서히 자기 자신으로 돌아올 수도 있었다고 할 때, 그것은 무엇보다도 우리의 여성들 덕분입니다.[16]

---

16 "Rede von Bundespräsident Richard von Weizsäcker bei der Gedenkveranstaltung im Plenarsaal des Deutschen Bundestages zum 40. Jahrestag des Endes des Zweiten Weltkrieges in Europa", http://www.bundespraesident.de/Reden-und-Interviews/Reden-Richard-von-Weizsaecker-,12166.629421/Rede-von-Bundespraesident-Rich.htm?global.back=/Reden-und-Interviews/-%2C12166%2C0/Reden-

그렇다면 2차 대전 시기와 그 직후의 폐허 속에서 여성의 사회적 의미와 역할은 구체적으로 어떠한 것이었던가?

여성은 우선 수적으로 우세했다. 1946년 10월, 독일에서는 여성이 남성보다 7백만 명 더 많았다.[17] 전쟁에서 사망하거나 포로로 잡혀 외국 수용소에 있는 독일 남성의 수가 그렇게 많았다는 뜻이다. 그리고 여성은 생산과 재생산의 주체로서 사회의 버팀목이 되었다. 남자들이 사회와 사람을 파괴하고 있을 때 여자들은 사람을 돌보고 사회를 지탱하고 있었다(비록 여자들이 전쟁을 막는 역할을 하지 못한 것은 사실이지만). 전후 독일의 일상생활은 여성이 주도하는 물물교환(Hamstern)에 의해 유지되었다.[18] 여자들은 기아와 겨울 추위가 만연한 상황에서 가장 비용이 적게 드는 방법으로 음식을 만들고 땔감을 구하고 텃밭을 가꾸고 가게 앞의 끝없이 긴 대열에 서서 일용품을 구하며 자연경제에 가까운 생존경제(Subsistenzwirtschaft)를 영위하면서 가족과 자신의 삶을 지탱하였다.[19] 예를 들어 크로코의 누이 리부사는 남편이 전사한 것도 알지 못한 채 유복녀인 딸을 낳아 기르면서, 오랫동안 집안일을 맡아주었던 가사 도우미의 도움을 받으며 친정어머니와 함께 살림을 꾸려 갔는데, 갓난아기 젖 먹이는 일에서 암죽을 끓이는 일, 땔감을 얻는 일, 서독 쪽 상황을 알아보기 위해 여비를 마련하는 일 등을 모두 자신의 노동과 물물교환을 통해 해결하였다. 이 과정에서 남작의 딸이자 남작부인이기도 했던 이 귀족여인은 소련군이 차지한 농장에 몰래 들어가 농작물 서리하기나 몸싸움하기도 마다하지 않았다.[20] 암시장에서

Richard-von-Weizsaecker.htm%3Flink%3Dbpr_liste(검색일: 2010-03-07).

17 Heineman, “The Hour of the Woman: Memories of Germany’s “Crisis Years” and West German National Identity”, 374쪽.

18 Schubert, *Frauenarbeit 1945-1949: Quellen und Materialien*, 151-155쪽.

19 같은 책, 156-168쪽.

20 한정숙, 「독일 영년(零年): 여성이 살아내고 돌아본 나치 패망 후의 시간들」, 『서양사연구』 제42집(2010), 270-274쪽.

일상용품을 확보하는 일도 주로 여자들의 몫이었다.[21] 모든 독일인 가족들은 소득의 많고 적음을 떠나 "하루 벌어 하루 먹고 사는" 생활을 할 수밖에 없었으며, 이런 상황에서 주부들의 짐이 클 수밖에 없었다.[22]

원초적 생존공간인 비공식경제 부문뿐 아니라 공적 생산현장에도 여성 노동력이 계속 투입되었다. 전쟁 후반부부터 계속된 현상이기는 했지만 생산현장에서 여성의 역할은 여전히 막중하였다.[23] 여성은 고위 공직에도 올랐다. 여성인 루이제 슈뢰더(Louise Schroeder)가 1947년 5월부터 1948년 12월까지 베를린 시장 서리(Amtierende Oberbürgermeisterin)직을 수행한 것은 '여성의 시간'이 단순한 수사에만 그치지 않는 것이었음을 보여주었다.[24] 브레멘에서는 공산주의자였던 케테 포팔(혹은 케테 뤼벡)[25]이 1946년부터 1951년까지 브레멘 시장단에 속해 있었고 또한 브레멘 최초의 시 여성 평의원으로 선출되어 보건 업무를 담당하였다.[26] 독일 여성은 모든 영역에서 삶의 주인이 되지 않으면 안 되었다. 그리고 이 점에서는 서방 전승국 관할지역이건 소련군 관할지역이건 큰 차이가 없었다.

---

21 Schubert, *Frauenarbeit 1945-1949: Quellen und Materialien*, 144-155쪽.

22 Trude Sand, "Die meisten Familien leben von der Hand in den Mund" (1949), Annette Kuhn (Hg.), *Frauen in der deutschen Nachkriegszeit*, Bd. 2 (Düsseldorf: Schwann, 1986), 205-207쪽.

23 Schubert, *Frauenarbeit 1945-1949: Quellen und Materialien*, 71쪽.

24 "Louise Schroeder", Berlin.de, Das offizielle Hauptstadtportal, http://www.berlin.de/rbmskzl/rbm/galerie/louise_schroeder.html(검색일: 2011-01-12). 루이제 슈뢰더는 지금까지 베를린 시정 최고책임자직을 수행한 유일한 여성으로 기록되어 있다.

25 케테 포팔(Käthe Popall)은 두 번 결혼했는데 첫 번째 남편의 성을 따서 케테 뤼벡(Käthe Lübeck)이라 불리기도 하고 두 번째 남편의 성을 따서 케테 포팔이라 불리기도 한다.

26 Hermann Weber / Andreas Herbst, *Deutsche Kommunisten. Biographisches Handbuch 1918 bis 1945* (Berlin: Dietz, 2004), 469쪽 이하.

2) 잔해를 청소하는 여성

패전 후 독일에서 재건의 상징, 독일 민족의 도덕적 재생 가능성의 상징이 된 것은 '잔해청소여성'이라 불리게 된 여성 청소부, 곧 전란 속에서 부서진 건물, 도로, 교량 등의 잔해물을 치우는 여성의 모습이었다. 나치 집권기인 1938년에 제정된 노동시간령에서는 건설 부문에 여성을 고용하는 것을 일절 금지하였다. 그러나 패전 후 남성 노동력이 극도로 부족해지자, 각 지방의 행정책임자들은 이 금지령을 철폐하고 여성의 건설현장 투입을 허용하는 명령을 내렸다.[27] 임신부, 수유부, 10세 미만의 아이가 있는 여성, 병을 앓는 여성은 제외되었다.[28] 1946년 말, 영국군 관할 지구에서는 공식적으로 7,291명의 여성이 건설현장에서 7,686명의 여성이 광산에서, 6,860명의 여성이 그 밖의 철광 및 금속 채취업에서 일하고 있었다.[29] 베를린에서는 1946년 2월 중순의 어느 하루 동안 3만 명의 여성이 건설현장 인력으로 일했다.[30] 독일 전역으로 따지면 10만 명을 훨씬 넘는 여성이 건설 부문과 광산에서 일했다고 보아야 할 것이다. 그러니까, 이 당시 독일인들은 거리에서 여자들이 고철이나 콘크리트 더미를 치우는 모습을 날마다 접할 수 있었던 것이다.

바이츠재커 대통령이 그의 연설에서 이들의 존재를 언급하기도 했지만, 이들은 종전 직후 시대의 한 표상이 되었다.[31] 그러한 여성 가운데

---

27 Klaus-Jörg Ruhl (Hg.), *Unsere verlorenen Jahre: Frauenalltag in Krieg- und Nachkriegszeit 1939–1949 in Berichten, Dokumenten und Bildern* (Darmstadt; Neuwied: Luchterhand, 1985), 198–200쪽.

28 1946년 3월 21일 베스트팔렌 주지사의 명령에서. 같은 책, 199쪽.

29 같은 책, 200쪽.

30 같은 책, 201쪽.

31 Broszat / Henke / Woller (Hg.), *Von Stalingrad zur Währungsreform: zur Sozialgeschichte des Umbruchs in Deutschland*, xliv쪽.

한 사람을 주인공으로 한 영화 <베를린 공수>(The Big Lift)에 대한 연구에서 이 여성의 모습이 어떠한 사회심리적 상징체계와 결부되고 있는지 살펴보자.

> 프레데리카는 잔해청소여성, 곧 베를린에서 전쟁으로 파괴된 건물의 잔해를 청소하고 이 도시의 재건을 위한 재활용 자재들을 확보하는 일을 맡은 "쓰레기 청소부"로 일한다. 그녀의 형상은 그 자체만으로 대단히 상징적이다. 또한 그녀가 잔해더미 속에서 일하는 모습들은 전쟁 직후 시기 독일에서 이루어진 (성별화된) 재건 노력을 보여주는 가시적이고 문학적인 의미심장한 유산을 상기시킨다.
>
> 자세를 이렇게 취함으로써 이 등장인물은 (그리고 그녀를 통하여 베를린이라는 도시는) "유혹하는 여성으로서의 유럽"(와일더의 영화 <불륜>(A Foreign Affair)에서 마를레네 디트리히가 보여주었던 것처럼 "짙게 화장하고 유혹적이고 경험이 많으며 거의 모든 것을 잘 아는 존재")이라는 수사(修辭)와 그 후 냉전 시기에 등장한 "고아로서의 유럽"(오드리 헵번이 1954년의 영화 <사브리나>(Sabrina)에서 전형적으로 보여준 것과 같은 존재)이라는 수사 사이에서 균형잡힌 자리를 잡으려 한다.[32]

문화예술인들이 의도적으로 잔해청소여성을 전후 시기의 상징으로 그려내고자 했든 그것이 실제의 정확한 반영이든, 이 여자들은 심리적·정서적으로, 한없이 몰락하는 사회를 두 손으로 떠받치는 역할을 할 수밖에 없었다. 나치의 광기와 패전, 분단을 초래한 것은 남자들이었다. 그들은 독일 사회를 광기와 파멸, 인종학살, 패전과 분단, 외국인들에 의한 분할점령의 길로 몰고 간 당사자들이었다. 속죄와 과거청산의 엄중한 정화 과정

---

32 Ralph Stern, "*The Big Lift* (1950): Image and Identity in Blockaded Berlin", *Cinema Journal*, 46, No. 2 (Winter, 2007), 69쪽.

을 거치지 않고는 그들은 사회건설의 깃발을 앞세우고 나설 처지도 아니었다. 심리적·정신적으로 그들은 무너져 있었다. 이러한 상황에서, 사람들을 불러일으켜 세울 존재는 여성이었다. 그리고 독일 사회에서는 잔해청소여성에 대한 칭송이 울려 퍼졌다.[33]

그렇지만 여성이 이러한 영웅적 공헌에 대해 실질적 보상을 받았던 것은 아니다. 남자들이 포로수용소에서 돌아오자 여자들은 다시 위계의 사다리에서 아래쪽에 위치하는 존재가 되었다. 동독에서는 노동하는 여성에 대한 장려책이 취해지면서 잔해청소여성의 이미지가 국가적 선전의 장에서 계속 등장하였다. 그러나 서독에서는 이들에 대한 기억도 공적 담론의 영역에서 곧 사라졌다.[34] 서독 정부 수립 후 보수세력이 집권한 20년 동안 여성은 가정에 머물러야 하는 존재로 규정되었기 때문이다. 여자들은 취업에서 크고 작은 장해물에 부딪쳤다. 특히 기혼 여성이 겪는 취업상의 제약은 심했다. 여성의 역할은 가장 광범한 의미에서 공적인 것, 곧 나라의 어머니, 나라와 사회의 누이가 될 수는 있었지만, 제도적 영역의 주류는 여전히 남성이었다.

여성은 가족을 보살피는 여성 구성원이기도 했지만 청소부, 하녀이기도 했다. 여성에게는 금욕적 여성 가장이라는 자기희생의 길이 주어졌다. 여자들의 영웅적 활동이 보상을 받지 못한 것을 염두에 두고 연구자들은 잔해청소여성의 세대를 일컬어 "기만당한 세대"(eine betrogene Generation)라고 표현하였다.[35]

---

33 Schubert, *Frauenarbeit 1945-1949: Quellen und Materialien,* 31쪽.

34 하쉬는 룰(Ruhl), 묄러(Moeller), 부데(Budde), 콜린스키(Kolinsky) 같은 역사학자들이 그들의 연구에서 잔해청소여성을 다시 발굴해냈다고 보고 있다. Donna Harsch, *Revenge of the Domestic: Women, the Family, and Communism in the German Democratic Republic* (Princeton; Oxford: Princeton University Press, 2007), 44쪽.

35 운루가 편찬한 잔해청소여성 전기 모음집의 책 제목이 이를 잘 말해준다. Trude Unruh (Hg.), *Trümmerfrauen: Biographien einer betrogenen Generation* (Essen:

3) 여성 신체의 대상화와 여성의 주체적 경험

(1) 점령군에 의한 강간

나치 독일이 패망하고 승전국 군인들이 진주하기 시작하면서 독일 여성들과 승전국 군인들 사이에도 성적 관계가 이루어졌다. 성적 관계에는 순수한 폭력에 바탕을 둔 일방적 성관계인 강간도 있었고 쌍방의 합의에 의한 관계도 있었다. 후자는 다시 성을 매개로 한 계산적 관계와 애정에 기초를 둔 관계로 나눌 수 있거니와, 물질적 필요를 충당하기 위해 의도적으로 만들어진 관계와 인간적인 호감 사이의 경계가 불분명한 경우도 있었다. 패전한 독일 사회에서는 민족적 수치에 대한 자의식이 끓어오르는 상황인지라, 독일 여성이 외국인과 성적 관계를 가지는 것 자체를 고통스럽게 여겼지만 독일 국민 전체에게 가장 심각한 고통을 안겨준 것은 집단 강간이었다. 그 이전까지 독일 사회에서 이 문제에 대한 언급은 오랫동안 회피되었다. 여성주의 영화감독 헬케 잔더(Helke Sander)의 표현을 빌리면 "모든 사람이 그것에 대해 알고 있었지만 아무도 그것에 대해 이야기하지 않았다."[36]

Klartext-Verlag, 1987).

36 잔더는 기록영화 <해방자와 피해방 여성: 전쟁, 강간, 아이들>에서 이 문제를 다루고 있다. 그녀는 1945년 소련군 진주에서 주둔에 이르는 시기에 외국군에게 강간을 당했거나 이를 목격한 수많은 여성들과 인터뷰하여 당시 상황을 재구성하고자 했다. Helke Sander / Barbara Johr (Hg.), *BeFreier und Befreite: Krieg, Vergewaltigung, Kinder* (München: Verlag Antje Kunstmann, 1992)는 이 문제에 대한 연구결과를 앞부분에, 기록영화의 대본을 뒷부분에 수록하고 있다. 여기서 잔더와 요어의 책 제목은 중의적인 뜻을 가지고 있음에 유의해야 한다. befreien이라는 독일어 단어는 '해방시키다'라는 뜻을 가지고 있어서 Befreier는 이 뜻을 취할 때 '해방자'가 된다. 그런데 잔더와 요어의 책 표지에서는 이 단어를 BeFreier라고 표기하여, F를 대문자로 쓰고 있다. 이는 첫째 '소위 해방이란 것을 시켜준 사람'이라는 의미를 가지고 있다. 둘째, F를 대문자로 쓴 것은 이 말에서 freien을 연상시키게 하기 위해서일 것이다. freien이라는 동사는 '여자에게 구애하다'라는 뜻을 가지고 있다. '금전을 지불하고 성을 구매

출신국가를 막론하고 전승국 군인들은 패전국인 독일 여성들을 성적 대상으로 삼았다. 베를린에 있는 아우구스테-빅토리아 황후 기념병원(Kaiserin Auguste-Viktoria Haus)[37] 소아과에 남아 있는 1946년도 출산 여성의 진료기록을 보면, 아이 아버지에 대한 정보가 기입되어 있는 진료카드 가운데 3.7%는 러시아인(즉 소련인)이, 1.2%는 미국인이, 0.7%는 영국인이, 0.4%는 프랑스인이 각각 아이 아버지로 기재되어 있었다. 외국인 아버지가 모두 강간자였다고 볼 수는 없을 것이다. 그러나 '신원 미상의 미국인 아버지'라고 기재되어 있는 경우를 보면 이는 산모가 미국 군인에 의해 강간당한 경우로 추정된다. 또한 아이 아버지가 영국인이고 산모가 성병인 임질(Gonorrhoe)을 앓고 있는 경우도 기록되어 있다.[38]

전후 강간 문제에서 독일인들의 기억을 가장 크게 점령하고 있는 것은 소련군에 의한 강간이다. 연합군 중 소련군에 의한 독일 여성 강간 빈도가 가장 높기 때문일 것이다. 2차 대전 후 소련군에게 강간당한 독일 여성의 수는 지금까지 제시된 추정치도 2만 명설, 10만 명설이 있는가 하면 심지

하는 남자'도 Freier라고 한다. 저자들은 '해방시키겠다고 오기는 했지만 여자들에게 구애하고 여자들을 성적으로 대상화시킨 남자들'이라는 뜻을 담기 위해 BeFreier라는 특이한 형태의 철자법을 사용한 것으로 보인다. BeFreier는 '해방자'이기도 하지만, '여자의 섹슈얼리티를 얻기 위해 집요하게 구는 남자'이기도 한 것이다.

37 아우구스테-빅토리아 황후(Kaiserin Auguste-Viktoria, 황후 재위 1888-1918)는 독일의 마지막 황후였다. 베를린의 아우구스테-빅토리아 황후 기념병원은 1909년 황후의 후원을 받아 창설되어 그녀의 이름을 따라 명명되었으며, 20세기 초 독일에서 유아사망률이 대단히 높았기에 이에 대처하기 위한 기구로서 설치되었다. 따라서 산모를 비롯한 여성들이 병원의 주된 이용자였다. 이 병원은 설립 당시에는 '독일제국 유아사망 퇴치를 위한 아우구스테-빅토리아 황후 기념병원'(Kaiserin Auguste-Viktoria Haus zur Bekämpfung der Säuglingssterblichkeit im Deutschen Reich)이라는 이름을 가지고 있었는데, 2차 대전 후 자유베를린대학 병원 소아과로 전환되었다. "17.06.2009-Kurzmeldung: Kaiserin Auguste Victoria Haus wird 100 Jahre alt", http://www.charite.de/charite/presse/pressemitteilungen/artikel/detail/kaiserin_auguste_victoria_haus_wird_100_jahre_alt/(검색일: 2010-04-23).

38 Sander/Johr (Hg.), *BeFreier und Befreite: Krieg, Vergewaltigung, Kinder*, 109쪽.

어 독일 전역에 걸쳐 190만 명이 강간을 당했다는 설이 나왔을 정도로, 논자에 따라 그 주장이 천차만별이다.[39] 특히 피해가 심한 곳 가운데 하나였던 베를린의 경우에는 전체 여성이 140만 명이었는데, 그 가운데 80만 명이 강간당했다느니, 60-70%가 피해자라느니 하는 이야기들이 나오기도 했다.[40] 일반적으로 말해 미국이나 영국 군인들은 물질적 수단을 제공하며 합의에 의해 성적 관계에 들어가는 경우가 많았다.[41] 이에 반해 소련군 점령 지역에서는 합의에 의한 성관계도 종종 행해졌지만, 성폭행이 더 일반적이었던 것으로 기억되고 있다.

전시 강간은 빈번한 현상이다. 그 이유에 대해서는 여러 주장이 제시되고 있다. 가장 일찍 제시된 것은 남성의 억제할 길 없는 성욕 충족의 한 수단으로서 전시 강간이 행해진다는 설명이었으며,[42] 이 설명이 지나치게 결정론적이라는 비판이 대두하자 이를 수정한 '생물사회적 이론'(bio-social theory)이 등장하기도 했다.[43] 둘째, 여성주의자들은 전시 강간을 여

---

39 Atina Grossman, "A Question of Silence: The Rape of German Women by Occupation Soldiers", Robert G. Moeller (ed.), *West Germany Under Construction: Politics, Society, and Culture in the Adenauer Era* (Ann Arbor: University of Michigan Press, 1997), 35쪽.

40 Helke Sander, "Erinnern/Vergessen", Sander/Johr (Hg.), *BeFreier und Befreite: Krieg, Vergewaltigung, Kinder*, 15쪽.

41 Grossmann, "A Question of Silence: The Rape of German Women by Occupation Soldiers", 48쪽.

42 이 주장은 다른 이름으로 남성 성욕의 '압력솥 이론'으로 불리기도 한다. Ruth Seifert, "War and Rape: A Preliminary Analysis", Alexandra Stiglmayer (ed.), *Mass Rape: The War Against Women in Bosnia-Herzegovina*, translated by M. Faber (Lincoln; London: University of Nebraska Press, 1994), 55쪽.

43 생물사회적 이론은 강간 가해자의 성적 욕구의 중요성을 인정하기는 하지만, 이러한 욕구가 폭력성을 띠면서 드러나는지 여부는 생물학적 요인에 의해서만 결정되는 것이 아니라 사회적·문화적 배경과 욕구 통제의 기제에 달려 있다고 본다. Jonathan Gottschall, "Explaining Wartime Rape", *The Journal of Sex Research*, 41.2 (2004), 129-136쪽.

성에 대한 남성의 혐오와 비하에서 비롯되는 현상이라고 보았다. 여성을 지배하려는 남성의 가부장적 권력욕이 폭력적으로 표현된 것이라는 설명이다.[44] 셋째, 근래에 이르러 특히 큰 주목을 끌면서 등장한 것은 이른바 '전략으로서의 강간'론이다. 이는 전시의 성폭력이 전쟁수행 행위의 일부로서 의도적으로 행해지는 것이라는 주장이다. 그렇다면 이는 무력을 가진 가해자가 비무장·비전투요원인 민간인, 그중에서도 주로 여성을 공격한다는 점에서 현저히 비대칭적인 형태를 취하는 전쟁행위이다. '전략으로서의 강간'론을 따르면 가해자는 피해 여성이 소속된 교전상대국(사회) 전체에 심리적·정신적 충격을 주고 교전국 군대의 사기를 꺾어놓기 위해 의도적으로 강간을 행한다.[45] 20세기 말 보스니아 내전에서 세르비아인들이 자행한 집단 강간에서 보듯, 극단적인 경우 전시 강간은 교전 세력을 말살하기 위한 인종청소의 의미를 가지기도 한다. 그러나 그렇게 체계적·조직적으로 행해지는 것이 아닌 경우라 할지라도, 군대 지도부는 남성 병사들에게 일종의 전리품으로 성욕 충족의 기회를 주거나 최소한 이에 대해 엄격한 군율을 적용하지 않고 묵인하기도 한다.

소련군이 독일 여성에 대해 자행한 강간은 복합적 의미를 가지는 현상이었던 것으로 보인다. 이 사실을 말할 때에는 독일이 일으킨 전쟁에서 가

---

44 수전 브라운밀러는 전시 강간에 대한 여성주의적 해석의 선구자가 되었다. Susan Brownmiller, *Against Our Will: Men, Women and Rape* (New York: Simon and Schuster, 1975). 참고로, 그로스만은 소련군의 독일 여성 강간에 관한 기록영화 감독인 할케 잔더가 2차 대전에서 나치 군대가 저질렀던 범죄를 고려하지 않고 지나치게 여성주의적인 시각에 입각하여 남성 일반이 여성 일반에 대해 성폭행을 저지르는 것으로 문제를 단순화하고 있다고 비판한다. Grossmann, "A Question of Silence: The Rape of German Women by Occupation Soldiers", 34-35쪽.

45 전략으로서의 강간론을 지지하는 연구자들은 전시 강간이 적대 진영에 정신적 상처를 줌으로써 적대 진영 내부에서 가족 유대와 집단적 일체감을 파괴하려는 목적을 가진다고 본다. Bülent Diken/Carsten B. Laustsen, "Becoming Abject: Rape as a Weapon of War", *Body and Society*, Vol. 11, No. 1 (2005), 111쪽.

장 큰 인적·물적 피해와 고통을 겪은 나라가 소련이었다는 사실을 함께 염두에 두어야 한다. 1945년 이른 봄이 되면 이미 전세가 돌이킬 수 없을 만큼 결정되었으나 나치 독일은 전면 항복을 거부하며 최후까지 저항하고 있었다. 이러한 상황에서 소련군이 독일로 진격해오면서 여자들을 강간한 데는 독일 남자들의 사기를 심리적으로 확인 사살하여 저항을 불가능하게 하려는 의도도 있었을 것이다. 그런 면에서는 소련군의 독일 여성 강간에는 전략적인 성격도 없지 않다.

그런데 독일이 전면 항복을 선언한 1945년 5월 8일 이후에도 강간은 자행되었다. 그렇다면 여기에는 다른 이유가 있었을 것이다. 우선, 소련군은 독일 여자들에 대한 강간을 일종의 전리품 분배 같은 것으로 여겼다. 베를린으로 진격한 소련군은 초기에는 집집마다 찾아다니며 여자들을 강간하기도 했고 거리에서 여자들을 윤간하는 경우도 드물지 않았다. 이러한 행위가 군대 상층부의 규제를 받는 경우도 있었지만 묵인되는 경우도 많았다. 독일 여자들의 증언을 따르면, 소련군 강간자들은 독일어를 전혀 알지 못하는 경우에도 독일 여성에게 성관계를 강요하기 위한 최소한의 문장, 곧 "여자, 이리 와."(Komm, Frau, komm)라는 간단한 독일어 명령형 문장은 외워두고 있었다.[46] 즉 강간자들은 강간 현장에서 주체할 길 없는 성욕을 느낀 것이 아니라, 그들에게 '독일 여성이라는 전리품'이 주어지리라고 예견하고 미리 준비했던 것이다. 이 문장은 소련 병사들 사이에서 입에서 입으로 전해졌을 것이다. 남성의 성욕 충족이라는 핑계가 사회문화적 요인과 결부되었을 때 전시 강간이 행해진다는 설명을 부분적으로 여기에 적용해볼 수 있다.

소련의 최고지도자였던 스탈린은 '나치와 독일 인민은 구분되어야 하며 인민은 생존해야 한다'고 공언했다.[47] 또한 군에 전달된 스탈린의 명령

---

46 Sander / Johr (Hg.), *BeFreier und Befreite: Krieg, Vergewaltigung, Kinder*, 112쪽.

자체는 교전국 여성들에 대한 강간을 엄금하는 것이었다. 그런 면에서 스탈린의 태도는 슬라브인들을 '하등인간'으로 여기며 인종주의적 관점에서 슬라브인들에 대한 잔학한 만행을 거리낌 없이 자행하도록 부추겼던 히틀러의 정책과는 근본적으로 달랐다. 그러나 스탈린은 남성중심주의자였고, 유고슬라비아 정치인 밀로반 질라스(Milovan Djilas)와 나눈 대화에서는 원정군 군인들이 전시에 현지 여성들과 관계를 맺어 성적 욕구를 해소하는 것은 인지상정이라는 입장을 표명한 적도 있다고 한다.[48]

2차 대전 당시 나치 군대는 500개소에 이르는 전용 유곽을 운영하였다.[49] 이 유곽에서는 영업시간이 정해져 있었고 병사들은 시간제로 유곽을 이용했으며, 병사들이 성병에 걸리는 것에 대비하여 예방약품을 유곽에서 무료로 나누어주었던 것을 비롯하여 여러 가지 수칙이 마련되기도 했다. 예를 들어 프랑스에서는 어느 유대교회를 유곽으로 전환시켰으며, 이곳에서는 오전 10시부터 오후 9시까지 영업했다. 유곽에서는 성매매 여성이 쉼 없이 병사를 받았는데, 여성이 5명밖에 일하지 않는 날에는 병사들은 5명씩 조를 짜서 유곽을 방문하곤 했다.[50]

그 반면, 소련 군대는 적어도 군대가 운영하는 유곽 같은 기구는 허용하지 않았다. 또한 당시에나 훗날에나 소련군 지도부는 독일 여성에 대한

---

47 Grossman, "A Question of Silence: The Rape of German Women by Occupation Soldiers", 41쪽.

48 Ingrid Schmidt-Harzbach, "Eine Woche im April Berlin 1945: Vergewaltigung als Massenschicksal", Sander / Johr (Hg.), *BeFreier und Befriete: Krieg, Vergewaltigung, Kinder*, 33-34쪽. 이는 소련군이 유고슬라비아 북부에서 빚은 강간 사례를 질라스가 비판한 데 대한 답변이었다고 한다. 물론 이 기록은 스탈린 정권에 대해 대단히 비판적이었던 질라스의 회상에 바탕을 둔 것이므로 액면 그대로 받아들일 필요는 없을 수도 있다. 그러나 전반적인 경향에 대해서는 이 기술을 통해서도 어느 정도는 파악할 수 있다.

49 Sander, "Erinnern/Vergessen", 12쪽.

50 Sander / Johr (Hg.), *BeFreier und Befreite: Krieg, Vergewaltigung, Kinder*, 74-77쪽.

소련 병사들의 집단강간설을 강력하게 부인하였다.[51] 그러나 지도부는 병사들이 오랜 전쟁과 진군 끝에 다다른 점령지에서 점령지 여성을 성적 대상으로 삼는 일을 막을 수는 없다고 여긴 것으로 보인다. 즉 성욕에 대한 느슨한 태도가 일차적으로는 이와 같은 사태를 가능하게 했다고 할 수 있다.

그렇지만 소련 군대가 모든 주둔지역 혹은 점령지역에서 집단적 강간을 행했던 것은 아니다.[52] 다른 점령 지역보다 독일에서 유독 빈번하게 강간이 자행되었다고 할 때 여기에는 가해자 독일에 대한 징벌이라는 성격도 작용하고 있었다고 할 수 있다. 소련은 독일 군대에 의해 가장 심한 인적·물적 피해를 당한 나라였다. 독소 전쟁에서 소련 국민의 인명피해는 2천 만 명에 달한다는 것이 일반적인 설이다. 히틀러 군대의 잔혹성[53]은 전시에 적대국 구성원들에 대해 일반적으로 고취되기 마련인 증오심에 더하여, 슬라브인들을 인간 이하의 존재로 여기는 최고 지도자의 인종주의적 사고방식에 의해 더욱 증폭되었다. 더욱이 독일 군대는 소련을 비롯한 동부전선 지역에서 러시아 여성을 비롯한 현지 여성들과 성적 관계를 가지는 것이 아주 빈번했고 여기에는 강간도 포함되었다. 독일 군대는 원칙적으로 민간인 여성에 대한 강간을 금지했지만 히틀러식 인종주의 체계에서 '하등인간'이라는 폄하의 대상이 되었던 슬라브계 주민들에 대한 강간은 자주 행해졌다. 어떤 계산에 따르면 소련 여성이 독일 군인과의 사이에서 임신하여 낳은 아이가 150만 명이나 된다고 하는데,[54] 이것이 모두

---

51 같은 책, 116쪽.

52 북한에 주둔한 소련군의 경우 동부 독일 지역에서처럼 주둔지 여성에 대해 (부분적인 사례들은 있었겠지만) 집단 강간을 자행했다는 이야기는 최소한 지금까지는 별로 거론되지 않고 있다.

53 Omer Bartov, *Hitler's Army: Soldiers, Nazis, and War in the Third Reich* (New York; Oxford: Oxford University Press, 1992), 61쪽.

54 Sander/Johr (Hg.), *BeFreier und Befreite: Krieg, Vergewaltigung, Kinder*, 14쪽.

통일 후의 베를린 건물 신축 공사장의 표지판 옛 소련군 관할지역을 표시하기 위해 사용되었던, 소련 병사의 사진을 담은 높은 표지판이 여기서는 다소 유머러스한 느낌을 주기 위한 목적으로 세워져 있다. “당신은 미군 관할구역을 떠나고 있습니다”라는 미군 검문소 표지판을 패러디하여, “당신은 비영리 구역에 들어오고 있습니다”라는 구절이 4개 국어로 쓰여 있다.

강간의 결과는 아니었겠지만, 침략자인 독일 병사들이 자국의 땅을 유린하면서 강압 혹은 반강제를 포함한 각종 수단을 동원해 자국 여성들과 빈번한 성적 관계를 가진다는 것은 소련 남자들에게는 큰 모욕으로 여겨졌을 것이다.

이런 까닭에 소련 병사들이 독일 군인에 대해 단순한 전쟁피해의 경우와는 다른 극단적 반감을 가지게 되었을 가능성도 있다. 러시아어를 이해하고 구사할 줄 알았던 익명의 여인이 작성한 일기인 『베를린의 한 여인』에서도 이를 확인할 수 있다. 1945년 4월 27일, 베를린에 진주한 소련 군대의 장교가 빵집 여주인을 강간하려는 소련군 병사를 말리기 위해 강간은 스탈린의 명령에 따라 금지되어 있음을 주지시키려고 하자 병사들 중한 사람이 크게 불만스러워하며 장교에게 이렇게 말했다. "뭐가 어떻단 말입니까. 독일놈들은 우리나라 여성들에게 어떤 짓을 저질렀지요?" 그러면서 그는 "그놈들은 내 누이를……"이라고 고함쳤으나 끝내 말을 잇지 못했다.[55] 이와 같은 발언을 보았을 때 어떤 경우에는 소련 병사들이 독일 여성을 강간한 동기가 단순히 성적 욕구나 전리품으로서 여성을 대하는 태도에만 있었던 것임이 아님을 알 수 있다. 또한 소련군 지도부도 병사들이 독일 여성을 강간하는 것은 독일 사회 전체에 대한 보복으로 여기고 이를 적극적으로 제지하지 않았을 가능성이 있다고 하겠다.

집단 강간은 1946년 초가 되면 그 수가 훨씬 줄어든 것으로 보인다. 앞에서 제시된 아우구스테-빅토리아 황후 기념병원의 진료기록에서 아버지가 러시아인으로 기재된 신생아는 상당수가 강간에 따른 임신의 결과라고 볼 수 있을 터인데, 1945년에는 이러한 신생아의 비율이 전체 신생아의 5.5%였으나,[56] 1947년에는 그 비율이 1.0%였다.

그렇다면 사람들은 이와 같은 비극적 사태에 대해 어떤 태도를 취했을까? '베를린의 한 여인'이라 불리게 된 익명의 일기책 저자나 『살아남은 나날』의 저자 마르가레트 보베리(Margaret Boveri) 같은 여성들은 자신이 강

---

55 Anonyma, *Eine Frau in Berlin: Tagebuchaufzeichnungen vom 20, April bis 22. Juni 1945* (München: btb Verlag, 2003), 61쪽.

56 1945년에 전시 강간의 결과로 출산된 신생아 전체의 비율은 5.5%보다 훨씬 더 높았던 것으로 보인다. 이 병원의 1945년 진료기록카드에 아기의 아버지가 '불명'(unbekannt)이라고 기록된 경우가 10% 이상인 반면, 위에서 말하는 5.5%는 아버지가 '러시아인'이라고 명시된 경우만을 가리키기 때문이다. Barbara Johr, "Die Ereignisse in Zahlen", Sander / Johr (Hg.), *BeFreier und Befreite: Krieg, Vergewaltigung, Kinder*, 52쪽. 아기 아버지가 '불명'인 경우는 강간의 결과를 가리킨다고 보아야 할 것이다. 이 중 몇 퍼센트가 러시아군의 강간 결과인지는 물론 알 수 없다. 1945년 출산 기록에서 신생아의 아버지가 러시아인이라는 기록이 나온다는 것은 성폭행이 1945년 5월 종전이 확정되기 이전에 행해졌음을 의미한다. 이 경우는 동유럽에 거주하던 독일 여성이 종전 전에 현지에서 강간을 당한 후 베를린으로 이주했거나, 독일로 도주하던 길에 강간을 당한 경우라고 볼 수 있을 것이다. Sander/Johr (Hg.), *BeFreier und Befreite: Krieg, Vergewaltigung, Kinder*, 109쪽.

간당한 일을 포함하여 독일 패전 전후 시기의 긴박한 상황 속에서 여성으로서 겪은 삶을 솔직하게 서술하였다. '베를린의 한 여인'의 일기는 1959년에, 보베리의 일기 『살아남은 나날』은 1968년에 독일에서 출판되었다. 그러나 이러한 예외적 출판물을 제외하고는 독일 여성이 당한 강간이라는 문제의 언급은 독일과 소련 등 모든 당사국들, 당사자들, 관찰자들, 연구자들 사이에서 오랫동안 금기시되었다. "공모된 침묵"(das konzertierte Schweigen)[57]이라는 말이 어색하지 않을 정도였다.

사실 이 문제는 너무나 여러 겹으로 중층 결정된 것이어서 논의 자체가 쉽지 않았다. 또한 문제의 복잡한 성격 때문에 단순한 논리로 이에 접근할 수도 없다. 헬케 잔더 같은 연구자들은 소련군을 비롯한 승전국 군인들의 독일 여성 강간을 1차 걸프전쟁 시기 이라크 군인들에 의한 쿠웨이트 여성들의 강간, 유고슬라비아 내전기에 보스니아 여성들에게 가해졌던 집단 강간과 동렬에 놓고 남성이 여성에게 가하는 일반적 성적 폭력으로 다룬다. 잔더가 일제 강점기 한국 여성이 일본군 성노예(sex slave)로 동원되었던 것을 심각하게 인식하고 있었다면 이 또한 같은 범주에 넣었을지도 모른다. 그런데 잔더식 접근법에 대해서는 사태의 맥락과 전후관계를 고려하지 않는 지나친 단순화라는 비판이 가해지기도 했다.[58] 사실, 나치 체제를 용납하고 전쟁수행의 길로 나아갔던 독일 국민들이 단순히 이 문제를 놓고 소련을 비난한다는 것은 문제의 경중을 무시한다는 비난을 받을 만한 것이다. 이는 나치 독일의 범죄를 상대화시키고 이에 대한 비판에 '물타기'를 할 소지가 있을 뿐 아니라, 전후 시기 여성의 고통이라는 요소를 들이대면서 독일을 가해자가 아닌 희생자로 둔갑시키는 담론으로 기능

---

57 Sander, "Erinnern/Vergessen", 13쪽.

58 Grossman, "A Question of Silence: The Rape of German Women by Occupation Soldiers", 34-35쪽.

할 위험성도 가지고 있기 때문이다. 말하자면 거두절미하고 내밀어지는 소련군의 독일 여성 집단강간론은 독일판 '요코 이야기'[59]가 될 수 있는 것이다.

물론 나치와 대적했던 세력의 처사라면 어떠한 것도 비판해서는 안 된다는 태도는 결코 타당하지 않다. 그리고 전쟁의 비인간성, 그중에서도 전쟁수행과 아무 관련도 없는 민간인 여성을 유린하는 성폭행에 대한 고발을 피해자/가해자라는 이분법 논리로 가로막는 것은 더 무책임하다. 하지만, 2차 대전 시 최대의 전쟁범죄세력이었던 나치 독일과 그 최대 피해자였던 소련, 전쟁에 패함으로써 무력해졌을 뿐 아니라 자기들이 살기 위해 여성들을 위험한 상태에 방치했거나 혹은 여성 가족구성원이 강간당하면 이를 더럽게 여기고 해당 여성을 버리거나 심지어 죽이기까지 했던 독일 남성들, 성적으로 유린당한 것을 수치로 여기고 이를 숨기고자 했던 일부 독일 여성 자신들 등등, 각 당사자들의 태도에는 이를 전면적으로 문제화하기 어렵게 만드는 수많은 요인들이 있었다. 동독과 서독의 입장도 각각 달랐다. 동독은 소련에 정치적으로 훨씬 강하게 종속되었기 때문에 이 문제를 거론할 상황이 아니었다. 서독의 경우, 이에 대해 전면적으로 문제제

---

59 '요코 이야기'는 미국 거주 일본인 여성 작가 요코 가와사마의 소설 제목이다. 2차 대전 전에 조선에서 거주했던 작가는 이 글에서 종전 직후 조선 거주 일본인들이 조선인들에게 집단 강간을 비롯한 박해를 받았다고 주장하면서 조선을 제국주의적으로 지배했던 일본인들을 피해자로 그렸다. 이 글이 미국 중등학교 교과서에 실리자 재미 한국인들이 크게 반발하여 '요코 이야기'를 교과서에서 추방하는 운동을 벌였고, 이것이 미국의 교육 당국에 의해 받아들여졌다. 김용석 · 김진우, 「'요코 이야기' 美 교재사용 파문확산」, 『경향신문』(2007-01-17), http://news.khan.co.kr/kh_news/khan_art_view.html?artid=200701171812301&code=970201(검색일: 2011-01-28); 아소 도시후미, 「'요코 이야기'의 진실」, 『국민일보』(2007-01-25), http://www.kukinews.com/special/article/opinion_view.asp?page=1&gCode=opi&arcid=0920433818&cp=nv(검색일: 2011-01-28); 「美학교, '요코이야기' 교재사용 중단 잇따라」, 『연합뉴스』(2007-01-23), http://news.naver.com/main/read.nhn?mode=LSD&mid=sec&sid1=104&oid=001&aid=0001527568(검색일: 2011-01-28).

기하는 것은 나치 독일의 과오와 관련한 과거사 청산의 의미를 희석시키게 될 우려도 있었다. 미국을 비롯한 다른 승전국들 또한 종전 이후 소련과 맹렬하게 맞섰던 냉전기에도 이 문제만은 건드리지 않았다. 서방 전승국 군인들에 의한 독일 여성 강간의 사례도 드물지 않았던 만큼 그럴 수밖에 없었다.

독일 여성들이 누구에게 책임을 돌려야 할지 누구도 답할 수 없는 상황에서, 자신들이 겪은 고난에 대한 정신적·물질적 위로와 배상을 요구한다고 한다면 그것은 각각 동서독 정부를 상대로 해야 하는 것이었다. 그러나 독일 통일 이전까지 이 문제는 전면적으로 제기되지는 않았고 연구 자체도 심도 있게 이루어지지 않았다. 1990년 독일 통일 이후에 비로소 이 문제에 대한 연구자들의 태도에서도 어느 정도 변화가 일어나기 시작하였다. 그러나 침묵의 시기에도 독일 여성들의 고난이 잊혀진 것은 결코 아니었다. 그것은 기억되었다가 시간이 지난 후에야 논의의 대상이 되기 시작하였다.

또한 간과할 수 없는 것은 독일 여성들이 무엇보다 중요한 생존의 명령에 응하며 종전 후의 세월을 헤치고 살아왔다는 점이다. '베를린의 한 여인'의 일기나 보베리의 일기는 강간을 당하면서도 이것 때문에 인간적으로 무너지지 않고 오히려 극도로 긴장되고 혼란스러운 고난의 상황 속에서 용기와 의지로써 삶을 헤쳐나간 여성의 모습을 보여준다. 사실, 여성들이 외국군에 의해 강간당했다고 모두 자살하거나 상처 속에 주저앉았다면 종전 후 독일이 '여성의 시절'을 살았다는 평가 자체가 불가능했을 것이다.

(2) 점령군과 사귀는 여자들

승전국 남성과 독일 여성 사이에는 강간 외에 합의에 의한 성적 관계도 이루어졌다. 독일 여성과 외국 점령군인과의 교제는 전쟁 직후에는 허락되지 않았는데, 이 금지령이 소련군 점령지역에서는 오래 계속되었지만 서방 승전국 점령지역에서는 얼마 지난 후부터 해제되었다. 승전국 남자들과 성적 관계를 가지는 여성 중에는 직업적인 성매매여성도 있었고 한정된 상대와 지속적인 관계를 가지는 여성도 있었으며, 이들이 관계를 가지게 되는 동기는 경제적인 것에서 순수한 애정관계에 이르기까지 다양할 수 있었다. 무릇 많은 인간관계에서 그러하듯, 계산과 인간적 호감의 경계가 뚜렷치 않은 경우도 얼마든지 있었다.

실제로 일기 『베를린의 한 여인』의 저자는 불의의 강간을 당한 후 여러 명의 소련 군인들과 성적 관계를 가지게 되는데, 그 가운데 한 소령에 대해서는 각별히 애틋한 감정을 가지고 있었다. 전쟁에서 무릎 부상을 입은 이 소령은 불편한 몸 때문에 성관계에 대한 요구는 강하지 않았으며, 그 대신 인간적 관계를 원하던 인물이었다. '베를린의 한 여인'은 몇 주일 동안 소령과 성적 관계를 가졌는데, 소령이 그녀를 강간한 것은 결코 아니며, 자신이 자발적으로 그와 관계를 가졌음을 명기하였다. 그녀는 이를 두고 자신이 그에게 연민의 마음을 가졌었다고 썼다. 그녀는 또한 그와는 "대화가 된다"(Mit dem Major läßt sich reden)는 점도 중시하였다.[60] 그런 동시에 소령이 다른 군인들이 그녀를 건드리지 못하도록 보호막을 제공해준다는 것,[61] 그리고 그녀를 위해 온갖 필요한 물품들을 가져다준다는 점도 잊지 않고 기술하였다.[62] 그와 관계를 지속했던 데에는 인간적 이끌림, 신변보호, 물질적 대가 등 여러 가지 요인이 복합적으로 작용했을 것이며 이 중 어느 요인이 가장 우선적이었던가에 대해서는 그녀 자신도 확실하게

---

60 Anomyma, *Eine Frau in Berlin: Tagebuchaufzeichnungen vom 20, April bis 22. Juni 1945*, 128쪽.

61 처음에 관계를 가질 때에는 보호막이라는 요인이 가장 중요했던 것으로 보인다. 같은 책, 115-116쪽.

62 같은 책, 128쪽.

말하기 어려웠을 것이다.

다른 경우로, 소련군 점령지역에서 속기사로 일하다가 1948년 초부터 소련군 장교와 사랑에 빠진 독일 여성 벤델가르트 트람포타(Wendelgard Trampota)는 그와의 사이에서 자녀 둘을 낳았다. 그러나 이들은 소련 점령 당국에 의해 결혼 허가를 받지 못했을 뿐 아니라, 서독으로 탈출하려다 둘 다 체포되어 반역죄로 재판받고 여러 해 동안 수감생활을 견뎌야만 했다. 이러한 경우는 강제성이나 계산이 배제된 순수한 남녀 간의 사랑 이야기라 할 것이다.[63]

점령군 군인들이 물질적 대가를 제공하는 데 이끌려 성적 서비스를 제공하는 여성들도 있었다. 가장 인기 있는 물품은 나일론 스타킹, 초콜릿, 담배 등이었다. 잔더가 2차 대전 종전 후의 베를린 여성에 관한 기록영화 촬영을 위해 종전 무렵 베를린에 살았던 여성과 면담하면서 나누었던 대화는 시사적이다. 잔더가 "초콜릿, 나일론 스타킹, 담배만 주면 여자들이 뭐든지 다 했다는 이야기가 파다하니 퍼져 있는데요."라고 묻자, 바르취 여사는 이렇게 답했다. "초콜릿이요, 그렇지요. 하지만 여자들이 그것 때문에 뭐든지 다 했다는 건 사실이 아니어요. 당한 거지요."[64]

외국인 점령군과 사귀는 여성들에 대한 독일 사회의 시선은 전반적으로 부정적이었다. 미군과 사귀는 독일 여성에게는 '미군색시'(Ami-Liebchen)라는 별명이 붙었고 영어권에서는 이를 '양키색시'(Yank's Sweetheart 혹은 Yank-Fräulein)라 옮겼다.[65] 미국인들은 이 여인들에게 '베로니카 당케쉰'(Veronika-Danke-Schön)이라는 별명을 따로 붙였다.[66] 소련군 병사와 성

---

63 Ulich Schacht (Hg.), *Hohenecker Protokolle: Aussagen zur Geschichte der politischen Verfolgung von Frauen in der DDR* (Zürich: Ammann Verlag, 1984), 75–76쪽.

64 Sander / Johr (Hg.), *BeFreier und Befreite: Krieg, Vergewaltigung, Kinder*, 142쪽.

65 Heineman, "The Hour of the Woman: Memories of Germany's "Crisis Years" and West German National Identity", 380쪽.

적 관계를 가지는 여성들도 부정적인 의미에서 '러시아 색시'(Russenliebchen)라는 명칭으로 불렸다.[67] 독일 여성과 점령군 군인들의 관계를 비판적으로 보는 독일 사회의 여론에서 쟁점이 된 것은 성병의 만연,[68] 도덕적 타락[69] 등의 문제였다. 더 나아가, 독일인들은 점증하는 미국의 문화적 제국주의에 대한 두려움도 느끼고 있었다.[70]

독일 여성들이 점령군을 비롯한 외국인과의 성적 관계를 통해 낳은 자녀에 대해서 독일 사회는 일찍부터 관심을 기울였다. 1949년 『여성세계』(*Frauenwelt*)지의 보도로는 1945년 이래 독일 전역에서 독일 여성이 외국인과의 관계에서 낳은 자녀는 15만 명에서 20만 명에 이르는 것으로 추정되었다.[71] 이러한 자녀의 부모가 결혼에 이르는 경우도 있기는 했지만 그렇지 못한 경우가 더 많았다.

점령군과 사귀는 여자들에게는 전반적으로 비난이 쏟아졌지만 상대가 흑인인 경우 이들에 대한 비난은 가중되었다. 백인 중심주의의 전통이 강했던 독일 사회에서는 흑인에 대한 부정적 편견이 심했기 때문에 독일 여성이 흑인 병사와의 사이에서 낳은 이른바 '혼혈아'(Mischling)는 심한 냉대를 받았다. 만하임 시의 경우, 1945년에서 1949년까지 독일 여성이 혼외관계에서 낳은 자녀 4천 명 가운데 미국인(주로 병사)과의 사이에서 낳은

---

66 Elizabeth D. Heineman, *What Difference Does a Husband Make? Women and Marital Status in Nazi and Postwar Germany* (Berkeley; Los Angeles; London: University of California Press, 1999), 100쪽.

67 Sander, "Erinnern/Vergessen", 18쪽.

68 Heineman, "The Hour of the Woman: Memories of Germany's "Crisis Years" and West German National Identity", 382쪽, 특히 각주 72.

69 같은 글, 382쪽.

70 같은 글, 382-383쪽.

71 *Frauenwelt*, Heft 14 (1949), Ruhl (Hg.), *Unsere verlorenen Jahre: Frauenalltag in Krieg- und Nachkriegszeit 1939-1949 in Berichten, Dokumenten und Bildern*, 155쪽에서 재인용.

아이가 788명이었고 그중에서도 흑인 병사와의 사이에서 낳은 아이는 110명이었다.[72] 이를 보더라도 이들의 비중이 결코 작지 않았음을 알 수 있다. 흑백 '혼혈아'들은 어머니 쪽 가족의 반대 때문에 대개 어린 시절부터 독일인 어머니와 함께 살지 못하고 고아원에서 자라는 경우가 일반적이었는데, 어머니가 양육비를 대지 못하는 경우에는 독일 국가가 그 비용을 부담하였다. 이 비용은 독일 사회가 부담하는 점령비용에 포함되었다.

되풀이하여 말하거니와 이 시기 독일 남성들은 무력하였다. 보베리는 독일의 패전이 가까워오는데도 온갖 소문만 난무하고 상황이 안개 속에 싸여 있던 시기인 1945년 4월 24일자 일기에서 여성과 남성이 삶에 대해 보여준 태도를 각각 이렇게 묘사하였다.

> 여자들은 끊임없이 연락하면서 삶을 계속 이어간다. 남자들은 아프다. 이질에 걸리지 않았으면 발목을 삐었단다(내 동료들 대부분이 이런 상태다). 나에게 깊은 감명을 주는 남자가 어디 없을까, 나는 지금도 계속 찾고 있다. 아마도 그런 남자는 꿈에서나 만날 수 있을 것 같다.[73]

4) 여성의 조직화

전후 독일 여성은 결코 수동적으로 상황을 견디거나 상황의 희생자가 되기만 하지는 않았다. 전쟁이 끝나자마자 여자들은 종전 후의 혼란스러운 상황에서도 조직을 결성하여 여성운동을 전개하였다. 여성조직들의 성격은 정치투쟁조직에서 일상적 문제의 해결을 위한 상조조직에 이르기까지

---

72 같은 곳.

73 Margaret Boveri, *Tage des Überlebens, Berlin 1945* (München: Deutscher Taschenbuch Verlag, 1970), 52쪽.

다양하였다. 우선 각 지역에서는 반파시즘 조직이 결성되었고 이것과 긴밀한 연관을 가지는 여성위원회(Frauenausschuß)가 구성되었다. 사회주의 세력이 강했던 브레멘에서는 나치가 정식으로 항복을 선언하기 전인 1945년 5월 3일에 이미 몇몇 노동정당들을 주축으로 하여 반파시즘 투쟁공동체(Kampfgemeinschaft gegen den Faschismus, KGF)가 조직되었고[74] 이와 유사한 조직이 퍼져나갔다. 이들 조직은 나치에 협력한 적이 없는 여성에게만 회원 자격을 부여하였다. 소련 점령지역에서도 반파시즘 여성위원회가 설립되었다.[75] 반파시즘 투쟁단체의 여성위원회는 1947년 베를린에 본부를 둔 독일민주여성연맹으로 발전하여 세력을 확대하게 되었다.[76] 함부르크-하르부르크의 여성위원회는 공산당(KPD) 소속 여성 4명의 발의로 결성된 후 경제, 사회, 법, 평화, 교육, 일상생활 등 다양한 영역에 걸쳐 강연회를 개최하고 문화행사를 개최하면서 여성들을 조직했으며 민주여성연맹에 가입하였다. 그러나 사회주의적인 성격이 강하다는 이유로 여러 차례 당국과 갈등을 빚었다.[77] 서방 연합국 점령지역에서는 전반적으로 반파시즘 여성위원회가 점령군 당국과 불화를 빚게 되자 그 대신 정파와 교파를 초월한 여성들의 연합체, 여성들의 비정치적인 상조조직 등이 여러 지역에 결성되어 활동하였다.

예를 들어 슈투트가르트 여성위원회(Stuttgarter Frauenausschuß)는 슈투

74 Hendrik Bunke, *Die KPD in Bremen. 1945–1968* (Köln: Papyrossa-Verlag, 2001), 18쪽.

75 Barbara Heincz/Margit Hirschfeld, "Die ersten Frauenausschüsse", Kuhn (Hg.), *Frauen in der deutschen Nachkriegszeit*, Bd. 2, 94–101쪽.

76 Monika Möller, "Der Frauenausschuß in Hamburg-Harburg", Kuhn (Hg.), *Frauen in der deutschen Nachkriegszeit*, Bd. 2, 120쪽.

77 반파시즘 여성위원회는 사회주의적 성격이 강하다는 이유로 서방 전승국 점령지역에서 금지되었다. Heincz/Hirschfeld, "Die ersten Frauenausschüsse", 95쪽. 민주여성연맹도 서독 정부 수립 이후 결국 금지되었다.

트가르트 광역시 중앙노동위원회 여성위원회, 슈투트가르트 여성지원단(Stuttgarter Frauendienst), 평화와 자유를 위한 여성동맹(Frauenliga für Frieden und Freiheit) 등 여러 단체들의 연합체로 결성된 초정파적 단체였다. 기독교민주당(CDU, 약칭 '기민당'), 사회민주당(SPD, 약칭 '사민당'), 공산당, 개신교회 여성위원회, 가톨릭교회 여성위원회, 적십자 여성위원회 등도 각각 대표를 파견하였다. 그런데 이처럼 지나치게 다양한 정파와 조직의 대표들이 참여함으로써 슈투트가르트 여성위원회는 내부 갈등으로 인하여 여성정책과 관련하여 뚜렷한 활동은 하지 못하게 되었다. 따라서 이 단체는 일상생활의 소소한 문제를 다루는 데 치중하는 경향을 보이기도 했다.[78]

독일 여성들은 전쟁이 끝난 직후부터 활발한 조직 활동을 전개했으나 정치논리와 분단상황 때문에 큰 구상에 바탕을 둔 활동을 전개하는 데 상당한 제약을 받았고, 그들의 조직은 동서독 각각의 지역에서 서서히 체제에 통합되어갔다.

---

78 Andrea Hauser, "Alle Frauen unter einem Hut? – Zur Geschichte des Stuttgarter Frauenausschusses", Kuhn (Hg.), *Frauen in der deutschen Nachkriegszeit*, Bd. 2, 102–109쪽.

제2장

동서독의 여성: 상이한 체제, 상이한 젠더관계

서방 연합국 점령지역에서는 1949년 5월 23일 서독(독일연방공화국, Bundesrepublik Deutschlands, BRD) 정부가, 그리고 소련군 점령지역에서는 같은 해 10월 7일에 동독(독일민주공화국, Deutsche Demokratische Republik, DDR) 정부가 수립되었다. 전시 및 전후시기(Kriegs- und Nachkriegszeit)가 종료되고 동서독은 동서 진영의 동맹체제에 각각 편입되었다. 독일 민족의 두 국가는 이제부터 통일에 이르기까지 냉전적 대립 속에서 각기 상이한 체제를 유지하게 될 터였다. 독자적인 정부가 수립된 후 동서독은 새로운 국가의 형성과 국민적 정체성의 확립에 주력하였다. 이념의 좌우를 막론하고 사회의 재건을 위한 사회정책 논의에서는 양성관계, 가족, 여성의 사회적·정치적 지위에 대한 성격규정 문제가 중요한 의미를 가졌다. 국가의 성격과 사회체제가 바뀌면서 여성과 남성의 관계도 다시 규정되고 정립되었다.

동서독 여성들의 삶의 방식에는 같은 점도 있었고 다른 점도 있었다. 가장 중요한 공통점을 든다면 그것은 동독과 서독에서 '재남성화'(再男性化, remasculinization)가 진행되었다는 사실이다.[79] 전후의 첫 몇 년이 여성의 시간이었다고 한다면, 동서독에서 각기 국가가 세워지고 난 후에는 곧 남성이 지배권을 되찾는 과정이 진행되었다. 남성들은 국가를 세우면서 정치, 사회, 문화, 일상생활 등 모든 영역에서 성별 구조를 확립하고 남성 지배체제를 다시 공고히 하였다. 이를 위해 중요한 것은 남성우위 이데올로기의 재도입이었다. 그것은 여러 종류의 기제를 통해 명시적으로 혹은 암암리에 이루어졌다. 다만, 동독과 서독은 사회주의와 자본주의라는 상이한 체제이념을 바탕으로 수립되었기에 여성정책과 여성의 삶은 사회주의와 자본주의의 기본노선에 의해 영향을 받았다. 따라서 비슷해 보이는 재남성화도 상이한 논리와 담론의 뒷받침 속에서 진행되었으며, 두 사회의 여성지위와 구체적 젠더 정책은 적지 않은 차이를 보였다.

1. 서독 체제와 여성

1) 서독 기본법의 양성평등 조항과 현실

1949년 5월, 헌법적 효력을 가지는 법으로서 제정된 서독 기본법(Grundgesetz)에는 남녀평등권이 명시되었다. 제3조 2항에서는 "남성과 여성은 동등한 권리를 가진다"(Männer und Frauen sind gleichberechtigt)라고 천명되었으며, 3장 3절에서는 "누구도 성별 때문에 [⋯] 우대받지 않는다"라는 구절로써 양성평등 원칙이 다시 확인되었다. 바이마르 헌법에서는 그저 "남성과 여성은 '기본적으로'(grundsetzlich) 동일한 시민적 권리와 의무를 가진다."(제119조 1항)라고만 했던 것에 비한다면 이는 확실히 진일보

---

79 Heide Fehrenbach, "Rehabilitating Fatherland: Race and German Remasculinization", *Signs*, Vol. 24, No. 1 (Autumn, 1998), 107-127쪽; Susan Jeffords, "The "Remasculinization" of Germany in the 1950s: Discussion", *Signs*, Vol. 24, No. 1 (Autumn, 1998), 163-169쪽.

한 것이라고 평가할 만하다.[80] 바이마르 헌법의 이 구절은 기본적인 것을 넘어서는 특정한 책임과 능력은 각각의 성에 귀속한다는 해석을 낳기에 충분했고, 따라서 양성평등을 제한할 소지가 있었다. 이에 반해 서독 기본법은 이론의 여지가 없을 만큼 명쾌하게 양성평등 원칙을 선언한 것이다.

서독 기본법의 이 같은 양성평등권 선언은 사민당의 여성 법률전문가였던 엘리자베트 젤베르트(Elisabeth Selbert)와 여러 여성단체들이 기민당과 기독교사회연합(CSU, 약칭 '기사당' 혹은 '기사련'), 자유민주당(FDP, 약칭 '자민당') 정치인들의 유보적인 태도에 맞서 일관되게 주장한 결과로 얻어낸 성과였다.[81] 이는 또한 독일 남자들이 자초한 전쟁과 패전의 경험을 통해 그들이 독일 사회에 엄청난 상처를 입혔으며 스스로도 무기력한 존재가 되어버린 것을 일정하게 자각하고 여자들에게 양보하지 않으면 안 된다는 불가피성을 인식한 결과라고 할 수 있다. 슈투트가르트 여성조직연합의 지도자인 도로테아 그뢰너-가이어(Dorothea Groener-Geyer)는 이에 대해 다음과 같이 평가하였다.

> 우리의 남자들이 남성이라는 강박관념의 희생자가 되어 파리를 거쳐 베를린에서 스탈린그라드까지 이 강박관념을 좇아갔다가 돌아오고, 개인을 사로잡았던 권력망상을 누를 힘이 없어지고, 그리하여 우리 국가의 통치권을 다 날려버리고, 우리의 도시들을 폐허로 만들어버리고, 우리의 집을 파괴하고, 수백 명의 노숙자를 만들고, 그들의 삶을 위한 어떠한 토대도 남겨놓지 않은 후에야 여성의 평등권은 실제로 성취되었다.[82]

---

80 Robert G. Moeller, "Reconstructing the Family in Reconstruction Germany: Women and Social Party in the Federal Republic, 1945-1955", *Feminist Studies*, Vol. 15. No. 1, Women, Family, and Work (Spring, 1989), 141쪽.

81 보수 정치인들의 유보적 태도에 대해서는 Robert G. Moeller, *Protecting Motherhood: Women and the Family in the Politics of Postwar West Germany* (Berkeley: University of California Press, 1993), 51-55쪽 참조.

결국 양성평등이라는 헌법적 규정은 패전이라는 쓰라린 현실 속에서 여성이 얻어낸 성과물이었던 셈이다.

그러나 남녀평등은 헌법상의 선언이었을 뿐 현실에서는 성별분업과 가부장적 가족이데올로기의 강화가 진행되었다. 보수세력인 기민당 집권기간 중에는 이 같은 경향이 더욱 두드러졌다. 전후 시기 서독의 지배적 여성상을 고찰한 쿤헤네(Michaela Kuhnhenne)의 분석으로는, 이 시기 여성상(Frauenbild)은 생식기의 차이에 바탕을 두고 성립된 생물학적·사회학적 양성차(兩性差)론에 바탕을 두고 형성되었다. 18–19세기식 여성관이 다시 회귀하였다. 예컨대 1954년 『브로크하우스 백과사전』(*Enzyklopädie Brokhaus*)은 '여성'(Frau)항에 대해 다음과 같이 풀이하였다. "1) 남성과 여성: 여성적 특징과 남성적 특징은 아주 강하게 서로를 규정하여서, 인간은 이 긴장 속에서 비로소 온전히 실제적 존재가 된다. 여기서 많은 것이 역사적 조건과 특히 사회적 조건으로 말미암아 초래된 차이와 대립의 영향을 받거나 최소한 강화된다. 그러나 영원히 인간적인 것 속에 고착되고 삶의 의미와 확고하게 결부된 핵심적 구성(Kernbestand)은 역사적 변화와 관계가 없다. 여성은 그들의 신체기관과 발전법칙에 이르기까지 그들의 생물학적 과제이자 동시에 그들의 삶의 의미를 뜻하는 것, 곧 어머니 → 여자 → 인간이라는 것으로 규정된다."[83] 이 같은 전통적 여성관, '여성 = 어머니'라는 등식 아래서 전시 및 전쟁 직후 시기에 여성이 이루었던 공헌과 여성이 치러야 했던 희생은 고려되지 않았다. 공헌은 여성들이 사회 구성원들의 삶을 어루만지고 보살피는 심리적·정서적 지주 역할을 했다는 점과 생산·재생

---

82 Robert G. Moeller, "Homecoming in the Fatherland: The "Remasculinization" of West Germany in the 1950s", *Eine Welt, Eine Geschichte? 43. Deutscher Historikertag in Aachen 2000* (München: Oldenbourg, 2001), 208쪽.

83 Michaela Kuhnhenne, *Frauenleitbilder und Bildung in der westdeutschen Nachkriegszeit Analyse am Beispiel der Region Bremen* (Wiesbaden: VS Verlag für Sozialwissenschaften, 2005), 165–166쪽에서 재인용.

산 영역에서 여성들이 수행한 유무형의 활동 모두를 포함하지만 이는 공적 영역에서 보상받지 못했다.

또한 앞에서 언급했듯, 독일 여성들이 점령군대에게 당한 집단 강간 문제는 서독 정부 수립 후 거론되지 않았다. 이 문제를 논의하는 방식은 두 가지가 있을 수 있었다. 하나는 여성의 고통이라는 측면에서 접근하는 것이고, 다른 하나는 독일인이 겪은 고통이라는 관점에서 접근하는 것이다.[84] 두 번째 접근 방식을 택할 때 그것은 소련군이 독일 민족에 저지른 만행으로 여겨질 수 있었다. 그러나, 앞에서도 이미 언급했듯, 이 관점에서 소련군의 '만행'을 비판하는 논의는 나치의 범죄를 정당화시키고 상대화시키는 의미를 가지게 될 수 있었다. 그렇다고 해서 동부 전선과 동부 점령지역에서 나치 군대가 저지른 전쟁범죄의 실상도 함께 드러낸다면[85] 소련 군대의 행위는 오히려 상대적으로 경미한 것으로 받아들여지거나, 나치 독일이 자초한 재앙에 대한 보복으로 여겨질 수 있었을 것이다.[86] 따라서 이 문제를 국제적으로 논의하거나 소련에 책임을 돌리는 방식으로 논의하는 것은 당시 상황으로서는 가능하지 않았다. 그렇다면 이 문제를 여성이 남성에 의해 입은 피해와 고통이라는 차원에서 접근하거나 혹은 독일의 전쟁정책 때문에 독일 여성이 겪은 고통으로 규정하여 적어도 국내적으

---

84 Grossman, "A Question of Silence: The Rape of German Women by Occupation Soldiers", 34쪽.

85 2차 대전 기간 중 동부유럽에서 나치 군대가 저지른 전쟁범죄와 잔학상에 대해서는 Omer Bartov, *Hitler's army: soldiers, Nazis, and war in the Third Reich* (New York; Oxford: Oxford University Press, 1992); Hannes Heer / Klaus Naumann (Hg.), *Vernichtungskrieg: Verbrechen der Wehrmacht, 1941-1944* (Hamburg: Hamburger Edition, 1995); Hamburger Institut für Sozialforschung (Hg.), *Vernichtungskrieg: Verbrechen der Wehrmacht 1941 bis 1944: Ausstellungskatalog* (Hamburg: Hamburger Edition, 1996) 등을 참조하시오.

86 2차 대전 시기 소련군의 대독일전 참전과 그 성공적 수행을 히틀러에 대한 응징으로 파악한 연구자의 책 제목을 상기해보면 좋을 것이다. Walter S. Dunn, Jr., *Hitler's Nemesis: the Red Army, 1930-1945* (Westport, Conn.: Praeger, 1994).

로라도 여자들의 피해를 인정하고 이에 대해 서독 정부 차원에서 보상하는 것은 생각할 수 있었을 터인데, 이 작업도 제대로 이루어지지 않았다. 1950년대 말, 1960년대 전반에 이르기까지 여성의 목소리는 너무 작았거나 혹은 이 문제에 돌파구를 얻을 새로운 담론의 지평을 열지 못했다.

2) 가족관계

서독 정부가 수립되고 독일 사회가 이른바 재건기에 들어가면서 사회 내에서는 가족 문제에 대해 보수적인 목소리가 들리기 시작하였다. 여성에 대해 전통적인 가족중심적 역할을 요구하는 데 앞장선 세력은 그리스도 교회, 특히 가톨릭교회였다. 가톨릭교회는 나치 정권에 그리 적극적으로 협력하지 않았던 까닭에 나치의 패망 이후 어느 정도 독일 국민들의 신망을 얻고 있었는데, 그 때문인지 전후 상황에서 독일 사회의 혼란과 방향 상실을 극복하는 데 적극적인 역할을 해야 한다는 사명감을 느끼고 있었고, 가족·여성 문제에서도 큰 목소리를 냈다.

가톨릭교회의 보수적 가족관과 여성관은 서독 정부 수립 이전에 지방의 가톨릭교회 공동체가 내놓은 의견을 통해서도 확인할 수 있다. 예컨대 뮌헨에 본부를 둔 가톨릭 단체인 아커만 공동체(Ackermann-Gemeinde)[87]는 1948년 5월에 간행된 소식지에서 '여성의 자리는 가족에 있다'는 전통적인 견해를 표명하였다. 이 문서에서 아커만 공동체는 여성의 보조적 지위를 다음과 같이 정의하였다. "아내로서의 여성은 남성의 조력자(Gehilfin)이며, 남성의 가부장권(hausväterliche Gewalt) 아래 놓인다. 어머니로서의 여성은 인류를 계속 존속시킬 사명을 지닌다. [⋯] 처녀로

87 아커만 공동체는 독일인과 체코슬로바키아인의 화해를 주된 목적으로 하여 형성된 교회 조직이었다.

서의 여성은 비록 자립적이고 남성에게 결속되지 아니하나, 그럼에도 동시에 '창조된 전체 세계 속에서'(im Ganzen der Schöpfung) 조력자이다."[88]

아커만 공동체의 입장에서 여성은 아내, 어머니, 처녀라는 세 가지 존재형태만을 가질 뿐이었다. 여기서 여성은 독자적인 그 자신의 존재에 의해 규정되는 것이 아니라 남성과의 관계 속에서 규정된다. 이는 결혼 전의 여성이 단지 결혼 여부라는 법적·제도적 지위를 가리키는 비혼여성 혹은 독신여성(ledige Frau)이라는 용어가 아니라 남성과 성적 관계를 가진 적이 없는 순결한 여성을 가리키는 '동정녀'(Jungfrau)라는 용어로 지칭되고 있다는 것에서도 분명히 드러난다.

세속 정치인들은 그 같은 근본주의적 입장을 공공연히 표명하지는 않았다. 프랑스 혁명 이래 유럽의 보편적 가치가 되어온 민주주의와 평등의 이념은 앞에서 이야기한 대로 기본법 제3조의 남녀평등원칙에서 확인되었다. 그러나 다른 한편으로 기본법의 입안자들은 남성과 여성의 차이를 강조하면서 여성은 '보호되어야 할 존재'로 여겼다. 이는 무엇보다 여성이 마땅히 있을 곳이 가정이라는 전통적 관념과 결부되어 있었다. 이러한 전제하에서 정치 담당자들은 여성이 그들의 평등을 가장 잘 발휘할 수 있는 영역으로서 가족의 강화를 위해 국가와 사회가 노력해야 한다는 입장을 가지고 있었다.

이 같은 기본적 태도는 서독의 헌법 격인 기본법의 앞부분에서 일찌감치 표명되었다. 곧 기본법 제6조 1항은 "혼인과 가족은 국가체제의 특별한 보호를 받는다"(Ehe und Familie stehen unter dem besonderen Schutze der staatlichen Ordnung)라고 규정한 것이다. 이는 법적 혼인관계를 중시하는 태도와 결부되어 있었다. 법적 혼인으로 맺어진 핵가족이 국가의 보호대

---

88 "Informationsschrift der Ackermann-Gemeinde (München) vom Mai 1948", Klaus-Jörg Ruhl (Hg.), *Frauen in der Nachkriegszeit: 1945-1963*, dtv dokumente (München: dtv, 1988), 108쪽.

상이 되는 것이다. 기본법은 자녀의 양육에 대해서도 기본적으로 부모의 책임을 명시하였으며, 부모의 양육책임이 제대로 작동하지 않는 경우에 한해서 사회가 이 역할을 부분적으로나마 넘겨받을 수 있었다. 이를 기본법은 다음과 같은 구절들로 명시하였다.

> 자녀의 돌봄과 양육은 부모의 자연적 권리이자 그들에게 일차적으로 속하는 의무이다. 국가공동체는 그것이 준수되는지를 감독한다.(기본법 제6조 2항)

> 자녀를 양육권자의 의지에 거슬러 가족에게서 격리시키는 것은, 양육권자가 자녀 양육을 능히 감당치 못하거나 다른 이유들 때문에 자녀가 보살핌 없이 방치될 위험이 있는 경우에 법에 의거해서만 가능하다.(기본법 제3조)

사실 독일에서 혼인과 가족을 헌법적 규정으로 국가사회의 특별한 보호 아래 두는 것은 바이마르 시대 이래의 전통이었다. 바이마르 헌법은 가족과 사회의 관계를 이렇게 규정한 바 있다.

> 혼인은 가족생활의 기반이자 민족의 유지와 증대의 기반으로서 헌법의 특별한 보호를 받는다. 혼인은 양성의 동등권에 바탕을 둔다.(제119조 1항)

> 가족을 청정하게 유지하고, 건강하게 만들고 사회적으로 장려하는 것은 국가와 공동체의 과제다. 다자녀 가족은 평형을 이루기 위한 배려를 받을 권리를 가진다.(제119조 2항)

2차 대전 후 서독의 기본법도 바이마르 헌법과 마찬가지로 혼인에 의해 형성되는 가족을 정상적이고 보편적인 가족형태로 여겼다. 사회주의 체제였던 동독에서 법적 혼인 자체를 가족형성의 전제로 여기지는 않았던 것과 대조된다.[89] 그런 한편 서독 기본법은 '혼인은 양성의 동등권에 바탕을 둔다'고 규정한 바이마르 헌법과 달리 혼인, 가족 내에서의 양성관계에 대해서는 아무런 언급을 하지 않았다. 제3조에서 보편적·포괄적인 양성평등 원칙을 제시한 이상 다른 구체적 관계에서의 양성관계 규정이 더 필요하지 않다는 것이 입안자들의 생각이었을 수 있다.

보수정치인들은 남성이 여성을 책임진다고 하는 관념을 표명하였다. 1954년 남녀동권을 둘러싸고 열린 의회 내 토론에서 집권보수당인 기민당 소속의 가족부 장관 프란츠-요제프 부에르멜링(Franz-Josef Wuermeling)[90]은 가족과 결혼은 국가에 선행하는 것이고 사회적 계약이 아니라 자연적인 제도라고 규정하였고,[91] 같은 당 소속인 가족 문제 전문가 헬레네 베버(Helene Weber)는 "남편은 부인에 대해 개인적 지배권을 가지지는 않되 책임과 사회적 봉사 의무를 진다."라고 주장하였다.[92] 가족 내에서 남편과 부인이 평등하다고 내세운다 하더라도, 이와 같은 전제가 따르는 한 그 가족은 위계서열에 입각한 가부장적 가족이 될 수밖에 없는 것이었고 그 안에서 여성의 지위는 불분명할 수밖에 없었다. 이는 가족법의 세부규정으로 정해져야 하는 것이었는데, 가족법의 제정은 지연되다가 1957년에 가서야 이루어졌다.

그런 한편 기본법은 혼외자녀에 대해서도 혼인 내 자녀와 마찬가지 권리를 부여하였다. 이는 기본법 제6조 5항에서 다음과 같이 명문화되었다.

> 혼외자녀들에게는 신체적·정신적 발전과 사회 내에서 자리 잡기(Stellung)를 위해 혼인 내 자녀들과 동등한 조건들을 마련해준다.

---

89 아래에서 서술하듯, 동독에서는 비혼 어머니와 자녀로 구성되는 가족도 자주 목격할 수 있었다.

90 기민당 정부에서 1953년부터 1962년까지 가족부 장관직을 수행하면서 그는 다자녀 가정을 선호하고 이를 위한 다양한 정책을 실시하였다.

91 Ruhl (Hg.), *Frauen in der Nachkriegszeit: 1945–1963*, dtv dokumente, 183쪽.

92 같은 책, 184쪽.

혼외자녀 출산을 장려하지는 않되 혼외자녀를 차별대우하지도 않는 것이 서독 입법자들의 입장이었다고 하겠다. 가톨릭교회가 상당한 영향력을 가지고 있고, 교회의 지지를 바탕으로 삼는 기민당이 최대의 정당인 상황에서 만들어진 기본법임을 생각할 때 이는 그 나름대로 전향적인 내용을 가지고 있었다고 할 수 있다.

이와는 별개로, 서독의 기본법이 자녀양육의 책임을 부모에게 귀속시킨 한, 사실상 이는 어머니의 책임을 의미하는 것일 수밖에 없었다.

3) 출산정책과 자녀수당(Kindergeld)

서독의 가족정책은 인구정책의 테두리 내에서 논의되었다. 낙태, 피임, 출산 억제 혹은 장려, 가족 수 등이 모두 인구 증가 혹은 감소에 대한 정책과의 연관 속에서 다루어진 것이다. 2차 대전을 거치면서 독일 인구가 감소했기 때문에 서독 정부는 인구증가에 신경을 썼는데, 보수적 집권세력은 기혼여성의 취업, 피임, 낙태가 모두 출산율 저하의 원인이라고 간주하였다.[93]

낙태에 관해서는 제2제국 초기인 1871년 5월에 발효된 형법 제218조의 낙태 관련 규정이 여전히 유효하였다. 이 조항은 애초에 낙태행위를 "태아 살해"로 규정하여 처벌대상으로 명시했으며, 낙태 수술을 받은 여성을 5년 이하의 중노동형에 처하며, 경감 사유가 있는 경우에는 중노동 대신 6개월 이상의 징역형에 처한다고 규정하였다. 낙태의 조력자나 시술자도 같은 처벌을 받으며, 돈을 받고 그리하는 자는 10년 이하의 중노동형에 처한다는 것이 법률상 규정이었다.[94] 20세기에 들어와서 낙태법을 완

---

93 같은 책, 134쪽.

94 George F. Cole / Stanislaw J. Frankowski (eds.), *Abortion and Protection of the*

화하려는 시도들이 간간이 있었지만 낙태를 엄격히 금지하고 범죄행위로서 처벌한다는 원칙 자체에는 변화가 없었다. 1926년에는 임산부가 낙태를 하는 경우는 과실로 규정되어 1일에서 5년까지 징역형의 대상이 되었다. 그러나 제3자에 의한 낙태 시술은 여전히 중범죄로 처벌받았다.[95] 다만, 1927년에 임산부의 목숨을 구하기 위해서 행하는 낙태를 허용하는 방향으로 개정이 이루어져 낙태의 "의학적 지표"(medizinische Indikationen)를 고려하는 최초의 명문규정을 도입하게 된 것은 상당한 변화였다고 할 수 있다.[96] 나치 집권기에는 1933년에서 1935년 사이에 제정된 유전건강법(Erbgesundheitsgesetze)에서 이른바 "우생학적 지표"를 동원해, 유전병의 위험이 있는 경우에는 사실상 낙태를 허용하였다.[97] 서독 정부 수립 후에도 형법 제218조에서 원칙적으로 낙태를 금지했으며, 우생학적 지표는 폐기하고 단지 의학적 지표만을 낙태를 정당화하는 유일한 근거로 남겨두었다.

피임은 권장되지 않았고 널리 보급되지도 않았다. 히틀러는 여성들에게 조국을 위해 자녀를 출산할 것을 강요하면서 피임을 금지했었는데,[98] 서독 정부가 수립된 후에도 피임은 권장되지 않았다. 1960년대 후반으로

Human Fetus: Legal Problems in a Cross-Cultural Perspective (Dordrecht: M. Nijhoff Publishers, 1987), 129쪽; А. Б. Генс, *Аборт в РСФСР: Доклад на Всесоюзном съезде по охране материнства и младенчества (1-8 дек. 1925 г.)* (Москва: Издательство "Охрана Материнства и Младенчества", 1926), 5쪽.

95 Cole/Frankowski (eds.), *Abortion and Protection of the Human Fetus: Legal Problems in a Cross-Cultural Perspective*, 129쪽.

96 Albin Eser, "Reform of German Abortion Law: First Experiences", *The American Journal of Comparative Law*, Vol. 34, No. 2 (Spring, 1986), 371쪽.

97 같은 곳.

98 Ruhl (Hg.), *Unsere verlorenen Jahre: Frauenalltag in Krieg- und Nachkriegszeit 1939-1949 in Berichten, Dokumenten und Bildern*, 152쪽.

가면서 젊은 여성들 사이에서도 성적 개방성이 크게 증대했음에도,[99] 통계상으로는 1968년에 서독 여성 가운데 단 4%만 피임약 복용 처방을 받았다.[100] 또한 의료 관련자들은 기혼 여성들만이 피임약 복용 자격이 있다고 주장하였다. 이는 피임에 대해서도 전반적으로 사회의 인식이 호의적이지 않았음을 보여준다. 피임은 재생산자로서의 여성의 역할에 반하는 것이었기 때문이다.

이처럼 보수세력 집권기의 여성정책은 여성이 가정에 머무르면서 육아와 가사노동에 종사해야 한다는 지극히 전통적인 관점에 바탕을 둔 것이었으며, 인구 감소를 막기 위해 국가가 출산지원책을 제공하는 것을 골자로 하였다. 자녀수당의 도입은 대표적인 출산지원책이었다.

자녀수당은 자녀양육의 책임을 부모에게 돌리되 국가가 이를 위한 약간의 경제적 지원을 제공하는 것을 뜻했다. 자녀수당 도입 문제는 서독 국가의 인구·가족·출산정책에서 중요한 쟁점의 하나로, 정부 수립 직후 개원된 제1대 서독의회(1949-1853)에서부터 논쟁이 시작되었다. 결국 1954년 11월 13일에 자녀수당법(Kindergeldgesetz)이 통과되었고 그 재원을 마련하기 위해 가족평형기금(Familienausgleichkasse)이 설치되었다.[101] 처음 자녀수당제도가 마련되었을 때는 규모가 조촐하였다. 셋째 자녀부터 매달 25마르크씩을 지원받기로 한 것이다. 그러나 액수가 그다지 크지 않았기 때문에 자녀양육지원책으로 실질적인 의미가 있을지에 대해서는 일찍부터 의문이 제기되었다. 이에 따라 차츰 그 액수와 적용범위가 확대되었다.

---

99 1966년 서독 잡지 『콘크레트』(*Konkret*)는 한 젊은 여성의 말을 다음과 같이 인용하였다. "나는 나이 갓 스무 살이면서 이미 10명 혹은 15명의 각기 다른 남자들과 잔 젊은 여자들을 알고 있다. 최근 들어 젊은 여자들은 점점 거리낌이 없어지고 있다." Robert Jütte, *Contraception: a History* (Cambridge: Polity Press, 2008), 211쪽.

100 Nick Thomas, *Protest Movements in 1960s West Germany: a Social History of Dissent and Democracy* (Oxford; New York: Berg, 2003), 233쪽.

101 Ruhl (Hg.), *Frauen in der Nachkriegszeit: 1945-1963*, dtv dokumente, 109쪽.

표 I-1 서독의 자녀수당 월지급액 (단위: 독일 마르크 DM)

1950-1960년대	1970년대	1980년대
• 1955년 셋째 자녀부터: 25 **• 1959년** 셋째 자녀부터: 40 **• 1961년**[b)] 첫째 자녀: 25 둘째 자녀부터: 40	**• 1970년**[b)] 첫째 자녀: 25 둘째-넷째 자녀: 60 다섯째 이하 자녀: 70 **• 1975년** 첫째 자녀: 50 둘째 자녀: 70 셋째 자녀부터: 120	**• 1982년**[a)] 첫째 자녀: 50 둘째 자녀: 120 셋째 자녀부터: 240 **• 1983년**[b)] 첫째 자녀: 50 둘째 자녀: 100 셋째 자녀: 220 넷째 자녀부터: 240

주 : [a)]는 원문에 1981년으로 되어 있다.
[b)]로 표시된 부분은 소득에 따라 다를 수 있음을 나타낸다.

출처 : Stefan Bender / Annette Kohlmann / Stefan Lang, "Women, Work, and Motherhood: Changing Employment Penalties for Motherhood in West Germany after 1945- . A Comparative Analysis of Cohorts Born in 1934-1971", *MPIDR Working Paper WP 2003-006* (February, 2003), 3쪽, http://www.femtech.at/fileadmin/downloads/Wissen/Themen/Vereinbarkeit/women-work-and-motherhood.pdf (검색일: 2010-09-10)에서 발췌하여 재구성.

1959년 5월부터는 셋째 자녀에 대한 자녀수당이 25마르크에서 40마르크로 인상되었고, 1961년 6월 29일에는 두 번째 자녀에게도 자녀수당을 지급하고 자녀수당기금(Kindergeldkasse)을 설치하는 내용의 법이 통과되었다.[102] 자녀수당의 지급내용과 액수의 개략적 추이는 표 I-1과 같다.

통일 직전인 1990년에는 1982년 규정에서 다른 내용은 동일하고 둘째 자녀에 대한 수당만 120마르크에서 130마르크로 올라 있었다. 서독의 자녀수당제도는 세부 내용을 개정하고 보완하여 통일독일로 이어졌으며 현

---

102 Stefan Bender / Annette Kohlmann / Stefan Lang, "Women, Work, and Motherhood: Changing Employment Penalties for Motherhood in West Germany after 1945- . A Comparative Analysis of Cohorts Born in 1934-1971", *MPIDR Working Paper WP 2003-006* (February, 2003), 110쪽, http://www.femtech.at/fileadmin/downloads/Wissen/Themen/Vereinbarkeit/women-work-and-motherhood.pdf (검색일: 2010-09-10).

재까지도 유지되고 있다. 이는 유럽식 복지제도하에서 출산장려정책의 대표적인 사례로 손꼽힌다.

4) 여성노동과 모성보호

보수세력 집권기에 서독 사회의 여성노동정책의 기본노선은 여성의 공적 노동을 배제하지는 않되 이를 적극적으로 장려하지도 않는다는 것이었다. 서독의 경제체제는 "사회적 시장경제"(soziale Marktwirtschaft)로 규정되는 것이며, 이는 복지정책의 요소를 가미한 자본주의 체제라고 할 수 있다.[103] 시장경제 아래서 여성노동은 여성해방과 같은 이념이 아니라 자본의 요구에 따라 동원되거나 배제되기 마련이다. 자본주의 체제에서 여성노동정책은 기본적으로 자본의 요구와 인구·출산·가족정책의 요구 사이에서 균형을 맞추는 것일 수밖에 없다. 그런데 2차 대전 후 독일에서는 이와 별도로 전쟁으로 인해 초래된 성비 불균형, 곧 남성부족과 여초(女超)라는 특수한 사정에서 비롯하는 정책적 고려가 중요한 요소로 작용하였다. 따라서 여성 노동력에 대한 태도는 모순적이고도 다면적인 성격을 가졌다. 이는 미혼 여성의 경우보다 기혼 여성, 특히 어머니인 노동자에 대한 제도에서 가장 두드러지게 나타날 수밖에 없었다.

서독 기본법은 어머니에 대한 사회적 보호 의무를 명시하였다. 이는

---

103 『가블러 경제사전』의 풀이에 따르면 "사회적 시장경제는 뮐러-아르막(Müller-Armack)과 루트비히 에르하르트(Ludwig Erhard)가 구상하여 1948년부터 서독에서 실시된 경제정책 모델이다. 자유시장경제를 기본으로 하되 사회정책적 목표를 중시하는 국가정책적 과제로써 이를 보완하는 것을 특징으로 한다. 이 모델은 엄격하고 폐쇄적인 원칙을 고집하는 것이 아니라 자유주의, 기독교적 사회교의, 자유사회주의의 목표와 제안들을 서로 결합하고자 시도한다." "Soziale Marktwirtschaft", *Gabler Wirtschaftslexikon*, http://wirtschaftslexikon.gabler.de/Homepage.jsp (검색일: 2011-01-14).

기본법 제6조 4항에서 "모든 어머니는 공동체로부터 보호와 배려를 받을 권리를 가진다"(Jede Mutter hat Anspruch auf den Schutz und die Fürsorge der Gemeinschaft)라는 구절로 표현되었다. 새로운 생명의 출산과 양육에 이르는 전 과정에서 사회 전체가 보호와 배려를 제공해야 한다는 기본원칙이 제시된 것이다. 2차 대전으로 인한 독일 인구의 감소를 독일인들이 얼마나 중대한 문제점으로 여기고 있었는지를 여기에서 알 수 있다. 그런데 문제는 여성의 존재 가운데 모성을 지나치게 강조하는 것이 여성의 사회활동을 가로막게 되지 않을까 하는 점이었다. 인구의 감소는 남성들 사이에서 훨씬 두드러졌기 때문에 여성 노동력의 활용은 불가피한 사회적 요구였다. 어떻게 여성을 일정하게 노동시장에 받아들이면서도 동시에 여성에게 출산·양육의 역할을 부과할 것인가 하는 것이 자본과 국가권력의 고민거리였다. 그렇다면 여성 노동력의 사회적 동원이 인구의 증대라는 전후 독일 사회의 요청과 상충하지 않게끔 제도적 장치를 마련할 필요가 있었다. 여기에서 생계활동에 종사하는 여성의 모성을 보호하기 위한 법률의 도입에 대한 논의가 나오기 시작하였다.

사실, 독일은 모성보호를 위한 법률 제정에 관한 한 오랜 전통을 가진 나라로 그 연원은 비스마르크 시대로까지 거슬러 올라간다. 비스마르크 정부는 여성의 야간노동과 중노동 금지를 골자로 하는 모성보호법을 제정하였다. 이는 여성 노동자들에 대한 온정주의적 조치이면서, 여성 노동자의 활동을 제약하는 성격도 가지고 있었다.[104] 바이마르 공화국은 헌법에서 모성보호를 헌법적 청구권으로 규정하였다: "모성은 국가의 보호와 배려를 받을 권리를 가진다"(Die Mutterschaft hat Anspruch auf den Schutz und die Fürsorge des Staats)(바이마르 헌법 제119조 3항). 서독 기본법에서는 개인

---

104 문수현, 『독일 제국 시기 성의 담론과 여성노동: 1878-1891년 독일 여성노동자 보호법을 중심으로』.

으로서의 어머니(Mutter)의 권리를 강조한 반면 바이마르 헌법은 모성(Mutterschaft)이라는 가치에 중점을 두고 있는 것이 차이라고 할 수 있다. 후자의 경우에 보호를 받는 것은 개인으로서의 어머니라기보다 어머니가 지닌 모성인 것이다. 바이마르 공화국 정부는 노동 현장에서 모성을 보호하기 위한 법을 유지하였다.

나치 정권은 여성의 자리가 기본적으로 공적 노동의 장이 아니라 부엌, 교회, 가정이라고 보았기 때문에 처음에는 이전 정권에서 제정된 모성보호법들을 무력하게 만들었다. 그러나 2차 대전이 중반을 넘기면서 남성이 병력으로 동원되어 후방에서 노동력이 부족해지자 히틀러 정권도 사회적 생산노동에 종사하는 여성들을 위한 최소한의 양보조치를 취하지 않을 수 없었다. 그리하여 전쟁 중반이던 1942년 5월에 모성보호법이 제정되었다. 정식 명칭이 '생계활동에 종사하는 어머니의 보호를 위한 법'(Gesetz zum Schutz der erwerbstätigen Mutter)인 이 법[105]은 임산부가 자신이나 태아의 건강에 손상을 가할 수 있는 일은 절대 하지 못하게 막는 것을 주된 내용으로 하였다. 예컨대 임산부는 5킬로그램이 넘는 물건을 들거나 옮기는 일에 종사해서는 안 되었고 오래 서 있어야 하는 일, 발로 움직이는 기계를 사용하는 일, 유독물질이나 방사능을 다루는 일 등에도 종사해서는 안 되었으며, 야간노동과 휴일 근무 등도 금지되었다. 임신을 이유로 여성을 해고하는 것도 금지되었다. 임산부에게는 출산 전후 각 6주의 유급 휴가를 제공하고 출산 후에는 근무 중 별도의 수유 시간을 제공해야 했다.[106] 물론 이러한 법은 아리안 인종의 건강한 아기를 출산할 여성을 위한 것으로서 유대인을 비롯한 다른 여성에게는 혜택을 주지 않는 것이었다.

---

105 Ruhl (Hg.), *Frauen in der Nachkriegszeit: 1945-1963*, dtv dokumente, 235쪽.

106 Robert N. Proctor, *The Nazi War on Cancer* (Princeton: Princeton University Press, 1999), 80쪽.

이렇듯 세세한 내용을 가진 모성보호법은 나치 정권하에서 제정되고 효력을 가졌을 뿐 아니라 2차 대전 종전 후에도 서방 전승국 관할지역에서 일시 철폐되었다가 1949년 영국군 관할지역에서는 다시 전면적으로 효력을 가지게 되기도 했다. 연합국 관할지역에서 모성보호법의 지위가 불안정해져 있을 때에도 노동조합은 이 법의 개정법을 통과시켜 임신한 여성 노동자들을 해고하려는 고용자들의 시도를 성공적으로 막아냈다.[107]

그러나 모성보호법이 나치 정권에 의해 도입되고 운영되었다는 사실은 전후 서독에서 모성보호를 위한 별도의 법률을 다시 전면적으로 도입하는 것을 선뜻 결정하지 못하게 하는 하나의 요인이 되기도 했다. 여기에 덧붙여 여성 노동자들을 위한 모성보호법의 도입을 망설이게 하는 또 하나의 요인이 있었다. 그것은 이 법이 사회주의 체제의 여성 관련 법과 유사해 보이지 않을까 하는 우려였다.

사실 모성보호를 헌법으로 규정하는 일과 관련해서는 사회주의 체제가 더 앞서서 확실한 원칙을 세우고 정책을 추진하였다. 선구자는 소련이었다. 혁명기 여성 노동자의 모성보호에 앞장섰던 알렉산드라 콜론타이(Aleksandra Kollontai)라는 걸출한 여성 운동가와 그 동지들 덕분에 러시아에서는 혁명 후 모성보호 문제가 중요한 논의 사항으로 등장했고,[108] 소련 체제하에서 모성보호가 헌법 사항으로 보장되었다. 그런데 소련의 모성보호 관련 법은 모성보호를 여성의 권리로서 포괄적으로 보장한 서독 기본법 제6조 4항보다 훨씬 더 구체적인 한편, 모성보호를 여성의 권리라는 관점보다는 노동여성에 대한 국가의 의무라는 관점에서 접근하고 있다.

예를 들어 1936년에 제정된 소련 헌법(이른바 스탈린 헌법)은 1920년대

---

107 Ruhl (Hg.), *Frauen in der Nachkriegszeit: 1945-1963*, dtv dokumente, 235쪽.

108 Wendy Z. Goldman, *Women, the State and Revolution: Soviet Family Policy and Social Life, 1917-1936* (Cambridge: Cambridge University Press, 1993), 10쪽.

의 소련 헌법에 비해 여성의 권리와 모성보호의 측면에서 후퇴한 것인데, 제122조는 양성평등과 모성보호를 다음과 같이 규정하였다.

> 소련 여성은 경제적, 국가적, 문화적, 사회·정치적 생활의 모든 영역에서 남성과 동등한 권리를 부여받는다. 이러한 여성의 권리들을 실현할 가능성은 여자들에게 노동, 노동보수, 휴가, 사회보장 및 교육에서 남자들과 동등한 권리를 제공함에 의해, 그리고 국가가 어머니와 자녀의 이익을 보호하고, 다자녀 어머니와 홀로어머니를 국가가 지원하며, 여성에게 유급 출산휴가를 제공하고, 조산원, 탁아소, 유치원의 광범한 조직망을 설치함에 의해 보장된다.

소련 체제는 여성의 사회적 활동을 장려하고 이를 위해 육아·가사와 노동을 병행할 수 있게 해주는 사회적 지원을 제공하는 데 큰 노력을 기울였다. 탁아소와 어린이집은 그 대표적인 예였다.[109] 많은 면에서 소련의 체제를 본받았던 동독에서도 1950년에 모성·아동보호법이 효력을 가지게 되었으며 그 후 탁아소, 어린이집과 같은 기구의 설치가 촉진되었다. 냉전적 사고방식이 지배하던 시절, 반공주의적 보수주의자들이 집권하고 있던 서독에서는 사회주의적 여성정책을 연상시키는 정책의 도입을 꺼리는 분위기가 강했다. 심지어 사민당 쪽 정책입안자들도 사회주의식 "형식적"(formal) 남녀평등은 바람직하지 않다는 견해를 공공연히 표방할 정도였다.[110] 그렇기에 탁아소 설치조차 사회주의권의 여성정책을 연상시킨다는 이유로 환영받지 못하였다. 일부 여성들은 탁아소 설치에서 나치의 여성정책을 떠올리기도 했다.[111]

---

109 같은 책, 126-128쪽.

110 Ruhl (Hg.), *Frauen in der Nachkriegszeit: 1945-1963*, dtv dokumente, 182쪽.

111 Moeller, *Protecting Motherhood: Women and the Family in the Politics of Postwar West Germany*, 175-176쪽.

노조 전국연합 대회에 참석한 여성 대표들은 여성의 이중부담을 덜어주기 위해 여성이 임금노동과 어머니 역할 가운데 택일할 수 있는 방안을 만들어보려고 애쓰기도 했다.[112] 그러나 서독 정부 수립 후 경제재건기에 들어서면서 서독 사회는 노동력 수요의 급격한 증가에 직면하게 되었고, 여성 노동력의 활용을 전면적으로 거부하는 것은 불가능하게 되었다. 노동과 가사·육아를 병행할 수 있게 해주는 방안이 다시 모색되었다. 여성 입법가들과 운동가들의 노력으로 결국 1952년 서독에서도 모성보호법(Mutterschutzgesetz, 약칭 MuSchG)이 제정되었다. 1942년 법과 마찬가지로 '생계활동에 종사하는 어머니의 보호를 위한 법'이라는 정식 명칭을 가진 1952년 서독 모성보호법은 어머니이면서 '노동관계' 속에서 일하는 여성이나 가사도우미로 일하는 여성을 지원하기 위한 법률이다. 이 법은 출산을 앞둔 임산부가 중노동(무거운 물건을 드는 일, 계속 서서 하는 일, 발로 기계나 기구를 돌려야 하는 일, 나무껍질 벗기는 일 등)에 종사하는 것을 금지하고, 임산부에게 산전·산후 휴가를 제공하며, 출산 후에는 산모에게 직장 내 수유 시간을 제도적으로 허용하는 것, 출산을 앞두었거나 출산 후 4개월이 지나지 않은 임산부의 해고를 금하는 것, 노동시간이 줄어들더라도 임산부의 임금을 삭감해서는 안 된다는 것 등을 기본적인 내용으로 하고 있었다.[113] 모성보호법 가운데 출산 전후 여성에 대한 해고 금지 조항은 육체노동이 아닌 사무직 여성들에게도 대단히 중요한 의미를 가지고 있었다. 모성보호법은 1954년부터는 여성 공무원들에게도 확대 적용되었다.[114] 그 후 이 법은 기본 골격은 유지하되 세부 내용에서는 여러 차례 개정을 거쳐

---

112 같은 책, 176쪽.

113 "Gesetz zum Schutz der erwerbstätigen Mutter (Mutterschutzgesetz), 24, Januar, 1952", Ruhl (Hg.), *Frauen in der Nachkriegszeit: 1945-1963*, dtv dokumente, 241-250쪽.

114 Ruhl (Hg.), *Frauen in der Nachkriegszeit: 1945-1963*, dtv dokumente, 236쪽.

현재까지 지속되고 있다.

1950년대 모성보호 입법은 여성의 사회적 노동을 가능하게 하려는 것이었지만 기본적으로는 성별분업·핵가족·모성에 대한 전통적 관념을 보호하고자 하는 것이었다. 남녀평등을 규정한 기본법 제3조가 아니라 가족보호·모성 보호를 규정한 기본법 제6조에 의해 보호입법과 여성정책이 정해진 것도 이를 말해준다.[115]

1952년 서독에서 모성보호법이 처음 도입되었을 때 임산부는 출산 전후 각각 6주의 유급 휴가를 가질 수 있었다. 이 기간 동안에는 병가에 해당하는 임금이 지급되었다. 1965년에는 유급 출산휴가가 출산 전 6주, 출산 후 8주로 약간 연장되었다.[116]

일하는 어머니를 위한 아동보육시설은 1950-60년대에는 거의 없었다. 이 또한 사회주의적 여성정책을 연상시키는 정책을 피하고자 하는 의도와 무관한 것이 아니었으니, 냉전은 일하는 어머니를 비롯한 여성의 상태 개선에 크나큰 장애물이 아닐 수 없었다.[117] 1950년대에 어린 자녀를 둔 어머니의 취업률이 성장한 자녀를 둔 어머니의 취업률보다 더 낮았다는 사실은 일하는 어머니를 위한 사회적 지원의 부족으로밖에 달리 설명할 수 없다.[118]

보수정당 집권기에 서독의 여성정책은 가족과 노동력을 유지할 수 있

---

115 Moeller, *Protecting Motherhood: Women and the Family in the Politics of Postwar West Germany*, 179쪽.

116 Bender / Kohlmann / Lang, "Women, Work, and Motherhood: Changing Employment Penalties for Motherhood in West Germany after 1945", 3쪽.

117 남북대립이 극한적이던 시절, 남한에서도 비슷한 관념이 지배적이었다. 남한사회의 주류담론에서는 '탁아소'라는 용어 자체가 '공산주의적'인 것이고 사회가 갓난아이를 부모로부터 빼앗기 위해 설치한 기구를 의미하는 것이라 해석하였다. 필자는 1980년대 말, 1990년대 초에 사적 대화에서 '탁아소'라는 용어를 썼다가 대화상대의 심한 거부감에 부딪친 경험을 가지고 있다.

118 Ruhl (Hg.), *Frauen in der Nachkriegszeit: 1945-1963*, dtv dokumente, 207쪽.

는 범위에 한해서 여성의 임금노동 진출을 허용하고자 하는 경향을 보였다. 또한 사회주의 여성정책과의 차별성을 내세우면서 이로써 사실상 여성에 대한 임금차별과 여성의 미숙련·저임금 노동 취업을 묵인하였다. 1955년 서독 노동법원은 동일 노동에 대한 남녀 임금차별이 위헌이라고 판시했지만, 고용자들은 여성이 주로 취업하는 노동 분야와 남성이 주로 취업하는 분야를 구분하여 각각의 분야에 대해 임금을 다르게 책정하는 방식으로 사실상 남녀 임금차별을 유지하였다. 이들은 여성이 주로 취업하는 분야는 "노동 난이도가 낮은 그룹"으로 분류함으로써 여성 노동에 대한 저임금을 정당화하려 했다.[119] 이른바 "성별로 분리된 노동시장"을 통해 여성에 대한 차별을 유지했던 것이다.[120]

모성보호법이 도입된 후 여성의 취업이 증가하는 경향을 보이자 보수주의자들의 반격이 시작되었다. 1950년대 서독의 보수주의자들은 여성의 취업에 대해 부정적인 관념을 유포하였다. 그들은 자녀를 둔 여성 3백만 명이 취업하고 있다는 전제 아래 이 어머니들의 자녀인 3백만 명의 취학아동들이 보호받지 못하고 있다거나, 기혼 여성들이 사치욕 때문에 돈을 벌기 위해 직장생활을 한다는 주장을 내세웠다. 그러나 실제로는 3백만 명이라는 숫자는 여성 노동자뿐 아니라 자영 여성과 여성 농민들, 보호가 필요 없는 성장한 자녀를 둔 어머니들을 모두 포함하고 있는 것이었다. 또한 여성들은 사치욕 때문이 아니라 남편의 임금이 충분치 않기 때문에 이를 보완하기 위해, 그리고 특히 자녀의 교육비를 벌기 위해 취업전선에 나선 경우가 일반적이었다.[121]

---

119 "Stellungnahme der IG Chemie Papier Cheramik zu den Bundesarbeitsgerichtsurteilen, 3. August, 1955", Ruhl (Hg.), *Frauen in der Nachkriegszeit: 1945-1963*, dtv dokumente, 210-212쪽.

120 Moeller, *Protecting Motherhood: Women and the Family in the Politics of Postwar West Germany*, 149-150쪽.

보수세력이 지배하던 시기에는 사회적 노동이 여성에게 장려되지 않을 뿐 아니라 이를 위한 매력적인 유인책도 주어지지 않았으므로 많은 서독 여성들은 사회적 노동보다는 가정을 택하였다. 이는 임금노동보다 자녀수당을 선호하는 경향으로 나타났다.[122] 그 결과 가족의 사회적 위상이 높아졌고 출산율이 크게 상승했던 것은 사실이다.[123] 이는 여성을 가정에 두고자 하는 국가의 의도가 어느 정도 관철된 것으로 볼 수 있다. 서방 자본주의 사회에서 여성의 지위를 논할 때 흔히 이 사회에서는 여성관과 여성정책이 '사적 영역과 공적 영역의 철저한 구분'에 바탕을 두고 형성된다고 말하곤 하는데, 사회주의 사회의 여성정책과 비교했을 때 이 구분의 의미는 명백해진다고 할 수 있다. 서독의 경우에도 여성은 기본적으로 사적 영역에 속하는 존재로 여겨졌던 것은 명백하다.

독일인 여성 노동력을 노동시장으로 이끌어 들이는 데 한계가 있자 서독 정부는 외국인 노동자 고용을 추진하기 시작하였다. 이에 따라 서독에서는 외국인 노동자 수가 급증하였다. 1961년에 외국인 노동자는 68만 6천 명이었으나 20년 후 그 수는 7배에 이르렀다. 1961년에 서독 전체 노동자의 2.5%를 차지하던 외국인 노동자의 비중은 10년 후 10%를 차지하게 되었다.[124] 전일제 저임금 노동을 외국인 노동자들이 주로 담당하게 되면서 여성들은 시간제 노동에 더 많이 진출하게 되었다. 1960년에서 1984년 사이에 여성 노동자 중 시간제 노동자의 비율은 14%에서 33%로 증가하였다. 그리고 시간제 노동자의 대부분은 여성이었다. 1980년대 중반에

---

121 Ruhl (Hg.), *Frauen in der Nachkriegszeit: 1945-1963*, dtv dokumente, 205-207쪽.

122 Moeller, *Protecting Motherhood: Women and the Family in the Politics of Postwar West Germany*, 177쪽.

123 Ruhl (Hg.), *Frauen in der Nachkriegszeit: 1945-1963*, dtv dokumente, 207쪽.

124 Moeller, *Protecting Motherhood: Women and the Family in the Politics of Postwar West Germany*, 178쪽.

는 근무시간이 주당 20시간 미만인 노동자(실업보험, 의료 보험 및 퇴직금이 없는 일자리에서 일하는 노동자)의 90%가 여성이었다.[125]

물론 1950년대 후반 이후에는 약간의 변화가 눈에 띄기도 했다. 그것은 소련의 과학기술 발달에 따른 충격과 관련된 것이었다. 1957년 소련이 인류 최초의 우주선 스푸트니크호를 발사하는 데 성공하고 이어서 1960년에는 유인 우주선까지 발사하자 미국과 마찬가지로 서독도 큰 충격을 받았다. 과학기술을 발전시키는 데는 빈부나 남녀 구분이 있을 수 없다고 생각한 서독 집권층은 이를 계기로 여성교육을 강화하게 되었고, 특히 여성의 직업교육에서도 개방적인 정책을 추구하기 시작했다.[126] 그러나 이것이 여성 취업의 경향에 근본적 변화를 가져온 것은 아니다. 1970년대에 오일 쇼크로 실업률이 급증하자 '교육받은 여성의 취업'이라는 문제는 큰 관심거리로 등장하게 되었다.[127]

서독의 여성 취업률은 전반적으로 높지 않은 편이었다. 1961년에 서독에서는 취업 연령(15-61세) 여성 가운데 48.9%가 취업해 있었다. 1925년에도 취업 여성 비율이 이에 못지않았음을 생각하면 전후 서독에서 여성의 취업은 큰 진전을 이루지 못했음을 확인할 수 있다.[128]

서독 여성들은 이처럼 2차 대전 후 20년이 넘도록 사회활동에서 관념상·의식상의 일정한 제약 아래 놓여 있었다. 그들은 국가가 제공하는 시혜

125 같은 곳.

126 Eva Kolinsky, *Women in Contemporary Germany: Life, Work, and Politics* (Providence; Oxford: Berg, 1993), 100-101쪽.

127 같은 책, 102쪽.

128 Moeller, *Protecting Motherhood: Women and the Family in the Politics of Postwar West Germany*, 150쪽. 여성고용은 특히 3차 부문에서 증가하였다. 1950년에는 전체 취업여성의 31%가 서비스 부문에 종사했는데, 1961년에는 그 비율이 44%로 늘어났다. 같은 책, 151쪽. 이는 서독의 경제구조에서 1차 부문이 축소되고 3차 부문이 확대된 것과 관련된 현상이다.

의 점진적 확대 속에서 일차적으로는 어머니와 아내로서의 역할에 만족해야 했고, 단지 부차적으로만 생계부양자 역할을 포함한 공적 역할 속으로 들어왔다. 서독 경제가 이 시기 동안 "경제기적"(Wirtschaftswunder)[129]을 이루었고 그 덕분에 여성들에게 소비생활을 보장해줄 수 있었던 것은 이들의 불만을 잠재울 수 있었던 가장 중요한 요인이었다.[130] 이를 뒤집어, 서독 여성들이 근대적 가정성(家庭性)을 적극적으로 수용하고 소비자로서의 주부 역할에 적극 동참함으로써 서독의 경제회복에 결정적인 역할을 했음을 강조하는 연구자도 있다.[131] 종전 후 서독 사회의 경제담론은 한편으로는 근검절약을 강조하는 것이었지만, 다른 한편으로는 고도 경제성장 정책의 주역인 경제장관 루트비히 에르하르트의 구호 "모든 사람을 위한 풍요"(Wohlstand für Alle)[132]에서 보듯, 생활수준 향상과 부족함 없는 소비생활에도 그 못지않은 관심을 기울이고 있었다.[133] 2차 대전을 겪은 세대의 서독 여성들은 1950년대를 거치면서 근대적 기술에 의해 점차 풍족하게 주어지기 시작한 소비재 덕분에 그 이전에 일찍이 알지 못했던 풍요를 누리면서 전쟁시기의 악몽과 패전의 상처 그리고 죄의식을 잊어버리고자 하는 경향을 보였다. 그들은 '서구국가 가족'의 일원이 되고자 했고, 스스로 이에 성공했다고 여겼다.[134] 이것에서 초래되는 일종의 도피적·수동적 소

---

129 한국에서는 흔히 '라인 강의 기적'이라고 일컬어지는 서독의 고도 경제성장을 말한다.

130 Hanna Schissler, *The Miracle Years, a Cultural History of West Germany, 1949-1968* (Princeton: Princeton University Press, 1997).

131 Erica Carter, *How German is She? Postwar West German Reconstruction and the Consuming Woman* (Ann Arbor: University of Michigan Press, 1997), 41-42쪽.

132 이는 1957년에 출판된 에르하르트의 저서 제목이기도 했다.

133 Arnold Sywottek, "From Starvation to Excess? Trends in the Consumer Society From the 1940s to the 1970s", Schissler, *The Miracle Years, a Cultural History of West Germany, 1949-1968*, 341-351쪽.

134 Wendelgard von Staden, *Darkness over the Valley* (New Haven; New York: Ticknor & Fields, 1981), ix-x쪽.

비주의가 이 세대 여성 다수의 사회정치적 성향을 일정하게 규정했다고 할 수 있다. 이는 그들이 딸 세대인 68혁명기 여성들과 갈등을 빚는 가장 중요한 요인이기도 했다.

5) 68혁명 이후의 서독 여성

(1) 68혁명기의 여성

'여성은 가족에 속하는 존재'라는 기본관념에 바탕을 둔 서독 정부의 보수적 여성정책은 기민당 집권기에 기본적으로 큰 변화를 겪지 않았다. 냉전체제하에서 여성의 지위향상을 향한 움직임은 사회주의적인 것으로 치부되었고 이것이 여성운동의 발전 또한 가로막았다. 이른바 아데나워 시대에는 여성운동이 활성화되지도 않았을 뿐 아니라 젊은 세대 여성들이 여성운동에 관심을 가지지도 않았다. 기존의 여성조직들이 그들에게 아무런 신선한 자극도 흥미도 주지 않았기 때문이다.[135]

그러나 1960년대 말과 1970년대 초부터 변화가 시작되었다. 변화는 여성들 자신에 의해 이루어졌다. 이른바 여성운동의 제2의 물결이 시작된 이후, 서독에서는 이 물결이 1968년 혁명과 맞물려 일상적·문화적·사회적 차원에서 젠더관계의 변화를 가져왔다.

여성해방의 제2의 물결은 제도적·법적 평등만으로 여성해방이 이루어지지 않는다는 것을 절감한 여성들이 의식, 문화, 섹슈얼리티 차원에서 성차별을 극복할 것을 외치며 나온 것을 특징으로 하였다. 심지어 학생운동 내에서도 남성과 여성 간에 위계서열이 있어서 남학생은 팸플릿을 쓰고 여학생은 그들을 위해 타이프를 치고 커피를 끓여주어야 했던 상황 속에서

---

135 Hilke Schlaeger, "The West German Women's Movement", *New German Critique*, No. 13, Special Feminist Issue (Winter, 1978), 62쪽.

여성들은 무엇이 잘못되어왔는지를 근본적으로 성찰하였다. 1968년 9월, 당시 젊은 학생이던 헬케 잔더는 프랑크푸르트에서 열린 독일 사회주의 학생동맹의 회합에서 연설하면서, 학생운동조직 내에서조차 평등권이 보장되지 않으면 여성의 권력투쟁이 시작될 수밖에 없음을 천명하였다.[136] 많은 사람들이 이 연설이야말로 서독 여성운동의 신호탄이었다고 여긴다.[137] 사실, 조직의 측면에서는 그보다 몇 달 전인 1968년 봄에 이미 서베를린에서 여성해방 행동평의회(Aktionsrat fur die Befreiung der Frauen)가 창설되었고 이것이 새로운 독일 여성운동사에서 획기적인 일이었다는 것도 인정받고 있다.[138] 잔더도 이 조직의 주도자로서 창립문서를 썼고,[139] 9월 프랑크푸르트에서의 그녀의 발언 또한 바로 이 평의회의 이름으로 행해진 것이었다.

여성운동가들은 실제로 새로운 여성운동을 통해 여성권력을 위한 새로운 싸움을 시작하였다. 그들은 섹슈얼리티가 여성 억압의 메커니즘에 동원되고 있음을 고발한 후, "인간은 누구나 우선적으로 인간이며, 여성인가 남성인가는 차후의 문제다. 젠더는 운명이 아니다."라고 선언했다.[140]

---

136 같은 글, 63쪽. 잔더의 연설 전문은 인터넷에서 찾아볼 수 있다. Helke Sander, "Rede des »Aktionsrates zur Befreiung der Frauen«" auf der 23. Delegiertenkonferenz des »Sozialistischen Deutschen Studentenbundes« (SDS) im September 1968 in Frankfurt, http://www.glasnost.de/hist/apo/weiber3.html (검색일: 2012-01-06).

137 Frigga Haug, "The Women's Movement in West Germany", *New Left Review* I/155 (January-February, 1986), 4쪽, http://www.newleftreview.org/?view=640.

138 Edith Hoshino Altbach, "The New German Women's Movement", *Signs*, Vol. 9, No. 3 (Spring, 1984), 454-455쪽.

139 Helke Sander, "Versuch, die richtigen Fragen zu finden", Ilse Lenz (Hg.), *Die Neue Frauenbewegung in Deutschland: Abschied vom kleinen Unterschied. Eine Quellensammlung* 2. aktualisierte Auflage (Wiesbaden: VS Verlag für Sozialwissenschaften, 2010), 53-57쪽.

140 "The Function of Sexuality in the Oppression of Women", Patricia Herminghouse / Magda Mueller (eds.), *German Feminist Writings* (London: The Continuum International Publishing Group, 2001), 223-226쪽. 이 문서는 1975년에 발표된 것

급진적 여성주의자들은 자신의 신체와 섹슈얼리티에 대한 자기결정권을 주장하였다. 이는 일부일처제와 핵가족의 테두리 내에서 현모양처의 역할 수행을 요구받던 여성상의 변화를 의미하는 것이었다.

자신의 신체에 대한 여성의 자기결정권이라는 주장은 특히 낙태의 자유를 요구하는 움직임으로 가시화하였다. 1970년 저널리스트인 알리스 슈바르처(Alice Schwarzer)는 '나는 낙태하였다'라는 구호를 내건 여성들의 자기고백 캠페인을 조직하기 시작하였다. 프랑스에서 시몬 드 보부아르(Simone de Beauvoir)를 비롯한 저명한 여성들이 낙태 경험을 공개적으로 고백했던 것과 유사한 움직임이었다. 한 달이 채 안 되는 사이에 374명의 다양한 계층 여성들의 서명이 모였고, 이어서 4천 명이 넘는 여성이 낙태를 엄격히 금지한 서독 형법 제218조의 폐기를 요구하며 시위를 벌였다. 여성들의 시위는 계속되었다.[141]

급진적 정치·사회운동의 전면에 여성이 등장하여 큰 주목을 받게 된 것도 68혁명과 함께 서독 사회가 경험한 큰 변화 가운데 하나였다. 사실 독일 역사 전체로 보면 여성이 급진적 정치운동에 참여한 역사는 결코 짧지 않다. 로자 룩셈부르크(Rosa Luxemburg)와 클라라 체트킨(Clara Zetkin)은 사회주의자들 가운데서도 가장 투철한 혁명적 입장을 견지한 인물들에 속했다. 이러한 전통이 2차 대전 후 서독 정부가 수립되고 나서 한동안 가라앉아 있었을 뿐이다. 그러나 1968년, 독재자인 이란 국왕 팔라비 2세의 서독 방문을 비판하는 학생들의 시위를 막던 경찰의 강경진압이 시위에 참가한 대학생 베노 오네조르크(Benno Ohnesorg)의 피살이라는 참사를 빚어냄으로써 정치적 급진화의 큰 물결이 일게 되자 여성도 결코 방관자로

으로, 68혁명 이후 여성운동계 주장의 일단을 잘 보여준다.

141 Alice Schwarzer, "How It All Began: I Have Had An Abortion", Herminghouse / Mueller (eds.), *German Feminist Writings*, 220-223쪽.

만 머무르지 않았다. 베아테 클라르스펠트(Beate Klarsfeld)는 그녀의 나이 스물아홉 살이던 해인 1968년, 나치당원의 전력을 가진 기민당 소속 쿠르트 키징어(Kurt Kiesinger)가 연방 총리로 재직하고 있는 데 대한 항의의 표시로 의회에서 그의 따귀를 때려 사회를 놀라게 하였다.[142] 그녀는 그 후 나치 피해자 유족인 남편과 함께 나치 전범을 추격하는 일에 전력을 기울여, 과거 청산을 통한 서독 사회의 자정을 촉구하였다.[143]

68혁명은 반공주의 일변도로 흐르던 보수적인 서독 정치의 물길을 바꾸어놓는 계기가 되었다. 신좌파의 사회·정치사상이 급진적 젊은이들의 마음을 사로잡았으며, 이 속에서 다양한 분파가 태어났다. 여성도 넓은 의미의 정치적 존재가 되었거니와, 가장 급진적인 좌파의 지도자 역할을 한 사람들도 여성이었다. 촉망받는 여성 저널리스트였던 울리케 마인호프(Ulrike Meinhof)는 68혁명 이후 가장 급진적인 방향으로 나아간 집단인 적군파 바더-마인호프(Baader-Meinhof)단의 지도자가 되어, '도시 게릴라' 전략의 이론을 수립하였다.[144] 대학에서 독문학을 전공하고 출판활동을 하기도 했던 구드룬 엔슬린(Gudrun Ensslin)은 바더-마인호프단의 지도부에 속해 있던 또 다른 여성이었다.[145] 이들은 모두 옥중에서 비극적 죽음을 맞이하는데, 나치의 죄과를 청산하지 못한 채 경제기적의 결실에 도취

---

142 Beate Klarsfeld, "… J'ai giflé le chancelier allemand Kiesinger.", *Paris Match*, Lundi 17 Août 2009, http://www.parismatch.com/Actu-Match/Monde/Actu/J-ai-gifle-le-chancelier-allemand-Kiesinger.-Par-Beate-Klarsfeld-120738/ (검색일: 2010-04-23).

143 베아테 클라르스펠트의 삶과 활동은 1986년 <나치 추격자: 베아테 클라르스펠트>(Nazi Hunter: The Beate Klarsfeld Story)라는 영화로 만들어지기도 했다.

144 마인호프의 활동을 둘러싼 쟁점에 관해서는 이순예, 『아도르노와 자본주의적 우울: 계몽의 변증법에서 미학이론까지 아도르노 새롭게 읽기』(풀빛, 2005), 147-154쪽을 참조하시오.

145 "Kurzbiographie Gudrun Ensslin", rafinfo.de: Die Webressource zur Roten Armee Fraktion, http://www.rafinfo.de/bio/a-f/ensslin.php (검색일: 2011-01-10).

해 있던 독일 사회에 대한 급진적 도전에서 젊고 자의식 강한 지식인 여성들이 주도적인 역할을 했다는 것은 의미심장하다. 이들은 보수적인 서독 사회의 심층에서 쌓이고 심화되고 있는 위선과 비인간성에 근본적인 충격을 가하고자 했는데, 여성으로서의 그들의 존재가 사회의 모순을 한층 예민하게 감지하게끔 하였다.

마인호프는 남편의 부정을 알게 되어 그와 이혼한 후 어린 쌍둥이 딸들을 키우면서 저널리스트로 활동하느라 악전고투하였다. 진지하고 명민했던 이 문필가는 1969년 말 독일의 북부(N3) 텔레비전 방송과 가진 인터뷰에서 자녀양육과 정치활동 병행의 어려움을 토로하였다. 그녀는 "사적 생활은 정치적인 것이고 자녀양육도 정치적인 것이며 인간관계라는 것 자체가 정치적인 것입니다. 왜냐하면 이런 관계들 속에서 사람이 억압받고 있는지 자유로운지, 사려 깊게 행동할 수 있는지 그렇지 않은지 드러나기 때문이지요."라고 말한 후 자신의 상황에 대해 "어려워요"를 연발하며 이렇게 말했다. "어려워요. 아주 어려워요. 엄청나게 어려워요. 남자라면, 그리고 그에게 아이들을 돌보아주는 아내가 있다면 훨씬 쉽겠지요. 아이들은 같이 시간을 보낼 사람이 필요한 법인데, 홀로어머니는 모든 걸 혼자 해야 하거든요. 정말 어렵습니다." 그녀는 이것이 어떤 개개인의 문제가 아니라 사회 속에서 여성이 처한 일반적인 상황이며, 여성의 사적 생활과 정치적 생활이 충돌하는 것이야말로 여성에 대한 억압이라고 단언하였다.[146] 여성이자 어머니로서의 마인호프의 이 같은 경험이 급진파 무장혁명 이론가로의 전환에 어떤 심리적 영향을 미쳤는지는 추적해볼 만한 일이다.

---

146 울리케 마인호프의 이 인터뷰 동영상은 다음 인터넷 주소에서 찾을 수 있다. "Ulrike Meinhof interviewed in 1970", http://www.youtube.com/watch?v=k7jEk_f04pE (검색일: 2010-04-20).

구드룬 엔슬린은 목사의 딸로서 규범적인 소녀시절을 보냈으나, 성인이 된 후 권위주의적인 부친으로 표현되는 가부장주의에 대한 반발을 독일 현대사 및 독일 사회에 대한 맹렬한 반발과 결부시켰다. 구드룬의 언니로서 중산층 여성운동으로 나아가 낙태금지 반대운동을 전개했던 크리스티아네(Christiane)와 모범적인 여학생으로 자라나 무장혁명세력 지도자가 된 구드룬, 이 두 자매의 대조적 삶은 급진적 여성운동이 분화되어가는 모습을 대표적으로 보여준다.[147] 구드룬 엔슬린과 크리스티아네 엔슬린의 삶은 1982년, 마르가레테 폰 트로타(Margarethe von Trotta) 감독의 영화 <납(鈉)의 세월>(Die Bleiernen Jahre)에서 두 여주인공 마리아네와 율리아네를 통해 영화적으로 재현되었으며, 이 영화는 그 자체로서 독일의 과거와 현재에 대한 깊은 여성적·여성주의적 통찰을 보여주는 시대의 증언자가 되었다.[148]

(2) 68혁명 이후의 젠더관계와 여성정책

68혁명은 반권위주의 혁명, 문화혁명, 일상혁명이었다. 이 모든 것은 젠더관계에 심층적 영향을 미쳤다. 양성관계에서 전통적인 관념은 무너지고 평등한 관계에 대한 강조가 전면에 부상하게 되었다. 동시에 단순한 기계적 평등이 아니라 여성적 가치를 적극적으로 인정하고 여성의 여성됨에 대한 존중을 요구하는 목소리도 높아졌다. 이는 다양성에 대한 존중을 요구하는 것이었다. 동성애를 비롯하여 다양한 섹슈얼리티 관계도 시민권을

147 Lisa DiCaprio, "Marianne and Juliane/The German Sisters Baader-Meinhof fictionalized", *Jump Cut: A Review of Contemporary Media*, No. 29 (February, 1984), 56-59쪽.

148 H-B. Moeller, "The Films of Margarethe von Trotta: Domination, Violence, Solidarity, and Social Criticism", *Women in German Yearbook: Feminist Studies in German Literature & Culture*, Vol. 2 (1986), 129-130쪽.

얻기 시작하였다. 가족관계에서도 변화가 일어났다. 일부일처제 핵가족이라는 전통적 가족제도의 골간은 여전히 유지되었지만, 그 외에도 혼전동거, 계약결혼, 동성결혼 등 다양한 가족 혹은 공동거주 형태가 시도되었고 사회적으로 일정하게 인정되었다.

여성의 성적 자기결정권과 관련해서는 여성의 주장이 상당 부분 수용되었다. 1974년 이전에도 낙태에 대한 형법규정은 그대로 존속할망정, 낙태에 대한 처벌은 점차 완화되는 경향을 보이기는 했다. 처벌 건수 자체가 현저히 줄었을 뿐 아니라 형벌의 종류도 징역형과 같은 자유형이 아니라 벌금형이나 집행유예로 바뀐 것이다.[149] 그럼에도 낙태금지 규정은 여전히 낙태를 범죄행위로, 낙태여성을 범죄자로 만들고 있었다. 그런데 사민당 주도의 연립정부 집권기인 1974년에 이르러 낙태범죄화 규정을 철폐하라는 여성운동가들과 법학·의학 전문가들의 요구를 받아들여 낙태에 관한 형법의 개정이 본격화했고 1976년 새로운 법이 제정되었다. 낙태금지 자체는 원칙으로서 유지되었지만, 임신 3개월 이내에는 처벌의 위험 없이 인공적 임신중절을 할 수 있게 되었으며[이른바 기간 모델(Periodenmodell)의 도입], 3개월 이후에도 특별한 사유가 있으면 인공 임신중절을 할 수 있게 된 것이다.[150]

낙태금지법에 저항하던 여성들의 운동은 '여성 상대 폭력'[151] 일반에 대한 저항운동으로 나아갔는데, 여기서 특히 가정 내 폭력에 대한 저항운동이 일어났다. 매 맞는 여성을 위한 쉼터가 1976년에 서베를린에서 처음

---

149 낙태한 여성에 대해 상대적으로 관용적인 태도를 취하는 데는 "낙태에 대한 의학적·사회적 지표"가 활용되었다. Eser, "Reform of German Abortion Law: First Experiences", 371쪽.

150 같은 글, 374-378쪽.

151 '여성을 상대로 하는 폭력'을 '여성폭력'이라고 부르는 논자들이 있다. 이렇게 하면 여성이 주체가 되어서 행사하는 폭력과 전혀 구분할 수 없다. '여성이 행사하는 폭력'과 '여성을 상대로 하는 폭력'은 그 용어에서부터 구분되어야 한다고 생각한다.

으로 세워졌다.[152] 여성쉼터를 만들고 여성에 대한 폭력에 맞서 싸우는 여성운동가들의 활동은 대중매체를 통해서도 널리 알려지게 되었고, 이를 계기로 여성과 아동을 상대로 하는 폭력 문제에 대한 대중의 인식이 조금씩 바뀌기 시작하였다.[153]

결혼법이 개정됨에 따라 이혼에 대한 규정도 변했는데, 과거에는 배우자의 과오가 있는 경우에만 이혼이 허용되었음에 반해 이때부터는 혼인의 파탄이 이혼 사유로 인정되었다. 이는 과거보다 이혼이 더 쉽게 이루어지게 됨을 의미하는 것이었다. 이와 아울러 이혼 후 생활능력이 없는 배우자가 부양비를 받을 수 있는 제도도 마련되었다.[154]

68혁명 이후에는 여성의 사회적 활동과 관련해서도 적지 않은 변화가 일어났다. 전통적으로 여성의 일이라고 여겨져 왔던 약자(병자, 노인, 장애인)에 대한 돌봄 노동이 사회적 서비스로 전환되는 경향이 일어났다. 그런 한편 직장에서의 여성차별에 대한 논의가 진전되고 교육과 취업에 대한 일반 여성들 자신의 태도도 변화함에 따라 전통적으로 남성의 직업이라고 생각되어왔던 분야에 여성이 취업하는 비율이 늘어났고, 이를 지원하기 위해 젊은 여성들에게 취업 교육을 제공하는 프로그램도 생겨났다.[155] 1970년대에는 각 지방, 대학, 기업마다 동등지위 사무국(Gleichstellungsstelle)과 여

---

152 Randal W. Summers / Allan M. Hoffman, *Domestic Violence: a Global View* (Westport: Greenwood Press, 2002), 44쪽.

153 서베를린에서 여성쉼터를 만든 운동가들의 활동과 성과에 대해서는 Ulrike Pallmert, "Hilfe für misshandelte Frauen-zweites Frauenhaus", Gisela Gassen (Hg.), *Wohin geht die Frauenbewegung?* (Frankfurt am Main: Fischer Taschenbuch, 1981), 134-150쪽을 참조하시오.

154 Haug, "The Women's Movement in West Germany", 24쪽.

155 그럼에도 여성이 전통적으로 여성의 영역이라고 여겨져온 분야에 취업하는 경향은 서독 사회에서 그 후로도 계속되었던 것이 사실이다. 1980년대 초반, 직업학교에 다니는 젊은 여성 대부분은 서비스업과 돌봄 노동 분야를 선택했고 기술자(technician)가 되고자 한 여성은 3%, 제조업 분야에 취업하고자 한 여성은 4%에 지나지 않았다. Kolinsky, *Women in Contemporary Germany: Life, Work, and Politics*, 120쪽.

성국(Frauenbüro)이 생겨났다.[156]

1970년대 말부터는 일하는 어머니를 위한 자녀양육휴가가 허용되기 시작하였다. 그 기간도 처음에는 6개월이었으나 1986년에는 10개월로, 1988년에는 12개월로 각각 늘어났다. 또한 모든 가정에 지급되는 출산지원금인 자녀수당과 별개로, 일하는 어머니는 1979년부터 양육지원금을 추가로 받게 되었다.[157]

그러나 서독 사회는 일하는 어머니들을 위해 자녀양육 지원시설을 제공하는 데는 여전히 미온적이었다. 1970년대에 유치원이 설립되기는 했으나 1990년에 이르기까지 수요의 73%를 충족시키는 데 그쳤다. 유치원은 이용시간이 대단히 제한되어 있어서, 어머니의 근무시간 전체 동안 아이를 맡아주는 시설은 아니었다. 또한 만 3세 이하의 어린이나 학령기 어린이들을 받아주는 시설은 존재하지 않았다.[158]

1982년에 사민당의 오랜 집권이 끝나고 보수정당인 기민당과 기사당의 연립정권이 다시 들어서면서 여성정책은 또 한 번 변화를 겪었다. 물론 진전도 없지 않았다. 예를 들어 1980년대 중반에는 국회의원, 주요 공직, 정당의 당직에서 여성할당제를 실시해야 한다는 주장이 강력하게 제기되었고 기민당도 이를 수용하였다.[159]

그러나 사회 내 존재로서의 여성의 위치는 보수적 수사 속에서 흔들렸다. 보수세력은 사회복지비용을 감축하기 위해 여성주의적 용어를 빌려와

---

156 Georg Stötzel / Martin Wengeler, *Kontroverse Begriffe: Geschichte des öffentlichen Sprachgebrauchs in der Bundesrepublik Deutschland* (Berlin; New York: Walter de Gruyter, 1995), 500쪽.

157 Bender / Kohlmann / Lang, "Women, Work, and Motherhood: Changing Employment Penalties for Motherhood in West Germany after 1945", 3-4쪽.

158 같은 글, 4쪽.

159 Joni Lovenduski, "Women and Party Politics in Western Europe", *Political Science and Politics*, Vol. 30, No. 2 (Jun., 1997), 201-292쪽.

여성적 가치, 모성의 고귀함 등등의 수사를 구사하였다. 이는 여성은 다시 가정에 머물러야 한다는 기민당의 기본입장을 포장하기 위해 사용된 것이었다.[160] 사민당 집권기인 1979년에 일하는 어머니들을 위해 도입되었던 양육지원금이 기민당 집권기에는 어머니가 전일제 근무를 포기하는 경우(주당 19시간 이상 근무하지 않는 경우)에만 제공되게 된 것[161]은 그 같은 변화를 보여준다.

여성의 교육수준은 과거보다 현저히 높아졌으나 1980년대에 들어와서도 여성은 여전히 취업률보다 실업률이 더 높은 집단이었고, 취업여성 중에서도 시간제 노동을 수행하는 비중이 30% 이상이었다. 여성의 임금은 남성보다 평균 30% 더 낮았으며, 여성이 받는 연금도 현저히 더 낮았다.[162]

이처럼 68혁명 이후 서독 여성들은 전반적으로는 지위 향상을 이루었다고 할 수 있지만, 그러한 성과는 어디까지나 상대적인 것에 불과하였다. 그들은 집권세력의 변화에 따라 많은 것을 얻기도 하고 잃기도 했다. 양성평등을 위해 아직은 이루어야 할 것이 훨씬 더 많은 상황에서 동서독 통일이 이루어졌을 때 여성들은 어떤 정치세력도 그들을 위한 사회적 지원에는 신경을 쓸 수 없다는 사실을 발견하게 되었다.

(3) 68혁명 이후 여성들의 사회·정치운동의 분화

68혁명에 참가했던 여성들은 다양한 방향으로 활동을 분화시켜갔다. 좁은 의미의 여성주의 운동으로 나아간 여성들은 낙태금지법 철폐운동에

160 Haug, "The Women's Movement in West Germany", 26쪽. 하우크는 1980년대 초 재집권 이후 기민당이 취한 여성정책이 빈곤의 여성화를 촉진하는 정책이었다고 비판하였다. 같은 글, 28쪽.

161 Bender / Kohlmann / Lang, "Women, Work, and Motherhood: Changing Employment Penalties for Motherhood in West Germany after 1945", 4쪽.

162 Haug, "The Women's Movement in West Germany", 28쪽.

주력했고 일부 여성들은 여성동성애 운동을 전개하기도 했다. 68혁명 이후 서독 여성운동이 비정치화되었다고 보거나,[163] "성공적인 패배"에 따른 위기를 벗어나지 못했다고 보는 평가가 있다.[164] 그것은 좁은 의미의 여성운동이 중산층 위주의 운동으로 나아가, 형법 제218조 개정 이후 1970년대 중반에는 동력을 상당한 부분 상실한 데 대한 평일 것이다.

그러나 서독 여성은 좁은 의미의 여성 문제에만 매진하지는 않았다. 68세대의 주도 아래 신사회운동이 전개되면서 "자율적" 여성운동[165]에 속하는 여성 활동가들은 반전평화운동을 비롯한 다양한 운동에 참여하였다. 68세대 여성 운동가의 대표적 인물 가운데 하나인 프리가 하우크(Frigga Haug)는 이렇게 말하고 있다.

> 우리는 언제나 제3세계, 전쟁과 평화 등의 현안이야말로 여성의 노동권, 보육학교, 임금차별 철폐 투쟁보다 더 크고 중요한 것이며 그렇기 때문에 정치적으로 필요한 대안이라고 보았다. [⋯] "자율적" 여성운동에 속한 여성들은 평화를 위한 저항을 여성의 대의로 인정하는 데 아무런 어려움을 느끼지 않았다. 비록 그것이 군대를 남성성과, 전쟁을 가부장제와 동일시한다는, 이론적으로 미심쩍은 동일시를 통해 이루어진 것이기는 하지만 말이다. 따라서 여성운동은 바로 첫 출발 당시부터 서독 평화운동의 한 중요한 날개를 이루었다.[166]

서독은 1955년 국방부를 창설하여 재무장으로 나아간 후 1960년대 중반 이후에는 북대서양조약기구(NATO)의 테두리 안에서 이른바 '선택적 핵무장'(selective nuclear weapons proliferation, selective proliferation)의 길로

---

163 Schlaeger, "The West German Women's Movement", 64쪽.

164 Haug, "The Women's Movement in West Germany", 1쪽.

165 68혁명 세대 여성들을 중심으로 하여 전개된 좀 더 급진적이고 좌파적인 여성운동을 기존의 중산층 여성운동과 구분하여 "자율적" 여성운동이라고 부르기도 한다.

166 Haug, "The Women's Movement in West Germany", 11쪽.

까지 나아가기 시작했다.[167] 나치의 전쟁범죄에 대한 독일 사회의 반성이 충분하지 않다고 여기고 있던 서독의 평화운동세력은 서독 재무장 시작 시기부터 핵무장 반대운동을 집중적으로 전개하기 시작했으며, 68혁명 이후에는 평화운동과 여성운동이 결합하게 된 것이다. 여성 평화운동가들은 핵무기 반대, 퍼싱 미사일 배치 반대운동 등을 열성적으로 전개하면서 상당한 성과를 거두기도 했다. 이는 냉전적 사고방식에 매달려 군국주의의 부활마저도 허용하려 하던 서독 사회 주류에 대한 저항이었다.

여성운동의 또 하나의 분파는 환경생태운동으로 나아갔다. 소비주의의 극복과 평화주의의 정착을 위해 고심하던 페트라 켈리(Petra Kelly)는 생태운동과 평화운동 양면에서 지도적 역할을 했고 녹색당(Die Grünen)의 지도자가 되었다.[168] 그녀의 사회활동은 전후 서독 사회가 생활방식과 문화에서 지나치게 미국식 소비주의의 일방적 영향 아래 종속되고 미국화한

---

167 서독의 선택적 핵무장은 1960년대 미국의 대(對)사회주의권 핵억지력(核抑止力, nuclear deterrence) 전략의 일환으로 추진되었다. 핵무장을 수용한 서독 정부는 핵무기는 서독 영토가 아니라 바르샤바조약기구 가입국 영토를 목표로 하여 사용될 것이라는 다짐으로 서유럽 국가들을 안심시키고자 했다. Andreas Wenger / Christian Nuenlist / Anna Locher, *Transforming NATO in the Cold War: Challenges beyond Deterrence in the 1960s* (Milton Park; New York: Routledge, 2007), 232-233쪽.
이 과정에서 1968년 초 미국 국무부가 닉슨 대통령에게 올린 비밀보고서에 대해서는 "Consultation is Presidential Business": Secret Understandings on the Use of Nuclear Weapons, 1950-1974, National Security Archive Electronic Briefing Book No. 159에 수록된 "25A: Memorandum for the President, "Consultations with the Federal Republic of Germany on Nuclear Weapons Release," 16 March 1968, Secret, cross-reference copy"를 참조하시오. http://www.gwu.edu/~nsarchiv/NSAEBB/NSAEBB159/index.htm(검색일: 2010-12-20).
서독의 핵무장과 관련된 1980년대 미국 정부의 논의에 대해서는 David Garnham, "Extending Deterrence with German Nuclear Weapons", *International Security*, Vol. 10, No. 1 (Summer, 1985), 96-110쪽을 참고하시오.

168 페트라 켈리에 관한 자료들은 하인리히 뵐 재단의 인터넷 누리집에 탑재된 페트라 켈리 문서고(Petra Kelly Archives)에서 찾아볼 수 있다. Petra Kelly Archives: Heinrich Böll Stiftung The Green Political Foundation, http://www.boell.de/foundation/archive/about-us-3975.html (검색일: 2010-04-10).

데 대한 자성과 대안 찾기의 의미도 포함하고 있었다.[169] 녹색당은 68혁명 세대 가운데 환경·평화·여성운동의 흐름이 한데 합쳐서 결성된 정당이었으며, 지도부 구성에서나 일반 당원의 구성에서나 여성의 비율이 기존의 다른 정당에 비해 월등히 높은 특징을 보여주었다.[170]

68운동 세대의 활동은 국제연대를 특징으로 하였다. 여성운동 자체도 현저히 국제주의적 성격을 띠고 있지만, 평화운동·환경운동도 마찬가지였다. 여성 평화운동가·환경운동가들은 국제적 연대활동을 전개하면서 동독의 평화운동가·환경운동가들과도 협력하였다. 사실 동독과 서독 사이에는 국경이 가로놓여 있었고 동서 베를린 사이에는 1961년부터 장벽까지 세워지기는 했지만 양국의 인적 관계가 완벽히 봉쇄된 것은 아니었다. 특별한 경우에 한해서이기는 했지만 동서독 사람들은 오가기도 했고 교류 협력 프로그램을 통해 만난 서독 시민과 동독 시민이 합법적으로 결혼해서 동독에서 거주하기도 했다. 1939년생 동독 출신 남성인 롤란트 가이펠(Roland Geipel)이 10대 후반에 서독으로 건너가서 서독 시민이 되었다가 20대 후반에 교회교류 프로그램을 활용하여 다시 동독으로 건너왔으며, 동독 시민인 연인과 결혼하기 위해 동독 정착을 결심하고 이에 성공했던 경우[171]는 동서독 사이에 난 작은 틈으로 꽤 다채로운 인간관계가 형성

---

169 1984년 미국 일간지 『뉴욕 타임스』가 보도한 바에 따르면 페트라 켈리는 미국의 일방적 영향을 이렇게 비판하였다. "마셜 플랜은 콘라트 아데나워를 권좌에 앉혀 독일인들이 고귀한 사회를 만드는 것을 방해하고 소비와 소유에 중독되도록 만들기 위해 고안된 사기술이었다." Laura Kaiser Paré, "West German Women & Postwar Culture: A Survey of First Person Perspectives", http://www.calstatela.edu/centers/perspectives/Volume%2034/Pare.pdf (검색일: 2011-01-12), 29쪽에서 재인용.

170 녹색당이 연방의회에 진출하기 시작한 1983년 이후 녹색당 의원 가운데 여성 의원의 비율을 살펴보면 다음과 같다: 1983-1987년: 36%; 1987-1990년: 49%; 1990-1994년: 38%; 1994-1998년: 60%; 1998-2002년: 57%; 2002년 이후: 58%. 김명숙, 「독일 녹색당 여성정치 연구—평등 vs. 차이 관점에서」, 서울대학교 대학원 협동과정 여성학 전공 석사학위 논문(2004), 58쪽. 이 가운데 1994년 이후의 자료는 통일독일 의회선거 결과를 보여준다.

될 수도 있었음을 보여준다.

1969년 서독에서 사민당의 빌리 브란트(Willy Brandt)가 자민당과의 연정 수립에 성공하여 총리로서 집권한 후 동방정책을 추진하고 1975년에 동서독이 함께 헬싱키협약에 가입함으로써 동서독 사람들 사이의 교류는 더욱 촉진되었다. 동서독 사이에는 가족들만 오고 간 것이 아니라 사상과 예술, 그리고 감정도 오고 갔다. 동독의 여성 작가인 크리스타 볼프(Christa Wolf)와 이름트라우트 모르그너(Irmtraud Morgner)의 여성주의적 소설들은 작가들이 확신을 가진 사회주의자라는 사실에도 아랑곳없이 서독 여성들 사이에서 열렬히 탐독되었다. 1969년 이후, 모르그너의 모든 작품은 동독에서 출판된 지 1-2년 만이면 서독에서도 출판되었다.[172] 크리스타 볼프의 작품은 영어로 번역되어 미국의 고등학생과 대학생을 위한 교재에 실렸으며, 서독에서도 1960년대 이래 광범한 우호적 평을 이끌어냈다.[173] 하우크가 평가하기로는 "이들 두 작가는 서독 여성운동계의 여성들에게 도전하고 그들을 변화시켰으며, 심지어 그들의 '언어를 통한 감정표현'에까지 영향을 미쳤다."[174]

68혁명과 사민당의 동방정책은 결과적으로 동서독 여성들 사이의 교류와 협력을 확대시키는 계기로서 함께 작용하였다. 특히 1980년대 초반부터 동독에서도 여성 평화운동이 활발하게 전개되면서 동서독 여성 평화운동가들의 연대활동이 활발해졌다.[175] 냉전 시대의 핵무기철폐운동은 동

---

171 제4장에 수록된 가이펠 목사 인터뷰를 참조하시오.

172 Elizabeth Morier, "Socialist Magical Realism: Irmtraud Morgner's Trobadora Beatrice", *The Complete Review Quarterly*, Vol. 2, Issue 2 (May, 2001), http://www.complete-review.com/quarterly/vol2/issue2/morgner.htm (접속일: 2011-01-11).

173 Charlotte W. Koerner, "Divided Heaven: By Christa Wolf? A Sacrifice of Message and Meaning in Translation", *The German Quarterly*, Vol. 57, No. 2 (Spring, 1984), 214쪽.

174 Haug, "The Women's Movement in West Germany", 18쪽.

서 진영 어느 하나만이 아니라 양 진영을 상대로 해서 전개되어야 의미를 가질 수 있는 것이었다. 그렇다면 동서 양 진영의 반전 평화운동가들이 자국이 속한 진영의 이익을 넘어서서 함께 목소리를 모아 발언할 필요가 있었다. 동서독의 여성 평화운동가들은 핵무기 및 재래군비의 축소, 평화주의의 확산을 위해 자주 함께 발언하였다. 이는 1980년대 전체를 통해 동서독 관계에도 큰 영향을 미치게 될 터였다. 그것은 동서독 역사에서 그들 자신도 예상할 수 없었을, 그리고 모든 것이 완료된 후에야 실감할 수 있을 만큼의 중대한 변화를 가져오는 것이었다.

2. 동독 체제와 여성

독일민주공화국, 곧 동독은 반파시즘 투쟁이라는 대의를 자기 정통성의 가장 중요한 근거로 삼고 있던 체제였다. 그러나 그 존속 기간 동안 체제의 관료화와 경직화가 심각해지다가 1980년대 말에는 치유불능의 상태에 이르게 되었다. 그 끝이 곧 동독의 몰락과 독일의 재통일이었다.

동독 국가가 존속하던 시절부터 이미 이 정권의 성격을 규정하는 여러 시도가 있어 왔다. 동독 공산당이 법률고문을 지냈으나 1980년대 중반 이후 정권을 비판하며 반체제 인사로 돌아선 롤프 헨리히(Rolf Henrich)는 동독 체제를 “후견국가”(der vormundschaftliche Staat)라고 불렀고,[176] 서독의 역사학자 야라우쉬(Konrad Hugo Jarausch)는 “복지독재”(welfare dictatorship)라는 개념으로 그 특징을 규정하고자 했다.[177] 동독 여성정책 역사에 대한

175 동서독 여성의 만남에 대해서는 아래 2절의 2)와 3)에서 좀 더 구체적으로 살펴보겠다.

176 Irene Kukutz, *Chronik der Bürgerbewegung Neues Forum 1989-1990* (Berlin: Basis Druck Verlag, 2009), 36, 39쪽.

177 Konrad Hugo Jarausch, “The GDR as Welfare Dictatorship”, Konrad Hugo

전문 연구자인 하쉬(Donna Harsh)는 야라우쉬의 복지독재 개념에 동의하고 있다.[178] 국가가 주민의 일상생활에 이르기까지 일일이 개입하는 후견인 역할을 했기 때문에 동독 체제는 후견, 독재 등의 꼬리표를 뗄 수 없었던 것이 사실이다. 그러나 이와 같은 개념들은 동독 체제가 적어도 주민들의 기본적 생활권과 복지를 보장해주고자 노력했다는 사실에 대한 인정을 함축하고 있다. 동독의 집권자들은 자본주의적 근대의 대안으로서 '사회주의적 근대'의 모범을 만들어내고자 했다.[179]

동독의 여성정책도 이 같은 체제 전체의 지향과 목표 아래서 형성된 것이었다. 동독 사회주의 정권은 사회주의 이념과 사회주의적 여성해방의 이념 아래 여성정책을 형성하였다. 그러나 이 못지않게 중요한 것은 동독의 경제를 발전시키고 인구를 증대시켜야 한다는 필요였다.[180] 따라서 동독 정부의 여성정책은 사회주의적 여성해방이라는 이념과 경제적·인구적 요구를 함께 충족시키는 방향으로 이루어졌다고 할 수 있다. 동독 여성들은 이 정책에 의해 다양한 혜택을 누렸고, 동독의 여성정책은 서독과 비교하여 더 선진적인 내용과 방향을 보여주기도 했다. 그러나 그 반대급부로 여성들이 감당해야 하는 짐 또한 없지 않았다.

여성과 체제의 관계로 말하자면, 모든 동독 여성이 체제에 만족하면서 산 것은 결코 아니었다. 여성정책 자체에 대해 여성이 반발하는 일은 별로

Jarausch, *Dictatorship as Experience: Towards a Socio-Cultural History of the GDR* (New York; Oxford: Berghahn, 1999), 47쪽.

178 Donna Harsh, *Revenge of the Domestic: Women, the Family, and Communism in the German Democratic Republic* (Princeton; Oxford: Princeton University Press, 2007), 11쪽.

179 동독 체제를 사회주의적 근대의 한 유형으로 보는 견해는 Katherine Pence/Paul Betts (eds.), *Socialist Modern: East German Everyday Culture and Politics* (Ann Arbor: University of Michigan Press, 2007), 6-21쪽에서 상론되고 있다.

180 Rachel Alsop, *A Reversal of Fortunes? Women, Work and Change in East Germany* (New York; Oxford: Berghahn, 2000), 24쪽.

없었으나, 민주주의의 제한과 정치적 억압을 특징으로 하는 동독 체제에 대해서는 선도적 여성들의 반발이 나타났다. 1980년대 후반, 동독 체제의 민주화와 개혁을 위한 운동에서 여성들이 상당한 역할을 했던 것이 이를 보여준다.

사실, 1989년 가을 이전에 동독 여성들이 동독 체제 자체의 붕괴를 원했다는 증거는 쉽게 찾아볼 수 없다. 하지만 적어도 수많은 여성들이 함께 참여했던 광범한 집회와 시위가 동독 체제의 몰락과 동서독 통일의 기폭제가 되었던 것은 분명하다. 그러나 정작 동독 체제가 무너지고 그에 따라 동독의 여성정책이 몰락함으로써 일반 동독 여성들은 큰 피해를 당하게 되었으니 이는 역사의 아이러니가 아닐 수 없다.

1) 동독의 여성정책과 여성지위

볼셰비키 혁명으로 수립된 사회주의 소련이 그러했듯이 동독도 이념적으로 남녀평등을 천명한 사회였다. 1949년에 제정된 동독 헌법은 문구만을 놓고 본다면 대단히 민주적이고 이상주의적인 내용을 담고 있었으며, 양성관계에서도 일체의 유보 없이 절대적인 남녀평등을 선언하였다. 즉 동독 헌법은 제7조 1항에서 "남성과 여성은 동등한 권리를 가진다."(Mann und Frau sind gleichberechtigt)라고 규정하고 이어서 2항에서는 "여성의 동등권에 위배되는 일체의 법률과 규정들은 폐지된다."(Alle Gesetze und Bestimmungen, die der Gleichberechtigung der Frau entgegenstehen, sind aufgehoben)라고 명시하였다. 이 또한 서독 헌법과 마찬가지로 포괄적으로 남녀평등의 일반 원칙을 말하고 있다.

동독 사회가 남녀평등의 원칙 아래서 여성과 관련하여 가장 중요하게 여긴 것은 여성의 사회적 활동을 보장하는 것이었다. 특히 산업 부문에 여성노동력을 활용하는 것이야말로 노동자국가이자 남녀평등을 지향하는 체제로서의 동독 사회의 정체성과 관련하여 대단히 중요한 일로 여겨졌다. 공산주의 정당인 사회주의통일당(SED)이 주도하는 동독 정권은 이를 위해 여성의 사회적 노동 참여를 장려하는 여러 가지 조치들을 취하였다.

더 나아가 동독 정권은 존속하는 40년 동안 여성의 취업, 출산, 자녀양육과 관련된 여러 가지 제도를 마련하고 제도적·법적으로 여성의 이익을 실현하고자 했다. 가장 특징적인 것은 이 모든 것이 위에서, 곧 국가에 의해 이루어진 것이었다는 점이다.[181] 이는 아래로부터 올라오는 집단적 요구를 수용한 결과로 이루어진 것은 아니었다. 동독에서는 오랫동안 대중적 여성운동이 존재하지 않았다. 물론 여성들의 요구를 청취하고 이를 수렴하는 과정이 없지는 않았다. 그러나 이는 여성들의 조직적인 활동에 바탕을 둔 것이 아니라 비공식적인 경로를 통해서 이루어졌다. 즉 여성 당료나 여성정책 담당자, 노조 간부 등이 일상생활에서 여성들과 대화하거나, 여성들이 나누는 대화를 듣고 이를 정리하여 정책당국에 건의하는 식이었다.[182]

동독에서 풀뿌리 민주주의 방식의 의견전달통로를 만들려는 시도가 전무했던 것은 아니다. 1952년에는 공장여성위원회(Betriebsfrauenausschüsse)가 각 공장마다 설치되었다. 이는 여성의 독자적인 이익을 대표하는 기구였으며 여성 노동자들은 임금불평등을 비롯하여 노동 현장에서 느끼는 고충과 불만을 이 기구를 통해 전달할 수 있었다.[183] 그러나 이 기구는 1965년에 동독의 노조조직인 자유독일노조연맹(Freier Deutscher Gewerkschaftsbund, FDGB)에 종속되었는데, 이 조직은 아래로부터 올라오는 의견을 전달하는

---

181 같은 책, 23쪽.

182 Harsch, *Revenge of the Domestic: Women, the Family, and Communism in the German Democratic Republic*, 7쪽.

183 Heike Trappe, *Emanzipation oder Zwang?: Frauen in der DDR zwischen Beruf, Familie und Sozialpolitik* (Berlin: Akademie Verlag, 1995), 56쪽.

기능은 상실한 채 위로부터 내려오는 명령만을 일방적으로 전달하는 관료적 기구로 변해가고 있었다. 그리고 이때부터 공장여성위원회도 여성의 권익을 대변하는 독자적 기구로서의 역할을 종료하게 되었다.[184] 그 대신 당과 당의 통제 아래 있는 대중조직이 여성의 이익을 대변해주기로 하였다. 특히 여성이 가정생활과 직업활동을 병행할 수 있게 하기 위한 수많은 정책들이 취해졌다. 여성 취업, 남녀 동일임금, 균등한 교육의 기회, 낙태의 자유 등의 문제는 당이 여성을 위해 논의하고 결정해준 것이다. 운동의 대행자로서의 당이 여성 대중의 요구를 먼저 인지하고 이를 실현시켜주고자 한 것이다. 남성이 장악하고 있던 당에서 여성정책을 결정한 것을 두고 동독 출신의 여성학자들은 "아버지 국가"(Vater Staat)가 모든 것을 알아서 처리해주고 여성들은 다만 이에 대해 감사하기만 하면 되는 구조였다고 평가하였다.[185]

(1) 노동과 여성

동독 체제는 생산지향적인 성격을 가지고 있었고 구성원들을 기본적으로 생산자로서 파악하는 사회였다. 이는 마르크스주의 노동관에 바탕을 둔 것이었다. 마르크스주의에서 노동이란 사회적 사용가치를 창출하고 필요를 충족시키는 과정을 의미한다. 인간은 역사발전 과정에서 수요를 충족시키기 위해 자신의 노동력을 자연에 투입하고 자연의 한계를 극복해가는 존재이다. 그뿐 아니라 인간은 자연을 바꾸면서 자신도 바뀌어가는 존재이다. 인간은 노동분업을 통해 노동력을 발전시켜 가면서 점차 육체

---

184 Eva Sänger, *Begrenzte Teilhabe: Zentraler Runder Tisch in der DDR* (Frankfurt am Main; New York: Campus, 2005), 64쪽.

185 Gislinde Schwarz/Christine Zenner, "Ursprünglich war da mal eine Frau: Die Geschichte eines Briefes", Gislinde Schwarz/Christine Zenner (Hg.), *Wir wollen mehr als ein Vaterland* (Hamburg: Rohwolt Taschenbuch Verlag, 1990), 10-11쪽.

노동에서 벗어나고 정신적 잠재력을 발전시켜 갈 것이라고 하는 미래상도 마르크스주의 노동관에 담겨 있지만, 이 같은 과정은 모두 인간이 사회적 존재로서 사회적 노동을 수행하는 것을 전제로 한 것이다.[186]

여성이 가정에 속한다고 보았던 서독의 보수정객들과 달리 동독의 집권자들은 여성의 사회적 노동을 장려하였다. 그들은 이를 위해 2차 대전 직후에 등장한 '잔해청소여성'의 이미지도 적극적으로 활용하였다.[187]

노동에서 여성의 지위는 적어도 외적으로 보면 열등하다고 단정하기 어려웠다. 여성의 3분의 1이 숙련노동자였고 사무직에 종사하는 여성도 전체 사무직 종사자의 3분의 1에 달하였다. 여성은 의료, 교직 등의 분야에서 남성보다 더 많은 비중을 차지하고 있었고 법률 분야에서도 작지 않은 비율을 점하였다. 여성과 남성은 동일 노동에 대해 동일 임금을 받았다. 경제 분야에서 관리직 가운데 여성의 비율은 3분의 1에 달하였다.[188] 그러나 최고위직에 오른 여성은 드물었고 특히 정치 분야의 고위직에는 여성의 진출이 더욱 드물었다. 그뿐 아니라 서독에서와 마찬가지로 여성의 직종과 남성의 직종이 분화되는 경향이 나타났다. 여성의 취업은 사회복지, 보건, 교육, 우편·통신, 판매업 등의 분야에 몰려 있었고 일반 기업, 수공업, 건설, 농림업, 운송 등의 분야에는 여성의 진출이 상당히 부진하였다.[189]

---

186 Jutta Menschik / Evelyn Leopold, *Gretchens rote Schwestern: Frauen in der DDR* (Frankfurt am Main: Fischer Taschenbuch Verlag, 1974), 41쪽.

187 Harsh, *Revenge of the Domestic: Women, the Family, and Communism in the German Democratic Republic*, 44쪽.

188 Schwarz / Zenner, "Ursprünglich war da mal eine Frau: Die Geschichte eines Briefes", 12쪽.

189 Hildegard Maria Nickel, "Ein perfektes Drehbuch. Geschlechtertrennung durch Arbeit und Sozialisation", Schwarz / Zenner (Hg.), *Wir wollen mehr als ein Vaterland*, 75-76쪽.

어쨌거나 사회 전체의 노동중시적·생산중시적 가치관과 제도 덕분에 동독 여성의 사회적 활동 비율은 아주 높은 편이었다. 1980년대에 경제활동 연령대인 15세에서 60세 사이의 여성은 거의 90%가 취업하였다. 같은 시기 미국의 취업 연령대 여성 가운데 취업자는 36-38%였다. 또한 동독 전체 직장생활자의 46-48%가 여성이었다.[190] 동독보다 소련의 여성 취업률이 더 높았던 것을 보면 사회주의 국가에서 여성의 사회적 노동 참여 경향을 충분히 짐작할 수 있다.

동독 여성은 가족지향적인 경향도 가지고 있었기 때문에 동독 정부 수립 후 한동안은 동독 정부의 생산자중심적 구상 및 정책방향과 동독 일반 여성의 자기상 사이에 간격이 존재하였다. 그러나 이 간격은 점점 좁혀졌다. 쌍방이 모두 상대를 향해 움직였다.[191] 여자들은 체제에 대한 적응을 자아정체성 혹은 자존의식의 불가결한 부분으로 간주하였다. 여자들은 사회적 노동에 종사하면서 점점 이를 당연한 것으로 여기게 되었다. 그런 한편 동독 정부는 기본적으로 생산지향적 태도를 버리지 않았으되, 가장 주된 소비자이기도 한 여성의 요구를 수용하고 충족시키는 방향으로도 접근했다. 이는 사회 절반을 차지하는 여성 구성원들의 불만을 완화시켜야 한다는 체제유지 차원의 고려이기도 했고, 인구의 유지와 부양을 위해 여성의 협조가 필요하다는 인구정책상의 고려이기도 했다. 여기에서 여성을 위한 일종의 약사우대정책(affirmative action)이 나타났다.[192] 그리하여 동독 정권 후기에는 그 나름대로 작동능력을 가진 체계적 여성정책이 갖추어지게 되었다.

---

190 Menschik/Leopold, *Gretchens rote Schwestern*, 41쪽.

191 Harsch, *Revenge of the Domestic: Women, the Family, and Communism in the German Democratic Republic*, 1쪽.

192 같은 책, 2쪽.

(2) 가사노동과 소비

동독 정권은 집권 초기에는 가정을 부차적인 것으로 보고, 가사수행 문제에 대해 신경을 쓰지 않았다. 더욱이 사회주의 체제는 원칙적으로 가부장적 가족의 소멸을 지향하기 때문에 이념적 엄숙주의가 지배하던 정권 수립 초기에는 가사 문제에 신경 쓸 겨를이 없기도 했다. 러시아 혁명의 지도자였던 레닌은 가사노동에 대해 비판적이었고, 여성을 가사노예 상태에서 해방시켜야 한다는 것이 그의 여성해방관의 바탕에 놓여 있었다.[193] 가사노동 문제에 대한 해법은 가사노동의 사회화라는 것이었다. 이를 위해서는 생산 자체의 사회화가 선행조건이라고 여겨졌다. 곧 여성을 가사노동에서 해방하기 위해서 사회적 생산 자체가 촉진될 필요가 있었다. 이것이 사회주의적 여성해방론의 핵심적 내용 가운데 하나였다.

많은 면에서 사회주의 소련의 이념과 체제를 따랐던 동독 정부는 가사노동에 대해서도 소련과 비슷한 입장에서 출발하였다. 하쉬는 동독 정부가 초기에 가사노동에 대해 다음과 같은 태도를 취하고 있었다고 정리하였다.

1. 가사노동의 사회적 의미를 인정하지 않음 – 사적, 비임금, 비생산적, 비숙련 노동이므로.
2. 가사노동과 소비의 사회화는 생산의 변형 위에서 이루어진다고 여김.
3. 가사노동의 재분배(분담)에 대해 고려하지 않음. 가사노동의 재분배(남성도 가사노동하기)는 반복적이고 무의미한 가사노동을 남성에게 강요하는 것을 의미한다고 봄.[194]

---

193 V. I. Lenin, "Capitalism and Female Labour", *Lenin Collected Works*, Vol. 36 (Moscow: Progress Publishers, 1971), 230-231쪽.

194 Harsch, *Revenge of the Domestic: Women, the Family, and Communism in the German Democratic Republic*, 3-4쪽.

동독 정부는 스탈린주의적 노선을 따르는 동안 여성을 생산노동에 참여시키는 것 이외에 별다른 여성정책을 취하지 않았다. 1953년 6월 베를린 건축노동자들의 봉기가 동독 전역으로 번졌을 때 여자들도 봉기에 참여했는데, 당시 국가 교환분배위원장이었던 엘리 슈미트(Elli Schmidt)는 여성이 생필품 부족으로 고통을 겪는 것이 그 원인이었다고 감지하고 이를 방치하는 것은 체제를 불안하게 할 것이라고 생각하였다. 따라서 그녀는 생산증강목표와 소비자의 불만을 조정하여 소비자로서의 여성의 입장을 정책에 반영하기 위해 노력하였다. 소비와 민생에 신경 쓸 것을 주장하는 신노선파에 그녀가 동조한 것은 이 때문이었다. 그러나 이러한 그녀의 시도는 신노선파가 패배하고 스탈린주의자인 발터 울브리히트(Walter Ulbricht)의 권력이 다시 확고해지면서 수포로 돌아갔고, 그녀는 권력에서 밀려났다.[195]

이후로도 동독 정부의 생산중시적 입장은 계속되었다. 그러나 여성에게 제공되는 반대급부가 없는 한 여성의 노동 자체도 보장하기 힘들어졌다. 하쉬의 주장을 따르면, 1960년대부터 여성의 사회적 노동 참여율이 높아지면서 가사와 사회적 노동의 병행을 힘들어 한 여성들은 숙련노동을 위한 기술수련에 소홀하게 되었고, 출산도 기피하게 되었다.[196] 이러한 상황에서 동독 정부는 여성을 가정으로 돌려보내기보다는 육아와 가사의 부담을 덜어줌으로써 여성이 좀 더 편하게 사회적 노동에 종사할 수 있도록 지원하는 쪽으로 정책방향을 정하였다. 이는 여성을 위한 다양한 복지정

---

195 Katherine Pence, "'You as a Woman Will Understand': Consumption, Gender and the Relationship between State and Citizenry in the GDR's Crisis of 17 June 1953", *German History*, Vol. 19, No. 2 (2001), 227-248쪽; Philipp Heldmann, *Herrschaft, Wirtschaft, Anoraks: Konsumpolitik in der DDR der Sechzigerjahre* (Göttingen: Vandenhoeck & Ruprecht, 2004), 214쪽 각주 328.

196 Harsch, *Revenge of the Domestic: Women, the Family, and Communism in the German Democratic Republic*, 8쪽.

책으로 나타났다. 또한 동독 정권은 소비자로서의 여성의 요구를 수용하여 이를 충족시키기 위한 정책에도 주력하기 시작하였다. 특히 에리히 호네커(Erich Honecker)가 동독 공산당인 사회주의통일당 서기장으로 취임한 이후 정권은 1970년대부터 소비와 복지를 향해 자원을 재분배하는 정책으로 나아갔다.[197] 이는 여성을 공적 노동의 영역에서 계속 일하게 하기 위해서도 필수불가결한 것으로 보였다. 그런 한편 동독 체제는 여성의 취업을 장려하기 위한 제도들도 구비하게 되었다. '가사와 사회적 노동의 병행'을 가능케 한다는 것이야말로 동독 여성정책의 핵심이었다.

(3) 출산·육아

그렇다면 대부분의 사회에서 여성의 가장 중요한 역할로 여겨져온 재생산 문제는 동독에서 어떻게 다루어지고 있었을까?

동독 여성은 남녀 차별을 받지 않고 자란 후 비교적 이른 나이에 결혼하고 비교적 이른 나이에 자녀를 출산하였다. 동독 여성의 출산연령에 관한 통계를 살펴보면 첫 자녀를 출산하는 평균연령이 1955년에는 22.8세, 1960년에는 22.2세였고 1970년에는 21.9세로,[198] 첫 자녀 출산연령이 갈수록 빨라진 것을 알 수 있다. 자녀는 국가의 친(親)출산정책에 따라 2명 이상을 낳아 기르는 것이 일반적이었다. 그런 동시에 동독 성인 여성의 90% 이상은 전일제 근무를 하는 직장여성이었다. 여성과 남성 공히 평균 노동시간은 주당 43시간 45분이었다. 여성은 사회적 노동, 경제적 자립, 국가의 육아지원을 당연한 것으로 받아들였다. 동독 정권은 특히 호네커가 집권하기 시작한 1970년대 초반부터 '엄마정책'(Muttipolitik)으로 불리기도

---

197 Alsop, *A Reversal of Fortunes? Women, Work and Change in East Germany*, 25쪽.

198 Dagmar Meyer, "Ehescheidung in der ehemaligen DDR", 35쪽, Harsch, *Revenge of the Domestic: Women, the Family, and Communism in the German Democratic Republic*, 136쪽에서 재인용.

한 강력한 친출산정책을 시행하였다.[199] 육아지원에는 장기간의 유급 출산휴가, 아주 어린 아기부터 받아주는 탁아소, 유치원 시설 등이 있었다. 1976년에는 유급 출산휴가가 크게 확대되었다. 출산 여성은 첫째 아기 때는 1년의 무급 휴가를, 둘째 아기부터는 1년의 유급 휴가를 누릴 수 있었으며, 휴가 후 이전의 직장 혹은 그와 유사한 직장으로 복귀할 수 있었다.[200] 1984년에는 셋째 아기 때부터 18개월의 출산휴가가 주어졌고, 1986년부터는 첫 아이 출산 때에도 1년간의 유급 출산휴가가 적용되었다.[201] 휴가는 아기를 돌보는 조건으로 아이 아버지나 친척이 받을 수도 있었다. 아픈 아이를 돌보기 위한 휴가도 20일 동안 유급으로 주어졌다.

여성들은 평생 전일제 노동을 하는 것을 자연스러운 것으로 받아들였고 이를 국가에 의한 강제동원이라거나 여성억압이라고 생각하지 않았다. 여성의 경제력과 육아지원제도 덕분에 여성이 아버지 없는 아이를 기르는 것도 특이한 것이 아니었고 이를 결정하는 것도 비교적 용이하였다.

(4) 동독 여성의 정당활동

동독 여성들은 정당에도 비교적 활발히 참여하였다. 집권 공산당인 사회주의통일당에는 1950년대 초 여성 당원의 비율이 23%에 이르렀는데, 이 비율은 1960년대 초까지 유지되었다. 그 후 전체 공산당원 가운데 여성의 비율은 최고 35%에까지 이르렀다.[202] 정당 가운데 여성 당원의 비율이 가장 높았던 동독 기민당(CDU)은 1950년대 초에 당원 가운데 여성의

---

199 Alsop, *A Reversal of Fortunes? Women, Work and Change in East Germany*, 25쪽.

200 Sue Lawson, "Social Provision", Peter James (ed.), *Modern Germany: Politics, Society and Culture* (London; New York: Routeledge, 1998), 94쪽.

201 Schwarz/Zenner, "Ursprünglich war da mal eine Frau: Die Geschichte eines Briefes", 11쪽.

202 Harsch, *Revenge of the Domestic: Women, the Family, and Communism in the German Democratic Republic*, 314쪽.

비율이 40% 내외였던 것으로 알려져 있다.[203]

(5) 동독 여성의 일상적 삶

1990년 통일이 이루어지기 전 동독 여성의 지위와 일상생활에 대해서는 다음과 같은 평균적인 모습을 제시할 수 있다. 동독 여성은 직장생활을 하면서 가사노동도 처리하였다. 이에 따라 여성은 자주 지적되었던 것처럼 이중부담(Doppelbelastung)을 졌다. 이 '이중부담'이라는 개념은 사회주의 사회의 여성 지위를 부정적으로 평가하는 데 가장 빈번하게 동원되었다.[204] 그러나 가사를 여성만 전담한 것은 결코 아니었다. 일반적으로는 동독 남성도 집안일을 상당 부분 분담하였다. 남편은 육아의 상당 부분을 맡았고, 자녀를 학교에 데려다주고 집으로 데려오는 일을 맡았으며, 설거지를 하기도 했다.[205] 또한 남편은 집수리, 가전제품과 자동차 수리 등을 직접 맡았다. 여성에게는 한 달에 한 번씩 '가사처리일'이라는 특별휴가일이 주어져서, 여성은 유급으로 이중부담을 벗어나는 혜택을 누리기도 했다.

서독에 비해 소비재가 부족했으므로 동독 여성들은 의류, 가전제품 등 소비재를 원하는 대로 구입할 수는 없었다. 주택 사정도 여유가 있는 편은 아니어서 결혼을 해야 독립된 아파트를 얻을 수 있었다.

이렇게 보았을 때 동독 여성은 직장생활과 가사노동에 매달린 채, 풍

---

203 같은 책, 69쪽.

204 Ulf Brunnbauer, *"Die sozialistische Lebensweise": Ideologie, Gesellschaft, Familie und Politik in Bulgarien (1944-1989)* (Wien: Böhlau Verlag, 2007), 685쪽; Christine Eifler (Hg.), *Ein Bisschen Männerhass steht jeder Frau: Erfahrungen mit Feminismus* (Berlin: Christoph Links Verlag, 1991), 29쪽; Sabine Hess, *Globalisierte Hausarbeit: Au-pair als Migrationsstrategie von Frauen aus Osteuropa* (Wiesbaden: VS Verlag für Sozialwissenschaft, 2008), 72쪽 등.

205 Sibylle Meyer/Eva Schultze, "After the Fall of the Wall: The Impact of the Transition on East German Women", *Political Psychology*, Vol. 19, No. 1 (Mar., 1998), 100-101쪽.

족하지 못한 획일적인 삶을 살았다고 속단할 수도 있을 것이다. 그러나 동독 여성이 반드시 직장에 얽매인 삶을 살아야만 했던 것은 아니다. 일단 여성이 일하기를 원하는 경우, 동독의 관청에서는 어떤 일자리든 알선해 주었다. 여성이 이를 거부할 수도 있었지만, 적어도 일을 원하는데 일자리가 없는 경우는 없었다. 한편 직장생활을 원치 않는 여성은 전업주부로 남을 수도 있었다. 동독 여성노동에 대한 연구자 알섭(Rachel Alsop)은 과거 동독에서 노동은 남녀 모두에게 권리였을 뿐 아니라 의무이기도 했다고 썼지만,[206] 이는 여성의 높은 취업률을 강조하기 위한 문구일 뿐, 여성이 사회적 노동을 이행하지 않을 경우 특별한 제재가 가해지는 것은 아니었다. 물론 남성 혼자만 벌어서 가족을 부양하기에 충분하지 않은 경우도 많이 있었지만 이 점에서 문제가 없는 경우에는 여성이 전업주부의 길을 택하는 것도 가능했다.[207]

이렇듯 외적인 면에서 양성 간의 차별은 제도화되어 있지 않았다. 그렇다면 결정권이라는 면에서 여성의 지위는 어떠했던가? 여성은 경제력이 있었으므로 가족관계에서 결정권을 가지고 있었다. 이혼, 출산, 낙태 등의

---

206 Rachel Alsop, "Women, Work and the *Wende*: Regional and Sectoral Perspectives, Political and Individual Responses", Elizabeth Boa / Janet Wharton (eds.), *Women and the Wende: Social Effects and Cultural Reflections of the German Unification Process* (Amsterdam; Atlanta: Rodopi, 1994), 30쪽.

207 1952년에 동독 튀링겐에서 태어난 빌프리트 니체는 동독 여성의 삶에 관해 필자와 나눈 인터뷰에서, 그의 어머니의 삶에 대해 이야기해주었다. 지금은 작고한 어머니 니체 여사는 서부 독일 출신으로 2차 대전 시기에 동부 독일 출신 병사였던 남자를 만나 결혼한 후 동독에 와서 살았지만 한 번도 직장생활을 한 적이 없다고 한다. 빌프리트에게는 여러 형제가 있었는데, 어머니가 자녀 양육과 가사에 전념하는 전업주부였다는 것이다. 그의 남동생이 신체적 장애를 가지고 있었기 때문에 특히 그를 돌보기 위해서 그랬을 수도 있다. 그의 고향이 농촌지역이었고 그의 가족이 넓은 텃밭을 가지고 있었기 때문에 농업노동에는 종사했을 것이라고 보인다. 빌프리트 니체와의 인터뷰, 2010년 7월 24일, 니체 자택. 여성이 일시적 혹은 지속적으로 직장생활을 하지 않는 경우도 드물지 않았음은 다른 인터뷰를 통해서도 확인할 수 있었다.

문제에서 여성의 결정권은 존중되었다. 오랫동안 낙태를 처벌받아야 할 범죄로 규정해왔던 서독 사회와는 달리, 동독 사회는 낙태에 대해 더 관대한 입장을 취하였다.[208] 1972년 동독 형법에서는 임신 3개월 이내에는 임신부의 요구에 따라 낙태를 할 수 있다고 규정하였다.[209] 하지만 동독 여성은 설사 낙태가 가능하더라도 어려움 속에서일망정 아이를 낳아 기르는 것을 택하는 경향도 있었다. 비혼 어머니의 존재가 동독인들에게는 전혀 이상하지 않게 받아들여졌다. 1980년대 말, 여성의 첫 출산 아기 가운데 70%는 비혼 상태에서 태어났다.[210] 동독 사회는 결혼한 부부에게만 주택을 제공하는 원칙을 가지고 있었으나 그 후 비혼 여성이 아이를 기르는 경우에도 이를 가족으로 인정하여 주택을 제공한다고 규정하였다. 물론 현실적으로는 24세의 비혼 어머니 우테 G의 경우에서 보듯, 1970년대 후반에도 어린아이와 함께 사는 비혼 여성이 주택을 얻지 못하는 경우도 목격되기는 하였다.[211]

동독 사회에서는 이혼율도 높았는데, 여성이 자립적이었던 만큼, 이혼 가운데 3분의 2가 여성이 주도한 이혼이었다. 사회주의 종주국인 소련에서도 사회주의 여성해방 담론의 오랜 전통을 가진 동독에서도 여성해방이 섹슈얼리티 측면에서의 해방이나 자유연애로 이해된 적은 없다. 공산당

---

208 전통적으로 사회주의 사회가 낙태 문제에 대해 훨씬 더 관대한 태도를 취해왔음은 소비에트 러시아(볼셰비키 혁명 후 소련 정부 수립 이전까지를 '소비에트 러시아'라 부름) 정부가 이미 1920년에 낙태를 사실상 자유화했던 것에서도 알 수 있다. 스탈린 집권기에 이르러 이 정책이 어느 정도 후퇴하기는 했다.

209 Elizabeth Clements, "The Abortion Debate in Unified Germany", Boa / Wharton (eds.), *Women and the Wende: Social Effects and Cultural Reflections of the German Unification Process*, 38쪽.

210 Schwarz / Zenner, "Ursprünglich war da mal eine Frau: Die Geschichte eines Briefes", 11쪽.

211 "Ute G. 24, Facharbeiterin, ledig, ein Kind, Großfamilie", Maxie Wander, *Guten Morgen, du Schöne: Frauen in der DDR. Protokolle Mit einem Vorwort von Christa Wolf* (Darmstadt; Neuwied: Luchterhand, 1978), 39쪽.

지도자들은 섹슈얼리티와 관련하여 지나치게 분방한 태도에 대해서는 오히려 부정적인 견해를 보였다.[212] 그러나 동독에서는 여성이 독립적이었기 때문에 여성의 성적 자기결정권도 상당히 강한 편이었다. 여성이 누구 눈치 보는 일 없이 자기 삶을 계획하고 이를 실행에 옮겼다는 것은 동독 여성의 지위에 대해 비판적이었던 여성학자들도 인정하는 바였다.[213] 이렇듯, 낙태의 폭넓은 허용을 비롯하여 동독 체제는 자기 신체에 대한 여성의 통제권을 사실상 넓게 인정해주었고 이혼의 자유도 광범하게 허용해주었다. 완전고용에 가까웠던 여성의 사회적 노동과 함께 이혼과 낙태의 자유가 허용됨으로써, 동독에서 사회 내 여성의 상대적 지위, 자기결정권은 서독에 비해 훨씬 더 높았다.

여성들은 대개는 전통적 일부일처제를 고수했지만, 자신이 원하는 경우에는 다양하고도 분방한 성관계를 가졌다. 또한 일부일처제의 전형적 핵가족 외에도 다양한 가족형태를 실험하는 여성도 존재하였다. 다양한 계층, 연령대의 동독 여성들과의 인터뷰 모음집인 『우리 없이는 어떤 국가도 없어: 체제전환 후의 동독 여성』에는 체제전환기 이전 동독 여성들의 다양한 삶의 모습이 소개되어 있다. 그중 하나인 카트린 R는 동독 체제전환 전인 1980년대 말에 2명의 남자 친구와 한 집에 거주하면서 자신의 아이들을 셋이 함께 양육하는 생활을 했다. 게다가 곧 새로운 남자친구가 합류할 예정이라고 했다.[214] 1949년생인 연극배우 지나 B는 전남편과의

---

212 그 대표적인 것이 볼셰비키 혁명 후 레닌이 독일 사회주의 여성 지도자 클라라 체트킨과 나눈 1920년의 대화이다. 여기서 레닌은 성욕충족이란 갈증 났을 때 물을 마시는 것과 마찬가지라고 보는 이른바 '물 한 잔'론을 강하게 비판하였다. Clara Zetkin, "Lenin on the Women's Question", *My Memorandum Book*, http://www.marxists.org/archive/zetkin/1920/lenin/zetkin1.htm (검색일: 2011-01-12).

213 Schwarz/Zenner, "Ursprünglich war da mal eine Frau: Die Geschichte eines Briefes", 11쪽.

214 "Seitdem leben wir zu dritt", Erica Fischer/Petra Lux, *Ohne uns ist kein Staat*

사이에 딸 하나를 두고 이혼을 했는데, 그 후 유명 배우인 다른 남자와 사랑에 빠졌다. 기혼자인 이 유명 배우는 지나와 관계를 가지면서도 부인과 이혼할 생각이 전혀 없었는데, 그의 부인은 처음부터 남편과 지나의 관계를 알고 있었으며 "아무런 질투심 없이" 이를 용인해주었다. 그리하여 지나는 한 남성을 그의 법적 부인과 공유하게 되었다. 그녀는 자신의 이와 같은 상태를 합법적인 두 번째 부인과 같은 것이라고 규정하였다.[215] 역시 같은 책에서 1926년생인 잉게 B는 자신이 여러 남성들 및 여성들과 성적 관계를 가졌던 것에 대해 자기분석적인 태도로 술회하고 있다. 개념화하자면 양성애자였던 것이다. 그녀는 한때 철학자 에른스트 블로흐(Ernst Bloch)와 긴밀하게 협력하기도 한 지식인이자 평화운동가였다.[216]

동독 사회는 섹슈얼리티와 관련하여 자유연애를 권장하지는 않았지만 그렇다고 청교도적 엄숙주의가 지배하는 사회도 아니어서 위에서 말한 것과 같은 현상에 대해서는 별다른 거부 반응을 보이지 않았다. 물론 이를 거부한다기보다 다분히 냉소적으로 보는 견해도 일반 동독 여성들 사이에 있기는 했다. 베를린 장벽이 붕괴되기 두 달 전에 서독으로 건너온 중년 여성 질비아 E는 분방한 성의식, 비혼 어머니에 대해 관대한 사회적 태도를 인구증가에 대한 국가적 필요성과 관련시켜 해석하였다.

> 섹스의 즐거움, 섹스도 쾌락 가운데 하나라는 것, 그런 것은 우리 사이에서 이야기된 적이 한 번도 없어요. 피임약이나 국가가 인정하는 낙태나 뭐 그런 것 때문에 사람들이 이런 문제에 대해 개방적이 된 것도 정말 아니고요. 그거

---

zu machen: DDR-Frauen nach der Wende (Köln: Kiepenheuer & Witsch, 1990), 42-53쪽.

215 "Für den Kapitalismus bin ich eigentlich zu alt", Fischer/Lux, *Ohne uns ist kein Staat zu machen: DDR-Frauen nach der Wende*, 100-110쪽.

216 "Vagabund wollte ich werden", Fischer/Lux, *Ohne uns ist kein Staat zu machen: DDR-Frauen nach der Wende*, 85-99쪽.

야 어느 날 법으로 그렇게 정해진 것일 뿐이지요. 소녀가 피임약을 먹지 않고 열여섯 살에 아이를 낳는다고 합시다. 사람들은 '그러냐, 그럼 아이를 낳는 거지 뭐', 그런 정도로 반응하지요. 그런다고 그 소녀에게 손가락질하지는 않아요. 그 소녀가 비혼이라 해도, 아니 뭐 흑인 아이를 낳는다 해도 손가락질 안 해요. 그건 말하자면 무관심이지요. 다른 사람은 그런 데 관심이 없어요. 드디어 아이가 또 하나 태어났구나. 우리는 어차피 병사가 필요하고 노동력도 필요하니까. 그래서 정부도 소위 사회정책적 조치들을 도입하고 자녀수당도 높인 것이지요.[217]

여기서 질비아가 동독 체제 전반에 대해 비판적이고 서독 여성들의 소비 중심적 생활을 부러워하는 인물이었음은 고려되어야 한다. 그녀는 동독의 친출산정책을 병사와 노동력을 확보하려는 국가의 의도와 관련시키면서 이것이 젊은 어머니를 "출산기계"로 만들고 있다고 비판한 것이다.[218] 그러나 여성을 출산기계로 만들고자 하면서 육아와 자녀교육을 위한 사회적 지원은 별로 하지 않는 국가도 많다는 것을 생각하면 질비아의 주장을 전적으로 받아들일 필요는 없다.

그런가 하면 동독 시절 탈출을 시도한 혐의로 수감되었다가 서독으로 '자유매입'(Freikauf)[219]되었던 남성과 결혼한 서독 출신의 한 여성 시민은 과거 일부 동독 여성들의 분방한 생활에 대해 이렇게 평하였다. "실제로 동독 여성들은 경직된 체제를 아랑곳하지 않고 재미있게 살았어요. 자기들끼리 즐기면서 체제를 우습게 만들었던 것이지요."(Sie haben Spass gehabt und das System lustig gemacht)[220]

---

217 "Mein Leben ist versaut", Fischer/Lux, *Ohne uns ist kein Staat zu machen: DDR-Frauen nach der Wende*, 38쪽.

218 같은 곳.

219 서독 정부의 동방정책에 따라 동독 정부에 일정한 액수의 보상금을 지불하고 동독 정치범들을 서독으로 데려오는 제도가 있었다. 이를 '자유매입'이라고 불렀다.

(6) 동독의 여성정책과 체제 존립 비용론

동독 국가는 여성을 사회적 노동에 동원하는 대가로 여성들을 위해 막대한 비용이 드는 사회적 지원시설의 설립을 지원하였다. 이와 관련하여 하쉬는 동독의 여성정책이 동독 체제의 존립에 미친 영향에 큰 의미를 부여하고 있다. 이 연구자는 1945-1970년에, 특정한 공식기구(노조, 당, 여성연맹 등)에 가입하지 않고 가사에 관심 쏟는 여성들과 동독 공산당 정권 사이에 긴장이 발생했으며, 동독 정권이 여성의 요구를 수용하기 위해 소비·복지 위주의 정책을 채택했는데, 이것이 결과적으로 동독 공산주의의 붕괴에 기여했다고 보는 것이다.[221] 복지정책이 국가의 재정부담을 초래하여 체제의 몰락에 일조했다는 주장이다.

그러나 이는 단지 하나의 가설일 뿐이며 이것이 받아들여지기 위해서는 더 정밀한 논구가 필요하다. 사회주의 종주국이었던 소련이 1980년대 후반에 페레스트로이카 정책을 시작했을 때 그 주도자인 고르바초프가 소련 경제의 아킬레스건이라고 여겼던 것은 복지정책보다 과도한 군사비 지출과 농업 침체였다. 동독과 맞먹는 정도의 복지정책을 가지고 있던 소련 체제에서 과도한 복지비용이 문제되었던 적은 없다. 국민총생산에서 군사비 지출이 차지하는 비율이 소련에 비해 훨씬 더 낮았고 농업 위기가 절박하지 않았던 동독은 소련발 체제개혁의 움직임에도 제일 늦게까지 미온적인 태도를 보였었다. 동독 여성이 주도한 사회운동에서 가장 중요한 의미를 가졌던 것이 평화운동이었으며, 그 밖에 인권, 환경, 여행자유 등의 문제와 관련하여 여성 사회운동가들의 요구가 제기되었던 것을 생각할 때 여성에게 고유하게 관련된 정책과 동독 정권의 상관관계를 직선적으로 파

---

220 힐데가르트 슐츠와의 인터뷰, 2010년 7월 13일, 슐츠 자택.

221 Harsch, *Revenge of the Domestic: Women, the Family, and Communism in the German Democratic Republic*, 316-319쪽.

악하는 것은 성급해 보인다. 동독 체제의 진화, 몰락, 독일 통일 과정에서 동독 여성이 수행한 역할에 대한 고찰은 이와는 다른 층위에서 이루어져야 하리라고 생각한다.

(7) 동독의 여성정책 및 여성지위에 대한 평가

동독이 존속한 40년 동안 여성정책이 진보적인 방향으로 발전했던 것은 사실이다. 그리하여 동독에서 여성 문제는 적어도 법적·제도적·사회적 차원에서는 해결된 것으로 여겨졌다. 동독 정권은 여성 지위와 관련하여 해결되지 못한 문제가 있다면 그것은 사적·개인적 문제일 뿐이라고 주장했다.[222] 동독 여성들 자신도 상당수는 이렇게 생각해왔다. 동독 여성은 적어도 직업과 교육 차원에서는 여성이 차별받는다고 생각하지 않았고, 사소하고 애매한 부분에서 차별을 느꼈지만, 그 같은 갈등은 자기 개인의 문제라고 느꼈던 것이다.[223] 이런 분위기 속에서 적어도 젠더관계 고유의 문제에 대한 논의는 사회적 차원에서 1970년대까지는 등장하지 않았다. 고용, 교육, 임금, 낙태 등등 여성이 먼저 제기해서 사회적 이슈로 등장한 문제는 없었다.

물론 동독 사회도 기본적으로 남성지배사회였다는 것은 누구도 부인할 수 없다. 엘멘라이히(Renate Ellmenreich)는 동독의 현실사회주의 체제를 받쳐준 것은 다음과 같은 세 개의 기둥이었다고 말한 바 있다.

---

222 Samirah Kenawi (Hg.), *Frauengruppen in der DDR der 80er Jahre: Eine Dokumentation* (Berlin: Grauzone, 1995), 21쪽.

223 Schwarz/Zenner, "Ursprünglich war da mal eine Frau: Die Geschichte eines Briefes", 11쪽. 라이프치히의 여성 운동가 코르넬리아 마츠케(Cornelia Matzke)도 그렇게 회고하였다. Dirk Philipsen, *We Were the People: Voices from East Germany's Revolutionary Autumn of 1989* (Duhrum; London: Duke University Press, 1993), 70-71쪽.

1. **가부장주의**: 남성이 곧 규범이며, 남성이 자신의 관점에서 사회적 관계를 지배한다.

2. **온정주의**: 배려 깊은 후견의 정치를 행한다.

3. **소시민적 도덕**: "모든 사람이 똑같아야 한다(평등해야 한다)."는 생활규범을 절대화한다.[224]

그렇다면 동독의 여성정책이야말로 실로 남성지배체제하에서 사회의 필요를 위해 실시된 온정주의적 정책이자 평등주의적 정책의 산물이었다고 할 수 있다. 따라서 이러한 동독의 여성정책과 여성의 지위에 대해 비판적 의견도 없지 않았다.

우선, 동독의 수많은 여성정책이 사실은 여성을 노동에 동원하기 위한 수단에 불과했다는 냉소적 평가가 빈번하게 등장하였다. 특히 여성을 가능한 한 많은 시간 동안 노동에 종사할 수 있게 하려고 아이들을 너무 이른 시기부터 어머니와 떨어져서 자라도록 했던 제도에 대해서는 대단히 부정적인 반응이 많았다. 필자와 인터뷰했던 구동독 출신 면담자 6명 가운데 5명이 직·간접적으로 이에 대해 비판적인 견해를 표명하였다. 그런가 하면 피셔-룩스 팀이 인터뷰한 카트린 R처럼 어머니가 전일제로 근무해야 했기 때문에 생후 6주부터 탁아소에 맡겨진 경우도 있었는데, 사실 이는 제도의 문제점을 보여준다기보다 인간의 삶에서 부딪치는 심각한 곤경의 한 사례를 보여주는 것이라 할 수 있다.[225] 다른 한편 이 같은 국가의 아동양육시설들이 어린이들을 획일적으로 교육한다는 데 대한 비판도 있었다. 영화감독이자 작가인 프라야 클리어(Fraya Klier)는 "유치원이 그렇

224 Renate Ellmenreich, "Frauenbild im Ministerium für Staatssicherheit der DDR – Mein Einblick", *Weibblick*, Jg. 2 (1994), Heft 16, 14쪽, Kenawi (Hg.), *Frauengruppen in der DDR der 80er Jahre: Eine Dokumentation*, 11쪽에서 재인용.

225 Fischer/Lux, *Ohne uns ist kein Staat zu machen*, 42쪽.

게 부담스러웠던 것은 아니지만 그 교육 프로그램이 문제요, 일체의 대안도 허용치 않는다는 것이 문제였다."라고 지적하였다.[226] 전형적인 단란한 가정의 아내·어머니이자 문화 부문에서 일하는 커리어 우먼이기도 한 카롤라 린디히(Carola Lindig)는 동독 시절 탁아소 시설을 이용하기는 싫고 직장생활도 포기하고 싶지 않아서 사적으로 양육 도우미를 채용하여 어린 아들을 돌보도록 했다고 회고하기도 했다.[227]

동독 여성들이 정치적으로 결정권이 없었다는 것은 중요한 비판 사항의 하나가 아닐 수 없다. 동독 공산당 정치국에는 의결권을 가진 여성 정위원이 1명도 없었다. 역사상 여성 정치국원으로는 투표권이 없는 준위원만 2명 있었을 뿐이다.[228] 물론 국회에 해당하는 인민의회(Volkskammer)는 많게는 전체 의석 중 3분의 1이 여성 의원으로 채워져 있을 정도로 여성의 비율이 높았다. 그런데 이는 결국 겉모습에 지나지 않았다. 동독의 반체제 인사로서 이른바 '불온서적'을 읽고 배포했다는 이유로 1985년 서독으로 추방되었던 롤프 셸리케(Rolf Schälike)는 동독에서 여성이 고위직에 오를 수는 있었지만 결정권이 없었다는 점을 지적하였다. 그는 자기 지인의 부인이 드레스덴 출신 의원이었는데, 그녀가 그러한 직책을 가지고 있으면서도 실제로는 결정할 수 있는 게 없어서 스스로 민망스럽다(peinlich)고 여겼다고 회상하였다.[229]

그러나 이러한 문제점들은 대체로 동독의 붕괴가 임박한 시점에서, 혹은 동독이 붕괴한 후 사후적으로 지적된 것이었다. 동독이 존속하고 체제

---

226 Sabine Wilke, *Ist alles so geblieben, wie es früher war?: Essays zu Literatur und Frauenpolitik im vereinten Deutschland* (Würzburg: Königshausen und Neumann, 2000), 24쪽.

227 카롤라 린디히 인터뷰, 2010년 7월 17일, 린디히 자택.

228 Alsop, *A Reversal of Fortunes? Women, Work and Change in East Germany*, 24쪽.

229 롤프 셸리케 인터뷰, 2010년 7월 15일, 베르벨 볼라이 자택.

가 그런대로 기능하고 있던 시기에는 여성정책에 대한 심층적인 비판은 적어도 동독 내에서는 거의 제기되지 않았다. 동독의 여성정책은 그 나름의 근대적 합리성에 바탕을 두고 수립되고 운영된 것이었다. 여성들은 삶의 어떤 면에서는 이 제도에서 큰 혜택을 누렸고 독립성을 얻을 수 있었다. 자본주의적 풍요만을 유일한 가치 척도로 삼지 않고 해당 사회 내 구성원들의 상호관계와 인정체계를 함께 고려하여 판단한다면 동독 여성의 지위는 서독 여성에 비해 분명 더 높았다고 할 수 있다. 동독 여성들은 성별 때문에, '여성으로서 남성에 비해' 차별받았던 것은 아니라는 평가는 동독 정권에 대해 매우 비판적이었던 지식인들에게서도 찾아볼 수 있다. 프라야 클리어는 자기가 속했던 사회의 여성정책에 대해 이렇게 평하였다.

> 국가의 억압은 여성에게 가해지는 억압이었던 적은 결코 없다. 여성은 여자라는 이유로 당(집권 사회주의통일당)으로부터 차별받거나 대상화되어 모욕당한 적은 결코 없었다. 여성은 머리에 헬멧을 받아쓰고 '엄마'(Mutti)라는 애칭으로 불리기는 했을망정 차별받은 적은 없었다.[230]

이와 관련하여, 동독에서 여성이 경험한 주된 갈등은 여성과 남성 사이의 갈등이 아니라 상부와 하부 사이의 갈등이었다고 하는 평가도 참고할 만하다.[231] 국가가 여성과 남성을 막론하고 사회구성원 전체에게 체제순응을 강요하고 이에 어긋나면 불이익을 주었다는 점에서 동독 체제가 문제를 가졌다는 것이다. 동독의 체제개혁운동도 이런 차원에서 일어난 것이 사실이다. 그렇다면 동독 체제 자체의 문제점은 비판받아 마땅하다. 그러나 동독 체제가 구상하고 실현했던 여성정책을 폄하할 필요는 없다.

---

230 Sabina Schroeter, *Die Sprache der DDR im Spiegel ihrer Literatur: Studien zum DDR-typischen Wortschatz* (Berlin; New York: De Gruyter, 1994), 130쪽.

231 같은 곳.

그 같은 여성정책을 실시하지 않으려는 의도와 관련된 폄하라면 이는 더욱 받아들이기 어려울 것이다.

2) 동독 체제에 저항하는 여성

독일이 동서로 분단된 이후 동독에서나 서독에서나 체제에 대한 저항세력이 없지 않았다. 동독의 경우 정권 수립 전인 소련 점령군 관할 시기에도 저항세력이 있었거니와, 동독 정권 초기에 집권세력의 신경을 가장 곤두서게 만들었던 것은 집권당인 사회주의통일당에 대한 사회주의 진영 내에서의 반발이었다. 모스크바파 공산주의자들이 집권하면서 국내파 사회주의자들이나 사민주의자들의 반발이 적지 않았고 이들이 집중적인 견제대상이 되었다.[232] 반대자들은 가혹한 처벌을 받았다. 1950년대에는 반체제 혹은 반정부 인사들에 대한 처벌로 투옥과 징역이 일반적이었고 처형도 드물지 않았다. 외부에 알려지지도 않은 채 처형당하는 인물들도 있었다.[233]

그러나 1970년대에 들어서면서 일련의 변화가 일어나 그전과 같은 극단적 대응방식은 드물게 되었다. 서독 사민당 정부가 새로운 동방정책을 펴면서 동독과도 대화와 교류의 관계를 중시하자 동독 정부도 이에 응하

---

232 1950년 4월 24일부터 29일까지 데사우에서 힐데 벤야민(Hilde Benjamin)을 재판장으로 하여 동독에서 첫 번째 정치적 전시(展示)재판이 열렸다. 이는 공산주의자들 가운데 반대세력 10명을 제거하기 위해 연출된 재판이었다. Karl Wilhelm Fricke, "Widerstand und politische Verfolgung in der DDR", Bernd Eisenfeld / Rainer Eppelmann / Karl Wilhelm Fricke / Peter Maser, *Für Freiheit und Demokratie. 40 Jahre Widerstand in der SBZ/DDR*, Wissenschaftliche Dienste Archiv für Christlich-Demokratische Politik (Herausgeber: Konrad-Adenauer-Stiftung e.V. Wissenschaftliche Dienste), 11쪽, http://www.kas.de/db_files/dokumente/7_dokument_dok_pdf_684_1.pdf (검색일: 2010-03-11).

233 발트하임 재판에서는 32명이 처형당했다. 같은 글, 12쪽.

게 되었고, 더 나아가 동서독 정부가 1975년 헬싱키 협약에 가입하면서 동독 정부는 국내정치적으로 그 이전에 비해 어느 정도 유화적인 정책을 펴지 않을 수 없었다. 동독으로서는 서독 정부가 제공하는 경제적 지원을 계속 받기 위해서라도 서독 정부와의 유화적인 관계가 필요하였다.[234] 더욱이 1976년 8월 교회에 대한 탄압중지를 요구조건의 하나로 내걸고 할레의 오스카르 브뤼제비츠(Oskar Brüsewitz) 목사가 분신자살한 사건은 또 하나의 전환점이 되었다. 체제와의 관계에서 갈등이 없지 않았던 교회에 대해 동독 정부가 양보 조치를 취하지 않을 수 없게 되었으며, 그 후 교회가 공산당 정권 비판자들과 사회운동세력을 위해 어느 정도 보호막을 제공하게 되었기 때문이다.

이리하여 1970년대 후반부터는 반체제 인사들에 대한 대응도 가혹한 신체형 대신 추방이나 시민권 박탈로 바뀌게 되었다. 물론 추방의 효력은 제한적이었다. 동독 자체가 폐쇄 상황이었으므로 추방은 국가의 빗장을 닫아거는 것이나 마찬가지였다. 이는 국가가 스스로 약함을 인정하는 것일 뿐 아니라 동독이 천천히 '출혈로 죽어가는 것'(Ausbluten)을 의미하였다. 베를린 장벽의 기능은 역전되었다. 이는 애초에 '도주'를 막기 위해 건설되었으나 마지막에는 '추방'에 의해 장벽이 유지되었다.[235]

그렇다면 체제에 대한 도전에서 여성의 역할은 어떠했던가? 동독 정권 성립 시기부터 이 체제에 저항한 여성이 없지 않았다. 비타협적 여성들을 수용하는 특화된 시설은 호엔에크(Hoheneck)에 있는 여성 정치범 수용소였다.[236] 이 수용소에 수감된 여성들은 체제에 반대하는 조직활동을 한 경

234 동방정책 초기의 동서독 관계에 대해서는 Mary E. Sarotte, *Dealing with the Devil: East Germany, Détente, & Ostpolitik, 1969-1973* (Chapel Hill; London: The University of North Carolina Press, 2001)를 참조하시오.

235 Kenawi (Hg.), *Frauengruppen in der DDR der 80er Jahre: Eine Dokumentation*, 15쪽.

무너진 베를린 장벽 베를린 장벽이 있던 곳임을 알리는 표지판이 서 있다.

우도 있었지만 그것과는 무관하게 서독으로 이주(탈출)하고자 시도했다가 체포된 경우도 있었다. 정치적으로 비타협적인 여성에 대해 가해진 가장 전형적인 박해는 추방이었다. 호엔에크 수용소에 수용되었던 여성들은 여러 달 혹은 여러 해 동안 수감되었다가 석방되거나 서독으로 보내지곤 하였다. 특히 동방정책이 실시된 후에는 동독 체제에 비타협적인 여성 저항자들도 남성 정치범들과 마찬가지로 서독 정부의 개입에 의해 서방으로 건너왔다. 그러한 여성들의 몇 가지 사례를 들어보자. 1950년생인 레기나 에버트(Regina Ebert)는 남편과 함께 서독으로 이주하려다 좌절되자 서독 국영 텔레비전 방송인 ZDF(제2독일방송)와 접촉하여 이와 관련된 인터뷰

---

236 Schacht (Hg.), *Hohenecker Protokolle: Aussagen zur Geschichte der politischen Verfolgung von Frauen in der DDR*. 이 책에는 호엔에크 수용소에 수감되었다가 석방된 후 서방으로 이주한 여성 11명과의 인터뷰가 실려 있다.

를 하였고 이 때문에 체포되어 호엔에크에 수감되었다. 레기나 에버트는 방면되었다가 다시 서독 이주를 신청한 후 체포·수감되는 일을 겪었지만 1981년 11월 남편이 먼저 서독으로 풀려나자 이에 뒤이어 1982년 3월 딸들과 함께 서독으로 건너올 수 있었다.[237] 1954년생인 헬가르트 크룸(Helgard Krumm)은 서독으로의 이주 신청이 좌절된 후 동독 체제에 대해 비판적인 기사를 서독 잡지에 기고했다가 1977년 체포되어 호엔에크에 수감되었는데, 1979년 "서독 정부의 특별한 노력"에 힘입어 서독으로 넘어와 정착하였다.[238]

서독으로 이주한 동독 여성 중 몇몇은 국제적인 조명을 받곤 했다. 유타 갈루스(Jutta Gallus)는 그러한 여성 가운데 하나다. 그녀는 이혼 후 딸 둘을 데리고 동독에서 생활하다가 서방으로 탈출하고자 시도했다는 이유로 수감되었지만 그 후 자유매입정책의 수혜자가 되어 홀로 서베를린으로 건너왔다. 딸들도 서베를린으로 건너올 수 있게 하고자 백방으로 노력했으나 뜻이 이루어지지 않자 갈루스는 서베를린에서 동베를린으로 넘어가는 관문인 찰리 검문소 앞에서 매일 1인 시위를 하였다. 국제사회의 개입으로 결국 그녀는 딸들과 함께 서베를린에서 살 수 있게 되었다. 이 이야기는 <찰리 검문소의 여인>(Frau vom Checkpoint Charlie)이라는 영화로 소개되기도 했다.[239]

여성 예술인들 중에도 비타협적 인물들이 서베를린을 비롯한 서방으로 추방당한 사례들이 있었다. 반체제 가수 볼프 비어만(Wolf Biermann)의 반려자이자 그 자신도 역시 가수였던 에바-마리아 하겐(Eva-Maria Hagen)은 동독 정권과의 점증하는 불화로 결국 1977년 추방당하였다. 작곡자 겸

237 같은 책, 219쪽.

238 같은 책, 236쪽.

239 한국에서는 <사랑의 국경선>이라는 제목으로 소개되었다.

통일 후의 찰리 검문소

가수인 베티나 베그너(Bettina Wegner)는 1983년에 서베를린으로 추방당하였다. 화가인 베르벨 볼라이(Bärbel Bohley)는 1988년 서방으로 추방되었다가 6개월 만에 동독으로 귀환하였다. 아래에서 살펴보듯, 볼라이의 귀환은 동독 반체제운동에서 하나의 전환점이 되었다.

(1) 동독의 비(非)관변(nichtstaatlich) 여성단체와 여성운동

앞에서 언급했듯이, 동독 국가는 1970년대 후반부터 비판자들과 사회운동세력에 대한 대응원칙을 바꾸기 시작하였다. 국가안전부〔Ministerium für Staatssicherheit, 약칭 '슈타지'(Stasi)〕는 정보원들을 통해 이들의 동향을 일일이 관찰하고 기록하고 감시하기는 했지만, 일정한 범위 안에서는 이들의 활동을 허용하면서 이들을 대화상대로 대해주기도 했다.[240] 이들 단

---

240 Kenawi (Hg.), *Frauengruppen in der DDR der 80er Jahre: Eine Dokumentation*,

체와 동독 정권의 관계는 모순적이고 긴장된 것이었다. 사회운동단체는 한편으로는 동독 체제의 변화를 요구하면서 다른 한편으로는 국가에게 자신들을 대화상대로 여겨달라고 요구하였다. 즉 이들 단체는 기본적으로 국가 안에서, 국가와의 대화를 통해 국가를 변화시키기를 바라고 있었다.

여성이 주된 활동자로 참여하는 단체로는 일찍부터 관변단체가 조직되어 존속하였다. 동독 정권이 주도하는 독일민주여성연맹(Demokratischer Frauenbund Deutschlands, DFD)은 공식적 여성단체를 총괄하는 기구였다. 이 단체는 1987년에는 회원 수가 150만을 헤아렸던 초대형 조직으로 원래 반파시즘 여성위원회로 출발했으며 1947년 베를린에서 창립된 독일민주여성연맹을 계승한 것이다(38쪽 참조). 이 기구는 동독에서는 유일한 전국적 여성단체로 존속하였다.[241] 민주여성연맹은 국내 여성들의 이익을 보장한다는 취지를 가지고 있었으며, 사회주의적 평화 이념에 따라 여성들의 국제연대를 조직하는 활동을 하기도 했다.

그러나 시간이 흐르면서 관변단체는 여성 고유의 문제에서도, 여성들이 참여하는 일반적 사회운동과 관련해서도, 여성들의 진정한 관심을 대변해주지 못했다. 민주여성연맹은 1975년에 '노동계급과 혁명정당의 지도적 역할'을 따른다는 구절을 규약에 새로 포함시켰을 정도였다. 그러므로 집권당인 사회주의통일당과의 밀착도가 높을 수밖에 없었는데, 이는 사실상 당에서 남성 당료들이 결정하는 사항들을 민주여성연맹이 충실하게 따르기만 할 뿐이라는 것을 의미했다. 이 단체는 동독의 국회인 인민의회의

12-13쪽.

241 반파시즘 여성위원회가 전 독일적 기구였기 때문에 독일이 두 국가로 분단되자 이 기구도 서독 조직과 동독 조직으로 나뉘었는데, 서독에서는 1957년 이 단체가 법적으로 금지되었다. 반면 동독에서는 전혀 다른 운명을 겪게 된 것이다. Julia Teschner, "*Demokratischer Frauenbund Deutschlands*: Socialist Mass Organization and Western Charity?" Boa / Wharton (eds.), *Women and the Wende: Social Effects and Cultural Reflections of the German Unification Process*, 53쪽.

의석을 일정한 수만큼 할당받고 있었을 정도로 동독 체제 내에서 기득권을 누렸다. 그러나 조직이 비대해지고 관료적으로 경직되어 가는 데 비례하여 이 단체에 대한 젊은 세대의 호응은 줄어들었고, 동독 체제 말기로 갈수록 이 조직은 나이 든 여성들의 조직이 되어 갔다. 무엇보다 큰 문제는 시대가 변함에 따라 여성들의 요구와 관심사도 바뀌기 마련인데, 민주여성연맹 지도부는 1950-60년대에 형성된 관념을 충실히 따를 뿐 그것을 벗어날 줄 모른다는 점이었다.[242]

비록 이 단체 외에 별개의 공인된 여성조직의 형성은 가능하지 않았지만, 1970년대 후반에 일반 사회운동의 여건이 조금이나마 호전되자 동독에서도 여성들이 시민운동의 차원에서 자발적으로 모임을 만들어 공통의 관심사를 논하고 사회적으로 발언하기 시작하였다. 그리고 이 같은 움직임은 1980년대에 들어서면서 아주 활발해졌다.

1980년대에 동독에는 각 지역마다 크고 작은 여성단체들이 생겨났다. 동베를린 같은 대도시뿐 아니라 히르쉴루흐, 마이닝겐, 바이센펠스, 츠비카우 같이 인구가 얼마 되지 않는 작은 도시들에서도 여성모임이 형성되었다. 동독의 여성모임은 크게 세 유형으로 나눌 수 있다. 첫 번째는 가장 일반적인 형태였던 교회 여성단체이고, 두 번째는 평화단체이며, 세 번째는 동성애 모임이다. 세 유형의 조직들은 성립 동기나 활동의 주된 영역이 달랐지만 사안에 따라서는 구분이 어려울 정도로 밀접한 연대활동을 하는 경우도 드물지 않았다. 특히 교회 여성운동과 여성 평화운동은 밀접한 연관을 가진 경우가 많았다.

1989년 동독 체제의 전환이 이루어지는 데는 여성들의 적극적인 사회운동이 큰 역할을 하였다.

---

242 같은 글, 54-55쪽.

(2) 평화여성회와 동독의 여성 평화운동

동독의 시민운동은 초창기에 평화운동과 인권운동을 중심으로 하여 전개되었다. 처음부터 여성의 적극적 참여로 활발한 움직임을 보이기 시작한 것은 평화운동이었다. 여성 평화운동의 중심기구는 '평화를 위한 여성 모임'(Frauen für den Frieden, 이하 '평화여성회')이었다. 평화여성회는 국제적인 조직으로서 미국과 유럽의 여성 평화활동가들의 다양한 활동을 통해 성장하다가 1977년 스위스 루체른에서 '평화를 위한 여성협회'(Verein Frauen für den Frieden)라는 명칭의 단체로 출범하였다.[243] 냉전시기 동서양 진영의 군비확산에 맞서 연대투쟁을 하기 위한 조직이되, 여자들로 구성된 것이 특징이다. 이들은 특히 핵무기의 전면적 철폐와 모든 핵실험 중단을 주장하며 과감한 투쟁을 전개했고, 국제적 연대활동을 위해 노력하였다.

동독의 평화여성회는 1982년에 결성되었다. 동독에서 여성 평화운동의 계기가 된 것은 동서 양 진영의 핵무기 경쟁과 동독 정부의 여성징병제 도입 시도였다. 평화여성회에서 처음부터 주도적인 역할을 했던 베르벨 볼라이는 "동독 정부가 미국을 비롯한 서방의 군비확장을 핑계로 스스로도 군비확장에 몰두하는 것"을 보고 심각한 문제의식을 느꼈다. 그녀는 독일이 나치 시대에 저지른 죄악 때문에 어떻게 해서라도 평화의 원칙을 지켰어야만 하는데도, 냉전 상황 아래서 군사적 대결을 불사하는 자세로 나아간 것을 용납하기 힘들다고 생각하였다.[244]

그런 가운데 여성 평화운동이 사회 전면에 나서게 되는 직접적 계기를

---

243 Frauen für den Frieden(FfF): Chronologie ausgewählter Daten von Ereignissen und Aktionen im Kontext der Ost/West Friedensbewegung, http://www.havemann-gesellschaft.de/fileadmin/Redaktion/Fotos/Bestaendeuebersicht/PDF/Chronologie-FfF.pdf (검색일: 2010-03-09).

244 베르벨 볼라이와의 인터뷰, 2010년 7월 15일, 볼라이 자택.

제공한 것은 여성징병제를 도입하는 법률의 제정이었다. 1982년 3월 25일 동독 정부는 여성징병제에 관한 법을 공표하였다. 18세부터 50세까지 복무능력이 있는 여성을 방위상황(Verteidigungszustand)하에서 병역의무자로 징집할 수 있다는 규정은 1962년 1월 24일에 제정된 병역법에도 이미 포함되어 있었다. 즉 이는 방어를 위한 전쟁이 실제로 일어난 상황을 위한 규정이었다. 그런데 새로운 병역법에서는 동원령 상황에서도 여성에게 징집령을 내릴 수 있다고 함으로써 여성징병 규정을 강화한 것이다.[245] 지방 병무청은 여성징병을 위한 절차에 들어갔다. 정부는 이를 양성평등을 위한 조치라고 내세웠지만, 여성들은 이 같은 선전을 받아들이지 않았다.

징병제 거부를 계기로 그때까지 물밑에서 개별적으로 형성되어 있던 여성들의 논의조직과 친구조직이 여성징병제 거부를 위한 연대조직으로 공개적으로 등장하기 시작하였다.[246] 화가 베르벨 볼라이, 동독 반체제운동의 지도자 로베르트 하베만(Robert Havemann)[247]의 부인인 카티야 하베만(Katia Havemann), 시민운동가인 울리케 포페(Ulrike Poppe)를 비롯한 여성 평화운동가들은 징병제에 반대하는 성명서를 작성하여 짧은 시간 안에 150명의 지지 서명을 받았다. 1982년 10월 국가평의회 의장 호네커에게 건넨 이 성명서에서 여성들은 징병제가 여성 동등권을 강화하는 것이기는 커녕, "여성의 여성적 존재에 거스르는 것"(Widersinn zu ihrem Frau-sein)

---

245 Thomas Klein, *"Frieden und Gerechtigkeit": Die Politisierung der unabhängigen Friedensbewegung in Ost-Berlin während der 80er Jahre* (Köln: Böhlau Verlag, 2007), 149쪽, 주 205.

246 Kenawi (Hg.), *Frauengruppen in der DDR der 80er Jahre: Eine Dokumentation*, 22쪽.

247 로베르트 하베만은 물리학자요 철학자였으며 동독 반체제 지식인들의 정신적 지도자였다. 그는 확신을 가진 사회주의자였으나 동독 정부의 비민주성과 인권침해, 군사주의 강화에 맞서 공개적으로 저항하였다. 그의 삶과 활동에 대해서는 Dieter Hoffmann et al. (Hg.), *Robert Havemann: Dokumente eines Lebens* (Berlin: Christoph Links Verlag, 1991)를 참조하시오.

이라고 단언하였다.[248]

국가안전부는 이들에게 성명서를 취소하라고 압력을 가했으며, 실제로 1982년 12월 6일 서독의 『슈피겔』지에 여성들의 이 같은 집단행동이 보도된 후에는 일부 서명자가 자신들의 의사는 물어보지도 않고 일이 진행되었다는 이유로 서명을 철회하기도 했다. 또 다른 여성들은 남성 참여의 허용 여부를 둘러싸고 벌어진 견해차 때문에 서명을 철회하기도 했다. 그러나 대부분의 참여자들은 입장을 바꾸지 않았다.[249]

동독의 여성 평화운동은 여성징병이라는 구체적인 사안을 중심으로 시작되었지만, 여성 평화운동가들은 그들에게 개인적으로 직접 관련되는 문제에 그치지 않고 냉전시기 군축·평화의 큰 문제를 놓고 논의하기 시작하였다. 1983년 9월 1일, 소련 대사관과 미국 대사관을 연결하는 인간 사슬을 형성하여 군축과 평화를 호소하는 평화활동가들의 시위에 여성 평화운동가들이 참여한 것이 초기의 대표적인 활동 가운데 하나다.[250]

여성모임은 여러 차원에서 확대되었는데, 우선 동베를린에서 시작된 움직임은 동독의 다른 여러 지역으로 전파되어갔다. 동베를린의 여자들은 '동베를린 평화여성회'(Frauen für den Frieden-Ostberlin)라는 이름을 정식으로 채택하였으며, 할레, 라이프치히, 예나 등 동독의 다른 주요 도시들에도 유사한 성격의 여성 평화운동단체가 조직되었다. 그리고 동독의 독자적인 여성 평화운동을 확립하기 위한 전국적 여성 평화운동가 회합이 정례화하였다. 1983년 9월 17일에는 동베를린 평화여성회가 주관하는 최초의 독자적인 집회가 열렸다. 그리고 1984년에는 할레에서 제1차 여

---

248 Klein, *"Frieden und Gerechtigkeit": Die Politisierung der unabhängigen Friedensbewegung in Ost-Berlin während der 80er Jahre*, 150쪽.

249 같은 책, 151쪽.

250 Frauen für den Frieden(FfF): Chronologie ausgewählter Daten von Ereignissen und Aktionen im Kontext der Ost/West Friedensbewegung, 8쪽.

성회합(Frauentreffen)이 정식으로 개최되었다. 반체제 인사들의 동향을 일일이 기록해두고 있던 동독 국가안전부의 기록철을 보면 이 제1차 회합에 참석한 여성은 모두 47명이었고 그 목적은 동독에서 여성 평화운동을 확대하는 것이었다.[251] 1985년에는 동베를린에서, 1986년에는 라이프치히에서, 1987년에는 마그데부르크에서, 1988년에는 칼 마르크스 슈타트(현재 지명은 켐니츠)에서, 그리고 1989년에는 예나에서 차례로 여성회합이 열렸다.[252]

평화운동에 참여하는 여성 시민들은 아동과 청소년을 상대로 공공 교육기관에서 행해지는 군사주의적 교육에 대해서도 문제를 제기하며 평화적 심성을 가르기 위한 평화교육의 필요성을 역설하기도 했다. 일례로 드레스덴 평화여성회가 초교파 모임을 위해 마련한 성명서에서는 유년기 자녀를 둔 어머니들의 당황스러운 경험이 소개된다. 어머니들은 다음과 같은 예를 들고 있다: 초등학교 2학년에 다니는 아들은 음악 교과서에 수록된 <병사들이 행진하며 지나간다>라는 노래를 우렁차게 부르면서 어머니에게 칭찬을 듣고 싶어 한다. 유치원 교사가 네 살 난 아이들을 소년단 회합(Pioniertreffen)에 부르면서 전쟁으로 일어나는 파괴와 참화에 대한 이야기를 들려주고, 소년단은 이것을 막기 위해 필요하다고 말한다. 어린이들을 위한 유치원 교육프로그램에 이미 "어린이들은 평화와 소련과 모든 사회주의 국가들을 위협하는, 인민의 적들을 경멸하게 교육받아야 한다."라는 교육목표가 들어 있다. 게다가 아이들에게 이 같은 획일적 적대개념을 주입시키는 소년단 가입은 의무화되고 있다. 이 같은 문제점들을 지적하면서 문서의 작성자들은 당에서 주관하는 소년단 가입을 의무화하지 말

251 Unabhängiger Frauenverband, http://www.ddr89.de/ddr89/inhalt/ddr_dj.html (검색일: 2010-08-11).

252 Kenawi (Hg.), *Frauengruppen in der DDR der 80er Jahre: Eine Dokumentation*, 23쪽.

것, 주적 개념을 어린아이들에게 심어주지 말 것, 아이들의 창의력과 독자적 사고능력을 길러줄 것 등을 요구하고 있다. 나아가 드레스덴 여성 평화운동가들은 동독 정권이 베를린에서 열린 평화를 위한 시위를 탄압하면서 "이견을 가진 사람들"(Andersdenkende)을 비방하는 것에 대해서도 항의하고 있다.[253]

둘째, 동독 여성의 평화운동은 국제연대를 향해 나아가기 시작하였다. 동베를린 평화여성회는 1983년 5월 서베를린에서 열린 제2차 유럽핵군축(European Nuclear Disarmament, END) 회의[254]에 공개서한을 보내 평화를 위한 연대를 표시했고, 이해 8월에는 전 유럽적 차원에서 전개된 평화시위인 '생명을 위한 금식'(Fasten für das Leben) 운동에 동베를린 평화여성회 대표들이 참여하였다. 그리고 앞에서 언급한 9월 17일의 동베를린 평화여성회 주관 집회에서는 이날 제네바에서 열린 여성평화회의(Frauenfriedenkonferenz)에 보내는 편지가 작성되어 낭독되고 지지자들의 서명이 수합되었다.[255]

평화운동에 참여한 여성 시민들은 초기에는 이 운동을 여성적 운동으로 생각하지는 않았다. 그들 중에는 여성으로 구성된 단체와 여성주의 단체를 구분하고자 하는 움직임도 있었다. 평화를 위한 여성모임의 구성원 중 한 사람은 편지에서 이렇게 쓰기도 했다. "우리는 여성그룹이기는 했지만 여성해방론자(Emanze)는 아니었다."[256] 즉 그들은 '여성 고유의 문제'를

---

253 "Frauen für den Frieden/Dresden: Friedenserziehung", Kenawi (Hg.), *Frauengruppen in der DDR der 80er Jahre: Eine Dokumentation*, 322-323쪽.

254 유럽핵군축회의는 '폴란드에서 포르투갈까지 핵 없는 유럽'이라는 구호를 내걸고 전개된 전 유럽적 차원의 반핵평화운동으로 1982년부터 1991년까지 해마다 개최되었다. 제1차 회의는 1981년 브뤼셀에서 열렸고 제2차 회의는 1982년 3월 서베를린에서 열렸다. 1991년의 마지막 회의는 모스크바에서 열렸다.

255 Frauen für den Frieden (FfF): Chronologie ausgewählter Daten von Ereignissen und Aktionen im Kontext der Ost/West Friedensbewegung, 7-8쪽.

다루는 여성운동과 '평화라는 보편적 문제'를 다루는 운동에 여성이 참여하는 것을 각기 다른 성격의 활동으로 인식한 것이다. 인용문에서 언급된 '여성해방론자'는 여성 고유의 이해관계를 다루거나 섹슈얼리티와 관련하여 여성해방을 내세우는 여성을 의미하는 것이었고, 이 시기 동독에서 이 같은 성격의 여성운동은 서구적인 것으로 받아들여지고 있었다. 이는 그들에게 다소 낯선 것이었다. 당시 동독 체제의 틀 안에서는 여성 고유의 문제를 전면에 내걸기보다는 평화와 인권이라는 문제를 부각시키는 것이 더 설득력 있었기에 그들의 선택은 존중받을 만한 것이었다.

평화여성회가 활발해지고 여성 시민들 사이에서 이에 대한 호응이 커지면서 이들에 대한 동독 정권의 탄압도 심해졌다. 1983년 12월 12일에는 볼라이, 포페, 이레나 쿠쿠츠(Irena Kukutz), 유타 자이델(Jutta Seidel) 등 4명의 여성 활동가가 체포되었다. 서독 녹색당과 교류했다는 것이 이유였다. 그 가운데 볼라이와 포페는 구속되어 조사받았고 나머지 2명은 불구속 수사를 받았다. 이 4명은 모두 향후에 동독 반체제운동의 열성적 활동가가 되어, 동독 체제 붕괴 및 통일을 전후한 시기에 동독 중앙 정치무대에서 적극적으로 활동하게 될 인물들이었다. 즉 1989년 가을, 볼라이, 쿠쿠츠, 자이델은 노이에스 포룸(Neues Forum)의 가장 핵심적 인물 혹은 주요 활동가가 되었으며, 울리케 포페는 '바로 지금 민주주의'(Demokratie Jetzt)의 주도자가 되었다. 이 두 그룹은 동독 체제전환기의 대표적 시민운동단체였으며 다른 시민운동단체들과 함께 1990년에 '동맹 90'(Bündnis 90)을 결성하여 동독 총선과 통일독일 총선에 후보를 출마시키게 될 터였다.

여성 평화운동가들의 체포는 동독 내에서뿐 아니라 외국에서도 강력한 항의의 물결을 불러일으켰다. 바로 이 시기 스톡홀름에서 개최된 군축

---

256 Kenawi (Hg.), *Frauengruppen in der DDR der 80er Jahre: Eine Dokumentation*, 22쪽에서 재인용.

회의에서 참석자들은 이들의 석방을 촉구하였다.[257] 서베를린의 평화여성회는 1983년 12월과 1984년 1월에 걸쳐, 서베를린에서 동베를린으로 들어가는 관문인 찰리 검문소 앞에서 이들의 석방을 촉구하는 집회를 열었고 다른 외국 활동가들도 항의 집회를 비롯하여 여러 형태의 연대활동을 전개하였다. 이 같은 국제적 압력 덕분에 결국 1984년 1월 24일 볼라이와 포페는 석방되었고, 네 활동가들에 대한 수사는 종결되었다.[258]

그러나 화가인 볼라이는 국가가 더 이상 그녀의 작품을 주문하지 않는데서 오는 시련을 계속 견뎌야 했다. 동독에서 예술가들은 국가의 발주에 의거해 작품을 생산하고 생활했기 때문에 국가의 작품주문 중단은 직접적인 경제적 타격을 의미하는 것이었다.

(3) 교회 여성단체

동독 지역은 종교적으로 개신교의 전통이 강한 곳이었다. 동독 정권이 수립된 후에는 정권의 적대적 태도에 대해 교회가 이렇다 할 목소리를 내지 못했다. 그러나 동서독 사이에서 인적 교류가 행해질 수 있는 가장 중요한 통로가 교회였고, 기독교인들은 이런 이점을 활용하여 서독으로부터 인력을 충원받기도 하면서 활동을 지속해갔다. 국제적인 관계를 지속하고 있던 기구로서 교회는 개혁을 요구하는 목소리를 반영하지 않을 수 없었으며, 스스로 원하건 원하지 않건 반체제 세력을 위해 일정한 보호막 역할을 하게 되었다. 전반적인 상황 속에서 교회는 여성운동을 위해서도 어느 정도는 지붕 역할을 해주었다.

---

257 볼라이 자신이 한 인터뷰에서 자신의 석방을 위한 국제연대에서 이 회의가 중요한 의미를 가졌음을 지적하였다. Philipsen, *We Were the People: Voices from East Germany's Revolutionary Autumn of 1989*, 136쪽.

258 Frauen für den Frieden(FfF): Chronologie ausgewählter Daten von Ereignissen und Aktionen im Kontext der Ost/West Friedensbewegung, 10쪽.

동독 기독교 교회 내 여성운동은 2차 대전 후 초교파 기구의 테두리 내에서 시작된 여성운동에서 영향을 받았으며, 미국을 중심으로 발전한 여성신학도 이에 일정한 영향을 미쳤다. 이미 1970년대 후반에 동독 교회 내에서 여성의 성직 임명과 관련하여 열띤 논의가 전개되면서 여성주의적 의제가 교회 내 여성의 관심을 끌었다. 1981년 셰필드에서 열린 교회협의회에는 많은 동독 대표가 참석했는데, 이 모임은 동독 교회 내 여성주의적 논의를 촉구하였다.[259] 1982년 10월에는 베를린 브란덴부르크 개신교회 아카데미에서 여성주의를 주제로 올린 최초의 공식적 개신교회 토론회가 개최되었으며, 그 외에도 동독의 교회 여성들은 별도의 여성신학자 회합, 교회 여성활동모임, 여성지원 프로그램, '여성주의 워크숍' 등을 조직하여 활동하였다. 이러한 회합과 활동모임에서 다루어진 주제는 가족, 자녀, 교회와 사회에서의 여성의 역할, 낙태, 여성신학, 여성과 언어, 여성사, 마녀사냥 등 다양한 것이었다. 1985년 빌카우 하슬라우에서 처음으로 열린 여성 세미나에서는 참가자 범위를 차츰 교회 밖 여성에게로 확대했으며, 1986년에는 이 모임에서 모든 여성이 참가할 수 있는 여성 회람서신집(Frauenrundbrife)인 『릴라 반트』(*Lila Band*)[260]를 만들자는 구상이 태어났다. 『릴라 반트』의 편찬자들은 이 서신집의 성격과 목적을 이렇게 규정하였다. "『릴라 반트』는 잘 알려진 기반에 입각하여 여성을 위해 여성에 의해 씌어진다. 우리는 완벽을 자처하지 않는다. 우리는 관심사를 공유하고, 여성과 여성그룹 사이의 접촉을 유지 혹은 수립하고자 한다. 우리는 모든 남녀 독자들이 기꺼이 스스로 무엇인가를 쓰고 그런 다음에는 이곳에 공개하고 싶은 마음이 들게끔 그들의 흥미를 일깨우려고 한다."[261] 『릴라 반

---

259 Kenawi (Hg.), *Frauengruppen in der DDR der 80er Jahre: Eine Dokumentation*, 27쪽.

260 '릴라'는 독일어로 '보라색'을 의미한다. 보라색은 여성주의를 상징하는 색이다. '반트'는 책을 뜻한다.

트』는 수백 부 인쇄되어 회람되었다. 그 후 비슷한 구상의 여성 회람서신집이 태어나기도 했다.[262] 중앙집중의 정도가 강하지 않은 독일의 역사적 전통대로 1980년대 동독에서는 교회의 테두리 내에서도 각 지역마다 다양한 형태의 연구모임과 토론모임이 열리고 활동이 이루어졌다는 것이 특기할 만하다.

비록 개신교회에서처럼 활발하지는 않지만, 가톨릭교회에서도 1980년대에 이르러 여성모임이 생겨났다. 베를린 가톨릭 여성그룹은 마그데부르크, 드레스덴 등의 가톨릭 여성그룹과 회동하여 '가톨릭교회의 날' 행사에서 여성 의제를 반영하기 위해 노력하였다.[263] 마그데부르크 가톨릭 여성그룹(Katholische Frauengruppe Magdeburg)은 특히 적극적이어서, 1980년대 후반부터 1990년에 이르기까지 해마다 다른 지역의 여성들을 초청하여 회합을 가졌다. 이 회합에서는 로자 룩셈부르크, 잉게보르크 바하만(Ingeborg Bachmann), 크리스타 볼프 등 저명한 여성들의 삶과 저술, 성경 속 여성상, 군복무, 강간, 예수는 여성들을 어떻게 대하였나, 동독 내 중년 여성들의 상태, 체르노빌 핵발전소 참사 등등 다양한 주제들에 대해 토론하였다.[264] 또한 에르푸르트에서는 가톨릭 평화여성회가 형성되어 가톨릭 교회의 날 행사에 참가하였다는 기록이 있다.[265]

반체제 민주화운동과 여성운동에서 동독 교회가 수행한 역할에 대해서는 평가가 엇갈린다. 서독에 본부를 둔 개신교 통신(Evangelischer Pressdienst, EPD)의 동독 특파원이었던 한스-위르겐 뢰더(Hans-Ürgen Roeder)나 그의

---

261 "Seid gegrüßt", *Lila Band*, Dresden, 1988, Heft 4, 2쪽, Kenawi (Hg.), *Frauengruppen in der DDR der 80er Jahre: Eine Dokumentation*, 42쪽에서 재인용.

262 Kenawi (Hg.), *Frauengruppen in der DDR der 80er Jahre: Eine Dokumentation*, 28-29쪽.

263 같은 책, 83쪽.

264 같은 책, 247쪽.

265 같은 책, 154쪽.

부인이며 『교회신문』(*Kirchenzeitung*)의 편집인이었던 베티나 뢰더(Bettina Roeder)처럼 교회에 속한 언론 혹은 교회가 후원하는 언론기관에서 활동하면서 동독 정권에 비판적인 거리를 유지해온 인물들은 교회의 역할을 긍정적으로 평가하였다. 서독 시민이었던 남편과는 달리 동독이 소멸될 당시까지 동독 시민권을 버리지 않았던 베티나 뢰더는 특히 동독 체제의 개혁을 위한 운동 전체에서 동독 교회의 역할을 대단히 중요한 것으로 평가하였다. 그녀는 동독 교회가 나치에 대항했던 고백교회의 전통과 본회퍼 목사의 가르침을 이어받았음을 강조하면서 동독 교회가 동독 체제 내에서 인권과 정의·평화를 위해 노력해왔다고 보고 있으며, 특히 여성들의 인권·평화운동을 위해 중요한 역할을 한 것으로 평가하고 있다.[266]

서독에서 신학교육을 마친 후 동독에 와서 개신교 목사로 수십 년 동안 활동했던 롤란트 가이펠(Roland Geipel) 역시 동독의 체제변혁 과정에서 교회가 담당한 역할, 특히 청소년의 의식변화 과정에서 교회가 담당한 역할이 아주 컸다고 평가하였다. 튀링겐 주 게라 시에서 수석목사로 일하다가 은퇴한 가이펠은 게라 교회가 개최한 촛불예배에 반체제 가수 베티나 베그너를 초청해서 공연하게 했던 일도 언급하였다.[267] 앞에서 말했듯, 베그너는 1983년 동독에서 사실상 추방당한 후 서베를린에서 활동해온 인물이었다. 동독 시민운동 출신 명망가들에게서도 이러한 평가를 찾아보는 것은 어렵지 않다.

개신교 목사였던 라이너 에펠만(Rainer Eppelmann)은 1982년 로베르트 하베만과 함께 '장검을 쟁기로'라는 구호 아래 평화운동을 전개함으로써 동독 평화운동의 신호탄을 올린 인물이었다. 그는 건축노동자로 일하다가 신학교에 진학하여 목사가 되었는데, 한 인터뷰에서 자신이 목사가 될 결

266 베티나 뢰더와의 인터뷰, 2010년 7월 16일, 베를린, EPD 사무실.

267 롤란트 가이펠과의 인터뷰, 2010년 7월 18일, 카롤라 린디히 자택.

심을 한 동기는 신앙적인 것이었다기보다 정치적·사회적 활동의 기회를 찾는 데 있었다고 인정한 바 있다.[268] 라이프치히 여성운동그룹의 중심인물이었으며 동독 체제전환기에 독립여성연합(Unabhängige Frauenverband)의 열성적인 회원으로 활동했던 코르넬리아 마츠케는 1985년 개신교회의 개신교 평화 10년 행사에 참가하면서 평화운동과의 관계를 강화하게 되었다. 그 전에는 교회와 별 관련이 없었던 그녀는 자신이 교회의 테두리 내에서 활동하게 된 데 "어떤 종류의 정치활동이라도 하려면 가능한 대안이 교회밖에 없었다. 다른 대안은 전혀 없었다."라고 회고하였다.[269]

그에 반해 반체제운동에 직접 참여하여 적극적으로 활동해왔던 또 다른 인물들 사이에서는 교회의 역할에 대해 회의적이거나 냉소적인 평가도 나왔다. 여성들의 평화운동·인권운동과 관련하여 적어도 일정한 수준까지는 동독 교회가 보호막을 제공했던 것은 분명한 것으로 보인다. 국제적 인권감시조항을 담은 헬싱키 최종협약이 동독 정권에 의해 수용된 이후에도, 유일하고도 막강한 권력인 동독 공산당 정부에 맞서서 어느 정도라도 목소리를 내고, 설사 탄압을 받더라도 국제사회를 향해 호소하고 항의를 이끌어낼 만한 힘을 가진 세력으로는 역시 기독교 교회가 가장 유력하였다. 동베를린 평화여성회도 1984년 1월 지도자인 베르벨 볼라이와 울리케 포페가 석방된 후 더 이상의 탄압을 피하기 위해 인력을 여러 교회에 분산하여 활동을 전개하기로 결정했다는 사실이 이를 말해준다.[270] 그리고 평화활동가들은 교회에서 평화를 위한 야간기도회를 개최하거나 오순절(五旬節, Pfingsten), 성탄절을 비롯한 교회의 축일에 맞추어 평화를 위한 활동

---

268 Philipsen, *We Were the People: Voices from East Germany's Revolutionary Autumn of 1989*, 62쪽.

269 같은 책, 69쪽.

270 Frauen für den Frieden(FfF): Chronologie ausgewählter Daten von Ereignissen und Aktionen im Kontext der Ost/West Friedensbewegung, 10쪽.

을 전개하는 일이 흔하였다. 그러나 평화활동가들 중에는 기독교 신앙과 무관한 이들도 적지 않았기에 양자의 관계는 조화롭기만 한 것은 아니었다. 베르벨 볼라이만 하더라도 1980년대 후반에 가면서 교회를 점차 성가시게 여기게 되었다. 볼라이는 교회가 반체제 인사들의 활동에 일정한 테두리를 그어 그 안에 머무르기를 요구한다고 생각했고 이것이 반체제 활동의 범위를 크게 제한한다고 여겼다. 그녀는 교회의 역할에 대해 '우스운 일'이라는 극단적인 평가를 내리기까지 하였다. 프라야 클리어의 평가도 다음에서 보듯, 전반적으로 부정적인 쪽에 가깝다. "체제전환(Wende) 때까지, 사회주의통일당의 손바닥 안에 있지 않은 운동은 예외 없이 교회의 지붕 아래서만 존재하였다. 여자들에게는 불운한 일이었다!"[271]

사실 동독 기독교 교회와 여성주의의 관계는 복잡하고 모순적이기까지 하였다. 공산정권 수립 후 동독 사회는 적어도 원칙과 이념에서는 확고하게 양성평등을 지지하고 있었으며, 이를 위한 제도적 기반 형성에도 많은 노력을 기울여왔다. 이에 반해 기독교 교회는 가족을 중시하는 이데올로기에서나, 여성차별적인 노동조건에서나, 여성의 성직 임명을 허용하지 않는 제도라는 면에서나, 동독의 일반 사회에 비해 자체 내에 반여성주의적인 요소들을 더 많이 가지고 있었다. 그래서 케나비(Samirah Kenawi)는 동독에서의 여성주의 논의가 오히려 교회 내부를 향해 먼저 행해졌고 그런 다음 교회 바깥을 향해 제기되었다고 보고 있다.[272]

동독 교회가 여성 문제를 논의하고 여성운동단체들에 대해서도 공간과 보호를 제공하게 된 것은 여성운동이 기울인 노력의 산물만은 아니었

---

271 Fraya Klier, "Die Frau zwischen Kombi und Kreißsaal", *DDR_Identitäten.* (Berlin: Selbstverlag, 1990), 18쪽, Kenawi (Hg.), *Frauengruppen in der DDR der 80er Jahre: Eine Dokumentation*, 16쪽에서 재인용.

272 Kenawi (Hg.), *Frauengruppen in der DDR der 80er Jahre: Eine Dokumentation*, 16쪽.

고 좀 더 복합적인 정치적 흐름의 결과였다. 앞에서도 언급한 것처럼 1976년 브뤼제비츠 목사가 분신자살한 사건을 계기로 하여 동독 정권은 동독 교회에 어느 정도의 자율성을 허용하는 양보정책을 펴게 되었다. 교회 또한 '사회주의 안에 존재하는 교회'(Kirche im Sozialismus)라는 구호를 내걸고, 동독 체제에 반대하지 않는다는 입장을 천명하였다. 1978년에서 1983년 사이에 동독 교회 내에는 많은 그룹들이 조직되기 시작하였다. 또한 개신교회 내에서의 새로운 활동 가능성을 활용하는 많은 반체제 단체들이 1978년 이후 형성되기 시작하였다. 동독 교회는 세계교회의 초교파 운동에 참여하면서 동독 바깥의 여러 담론과 논의를 상시로 접하게 되었고 여성의 지위에 대해서도 그전보다 개방적인 자세를 취하게 되었다. 요컨대 교회 내에서는 여전히 기본적으로 남성중심적인 구조와 제도가 유지되었지만, 여자들이 교회의 상대적 자율성을 활용하여 여성주의적 논의와 시민모임을 만들어갔던 것이다.

(4) 여성 동성애 단체

동독에는 엄밀한 의미의 서구식 여성주의 운동은 없었다는 것이 일반적인 견해다. 소련을 비롯해서 사회주의 국가들에서는 페미니즘이라는 단어는 흔히 '부르주아적'이라는 수식어와 함께 사용되었고, 그에 따라 부정적 의미를 함축하는 것으로 받아들여지는 경향이 있었다.[273] 사회주의 체제하에서 여성 문제는 해결되었고 여성의 지위는 남성과 동등한 수준에 이른 것으로 내세우고 있었기 때문에 여성 고유의 문제, 여성 문제의 독자

---

273 소련에서는 오랫동안 '페미니즘'이라는 말이 '부르주아'라는 말과 결부되어 부정적인 의미로만 사용되었다. 소련의 이념적 영향 아래 있던 동독에서도 이 점에서는 큰 차이가 없었다. 소련에서 여성주의가 부정적으로 받아들여졌던 것에 대해서는 Wendy Z. Goldman, "Industrial Politics, Peasant Rebellion and the Death of the Proletarian Women's Movement in the USSR", *Slavic Review*, Vol. 55, No. 1 (1996), 54-77쪽을 참조하시오.

성을 내세우고 여성에 대한 남성의 지배, 남성권력의 철폐를 말하는 페미니즘은 부르주아 여성의 권력욕을 충족시키기 위한 담론쯤으로 받아들여졌다. 이와 관련하여 카린 침머만(Karin Zimmermann)은 여성운동과 관련된 동독에서의 이론적 논의에는 "가부장적 지배라는 개념"이 없었다는 것을 지적한다.[274]

그런 반면 여성 동성애자들의 모임은 좀 더 명확한 목적의식을 가지고 형성되었다. 원래 동독 사회는 동성애에 대해 억압적인 사회였다. 동독 정권은 1871년 제정된 독일 제2제국 형법에 포함되었던 남성 동성애 처벌 조항을 자국 형법 제175조로 되살려 시행할 정도였다. 이 법은 1968년에 폐지되었지만 그 대신 신설된 형법 제151조에서는 남성과 여성을 불문하고 모든 동성애 관계에서 성인과 미성년자의 관계를 처벌하기로 규정하였다. 이는 국가가 동성애를 탐탁하지 않게 여긴다는 것을 우회적으로 표현하는 것이었다. 한 연구자는 에이드리엔 리치(Adrienne Rich)의 용어를 빌려 동독 사회가 "강제적 이성애"를 특징으로 하는 사회라고 보기도 했다.[275] 그런데 이러한 분위기 속에서 정체성의 위기, 사회적 불인정, 소외 등으로 어려움을 겪던 여성 동성애자들이 사회적 차별을 극복하기 위해 단체를 형성하기 시작한 것이다.

한 연구에 따르면 동독에서 여성 동성애자 모임이 처음으로 형성된 것은 1970년대 중반 서독 동성애 담론의 영향을 받아서였다.[276] 1973년 1월

---

274 Kenawi (Hg.), *Frauengruppen in der DDR der 80er Jahre: Eine Dokumentation*, 9쪽.

275 Georgina Paul, "'Über Verschwiegenes sprechen': Female Homosexuality and the Public Sphere in the GDR before and after the Wende", Boa/Wharton (eds.), *Women and the Wende: Social Effects and Cultural Reflections of the German Unification Process*, 227쪽.

276 아래의 내용은 Kenawi (Hg.), *Frauengruppen in der DDR der 80er Jahre: Eine Dokumentation*, 30-31쪽에 바탕을 둔 것이다.

서독 텔레비전에서는 <비뚤어진 것은 동성애자가 아니라 그가 처한 상황이다>라는 로자 폰 프라운하임(Rosa von Praunheim)의 영화가 방영되었다. 서독 텔레비전의 시청이 가능했던 동독에서도 동성애자들이 이를 시청한 후 1974년 동베를린에서 남녀 동성애자들을 포괄하는 토론 클럽인 '베를린 동성애자 이익공동체'(Homosexuelle Interessengemeinschaft Berlin, HIB)를 결성하였다. 이 단체는 동성애 문제를 공론의 장으로 이끌어내기 위해 노력하였다. 그 후 동독 교회 내에서도 동성애 문제를 다루기 시작했고 1982년 2월에 교회 아카데미에서 '동성애의 신학적 측면'이라는 제목의 토론회가 개최된 이후 많은 동성애 그룹이 형성되었다. 여성 동성애자들은 차츰 동성애 일반론에서 스스로의 입장을 차별화하고 독자적 모임을 형성하기 시작하였다. 베를린에서는 '교회 안의 여성동성애자'(Lesben in der Kirche)라는 단체가 생겼고 드레스덴, 예나 등 다른 도시에서도 여성 동성애자 모임이 생겨났다.

동독 교회 내 여성 동성애자 활동가들은 할레 출신 비르기트 노이만(Birgit Neumann)의 선언에서 보듯, 교회 내 여성 동성애자의 권리를 '인간의 권리, 기독교인의 권리, 여성의 권리'(Menschenrechte, Christenrechte, Frauenrechte)의 차원에서 다루고자 했으며, 자신의 정체성을 숨기지 않고 드러낼 것['너 자신이 되라!'(Werde, die Du bist!)]을 촉구하였다.[277] 바이마르에서는 크리스티아네 클로바이트(Christiane Kloweit)가 작성한 「지방의 여성동성애자들에게」라는 공개서한이 발표되기도 했다. 클로바이트는 지방 소도시의 여성 동성애자들이 고립무원의 상황에 있음을 호소한 뒤 같은 처지 여성들의 연대와 결속을 촉구하였다.[278]

---

277 Birgit Neumann, "Werde, die Du Bist: Lesbische Frauen in der Kirche", Kenawi (Hg.), *Frauengruppen in der DDR der 80er Jahre: Eine Dokumentation*, 49쪽.

278 Christiane Kloweit, "Lesben in der Provinz", Kenawi (Hg.), *Frauengruppen in der DDR der 80er Jahre: Eine Dokumentation*, 52-53쪽.

드레스덴에서는 교회의 동성애자 연구모임(Arbeitskreis)에서 여성 동성애자 그룹이 출현했는데, 이 그룹은 1985년부터 여성축제를 개최하였다. 드레스덴 여성축제에는 여성 평화운동가들을 비롯한 다른 여성 그룹들도 초청받고 상호교류의 기회를 가지게 되었다. 이렇듯 여성 동성애자 단체는 규모가 크지는 않았지만 다양한 지역에서 결성되었고, 그들의 활동을 통해 범지역적 여성 연결망을 형성하는 데 기여하였다.

교회 테두리 밖에서도 동성애 단체들이 생겨났는데, 베를린 일요클럽(Sonntags-Club Berlin)은 국가의 인정을 받은 최초의 동성애자 클럽이었다.[279] '세속' 단체에서는 여성 동성애 단체와 남성 동성애 단체의 분리가 두드러지지 않았다.[280]

여성 동성애자들은 1989년 초겨울, 독립여성연합의 창립에 적극적으로 기여하기도 했다.[281] 여성 동성애자 단체들은 동독 체제의 정치적 개혁을 직접 지향하는 조직은 아니었다. 그러나 1970년대 후반과 1980년대를 통해 적어도 사회 내 일부 여성 구성원들이 함께 만나고 소통하는 장이 되어주었고, 정치적 격변이 일어나자, 이 만들어진 장을 통해 본격적 정치 문제에 관한 토론과 의견 교환도 더욱 활발해질 수 있게 되었다. 이런 점에서 동성애 단체도 정치개혁, 민주화와 무관하기만 하지는 않았다.

3) 동서독 여성 시민운동의 만남

1980년대 말 본격적인 체제전환 시기 이전까지는 동독의 일반 여성이 서방의 여성운동에 접할 기회가 많지 않았다. 사회주의 국가들에서는 공

---

279 Kenawi (Hg.), *Frauengruppen in der DDR der 80er Jahre: Eine Dokumentation*, 94쪽.

280 같은 책, 32쪽.

281 같은 책, 33쪽.

식적으로 여성 문제가 해결되었다고 여겼기 때문에 '부르주아 여성운동'은 비판의 대상이었을 뿐이다. 서방의 여성주의에 접한 사회주의권 여성 지식인들도 이는 그들 자신의 삶과는 관련이 없다고 여기는 경향을 보였다. 동독에서 1970년대 후반과 1980년대 전반에 사회운동을 이끈 여성 지도자들의 경우도 그러했다. 동독의 평화여성회에서 처음부터 주도적인 역할을 했던 베르벨 볼라이는 자신들이 서구적 여성주의의 영향을 받지 않았다고 주장하였다. 그는 "우리는 서구 여성주의의 도움이 필요 없었다. 서구 학생운동의 영향도 별로 받지 않았다. 동독에서는 문서상·이념상으로는 모든 것이 갖추어져 있었다. 말로는 모든 것이 완벽했기 때문에, 이를 현실에 부합하게끔 하라고 요구하면 되었다."라고 회고하였다.[282] 동독은 서독이나 다른 서방 사회들과는 달리 68혁명도 여성해방의 제2의 물결도 경험하지 않았다. 남성지배를 의미하는 '가부장제'라는 개념 자체가 동독 여성들에게는 낯선 것이었다. 따라서 여성 고유의 이익을 새로운 개념 체계와 용어로써 명료하게 표현하는 것 자체가 수월하지 않았다.

그러나 좁은 의미의 여성주의는 아니더라도 동독과 서독에서 각기 자기 사회의 인간화와 개혁을 지향하는 여성들 사이에서는 자연스럽게 교류 관계가 형성되었으며 이 속에서 자연스럽게 서로 영향을 주고받는 일이 일어났다. 동서독 교회 사이에는 자체의 교류 프로그램이 있었기에 교회의 지도적 여성들은 서로 만나고 생각을 교환할 기회를 비교적 자주 가질 수 있었다. 교회 바깥에서는 동서독 평화운동세력들 사이의 연대활동이 특히 두드러졌다. 동베를린에서 활동하면서 동독 반체제 인사들의 활동을 면밀히 추적해왔던 베티나 뢰더는 동독에서 여성 평화운동이 일어나는 데는 서독의 평화운동이 많은 영향을 주었다고 평가하였다.[283]

282 베르벨 볼라이와의 인터뷰, 2010년 7월 15일, 볼라이 자택.

283 베티나 뢰더와의 두 번째 인터뷰, 2010년 7월 20일, 푸블릭 포룸 사무실.

볼라이는 동독의 여성운동이 서독의 여성운동이나 학생운동에서 영향을 받은 바가 별로 없다고 주장하기는 했지만, 서독의 평화운동이 미친 영향을 부인하지는 않았다. 동독 평화여성회의 확고한 지도자였던 이 여성 화가는 서독에서 나온 구호인 '무기 없이 평화 만들기'(Frieden schaffen ohne Waffen)가 동독의 여성 평화운동가들에게도 깊은 인상을 남겼다고 회고하였다.[284] 이 구호는 1978년 서독의 병역거부자 단체 임원이었던 울리 틸(Ulli Thiel)이 제창한 것이며, 1980년대 초 서독 교회와 관련된 평화단체가 평화집회에서 사용하여 널리 알려지게 되었다.[285] 동독에서는 1982년 1월 25일 평화운동가이자 인권운동가인 로베르트 하베만과 라이너 에펠만이 이 구호를 내걸고 2천 명이 넘는 동독 시민들의 서명을 담은 호소문을 발표하였다. 이 호소문에는 수천 명의 서독 시민들과 여러 명의 영국인들도 동참하였다. 동베를린의 여성 평화운동가들도 이에 동참했음은 물론이다.[286] 볼라이는 동서독 여성 평화운동가들 사이의 교류와 협력에 대해 이렇게 증언하였다.

> 80년대가 되면 서독의 평화운동가들과 서신교류를 통해 의견을 주고받는 데는 아무 문제가 없었어요. 페트라 켈리도 편지를 통해 먼저 알게 되었고, 그 다음에 내가 서방으로 추방당했을 때는 둘이 친숙한 사이로 만났지요.[287]

이는 동독과 서독에서 각기 자신들이 속한 사회의 기존 질서에 맞서

---

284 베르벨 볼라이와의 인터뷰, 2010년 7월 15일, 볼라이 자택.

285 "Slogan für eine Abrüstungskampagne. 30 Jahre: Frieden schaffen ohne Waffen. Ein Bericht aus der Geschichte der AGDF von der DFG-VK", http://www.friedensdienst.de/News-Anzeige.53+M5e5e645863d.0.html (검색일: 2010-08-25).

286 Frauen für den Frieden(FfF): Chronologie ausgewählter Daten von Ereignissen und Aktionen im Kontext der Ost/West Friedensbewegung.

287 베르벨 볼라이와의 인터뷰, 2010년 7월 15일, 볼라이 자택.

저항하며 이를 인간화하기 위한 노력을 기울이던 여성들 간의 만남이었다. 이들은 자신들의 사회를 비판하되 상대 사회를 일방적으로 추종하지도 않았다. 이들은 두 사회 모두를 변화시켜 새로운 길을 찾아내고자 하는 꿈을 가진 사람들이었다.[288] 페트라 켈리는 서방 자본주의 사회의 물신성과 소비주의, 군사주의 강화를 통렬히 비판했지만 그와 동시에 동독의 경직된 체제에 대해서도 쓴소리를 아끼지 않았다. 특히 동독 정권이 동독의 여성 평화운동가들에 대한 박해를 강화하자 켈리의 직접적 개입도 자주 목격되었다. 1987년 9월 에리히 호네커가 헬무트 콜(Helmut Kohl) 서독 총리의 초청으로 서독을 방문했을 때 켈리는 그에게 볼라이의 항의편지와 그림 한 점을 전달함으로써 큰 화제를 불러일으켰다. 그림은 '아무도 살지 않는 나라'(Niemandsland)라는 제목의 스케치였다.[289] 동독 사회를 상징한 이 작품에서는 표정이 없거나 얼굴을 알 수 없는 앙상한 나체의 인간들이 거의 산 사람 같지 않은 무력하고 참담한 모습으로 여기저기 널브러져 앉거나 누워 있다. 그것은 살았어도 살았다고 할 수 없는 사람들, 생물학적으로는 존재하나 정신과 기백이 죽어버린 사람들로 이루어진 사회를 보여준다. 켈리는 동독에서 여러 해 동안 작품전시를 금지당했던 볼라이의 이 그림이 동독 최고지도자에게 전달되는 과정에서 매개자 역할을 함으로써 동독 사회에 대한 자신의 생각과 볼라이의 생각을 동시에 표현하였다. 그것은 동독 사회의 인간화에 대한 요청을 의미하는 것이었으며 이 '죽은 사람들의 사회'를 누구보다 사랑하는 여성 평화운동가에 대한 박해를 당장 멈추라는 요구였다. 이는 동서독 여성 평화운동가들의 연대와 협력이 동

288 페트라 켈리는 평화운동이 사회주의 진영을 유리하게 만드는 것이라는 비난에 대해 소련의 군비 문제를 다루지 않고는 평화를 달성할 수 없음을 역설하였다.

289 Kukutz, *Chronik der rgerbewegung Neues Forum 1989-1990*, 32-33쪽; Ulrich Schwarz, "Laß ihre Politik scheitern", *Der Spiegel*, 5/1988, http://www.spiegel.de/spiegel/print/d-13525997.html (검색일: 2011-01-03).

독과 서독 두 사회의 최고 수준의 권력지형과 관련된 장에서 이루어진 경우였다.

동서독 여성들의 협력은 전반적으로 대규모로 이루어졌다고 보기는 어렵지만 때로는 이처럼 극적인 형태를 띠기도 했다. 이 같은 교류와 협력은 동서독의 분단 장벽에 수많은 작은 균열을 냈고 이러한 균열들이 차츰 장벽 전체를 무너지게 만들었다.

4) 동독의 체제전환과 여성의 역할

미하일 고르바초프(Mikhail Gorbachev)가 1985년 3월 소련 공산당의 새로운 서기장으로 취임한 후 내놓은 일련의 개혁정책은 동독을 비롯한 동유럽의 사회주의 정권과 사회의 운명에도 심대한 영향을 미쳤다. 글라스노스찌(glasnost'), 페레스트로이카(perestroika)로 칭해지는 정치경제 및 언론개혁, 군비축소 구상은 경직되었던 현실사회주의 사회의 변화가능성에 대한 큰 기대감을 불러일으켰다. 더욱이 고르바초프는 소련의 개혁만을 추진한 것이 아니라 동유럽 국가의 정권담당자들에게도 개혁을 요구하였다. 그는 동유럽 국가들의 주권을 제한하는 이론적 바탕이었던 브레즈네프 독트린(Brezhnev Doctrine)을 정식으로 폐기하였다. 이 독트린은 1968년 체코슬로바키아의 사회주의 개혁 시도였던 프라하의 봄을 무력으로 짓밟은 후 이를 정당화하기 위해 작성된 문서에 바탕을 둔 것이었다. 브레즈네프 독트린의 폐기는 바로 소련이 동유럽 국가들의 자율적 개혁을 허용한다는 것을 의미하였다.

헝가리, 폴란드, 체코슬로바키아 등 여러 동유럽 국가의 정권들도 긴장 속에서 페레스트로이카의 추이를 지켜보았고 시민사회의 움직임도 크게 활성화되었다. 그런데 동독 공산당은 고르바초프의 종용에도 아랑곳없이 정권 차원의 개혁 움직임에 나서려 하지 않았다. 동독 공산당 이념 담당 정치국원 쿠르트 하거(Kurt Hager)는 서독의 시사주간지인 『슈테른』(*Stern*)을 통해 동독 정권은 소련의 모델을 그대로 따를 의사가 없음을 분명히 하였다. 이 잡지 1987년 4월 9일자에 게재된 인터뷰에서 그는 동독에서 페레스트로이카가 어떻게 진행되고 있느냐는 질문에 대해 다음과 같은 수사학적 질문으로 답했다. "덧붙여 묻겠습니다만, 귀하는 이웃사람이 자기 집에 벽지를 새로 바른다고 해서 귀하의 집에도 꼭 새 벽지를 발라야 한다고 느끼세요?"[290] 이 인터뷰는 동독 공산당의 기관지인 『새로운 독일』(*Neues Deutschland*)의 4월 10일자에도 게재되었다.[291] 이는 그의 인터뷰가 동독 공산당의 사전 재가를 받았을 뿐 아니라 사후에도 전폭적인 지원을 받았음을 의미한다. 이에 대해 고르바초프는 동독 공산당 서기장 에리히 호네커를 만난 자리에서 "지각하는 사람은 삶의 벌을 받는다."라고 말하며 개혁을 재차 강력하게 촉구하였다.[292]

동독 정권이 개혁에 미온적이었다고 하더라도 일단 사회주의 종주국인 소련이 움직이자 동독의 시민운동은 큰 활기를 띠게 되었다. 시민운동가들은 좀 더 과감한 주장을 내걸기 시작하였다. 이미 1986년 1월에는 동독 시민운동의 새로운 장을 여는 단체인 평화인권발의(Initiative für Frieden und Menschenrechte)가 결성되었다.[293] 이 모임은 1985년에 열린 시민운동

290 "Würden Sie, nebenbei gesagt, wenn Ihr Nachbar seine Wohnung neu tapeziert, sich verpflichtet fühlen, Ihre Wohnung ebenfalls neu zu tapezieren?" 이 문장은 Thomas Leinkauf, ""Die Reue" mochte er gar nicht. Kurt Hager war über 30 Jahre Chefideologe der SED", *Berliner Zeitung*, 1998. 9. 19에서 재인용.

291 Anke Solomon, *Synode und SED-Staat: Die Synode des Bundes der Evangelischen Kirchen in der DDR in Görlitz vom 18. bis 22. September 1987* (Göttingen: Vandenhoeck, 1997), 17쪽.

292 이 말은 1989년 10월 6일 고르바초프가 동독을 방문했을 때 한 말이다. "15 Jahre danach 'Wer zu spät kommt, den bestraft das Leben'", *Frankfurt Allgemeine Sonntagszeitung*, Nr. 40 (2004. 10. 3), 16쪽.

293 이와 관련된 자료는 독일 내무부 공식 웹사이트에서 얻을 수 있다. "Gründung der Initiative für Frieden und Menschenrechte in Ost-Berlin", http://www.freiheit-und-

가들의 인권세미나가 계기가 되어 결성되었다. 그동안 교회의 보호막 속에 있던 평화·인권·환경운동이 독립적 세력으로서 활동을 펼치기 위해 결성한 것이었다. 여성 활동가 중에서는 평화여성회의 지도자들이었던 베르벨 볼라이와 울리케 포페가 대표적인 인물로 참여했고 남성 중에서는 울리케의 남편인 게르트 포페(Gerd Poppe), 베르너 피셔(Werner Fischer), 랄프 히르쉬(Ralf Hirsch), 볼프강 템플린(Wolfgang Templin), 마르틴 뵈트거(Martin Böttger) 등이 주요 활동가였다. 이 단체는 지하출판물인 이른바 사미즈다트(Samizdat)[294]를 배포하는 데도 남다른 노력을 기울였다. 그렇다고 해서 평화인권발의가 교회와의 연대를 거부하는 것은 결코 아니었고 교회는 이 단체의 활동을 위해 공간을 제공하는 것을 비롯하여 전체적으로는 협력을 계속해 갔다.

1988년 이후의 동독 시민운동에서는 여러 인물이 명멸했지만 그 가운데서도 특히 눈에 띄는 인물은 베르벨 볼라이였다. 볼라이는 동베를린 평화여성회의 주도자로서 이미 평화운동 분야에서 지도적 역할을 굳히고 있었지만, 소련의 페레스트로이카 이후 동독에서도 개혁을 향한 요구가 드높아지면서 그녀의 역할과 의미는 더욱 중요해졌다. 그녀는 1989년 11월의 베를린 장벽 붕괴에 이르기까지, 동독 시민운동이 질적 변화를 겪게 되는 개개 국면마다 자신의 족적을 뚜렷이 남겨놓았다. 그것은 그녀의 추방

---

einheit.de/FuE/DE/DatenFakten/TimelineRevo/TimeLineDokumenteRevo/Zeitpunkt07.html (검색일: 2010-12-28).

294 러시아어 samoizdatel'stvo를 줄인 말로, 직역하면 '자가출판물'이다. 소련 체제 아래서 반체제 인사들은 자신의 저작을 비밀리에 출판하여 아는 사람들 사이에서 돌려가며 읽게 하거나 서방으로 보내 유포하게 하는 관행이 있었는데, 이 같은 출판물을 '사미즈다트'라 불렀다. 솔제니친(Aleksandr Solzhenitsyn)의 많은 소설들도 처음에는 사미즈다트에 속했다. 동독에서는 롤프 헨리히의 『후견국가』가 대표적인 사미즈다트의 하나다.

과 귀환, 그리고 노이에스 포룸의 창설과 관련된 것이다. 볼라이는 체제전환의 큰 물결 속에서 '혁명의 어머니'(Mutter der Revolution)라는 찬사를 받기도 했다. 이러한 칭호는 특히 1988년 이후의 그녀의 활동이 불러일으킨 사회적 반향과 관련된다.

1988년 1월 17일은 사회주의 혁명가 로자 룩셈부르크와 카를 리프크네히트(Karl Liebknecht)가 피살된 지 79년 되는 날이었다. 시민운동가들은 "자유란 언제나, 이견을 가진 사람들의 자유다."(Freiheit ist immer die Freiheit der Andersdenkenden)라는 로자 룩셈부르크의 말을 구호로 내걸고 동베를린에서 대대적인 시위를 벌였다. 볼라이는 이 시위의 지도자 가운데 하나였다. 동독 경찰은 시위 당일에 이미 120명을 체포하여 심문했는데, 심문의 목적은 이 시위를 평화인권발의가 조직했다는 자백을 받아내는 데 있었다.[295]

이 사건에서 교회는 반체제운동가들의 상호연락을 위한 전화연결망을 제공하지 않겠다고 나섰다. 볼라이는 자신의 개인전화를 연락용 전화번호로 제공하였다. 그리고 사흘 후인 1월 20일에는 그녀의 자택에서 운동가들의 회합이 열렸다. 1월 25일 볼라이는 체포되어 조사를 받게 되었다. 볼라이는 이미 1983년 12월에도 체포되었다가 석방된 적이 있었고, 그 후에도 끊임없는 압박을 받았지만(1987년 11월에는 가택수색을 겪었다), 1988년 초에 이르면 정권과의 불화는 극에 달하였다. 그녀의 활동은 이미 많은 국가안전부 정보원들에 의해 사찰당하고 있었는데, 그레고어 기지(Gregor Gysi)나 볼프강 슈누어(Wolfgang Schnur)는 각기 그녀의 변호사, 평화인권발의 동료회원으로 가장한 정보원들이었다. 볼라이가 체포된 후 이들은 한편으로는 볼라이와, 다른 한편으로는 동독 정권과 접촉하면서 그녀에게 국외추방과 계속수감 중 택일하라고 권고했고, 볼라이는 결국 서방행을

---

295 Kukutz, *Chronik der Bürgerbewegung Neues Forum 1989-1990*, 35쪽.

택했다. 그녀의 추방은 2월 초에 강행되었는데, 한밤중에 서독행 기차에 태워졌을 때 그녀는 목적지도 추방기간도 귀국 가능성도 알지 못하는 상태였다.

볼라이는 서독을 거쳐 4월부터 영국에 체류하게 되었는데, 그녀의 추방은 이미 국제적인 항의를 불러일으키고 있었다. 서독 녹색당의 지도자로서 볼라이와 긴밀한 친교를 유지하고 있던 페트라 켈리는 1988년 6월 동베를린에서 열린 '핵무기 없는 세상을 위한 회의'에 참가한 길에 에리히 호네커를 만나 볼라이의 귀국을 허락할 것을 호소하였다. 호네커는 페트라 켈리의 호감을 사고 싶었는지 이를 받아들였고, 볼라이의 친구들에게 그녀의 귀국을 막는 장애물은 없다고 통고하였다.[296] 볼라이는 8월 초 프라하를 거쳐 동베를린으로 귀환할 수 있었다. 그녀의 서방 체류는 어떤 면에서는 그녀가 서방의 정치인, 여론 주도자들과 직접 접촉하면서 지원을 약속받는 기회를 제공한 것이었다. 이는 그녀가 귀국한 후 동독 정권이 그녀를 심하게 탄압하기 힘들어진다는 것을 의미하는 것이기도 했다.

볼라이의 추방과 귀환은 동독 반체제운동가들 사이에서 그녀의 위치를 더욱 확고한 것으로 만들었다. 그녀가 중심인물이 될 수 있었던 데에는 볼라이 자신이 쉼 없이 시민운동을 위한 새로운 구상을 내놓음과 함께 반체제 인사들을 만나고 조직하는 데 힘을 기울였다는 사실이 결정적으로 작용했음은 물론이다.

볼라이는 귀환 후 교회로부터 완전히 독립된 새로운 시민운동이 필요하다고 생각하고 이를 조직하는 데 힘을 쏟기 시작하였다. 볼라이와 그녀의 절친한 동지인 카티야 하베만은 그동안 시민운동의 지붕 역할을 해주던 개신교 교회가 어느 순간부터인가 시민운동을 규제하고 견제하면서 국가적 후견의 대리인 역할을 하고 있다고 생각했고 이제는 이 같은 후견에

296 같은 책, 40쪽.

서 벗어나야 한다고 생각하였다. 볼라이는 교회가 시민단체의 해방적 과정을 지원하거나 격려하지 않고 오히려 옥죄는 '코르셋'과도 같은 존재였다고 생각하였다. 게다가 1982년 이후로는 개신교 목사 가운데 진짜로 체포되어 고난을 당한 인물이 아무도 없으며 설령 누군가가 잠시 체포되더라도 금방 풀려나곤 한다는 사실 또한 그녀에게 교회가 진정으로 반체제 인사들을 지원하는지에 대해 회의를 불러일으키는 요인 가운데 하나였다.[297]

볼라이와 카티야 하베만은 또한 교회 밖에 서 있던 독립조직인 평화인권발의도 활동의 동력을 잃어가고 있다고 보았다.[298] 볼라이는 소수의 똑같은 반체제 인사들이 무슨 일만 있으면 항상 등장하곤 하는 운동 방식이 문제가 있다고 생각했다고 회고하였다. 그렇게 하면 사람들이 겁을 먹는다는 것이었다.[299] 이는 개혁을 위한 운동에 광범한 대중이 자발적으로 참여하는 것을 가로막는 요인으로 보였다. 볼라이와 카티야 하베만은 "반체제운동에도 새로운 활력을 불러일으키고 경직된 사회에도 돌파구를 마련할 수 있을 만한 새로운 시민운동조직을 형성하기로" 마음을 모았다.[300] 비판적 의견이 공개적으로 표출될 수 있고 사회의 다수를 이루는 일반시민들이 발언할 수 있는 장을 마련하는 것이 그 목적이었다. 그러면서도 그 조직은 볼라이의 구상에 따르면 결코 "반(反)국가적이지 않은" 것, 동독의 법률에 저촉되지 않는 것이어야 했다.[301] 그 결과 태어난 것이 노이에스

---

297 Philipsen, *We Were the People: Voices from East Germany's Revolutionary Autumn of 1989*, 296쪽.

298 Kukutz, *Chronik der Bürgerbewegung Neues Forum 1989-1990*, 42쪽.

299 Philipsen, *We Were the People: Voices from East Germany's Revolutionary Autumn of 1989*, 295쪽.

300 Kukutz, *Chronik der Bürgerbewegung Neues Forum 1989-1990*, 42쪽.

301 Philipsen, *We Were the People: Voices from East Germany's Revolutionary Autumn of 1989*, 295쪽.

포룸(Neues Forum)이었다.

(1) 노이에스 포룸

베르벨 볼라이와 카티야 하베만은 1989년 여름 동독 전역을 다니면서 그들이 구상하는 새로운 시민운동조직에 참여할 인물을 물색하였다. 이해 여름 동독 사회를 동요케 한 가장 중요한 이슈는 정치적 개혁 외에 여행의 자유 문제였다. 특히 여행의 자유를 요구하는 사람들의 물결이 만들어놓은 들끓는 상황은 이념적 문제로 접근하기 어려운 면이 있었다. 헝가리와 오스트리아 사이의 국경이 개방되자 동독 시민 수만 명이 헝가리를 통해 오스트리아로 건너간 후 거기에서 서독으로 넘어갔고, 다른 수천 명은 체코슬로바키아의 서독 대사관에 돌입하여 여행의 자유를 요구한 끝에 서독행 기차를 타기도 했다. 이 동독인들의 서독행을 허용하는 데에는 헝가리 정부, 서독 정부, 소련 정부 등이 각각 개입하여 영향력을 행사하기도 했다.[302]

노이에스 포룸은 이 들끓는 여름 동안 준비기간을 거친 후 9월 9일에 30명의 발기인으로 출발하였다. 발기인의 선정은 베르벨 볼라이와 카티야 하베만, 그리고 동독 공산당의 법률자문 출신으로 체제비판자가 되었던 롤프 헨리히, 이 세 사람이 맡았다.[303] 포룸의 창립모임은 카티야 하베만

---

302 Klaus Larres, "Germany in 1989: The Development of a Revolution", Klaus Larres (ed.), *Germany Since Unification: The Development of the Berlin Republic*, 2nd ed. (New York: Palgrave, 2001), 47-49쪽.

303 볼라이가 영어권 연구자 필립센과 나눈 대화를 보면 그녀는 참가자 30명 모두를 원래부터 알고 있었던 유일한 인물이었다고 말하고 있다. Philipsen, *We Were the People: Voices from East Germany's Revolutionary Autumn of 1989*, 298쪽. 그래서 이것만을 보면 누가 노이에스 포룸에 참가해야 할지를 결정한 인물은 베르벨 볼라이였고 그녀가 창립회원 30명을 선정하는 절대적 결정권을 가졌던 것으로 받아들일 소지가 있다. 그러나 노이에스 포룸 초창기부터 볼라이와 함께 활동했던 쿠쿠츠의 기록을 따르면 참가자들을 선정하는 데서 볼라이와 다른 주도자들이 역할을 분담했던 것으로

의 자택에서 열렸는데, 그륀하이데에 있는 그녀의 집은 로베르트 하베만이 생존해 있던 시절부터 동독 반체제운동가들의 결집장소였으며, 수많은 시민조직이 태어난 곳이기도 했다.[304] 발기인의 출신성분은 의사, 목사, 학자, 문화예술인에서 학생, 석공에 이르기까지 다양했으며 연령과 거주지도 모두 다양했다. 성별로 보면 여성이 10명, 남성이 20명이었다.

노이에스 포룸은 창립모임에서 「출발 89 – 노이에스 포룸」을 작성하고 발표하였다. 서로 모르는 사람들이 처음으로 만나서 성명문을 현장에서 작성하는 것 자체가 볼라이가 이 조직의 창립 과정에서 의도한 것이었다.[305] 화학 교수 출신인 옌스 라이히(Jens Reich)가 초안 작성에서 중요한 역할을 했고 다른 사람들이 회람하고 수정한 이 창립선언문은 동독 시민들의 정치적 활성화를 위한 절박한 호소를 담고 있었다. 이 문서는 국가와 사회 간의 소통 부재를 가장 시급한 문제로 손꼽으면서 눈앞에서 전개되고 있던 국외로의 탈출 물결 또한 여기에서 비롯되는 것으로 해석하였다. 이를 해결하기 위해서는 국가의 간섭과 후견 대신 자유로운 인간들의 다양한 의견과 생각의 표현, 법치국가의 과제에 대한 민주적 대화를 보장해야 하며, 사회적 개혁 과정에 다양한 사람들이 참여하고 모든 직업, 연령 집단의 사람들이 사회문제 논의에 참여할 수 있게 해야 한다고 요구하였다.[306] 노이에스 포룸 창립자들은 시민들의 참여와 발언을 통한 사회적 의사결정을 희망하였다. 이 창립선언문은 가장 기본적인 민주주의 원칙에 대한 호소였다. 여기에는 체제나 이념의 문제는 들어 있지 않았다. 창립자

보인다. Kukutz, *Chronik der Bürgerbewegung Neues Forum 1989-1990*, 50-51쪽.

304 Kukutz, *Chronik der Bürgerbewegung Neues Forum 1989-1990*, 49쪽.

305 Philipsen, *We Were the People: Voices from East Germany's Revolutionary Autumn of 1989*, 298쪽.

306 "Aufbruch 1989-Neues Forum", Kukutz, *Chronik der Bürgerbewegung Neues Forum 1989-1990*, 338쪽.

들은 동독 체제를 기본적으로 인정했으며, 시민참여의 활성화를 통해 경직된 체제를 인간화하려고 했다. 노이에스 포룸의 기본정신은 기초민주주의(Basisdemokratie)를 확립하자는 것이었다.

"때가 무르익었다"(Die Zeit ist reif)라는 의미심장한 구절로 끝나는 노이에스 포룸의 창립선언문은 문자 그대로 폭발적인 반응을 불러일으켰다. 이 단체의 역사를 기술한 이레나 쿠쿠츠의 지적대로 이 문서가 복잡하지 않고 생생한 표현을 구사하면서 정치적 도식보다 더 심층적인 문제들을 다루었다는 점이 그 이유였을 것이다.[307] 창립선언문이 발표된 직후부터 이 단체에 가입하려는 사람들의 행렬이 이어졌다. 베르벨 볼라이의 자택에는 깊은 밤에까지 사람들이 찾아와 용지에 서명을 하고 갔다. 또한 노이에스 포룸을 인정하라는 요구는 동독 시민들의 대규모 집회에서 울려 퍼진 가장 중요한 요구사항 가운데 하나가 되었다. 처음에 볼라이는 노이에스 포룸에 만 명이라도 가입할까 의구심을 품었었지만,[308] 정작 이 조직에는 한 달 사이에 20만 명의 동독 시민이 가입하였다. 여성 평화운동가의 주도로 형성된 노이에스 포룸은 1989년 가을 동독 사회에서 가장 영향력 있는 단체이자 가장 폭발력 있는 의제 설정자가 되어 있었다.

(2) 다른 시민단체들과 여성의 역할

1989년 가을 동독에서는 개혁을 요구하는 시위와 집회가 전국적으로 일어났다. 라이프치히 니콜라스 교회에서 매주 개최된 월요 집회처럼 교회를 보호막으로 하는 경우도 있었고 그렇지 않은 경우도 있었다. 이런 상황에서 노이에스 포룸 외에도 여러 시민조직들이 생겨났다. '바로 지금

---

307 Kukutz, *Chronik der Bürgerbewegung Neues Forum 1989-1990*, 58쪽.

308 Philipsen, *We Were the People: Voices from East Germany's Revolutionary Autumn of 1989*, 295쪽.

민주주의'(Demokratie Jetzt), '민주적 출발'(Demokratischer Aufbruch), '연합좌파'(Vereinigte Linke) 등이 그것이었다. 그 가운데 '바로 지금 민주주의'는 울리케 포페가 중심적 역할을 한 단체였다. 울리케 포페는 동베를린 평화여성회에서 볼라이와 함께 지도적인 역할을 하다가 함께 체포당했으며 평화인권발의에서도 함께 활동하였다. 그러나 노이에스 포룸 창설 과정에서는 그러한 협력관계를 찾아볼 수 없다. 대신 포페는 볼프강 울만(Wolfgang Ullmann), 콘라트 바이스(Konrad Weiss) 등과 함께 '바로 지금 민주주의'를 조직하였다. '바로 지금 민주주의'라는 명칭은 '민주주의-바로 지금이 아니면 안 된다'(Demokratie-Jetzt oder Nie)라는 시위 구호에서 따온 것이다.

'바로 지금 민주주의'는 노이에스 포룸 창립 직후인 1989년 9월 12일 12명의 시민운동가를 발기인으로 하여 창립을 알렸다. "자신의 일에 개입할 것을 촉구합니다."라는 제목의 창립선언문도 발표되었다. "벗들, 동료 시민들, 걱정을 나누는 사람들(Mitbetroffenen)이여! 우리의 나라는 내적 비(非)평화 속에서 살고 있습니다."라는 구절로 시작하는 이 선언문은 고르바초프의 주도로 헝가리, 폴란드 등이 민주적 전환의 길로 나아가고 있음을 지적한 다음 사회주의의 원칙을 실현해야 한다고 강력히 촉구한 점에서 노이에스 포룸의 창립선언문과 차이를 보인다. 다음의 문장은 이를 전형적으로 보여준다. "역사적으로 패망하지 않기 위해서는 사회주의는 이제 그 본래의 민주적 모습을 찾아야 합니다. 사회주의는 패망해서는 안 됩니다. 왜냐하면 위협 받는 인류에게는 인간적 공동생활의 생존가능한 형태를 찾는 길에서 서구식 소비사회의 대안이 필요하기 때문입니다. 이 서구 소비사회의 복지를 위해서는 다른 세계가 지불을 해야 합니다."[309]

---

309 "Aufruf zur Einmischung in eigener Sache", Demokratie Jetzt: DDR 1989/90 Dokumente, http://www.ddr89.de/ (검색일: 2010-08-10).

이 선언문은 정치경제적 위기와 아울러 환경생태 위기도 거론하면서 사회주의 개혁에서 대안을 찾자고 촉구하고 있다. 노이에스 포룸의 창립선언문이 소통 부재에 초점을 맞추면서 사회주의 개혁에 대해서는 언급하지 않았던 것과 비교해본다면 '바로 지금 민주주의'의 창립선언문은 현상의 문제점과 대안을 구체적으로 지적하고 있는 것이 특징이다.

이 같은 얼마간의 차이를 제외한다면 노이에스 포룸과 '바로 지금 민주주의'는 비슷한 정강을 담고 있었고 주도자들의 경력에서도 공통점이 있었지만, 두 단체는 따로 출범하였다. 볼라이는 '바로 지금 민주주의'는 다른 정당 가입자의 동참을 거부하는 배타적 성격을 가지고 있기 때문에 노이에스 포룸과 연합할 수 없었다고 회고하였다. 동독 각지의 시민, 학생, 건축노동자 등을 창립발기인에 포함시켰던 노이에스 포룸과 비교하여 '바로 지금 민주주의'의 창립 발기인들은 주로 시민운동 명망가들이었고 대부분 베를린에 거주했으며, 여성으로는 울리케 포페가 유일하게 발기인에 포함되어 있었다는 것도 차이점이었다.

1980년대 동독 반체제운동과 평화운동의 가장 저명한 대표자의 하나인 라이너 에펠만 목사와 역시 목사인 에델베르트 리히터(Edelbert Richter) 등이 주도한 '민주적 출발'의 경우, 볼라이는 동참 권유를 받았으나 설립 준비기에 이미 이 조직에 침투해 있는 동독 국가안전부 정보요원의 존재를 그녀 스스로 잘 알고 있었기 때문에 동참을 거부하였다.[310] 라이너 에펠만은 1982년 로베르트 하베만과 함께 '무기 없이 평화 만들기', '장검을 쟁기로' 등의 구호 아래 평화운동을 전개함으로써 동독 평화운동의 신호탄을 올린 인물이었다. 그런데 볼라이는 권력참여 문제와 관련하여 에펠

---

310 정보원 중 대표적인 인물이 볼프강 슈누어였다. 실제로 그는 1990년 봄 정체가 폭로되었다. Philipsen, *We Were the People: Voices from East Germany's Revolutionary Autumn of 1989*, 299쪽.

만과 의견을 달리했고, 1989년 가을의 상황에서 에펠만과는 행동을 함께 하기 힘들다고 생각하였다. 도덕주의적이고 원칙주의적인 다른 시민운동가들에 비해 에펠만이 현실정치인으로 활동하고자 하는 욕구가 훨씬 강했다는 것은 그의 발언이나 다른 사람들의 평가를 통해서도 어느 정도 확인할 수 있다.[311] 결국 현실정치 및 권력 참여 문제, 조직의 개방성 등에 관해 시민운동가들이 각기 다른 지향성을 가진 데서 각기 다른 단체들의 설립이 불가피해진 셈이다.

(3) 베를린 장벽 붕괴에서 통일까지

동독 시민단체의 문제제기와 개혁 요구는 동독 시민사회를 움직였고 이는 베를린 장벽의 붕괴로 이르는 과정에서 적지 않은 역할을 했다. 베를린 장벽의 붕괴는 반드시 통일을 향한 외침의 결과였다기보다 동서독 간의 자유로운 통행을 원하는 동독 시민들의 열망이 만들어낸 결과였다. 동독인들의 마음속에 자리잡고 있었던 것은 이동의 자유와 권리에 대한 가장 기본적 요구였을 수도 있고 자본주의적 소비생활에 대한 다소 즉자적인 욕망이었을 수도 있다. 서독 정부의 동방정책으로 동독 주민들이 서독의 텔레비전 방송을 시청할 수 있게 된 뒤로 서독 방송의 상품광고를 현실과 동일시하게 된 동독인들이 자본주의 사회의 자유와 풍요로움에 대해 과장된 환상을 품는 경우도 드물지 않았다. 1989년 11월 9일 동독인들을 움직인 원동력은 무의식 속에 깊숙이 자리 잡은 이 같은 환상이었을 수도 있겠으나 어쨌든 그 움직임은 아직 무정형적이고 모호한 것으로 머물러 있었던 것으로 보인다. 자유로운 통행과 교류가 동독 사회의 변화에도 기여할 것이라는 생각을 품은 사람들도 물론 있었겠지만 그것이 통행

---

311 1990년 여름, 동독의 군축 및 국방장관으로 활동하고 있던 에펠만을 인터뷰한 필립센은 면담자에게서 강한 권력지향성을 감지하였다. 같은 책, 55-57쪽.

통일 후 베를린의 알렉산더 광장 2010년 독일 통일 20주년을 기념하여 1989년 동독 시민들의 집회 시위에서 나왔던 구호들이 다시 휘날리고 있다.

의 자유를 요구하는 일반대중의 일차적인 기대였다고 볼 수 있는 증거는 없다.

그러나 장벽 붕괴 후 얼마 되지 않아 누구도 예상하지 않았던 움직임이 시작되었다. "우리는 인민이다"(Wir sind das Volk)라는 구호를 내걸고 동독 사회의 민주화와 쇄신을 요구하던 시민들이 집회에서 "우리는 하나의 인민이다"(Wir sind ein Volk)라는 구호를 외치기 시작하였다.[312] 동독 민주화의 요구가 동서독 통일의 요구로 바뀌게 된 것이다. "우리는 하나의 인민이다"라는 구호가 정확히 언제부터 나왔는지에 대해서는 의견이 갈린다. 독일 정부의 공식 인터넷 누리집에 따르면, 11월 13일에, 혹은 11월 16일 예나에서 이미 이 구호가 나왔다고 주장하는 사람들도 있지만, 11월 20일 라이프치히의 정례 월요 시위에서 이 구호가 등장한 것만은 누구도

---

312 여기서 '하나의 인민'은 '하나의 민족'으로도 해석될 수 있다.

부인하지 않는 확실한 사실이다. 원래 이 구호는 10월 9일에도 동독 시민들의 시위에서 등장했었다. 그런데 이때는 시위대가 진압 경찰을 향해 폭력진압을 삼갈 것을 호소하면서 사용한 구호였다. 그런데 불과 한 달 사이에 이 구호의 의미가 완전히 바뀌게 된 것이다.[313]

동독의 반체제 인사들은 베를린 장벽 붕괴에 열광적인 태도를 보이지 않았다. 그들에게는 동독인의 주체성이 상실되는 데 대한 두려움이 컸다. 민주화운동에 참여한 지도적 여성 인사들 가운데서는 베르벨 볼라이나 프라야 클리어가 명백히 이러한 반응을 보였다. 새로 건설된 동독 사회민주당의 지도자 가운데 하나가 된 프라야 클리어는 베를린 장벽의 갑작스러운 붕괴에 대해 이렇게 발언하였다. "우리가 기껏 투쟁했더니 우스운 꼴이 되어버렸다. 그 소식의 엄청난 힘은 나로 하여금 밤거리로 뛰쳐나가게 한 것이 아니라 이불을 뒤집어쓰고 눕게 만들었다. 장차 어떻게 될까? 이제 맥스웰이 장벽을 매점해버리게 될까? 나는 동독이 풍선처럼 터져버릴까봐 정말 두렵다. […] 우리는 부동산중개업자들이 최후의 돌 한 덩어리까지 차지해버리기 전에 최소한 메클렌부르크라도 점령해야 할 것이다."[314]

볼라이도 비슷한 반응을 보였다. 그녀는 장벽 붕괴가 자본의 쇄도, 동독인들이 자본에 굴복하는 것을 의미한다는 것을 직감적으로 예상하였다. 장벽이 무너진 지 이틀 후인 11월 12일 그녀는 노이에스 포룸의 다른 주요 회원들과 함께, 동독 시민들을 향해 「장벽은 무너졌습니다」라는 제목의 공개서한을 발표하였다. "그대들은 정치혁명의 영웅입니다. 여행과 빚만 늘어나게 하는 소비 마약(Konsumspritzen)에 안주하지 마십시오. 정치

---

313 "Wir sind ein Volk!", *Mo*, 1989. 11. 20, http://www.bundesregierung.de/Content/DE/Artikel/20Jahre/2009-11-20-wir-sind-ein-volk.html (검색일: 2010-07-01).

314 *Tageszeitung*, Westberlin, 1989. 11. 11, Manfred Behrend, "Bürgerbewegungen in der DDR und danach-Aufstieg, Niedergang und Vermächtnis (1)", http://www.glasnost.de/autoren/behrend/buergerbew.html (검색일: 2010-08-25)에서 재인용.

개혁의 실현과 사회계약적 경제개혁 구상의 작성을 요구하십시오. 주요 직책 담당자를 미리 정해놓는 일 없이 진정한 인민대표를 선출하는 자유선거를 요구하십시오. 헌법재판소를 요구하십시오. 말과 언론의 자유를, 사법개혁, 교육개혁, 독립노조를 요구하십시오. 진실한 경제상황의 즉각적이고 솔직한 공개를 요구하십시오."[315] 볼라이는 동독이 서독 자본에 '통째로 팔릴 것'을 예감하고 있었다.

이는 장벽 붕괴가 가져온 엄청난 열광 속에서 동독 민주화운동의 주도세력이 요구해왔던 도덕적 대의가 묻혀버리고 그들의 역량과 주도권 또한 인정받지 못한 채 서독 중심의 결정방식이 모든 것을 압도해버리게 될 것을 두려워하는 데서 나온 반응이었다.

실제로 독일 통일 과정에서 동독의 반체제운동가들은 차츰 영향력을 상실해갔다. 이들이 요구한 것은 통일이 아니라 동독의 개혁과 민주화였는데, 동독 대중이 통일을 요구하고 나서고 서독의 정치세력이 이를 재빠르게 이용하여 동독 장악에 나서면서 이들의 요구와 구호는 더 소리 높은 현실적 요구 아래 묻히게 된 것이다. 성명서 「장벽은 무너졌습니다」에서 보듯 볼라이는 장벽 붕괴를 섣부른 것, 서독에 의한 동독 접수를 초래할 사건으로 여기면서 일반 동독인들과 큰 의견차를 드러내게 되었고, 그 후 지나치게 솔직한 그녀의 주장은 일반 대중 사이에서나 개혁세력 사이에서나 인기를 얻지 못하게 되었다.[316] 욕망과 이에 대한 추종이 정치의식을 압도하게 된 것이다.

동독에서 40년 동안 유일 집권당으로 군림해왔던 사회주의통일당에서는 에리히 호네커가 서기장직에서 물러나고 에곤 크렌츠(Egon Krenz)가

315 Kukutz, *Chronik der Bürgerbewegung Neues Forum 1989-1990*, 96쪽.

316 Philipsen, *We Were the People: Voices from East Germany's Revolutionary Autumn of 1989*, 133쪽.

뒤를 이었다가 곧 축출되었다. 그 후 이른바 당 서기장직이 사실상 무력화한 상황에서 온건파로 알려진 한스 모드로(Hans Modrow)가 총리직에 취임하여 정국을 이끌어갔다. 그런데 서독이 통일논의를 주도하면서 사회주의통일당과 그 후신인 민주사회당은 결정권을 급속하게 잃어갔다. 이는 동시에 동독이라는 국가의 존속을 전제로 하고 있던 세력 전체의 결정권 상실을 의미하는 것이기도 하였다. 동독의 정국은 그때까지의 집권당도 그때까지의 반대세력인 개혁지향적 시민운동세력도 아닌 외부세력, 곧 서독 정치세력과 이들의 지원을 받는 동독 내 친서독세력이 장악하게 되었다. 자기 사회를 자기 힘으로 바꾸고자 했던 동독 개혁세력의 무력감은 더해갔다.

물론 노이에스 포룸, '바로 지금 민주주의' 등 동독의 시민단체는 독일 통일 방식을 논의하기 위해 구성된 원탁회의에 참여하여 동독 민주세력의 목소리를 전하려 했고 흡수통일 과정 속에서 상실될 동독인의 주체성을 살릴 수 있는 방안을 모색하려 했다. 베르벨 볼라이와 울리케 포페는 각기 노이에스 포룸과 '바로 지금 민주주의'의 대표로서 원탁회의에 참여하였다. 이 두 단체와 평화인권발의는 1990년 3월의 동독 총선에서는 '동맹 90'이라는 선거연합 조직을 구성하여 공동후보를 냈다. 그리고 이들 중 일부는 통일독일 의회의 의원이 되기도 했다.[317] 그러나 동독이 서독에 흡수된다고 하는 과정 자체를 근본적으로 변화시키거나 동독 문제는 동독인의 손으로 결정한다는 이들의 바람은 끝내 받아들여지지 않았다.

한편 1989년 12월에는 독립여성연합도 창설되었다. 여성 평화운동가들이 장벽 붕괴에 이르기까지 동독 개혁운동을 주도하면서 중요한 역할을 하기는 했으나, 그동안 개혁과 체제전환의 거대한 흐름 속에서 여성 고유의 문제에 대한 구체적 문제제기나 논의는 거의 찾아볼 수 없었다. 그리고

---

317 동맹 90은 통일 후인 1993년에는 녹색당과 통합하여 '녹색당/동맹 90'을 이루었다.

최대의 공인 여성단체인 독일민주여성연맹은 1989년 가을 들어 평회원들의 개혁 요구가 빗발쳤음에도 노쇠한 지도부로서는 이를 수용할 의지도 능력도 없음을 드러내었다.[318] 라이프치히의 여성 운동가 코르넬리아 마츠케는 그동안 시민운동 내에서 여성 문제가 제대로 다루어지지 않았음을 거론하면서 "(여성 고유의 문제를 다루는) 여성운동은 동독에서 현안이 아니었다."라고 잘라 말하였다.[319] 독립여성연합의 지도자로 등장하게 되는 이나 메르켈(Inna Merkel) 역시 체제전환기까지 동독에서는 "여성 문제가 아직 남아 있다는 대중적 의식 자체가 존재하지 않았다."라고 회고하였다.[320] 볼라이나 포페와 같은 지도자들은 여성운동의 지도자가 아니라 동독 사회 전체의 방향을 논하는 개혁가로 여겨졌다. 독립여성연합은 매해 개최된 여성회합을 통해 연결망을 형성해왔던 여성운동가들이 격변기에 여성의 고유한 문제를 논의하고 여성의 이해관계를 대변할 기구가 필요하다는 인식 속에서 창설한 것이다.

독립여성연합의 창설에서는 아래로부터의 움직임이 중요한 역할을 하였다. 즉 각지의 소규모 여성그룹들이 여성주의적 요구를 내걸고 전개한 움직임이 주요한 자극제가 되었던 것이다. 예를 들어 베를린에서는 1989년 가을 '공격적 릴라'(Lila Offensive)라는 단체가 활동하기 시작하였다. '릴로'(Lilo)라는 약칭으로 알려지기도 한 이 단체는 그동안 동독의 정치단체들에서 여성주의적 주제가 다루어지지 않는 데 대해 불만을 느낀 젊은 여성들이 만든 것이었다. 명칭에서 보듯 여성이 여성주의적 의제를 가지고

---

318 Teschner, "*Demokratischer Frauenbund Deutschlands*: Socialist Mass Organization and Western Charity?", 53쪽.

319 Philipsen, *We Were the People: Voices from East Germany's Revolutionary Autumn of 1989*, 70쪽.

320 Wilke, *Ist alles so geblieben, wie es früher war?: Essays zu Literatur und Frauenpolitik im vereinten Deutschland*, 24쪽.

좀 더 공세적인 자세로 사회를 향해 발언해야 한다는 취지와 함께 조직되었다.[321] 15명의 회원으로 구성되고 집약적인 토론이 이루어지는 집중도 높은 단체였다. 이 조직 출신의 여성들이 각기 또 다른 여성주의 단체를 형성하여 여성주의의 저변을 확대해갔다. 이 단체는 독립여성연합에 가입했으며, 이 단체의 창설회원 가운데 하나인 카트린 R은 중앙 원탁회의에 베를린 대표로 참가하기도 했다.[322]

여성주의적 구상에 바탕을 둔 조직활동은 오히려 지방도시에서 더 적극적인 모습을 띠기도 했다. 예를 들어 '변화를 요구하는 에르푸르트 여성들'(Frauen für Veränderung Erfurt) 그룹은 1989년 초가을 공산당 서기장 호네커에게 공개서한을 보내, 사회의 비폭력적·생태적·사회적·민주적 전환을 여성의 이름으로 촉구했으며[323] 이어서 이들은 「자기결정과 전망」이라는 성명문을 발표하였다. 이는 여성 고유의 이해관계를 수호할 필요성이 있다는 점을 강조하는 내용을 담고 있었다. 이 성명문에서 에르푸르트 여성들은 다음과 같이 요구하였다. "현재 진행되고 있는 변화 과정 속에서 여성들은 자신의 자기결정권과 이에서 비롯되는 권리를 명백히 표명해야 하고 관철해야 하고 요구해야 한다는 것이 우리에게 명백해졌다. 우리는 여성들에게 자기 자신의 고유한 에너지와 상상력을 발견하고 이를 자신을 위해 사용하게끔 용기를 북돋우고자 한다. 이를 통해 변화하는 자의식이야

---

321 '공격적 릴라'는 설립취지문에서 독립적 여성주의 단체로서의 자기정체성을 밝혔다. "Standortbestimmung der Fraueninitiative "lila offensive"": Arbeitspapier der Lilos. 1. Entwurf o.J. vermutlich September 1989, http://www.infopartisan.net/archive/1989/ma89024.html (검색일: 2011-02-03); Heide Fehrenbach, "Working Paper Defining Our Position: Women's Initiative "Lila Offensive"", *Feminist Studies*, Vol. 16, No. 3 (Autumn, 1990), 627-634쪽.

322 Fischer/Lux, "Seitdem leben wir zu dritt", 48-49쪽.

323 "Offener Brief", Kenawi (Hg.), *Frauengruppen in der DDR der 80er Jahre: Eine Dokumentation*, 140쪽.

말로 국가, 사회, 경제에서의 가부장적 구조를 문제로 삼게 될 것이다. 우리는 인간의 존엄성이 수호되고 우리의 자연스러운 생활공간이 회복되며 보존될 수 있도록 권력 재편성 과정에 영향을 미치고자 한다."[324] 정치·사회적 남성중심주의를 뜻하는 '가부장적 구조'라는 용어를 사용했다는 점에서 이 성명서는 명백히 서구 여성주의의 영향을 보여준다. 아울러 여성의 권력참여를 공언하고 있다는 점에서도 이 문서는 동독 여성운동의 한 새로운 방향을 보여준다. 무엇보다 이 문서는 고유한 의미의 여성적 이해관계 수호를 언급한다는 점에서 러시아 혁명 이래의 관변 사회주의적 여성주의 담론의 자장에서 명백히 벗어나기 시작한 것이다.

'변화를 요구하는 에르푸르트 여성들'은 10월 12일에는 각 분야별로 요구사항과 대안을 제시하는 "정의, 평화, 생태, 동등권의 관점에서 본 사회적 변화 구상"을 발표하였다. 여기에서는 각 분야에 걸친 양성평등과 여성장려책, 교육과정에서 양성평등적 내용 강화 등의 방안이 제시되어 있다. 한편 이 단계에서는 다른 대부분의 개혁운동단체의 성명서와 마찬가지로 '사회주의를 개혁하고 생존가능한 것으로 만들어야 한다'는 것이 기본적으로 전제되어 있다.[325]

사회적 전환의 거센 물결 속에서 여성의 독자적 이해관계를 인정하며 별도의 조직을 통해 이를 수호하려는 이러한 움직임은 라이프치히 여성그룹에서도 찾아볼 수 있었다. 에르푸르트 여성그룹과 라이프치히 여성그룹의 일부 활동가들은 독립여성연합의 창설 과정에 적극적으로 참여하였다.

---

324 Bürgerinneninitiative Frauen für Veränderung "Selbstbestimmung und Ausblick", Kenawi (Hg.), *Frauengruppen in der DDR der 80er Jahre: Eine Dokumentation*, 141쪽.

325 "Überlegungen zu gesellschaftlichen Veränderungen in Hinblick auf Gerechtigkeit, Frieden, Ökologie und Gleichberechtigung", Kenawi (Hg.), *Frauengruppen in der DDR der 80er Jahre: Eine Dokumentation*, 142-144쪽.

그러나 다른 활동가들은 전국적 단체가 만들어질 때 이 단체가 베를린 여성운동가들 중심으로 움직이게 될 것을 우려하여 전국적 여성단체 설립에 참가하는 것을 거부하기도 했다.

여성운동가들은 1989년 9월 13일 회동하여 격변 시기의 여성의 대응을 논의한 후 10월 12일에는 자율적인 여성연맹을 창설하겠다는 의지를 공표했으며, 11월 26일에는 여성들에게 「촉구하는 글」(Aufruf)을 발표하였다. 동독의 자율적 여성연맹 설립 추진위원회의 명의로 작성된 이 글은 독립여성연합의 창립취지문이라고 할 수 있다. 추진위원회는 여성 문제를 제기하고 다루어 가겠다는 목표를 밝히며 다음과 같이 호소하였다.

> 모든 여성에게 촉구합니다!
>
> 사회적 격변의 현 상황 속에서 여성의 이익은 지금까지 종속적 역할만을 담당하고 있습니다. 우리는 여성의 사회적 상태가 계속 악화될까, 그리고 중요한 정치적·경제적 결정에서 여성이 다시금 배제당하게 될까 두려워합니다. 그러나 현재로서는 이에 대한 공공의 인식도 없고 여성의 이익을 정치적으로 적절하게 대변할 방도도 없습니다. 그러니 우리가 주도합시다. 여성들이여, 우리 스스로 조직합시다. 우리 스스로 독자적인 이해대변기구를 만듭시다.
>
> 우리의 제안은 다음과 같습니다.
>
> 우리 함께 여성연맹을 설립합시다. 이 연맹에서는 모든 독립적 여성그룹과 발의단체, 여성연합과 위원회, 당과 대중 조직의 여성분과 그리고 여성 개개인이, 각자의 고유성을 포기하는 일 없이 하나의 정치적 이해대변기구로 결합됩니다.[326]

이러한 준비작업을 거쳐 12월 3일 동베를린 인민극장에서 독립여성연

---

326 "Aufruf", DDR 1989/90 Dokumente, http://www.ddr89.de/ddr89/inhalt/ddr_da.html (검색일: 2010-08-16).

합이 창립되었다. 이 자리에는 무려 1,200명의 여성이 참석하여 새로운 여성운동의 출범에 뜨거운 관심을 표명하였다. 여성들은 이렇게 전개되기 시작한 움직임을 "정치적 결과를 수반하는, 여자들의 즐거운 혁명"이라 이름 붙였다.[327]

독립여성연합을 주도한 여성 운동가들은 양성의 동등지위(Gleichstellung)를 목표로 내걸었다.[328] 그들이 보기에는 남녀동등권(Gleichberechtigung)과 동등지위는 구분되는 것이었다. 남녀동등권이란 단지 법 앞에서의 형식적 평등만을 의미할 뿐인데, 새로운 여성운동이 추구하는 것(남녀 동등지위)은 여성이 자기결정적인 개인적 발전을 위해 모든 사회적 분야에서 동등한 참여가능성을 얻는 것이었다.[329] 이를 위해 독립여성연합은 강령에서 사회 각 영역마다 여성할당제를 실시하라고 요구하기도 했다.[330] 독립여성연합 주도자들이 12월 초에 창설을 서두른 것은 1989년 12월 7일에 처음으로 개최되는 중앙 원탁회의에 대표를 파견하기 위해서였다. 연합은 실제로 이나 메르켈을 포함하여 2명의 대표를 파견하였고 동독 여성의 요구가 체제전환 과정에서 반영되게 하기 위해 노력하였다. 독립여성연합이 결성된 이후 수많은 도시와 마을에서 여성동맹조직이 결성되었다.

그러나 독립여성연합의 활동이 순탄하기만 했던 것은 아니다. 이 조직에는 기본적으로 두 세력이 공존하였다. 그 하나는 정당 여성그룹이었고 다른 하나는 운동권 여성그룹이었다. 운동권 여성들은 권력참여를 원하지 않은 반면 정당 여성들은 자신들이 이 기구를 대표한다고 주장하면서 그

327 Eva Schäfer, "Die fröhliche Revolution der Frauen", Schwarz / Zenner (Hg.) *Wir wollen mehr als ein Vaterland*, 17쪽.

328 Ute Kretzschmar, "Gleichstellung statt Gleichberechtigung: Frauenpolitik nach der ≪Wende≫", Schwarz / Zenner (Hg.), *Wir wollen mehr als ein Vaterland*, 56쪽.

329 같은 글, 59-60쪽.

330 같은 글, 56쪽.

에 상응하는 지위를 요구하였다. 두 세력의 갈등은 국제기구에 참가했을 때도 드러났다. 즉 제네바에서 열린 국제여성회의에 두 세력의 대표가 각기 참석했는데, 공산당원여성의 대표는 동독 여성의 지위와 상태에 대해 동독 정부의 보고서를 읽고자 했으나 운동권 여성그룹의 대표는 독자적 보고서를 읽고자 했던 것이다. 결국 독립여성연합이라는 명칭에도 불구하고 구공산당 계열 여성 활동가들과 풀뿌리 민주주의 방식을 중시하는 여성 운동가들 사이에는 메울 수 없는 거리가 있다는 것이 드러났다. 이 같은 입장 차이는 장기적으로 독립여성연합의 해체를 초래하는 한 요인이 되었다.[331] 이 단체는 1998년 6월에 공식적으로 해체되었다.

독립여성연합은 결성 과정 자체에서 새로운 변화를 보여주었다. 즉 체제전환기 동독에서 동독 시민들이 처음으로 정치적 의식의 고양을 경험하면서 전국 곳곳에서 정치집회가 열리고 시위와 토론회가 개최되었듯이 여성들도 지방 단위에 회합을 열고 여성 문제를 논의하였던 것이다. 이는 곧 일반적 의미의 정치의식 각성과 여성의식의 각성이 나란히 진행된 과정이라고 할 수 있다.

1990년 3월에 치러진 동독 총선의 결과는 전반적으로 동독 개혁세력에게 성공적인 것이 아니었다. 서독 정부와 자본은 동독인들의 영혼을 황금빛 약속으로 매수하였다. 서독 기민당 소속인 헬무트 콜 수상은 선거유세차 동독에 와서 동독인들 모두에게 경제적 풍요를 보장해주겠다고 큰소리쳤고, 이 약속에 매료된 동독인들은 베를린 장벽 붕괴 이후 급하게 재편성된 동독 기민당을 제1당으로 만들어주었다. 동독 기민당은 서독 기민당의 자매정당으로서, 서독 기민당의 요구대로 통일 문제를 논의해 갈 것이

---

331 Kenawi (Hg.), *Frauengruppen in der DDR der 80er Jahre: Eine Dokumentation*, 44-45쪽.

확실했다. 동독의 새로운 총리가 된 로타르 드메지에르(Lothar de Maizière)는 그 같은 예상에서 한 치도 벗어나지 않게 행동하여, 동독이 서독에 흡수되는 방식으로 통일이 이루어지는 데 일조하였다.[332]

통일 논의가 동독인들의 정체성과 이익을 지킬 수 있는 방식으로 차분하게 진행되어야 한다고 믿던 이들의 입장은 존중되지 않았다. '바로 지금 민주주의'를 이끌고 있던 울리케 포페는 장벽 붕괴와 함께 독자적 문화를 가진 동독이 끝났다는 사실 앞에 망연자실하였다.[333] 독일인들은 전쟁범죄를 저지른 국민이므로 역사에 대해 충분히 사죄하고 반성하기 전에 통일이라는 보상을 그렇게 빠른 속도로 향유해서는 안 된다고 생각했던 서독의 진보세력도 통일 논의에서 무력하게 된 것은 마찬가지였다. 베를린 장벽 붕괴 직전까지 촉망받는 새 총리 후보로 손꼽히던 오스카르 라퐁텐(Oskar Lafontaine)은 성급한 통일, 흡수통일에 제동을 거는 발언을 하다가 여론의 외면을 받고 씁쓸히 물러나야 했다.[334] 소설 『양철북』을 통해 독일인들의 자기만족적 삶의 방식에 경종을 울리고자 했던 귄터 그라스(Günter Grass)도 솟구치는 독일 민족주의를 감당하지 못하고 비판에 시달려야 했다.[335]

---

332 드메지에르는 동독 출신의 변호사이며 1990년 독일 통일 상황에서 정치인으로 활동하였다. 특히 1990년 4월 12일부터 통일 바로 전날인 10월 2일까지 동독 총리로 재직하면서 동서독 통일과 관련하여 동독 측 최고 책임자 역할을 하였다. "Lothar de Maizière", *Biographische Datenbanken*, http://stiftung-aufarbeitung.de/wer-war-wer-in-der-ddr-%2363%3B-1424.html?ID=2199 (검색일: 2011-01-05). 이 인터넷 사이트의 내용은 *Wer war wer in der DDR?* (Berlin: Ch. Links Verlag, 2010)에 수록된 것을 전재한 것이다.

333 Philipsen, *We Were the People: Voices from East Germany's Revolutionary Autumn of 1989*, 206쪽.

334 동서독 통일 문제가 눈앞의 현안이 되어 있던 1990년 서독 총선에서, 당시 사민당 총리후보였던 오스카르 라퐁텐은 독일 민족국가 건설이라는 과제는 이제 더 이상 추구할 목표가 아니며, 통일의 경제적 비용일 매우 클 것이라는 이유로 동서독 통일에 회의적인 태도를 취하였다. Heinrich August Winkler, *Der lange Weg nach Westen: Deutsche Geschichte 1933-1990*, Bd. 2 (Bonn: Bundeszentale für politische Bildung, 2004), 538-540쪽.

급기야 동독의 개혁파는 통일 직전의 급변 상황에서 "동독은 서독 자본에 의한 점령 상황에 놓여 있다."라고 단언하기에 이르렀다.[336] 통일이 선포되기 몇 시간 전인 1990년 10월 2일 저녁에 개최된 '바로 지금 민주주의'의 회합은 이 단체 출신으로 동독 최후의 국회에서 부의장으로 선출되었던 볼프강 울만[337]이 주재한 것이었다. 동독 주재 외교사절들도 참석한 이 모임에서 울만 부의장은 서독 작가 귄터 그라스가 텔레비전에서 통일 과정이 대단히 실망스럽다고 말하면서 의기저상한 모습을 보였다고 소개하였다. 울만은 그런 한편 서독 녹색당 소속 여성 국회의원인 안톄 폴머(Antje Vollmer)가 "그래도 오늘은 기뻐해야 하지 않겠는가."라고 말하더라고 전하면서 "그렇습니다. 저도 여러분께 말씀드립니다. 그래도 오늘은 우리도 기뻐해야 하지 않겠습니까."라고 말했다. 동독 개혁세력의 한 대표적 인물인 그는 이와 같은 말로써 경축의 분위기를 만들어내고자 애쓰는 빛이 역력하였다.[338] 그 이면에는 하나의 나라, 하나의 역사공동체가 사라지고 있다는 데 대한 비감함과 안타까움도 적지 않게 깃들여 있음을 알 수 있었다. 이것은 단순히 오랫동안 몸담아 왔던 어떤 기구가 소멸한다는 데

---

335 귄터 그라스는 아우슈비츠로 상징되는 독일인들의 역사적 죄과에 대해 논하면서, 동서독의 통일이 아니라 국가연합을 더 바람직하게 여겼으며 독일인들이 통일로 정치적 강국을 이룰 것이 아니라 문화민족이 되기를 염원하였다. Kim Nury, "Die Deutsche Wiedervereinigung in der Sicht von Günter Grass", 『독어교육』 제24집(2002), 3-6쪽.

336 1990년 10월 1일 혹은 2일에 필자가 동베를린에서 동독 신학교수 클라우스(Klaus)와 가진 대화에서. 그와, 이 자리에 동참했던 부인은 모두 신학자였고 민중신학과 해방신학에 깊은 관심을 가진 인물들이었다. 유감스럽게도 그의 성은 필자의 당시 기록에 남아 있지 않다.

337 그는 목사 출신으로, 1990년 동독 총선에서 동맹90의 후보로 출마하여 국회의원으로 선출되었으며, 시민운동세력 몫의 국회부의장으로 선출되었다.

338 필자는 당시 서독 교회의 장학재단이었던 ÖSW(Ökumenisches Studienwerk)의 호의로 이 모임에 참석할 수 있었다. ÖSW가 제공해주었던 여러 가지 혜택과 배려에 뒤늦게나마 깊은 감사를 드린다.

대한 아쉬움과 비현실적 느낌만을 의미하는 것이 아니었다. 이 과정에서 자신들의 역할이 없어졌고 발언권이 사라졌다는 것, 애초에는 그들 자신이 주도했던 이 과정에서 그들은 점차 객체가 되어버렸다는 것, 그리하여 결국 그 과정이 그들이 결코 원하지 않는 방향으로 진행되었다는 것에 대한 표현하기 어려운 회한이 여기에 서려 있었다.

제3장

동독의 **체제전환**과 동서독 **여성**

독일인들은 통일과 그 이후 과정에서 수많은 문제에 부딪혔지만, 이 이행 과정에서 여성이 남성보다 더 큰 어려움을 겪었고, 그중에서도 하나의 집단으로서는 구동독의 여성이 통일 과정 속에서 가장 큰 어려움을 겪을 수밖에 없었다는 것을 수많은 연구자들이 지적하였다.[339] 여성 대표들이 원탁회의를 비롯하여 통일논의기구에 참여했음에도, 통일 과정에서 동독 사회가 이루었던 여성정책은 지켜지지 못하였다. 원탁회의에서도 여성 문제는 거의 다루어지지 않았다. 동독의 여성 정치인들과 개혁가들은 통일 과정에서 이 문제를 거의 언급하지 않았다.

동독적 정체성 자체가 상실된 것과 같이, 동독이 흡수되면서 소멸된 것은 단지 동독 공산당 지배체제와 사회주의 경제제도만이 아니었다. 동독 체제 아래서 형성되었던 사회·문화·교육제도와 기구가 와해되고 서독

---

339 Marilyn Rueschemeyer, "Women in the Politics of Eastern Germany: The Dilemmas of Unification", Marilyn Rueschemeyer (ed.), *Women in the Politics of Postcommunist Eastern Europe* (Armonk; London: M.E. Sharpe, 1994), 87쪽; Dinah Dodds, "Women in East Germany: Emancipation or Exploitation?", Boa / Wharton (eds.), *Women and the Wende: Social Effects and Cultural Reflections of the German Unification Process*, 107쪽.

식으로 변화하였다. 여성정책은 근본적 변화를 겪은 분야 가운데 하나였다. 사회주의적 여성해방의 바탕이었던 여성의 완전고용원칙은 폐지되었고, 여성은 통일 직후 동독 경제의 구조조정 과정에서 우선적 해고 대상이 되었다.

동독 여성들은 장벽 붕괴 후 서독의 영향력이 압도적으로 강해지는 것을 보면서, 자신들의 삶이 달라지리라는 것을 예견하였다. 이 같은 분위기는 동서독 통일 전에도 이미 감지되었다. 동독의 국영 림바하-오버프로나(Limbach-Oberfrohna) 내의 공장에서 일하다가 장벽 붕괴 후 이 공장이 서독 쉬서(Schießer) 기업에 인수됨에 따라 통일 전에 서독 기업의 노동자로서 일하게 된 동독 여성 노동자들은 동독의 여성친화적 정책들이 없어질 것에 대해 우려를 표명하였다.

> 아픈 아이가 있으면 닷새 휴가만으로는 안 되지요. 동독 여자들은 아이 하나가 아플 때마다 20일씩은 집에 있을 수 있었어요. 어떤 사람들은 그걸 악용하기도 한다는 걸 눈치 채셨을 거예요. 그렇게 말할 수 있어요. 그래도 우리는 그걸 같이 이루어내야 하는 겁니다. 정말 그래요. 나는 딸이 하나 있는데, 딸의 아이가 장애아동이에요. 아이가 밤에 다시 숨을 전혀 쉬지 못한다, 그래서 병원에 가야 한다, 그게 무얼 뜻하는지 나는 잘 알지요. 내 딸이 그걸 악용한다, 나는 그렇게는 도저히 말할 수 없어요. 그 반대예요. 내 딸은 자기가 일하러 나가고 아이 아버지가 집에 머무는 방식으로 일을 처리한 적도 이미 있답니다.-서독에서는 아마 그런 게 있을 수 없을 겁니다. [⋯] 아니면 소아 전염병이 도는 경우를 생각해보더라도. [⋯] 그런 건 우리 어머니들에게도 정말 중요한 일이지요. 그러나 한 가지는 말해야 되겠네요. 우리 국가가 사회정책적 조치들을 더 이상 수행할 수 없다는 것, 그건 우리가 모두 잘 알고 있어요. 혹은 그렇게 저렴한 유치원에 아이를 보낼 자리, 그것도 불가능해지겠지요.[340]

---

340 "Dann werden es doch auch deutsche Frauen schaffen", Fischer/Lux, *Ohne*

그러나 개중에는 앞에서 언급한 질비아처럼 자본주의 서독 사회에서의 여성의 삶을 부러워하고 소비지향적인 태도를 보이는 여성도 있었다. 그녀는 서독 여성들의 패션과 여유 있는 태도 등을 부러워했고 자신의 눈 아래에 있는 다크 서클을 부끄러워하였다. 여성의 주체적 삶에 대한 절박한 필요성을 느끼지 않는 동독 여성의 태도는 다시 서방의 여성주의자들에게 당황스러운 느낌을 불러일으켰다. 장벽 붕괴 후 통일 전의 상황에서 동독 여성들을 집중적으로 인터뷰했던 에리카 피셔(Erica Fischer)는 인터뷰 문집의 서문에서 이렇게 썼다.

> 동독 여자들은 텔레비전 토론에 여성 토론자가 한 사람도 나오지 않아도 문제가 없다는 태도를 보였는데 나는 믿고 싶지 않았다. 그 여자들은 동독 국가의 정책은 성별 중립적인 것이자 인간의 일상사에서 저 멀리 떨어져 있는, 건드릴 수 없는 그 무엇으로 여겨졌다고 말했다. 다른 문제에서는 당당한 자부심을 과시함으로써 나로 하여금 부러움에 기가 질리게 만들었던 바로 그 여자들이 말이다. 도대체 어떻게 되었기에 직장생활을 하는 어머니들, 정치적으로 깨어 있는 여성 노동자들이 "사회정치적 투쟁성과"들이야말로 자기네 나라의 경제적 몰락을 초래한 원흉이기라도 한 것처럼 깎아내릴 수 있는지 나로서는 이해할 수 없었다. 사회적 경험이 각기 다르면 이에 맞서 논쟁을 하기가 어렵다는 것을 인정할 수밖에 없었다. 그리고 나는 멋지고 마음이 열려 있고 활기에 넘치는 이 여성들이 자본주의적 가부장제의 새로운 사회적 체험을 할 필요가 없도록 하는 데 내가 해줄 수 있는 일이 아무것도 없다는 것을 알아차리지 않으면 안 되었다.[341]

이처럼 구동독 여성들은 자신들이 누리던 것을 제대로 인식하지 못하

---

uns ist kein Staat zu machen: DDR Frauen nach der Wende, 60쪽.

341 Fischer / Lux, *Ohne uns ist kein Staat zu machen: DDR Frauen nach der Wende*, 12-13쪽.

는 경우도 없지 않았다. 국가가 후견자로서 그들에게 제공하던 것을 별다른 의식 없이 그대로 받아들여 왔기 때문이었다. 동독 여성들 사이에서 서방식 여성주의가 발전하거나 퍼지지 않았던 이유 중의 하나는 바로, 역설적이게도, 국가가 서방 여성주의의 요구 사항들 중 상당 부분을 동독 여성들에게 제도적으로 미리 제공했다는 사실이었다. 그리고 동독 여자들 가운데 장벽 붕괴 이후에는 서독의 소비생활이 자기들에게도 그대로 주어지리라고 기대하는 이도 없지 않았다. 그러나 여성 노동자들은 장벽 붕괴 후 통일 과정을 지켜보면서 실업에 대한 불안을 느끼고 있었고 이에 대해 큰 우려를 표명하였다. 쉬서에서 일하는 동독 여성 노동자들은 이렇게 말했다.

> 솔직히 말해 나는 실업수당을 받으면서 살얼음판 위에 놓이고 싶은 생각은 눈곱만큼도 없어요. 나는 내가 갑자기 일자리가 없어지면 어떻게 될지 상상도 할 수 없어요. 그건 진짜 생각해봐야 할 문제지요. 나도 생각해봐야 되고. 그런 불안한 느낌이 벌써 조금씩 드네요.[342]

> 우리도 일자리를 잃는다는 문제를 조금씩 의식하게 되었어요. 우리 안에서는 이런 말들을 가만히들 하곤 합니다. 쉬서가 분명히 해마다 이런저런 생산 작업장을 폐쇄할 것이다. 이 회사는 시장에 물건을 내다 팔고 거기선 약자가 버텨나갈 수 없는 법이니까.[343]

통일 후 동독 여성들은 그들의 불안이 곧 현실이 되어 나타나는 것을 목격해야 했다. 그들은 자신들이 단순히 돈벌이만을 위해 직장생활을 한 것이 아니라 일하는 기쁨 자체도 누렸다는 것을 분명히 말했다.[344] 그러나

---

342 "Dann werden es doch auch deutsche Frauen schaffen", Fischer/Lux, *Ohne uns ist kein Staat zu machen: DDR Frauen nach der Wende*, 61쪽.

343 같은 글, 62쪽.

그것은 고려되지 않았다. 1990년 10월 3일 동서독 통일이 선포된 후 서독의 주도로 이루어진 경제 재편성과 구조조정의 와중에서 동독에서는 수많은 기존 일자리가 없어졌고 새로운 일자리는 충분히 생겨나지 않았다.

1992년 12월 동독 실업인구의 64%는 여성이었다.[345] 높은 수준의 교육을 받은 젊은 층 여성을 위한 일자리는 특히 부족하였다. 그리고 실직당하지 않았다고 하더라도 가정과 직장의 양립이 힘들어지면서 육아와 가사를 위해 일을 그만두어야 하는 경우도 생겨났다. 다수의 구동독 여성들이 구서독 지역으로 이주해 갔다. 그러나 구서독 지역에서 구동독 여성들은 과거와는 전혀 다른 여성정책에 부딪치게 되었다. 탁아소, 유치원, 전일제 학교가 구서독 지역에는 없거나 부족했고 비혼모를 비롯한 홀로어머니는 직장에서 환영받지 못했다. 여성은 집에 속하는 존재라고 하는 전통적 사고가 독일 사회 전체에 다시 복귀한 셈이다.

제도적 변화 외에도 삶을 어렵게 만드는 요소는 일상적 삶에서 필요할 때마다 연대와 상호부조를 제공하던 노동공동체와 이웃공동체가 해체되었다는 점이었다.[346] 이는 필자와 인터뷰한 구동독 출신 여성 중 동서독 통일을 긍정적으로 보는 인물들도 솔직히 인정하는 사실이었다.[347] 경쟁 강화로 누구도 자기 외에 다른 사람에게 신경을 쓸 수 없는 상황이 되었다. 이는 동독 남성에게도 힘든 상황이었지만 여성에게는 더욱 큰 어려움을 안겨주었다. 구동독 출신 여자들은 그들이 부딪친 엄청나게 가혹한 상황에 급격한 출산감소로 답하였다. 1990년 동독의 신생아는 17만 8천 명이었으나 통일 직후인 1992년 구동독 지역의 신생아는 8만 7천 명에 불과

---

344 같은 곳.

345 Meyer / Schulze, “After the Fall of the Wall: The Impact of the Transition on East German Women”, 106쪽.

346 같은 글, 107-108쪽.

347 앙겔라 P. 인터뷰, 2010년 7월 21일, 베를린 자택.

하였다.[348] 동독 주민들, 특히 여성들은 준비하지 않은 채 맞았던 통일의 대가를 이렇듯 가혹하게 치러야 했다.

동서독 두 사회의 상이한 여성정책을 조율하고 이와 관련해 합의를 이끌어내는 것이 통일 이후 두 사회의 통합 과정에서 최대 과제 중 하나였음은 통일 직후부터 몇 년을 끌면서 독일 사회의 비상한 관심을 집중시켰던 낙태 논쟁을 통해서도 확인할 수 있다.[349] 통일이 미처 이루어지지도 않은 1990년 봄에 이미 이 문제는 동서독의 정책결정자들 사이에서 날선 의견대립을 불러일으켰다. 서독의 주간지 『슈피겔』은 이해 5월 14일자 호에서 낙태 규정을 둘러싼 논쟁의 중대성에 대해 이렇게 표현하였다: "낙태를 둘러싼 싸움이 통일을 눈앞에 앞두고 민족을 둘로 분열시키고 있다."(Der Streit um die Abtreibung spaltet die Nation kurz vor ihrer Vereinigung)[350]

낙태와 관련하여 상대적으로 자유로운 결정권을 행사해왔던 구동독 여성들과, 태어나지 않은 생명의 보호에 초점을 맞추어온 구서독의 낙태 관련 법률 사이에는 메울 수 없는 간극과 갈등이 있었다. 통일된 독일에서 낙태 문제를 둘러싼 논란은 정당들 간의 대립의 장이 되었을 뿐 아니라, 이 문제에 대한 정치권의 결정에 헌법재판소가 제재를 가하고 나섬에 따라 독일 헌법재판소의 역할에 대해 의문이 제기되는 계기가 되었을 정도였다. 통일독일에서 1995년에 새로 도입된 낙태법은 구동독의 낙태법과 구서독의 낙태 관련 법률들의 절충안적인 성격을 가지고 있었다. 태어나지 않은 생명의 보호라는 관념은 새로운 낙태규정에도 여전히 존속하게 되었고, 여성들은 구동독에서 가능했던 것과는 달리 임신 12주 이내라 할지라도 낙태를 요구할 권리를 가질 수는 없게 되었다. 그러나 여성이 이

---

348 Meyer / Schulze, "After the Fall of the Wall: The Impact of the Transition on East German Women", 110쪽.

349 Clements, "The Abortion Debate in Unified Germany", 38-52쪽.

350 "Die sind tierisch hinterm Mond", *Der Spiegel*, 20/1990, 70쪽.

기간 안에 강력히 낙태를 원하는 경우 처벌받지 않고 낙태수술을 받을 수 있는 길이 열리게 되었다. 즉 이 기간 중이라 할지라도 여전히 낙태는 합법은 아니고, 낙태를 원하는 여성에게는 여러 가지 권고와 조언으로 임신을 지속하라는 권유가 주어지기는 하지만, 낙태를 한 여성이 처벌받지는 않게 된 것이다.[351] 이는 구서독 출신의 여성정책 담당자들이 구동독의 여성정책을 대폭 받아들인 것을 의미하는 것이었다. 사람의 통합에서는 이 같은 양보와 포용이 불가피하다는 것을 관련자들이 인식한 결과일 것이다. 다만 다른 사항들에서는 동독 여성들이 성취했던 성과가 통일독일에서 여성정책의 근간으로 받아들여지지는 않고 있다.

구동독 출신 여성들은 독일 통일의 최대 패배자라고 일컬어진다. 그렇다고 해서 구서독 여성이 승자가 된 것도 아니다. 서독은 스칸디나비아 국가들에 비해서 상대적으로 보수적인 성별분업체제를 가지고 있는 나라였다. 여성은 사적 영역인 가정에 속해 마땅하다는 생각이 서독의 주류담론을 여전히 지배하였다. 서독의 여성관과 가족관을 이어받은 통일독일은 육아, 가사노동, 병자와 노인, 장애인 같은 약자의 돌봄 등의 책임을 모두 기본적으로 여성에게 귀속시켰다.[352]

동서독 통일은 독일인들에게는 '정상민족'이 되는 과정에서 필수적으로 요청되는 역사적 전환점이었을 것이나, 동서독의 여성들에게는 별다른 도움이 되지 않았다고 일반적으로 말할 수 있다. 구동독 여성들은 동독 체제 개혁을 위한 용기 있고 헌신적인 노력으로 사실상 통일에 이르는 길을 열었지만, 통일 후 보답받지 못했다. '여자로서 살아가는 데'는 오히려 더 큰 어려움을 겪게 되었다. 구서독 여성들은 이른바 통일비용 때문에 구서

351 Ryszard W. Piotrowicz / Sam Blay, *The Unification of Germany in International and Domestic Law* (Amsterdam; Atlanta: Rodopi, 1997), 194쪽.

352 Meyer / Schulze, "After the Fall of the Wall: The Impact of the Transition on East German Women", 112쪽.

독 국민 전체가 세금을 조금 더 부담하게 된 데 함께 얽혀든 것을 손해라고 여기는 경우를 제외한다면 삶의 방식에서 별다른 변화를 겪지 않았다. 여성에게는 '국가적 대업'을 위해 손해를 감수하라는 요구가 암암리에 주어졌다. 국가와 여성의 관계에서 여성이 패한다고 하는, 지금까지 수도 없이 되풀이되어 왔던 역사에서 최신의 사례가 또 하나 추가된 것이다. 그러나 여자들은 패한 것이 아니다. 두 독일 사회의 통합이 어느 정도 이루어지고 사회적 요구가 새로운 차원에서 제기되면, 사회와 여성의 관계에 관해 새로이 사유하는 사람들이 구동독 시절의 여성정책을 다시 참고하게 될지도 모른다. 아니, 그렇게 되어야 한다는 것이 필자의 생각이다. 그것은 두 사회의 진정한 화해와 통합을 위해서도, 승자독식이 당연시되는 자본주의 사회 전체의 인간화를 위해서도 필요한 것이다.

제4장

인터뷰

아래의 대화는 구동독 출신 인사들과의 만남의 기록이다. 인터뷰 상대는 동독 체제개혁운동의 여성 지도자와 그 동지, 동독 시절의 비판적 언론인 부부, 전문직 여성, 동서독 생활을 함께 겪었던 남성 종교인, 노동계급 여성 등이다. 여기에다 구서독 출신인 두 전문직 여성, 동독 국경 탈출을 시도하다가 수감된 후 서독 정부의 개입으로 서독으로 건너와 정착한 동독 출신 남성과의 짤막한 인터뷰도 추가하였다. 인터뷰는 동독 여성의 생활, 동독 민주화 과정에서의 역할, 통일을 전후한 시기에 동독 여성의 삶의 변화에 관한 내용을 중심으로 진행되었다. 대담은 2010년 7월 베를린, 게라-빈디셴도르프, 튀빙겐에서 이루어졌고 대담자는 한정숙이다.

1. 베르벨 볼라이(Bärbel Bohley) 인터뷰

2010년 7월 15일 저녁, 베를린 페어벨리너, 볼라이 자택[353]

롤프 셸리케(Rolf Schälike) 동석

(동독 정권에게서는 '지하운동의 수괴'라는 칭호를, 그리고 동독 인민들에게서는 '혁명의 어머니'라는 칭호를 받았던 베르벨 볼라이 여사는 크고 사색적인 아름다운 눈과 단정한 얼굴 윤곽을 가진 60대 후반의 여성이었다. 방문객에게 아주 친절했지만 말을 많이 하지는 않는 편이었다. 질문에 대한 그녀의 답은 많은 경우 짤막하고 단문이었다. 국제적으로 명성 높은 시민운동가에게서 어쩌면 기대할 수도 있을 자부심 넘치는 표정이나 강성발언 같은 것은 전혀 찾아볼 수 없었다. 그녀는 대중 앞에서 힘차게 연설하는 것보다 가까운 몇 명의 친구들과 조용조용히 담소를 나누는 것을 더 좋아할 만한 성격의 소유자로 보였다. 외부를 향해 공격의 칼날을 겨누기보다 자기성찰에 더 침잠하는 유형의 사람으로 보였다. 그러면서도 필요할 때면 자신의 모든 것을 걸고 용기 있게 분기할 줄 아는, 자기 내부의 강력한 목소리를 가진 인물이었다.

볼라이 여사는 약간 가라앉은 표정과 차분하고도 맑은, 마치 20대와도 같은 목소리로 면담에 응했는데 어떤 질문에 대해서는 생각에 사로잡힌 채 앉아 있다가 한참 만에 답하기도 했다. 그녀의 답변을 전후하여 많은 보충설명을 해준 사람은 그녀의 친구인 롤프 셸리케 씨였다. 그는 구동독의 반체제 인사로서 1986년 동독에서 추방된 후 서독에서 거주해온 인물인데 정력적이고 목소리도 힘찼다. 함부르크에 거주하는 그는 건강 문제로 외부인들의 메일에 답하지 않던 볼라이 여사를 대신해 필자의 메일에 답하고 전화연락을 통해 볼라이 여사와의 면담을 주선해주었다. 그는 이날 오후 볼라이 여사의 자택을 방문했다가 면담 자리에 합석하였다.)

---

353 베를린 페어벨리너 91번지 볼라이 자택은 동독의 체제전환에 참여했던 사람들에게는 의미 깊은 장소이다. 그들은 자주 이곳에서 회합을 가졌고 이곳을 연락사무소로 삼았다. 1989년 가을, 노이에스 포룸 가입 희망자들은 한밤중에도 이곳에 와서 가입 신청서를 받아가곤 했다.

한 : 볼라이 선생님, 인터뷰 요청을 응락해 주신 데 대해 깊이 감사드립니다. 이야기를 풀어가기 위해 우선 스스로 중요하다고 생각하시는 사실을 중심으로 자신의 생애를 요약해주시지요.

인터뷰 당시의 베르벨 볼라이

볼라이 : 요약하기 어려워요. 너무 길어집니다. 질문자가 필요한 자료를 찾아보고 꼭 물어봐야 할 것을 물어봐주시면 좋겠어요.

한 : 좋습니다. 일반적인 자료는 서적이나 언론보도, 인터넷을 통해서도 많이 찾을 수 있습니다. 그렇게 하겠습니다.

볼라이 : 그렇게 하는 게 좋겠어요.

한 : 선생님께서는 동독 시절에 평화운동에 참여하셨는데, 그전에 동독 정부 혹은 동독 체제에 대한 관계는 어떠했는지요?

볼라이 : 나쁘지 않았습니다, 나쁠 게 없었어요. 나는 물론 동독 사회의 변화를 원하기는 했지만 애초에는 동독 체제와의 관계가 나쁘지 않았습니다.

한 : 저희에게는 흥미로운 중요한 말씀을 하셨다고 생각합니다. 동독 시절에 사회에서 일반적으로 이야기된 것 가운데 좋다고 여기시는 게 있습니까. 이데올로기적으로나 철학적으로?

볼라이 : 인간은 학습능력이 있는 존재라고 하는 점이지요. 그래서 인간은 변화할 수 있다고 하는 것입니다.

한 : 동독 시절에 평화운동에 참여하셨던 계기는 무엇이었습니까?

볼라이 : 현대 독일 사회의 역사적 경험 때문입니다. 독일은 나치 체제를 겪었는데도 2차 대전 이후 군비를 계속 강화했고 동독도 항상 아주 군사화한 사회였어요. 동독 정부는 미국과 서방의 강경한 태도를 이유로 들어

군비를 계속 확장하려 했지요. 나는 이것이 문제라고 생각했습니다.

한 : 그러니까 단순히 동독 사회 자체만이 문제였던 것이 아니라 나치 시대 이래의 독일 역사 전반에 대한 관심과 문제의식에서 평화운동을 시작하시게 된 것이군요.

볼라이 : 그렇습니다.

한 : 선생님께서는 1980년대에 이미 서독의 평화운동가들과 활발하게 교류하신 것으로 압니다. 그 같은 교류가 어떻게 가능했나요?

볼라이 : 동서독 사이에는 편지 교류와 인적 교류가 모두 가능했어요. 사람들이 서로 오고 가고 했지요. 친척들의 왕래는 이미 동방정책 이전부터 가능했어요. 다만 여기서도 차이가 있어서, 서독에서 동독으로 오는 것은 쉬웠지만 동독에서 서독을 방문하는 것은 어려웠지요. 1980년대에 평화운동이 본격적으로 전개되면서부터는 '무기 없이 평화 만들기'라는 공동의 구호 아래 동서독 활동가들이 함께 많은 활동을 했습니다.

한 : 인터넷을 보니 페트라 켈리와 함께 찍으신 사진이 있던데, 두 분이 언제부터 서로 알게 되신 것입니까? 서방으로 추방당한 후에 만나신 건가요?

볼라이 : 평화운동을 하는 과정에서 알게 되었어요. 서신 교류도 하고 함께 활동했지요. 내가 추방당하기 이전에 이미 알았고, 1980년대 초에 만난 적도 있습니다.

한 : 선생님께서는 동독에서의 평화운동 때문에 서방으로 추방되기도 하셨습니다. 그런데 어떻게 다시 동독으로 돌아오실 수 있었습니까?

셸리케 : 당시 동독에서 서독으로 추방된 사람이 많이 있었는데, 서방으로 추방된 인물들 가운데 동독 시민으로서 동독 여권을 가진 채 돌아올 수 있었던 사람은 베르벨 볼라이와 베르너 피셔, 두 사람뿐이었어요.[354] 베르

---

354 볼라이와 피셔는 암살된 로자 룩셈부르크와 카를 리프크네히트를 추모하는 1988년

벨은 동독으로 되돌아오기 위해 국제사회의 여론에 호소하고 동독 정부를 향해서도 끊임없이 재입국을 요청했지요.

한 : 체제전환기 동독의 최대 시민단체였던 노이에스 포룸은 사실상 한 여성의 주도로 창설되었습니다. 그것이 어떻게 가능했는지요? 이에 대한 다른 사람들의 거부감 같은 것은 없었는지요?

볼라이 : 누가 처음에 창설을 주도했는가는 중요하지 않습니다. 여성이 주도했느냐, 남성이 주도했느냐 하는 문제는 중요한 것이 아니었어요. 모두 함께 참여했지요. 그리고 여성의 주도라는 점에 대해 굳이 말하자면, 동독에서는 여성의 활동이 인정받았습니다. 서독 같지 않았어요.

셸리케 : 나는 동독에서 추방당한 후 1986년부터 서독 함부르크로 가서 그때부터 그곳에서 살게 되었어요.[355] 내 아내는 항상 활동적이었는데, 무슨 일을 처리하려고 관청 같은 데 가면 그때마다 관청에서는 "당신 남편 오라고 하시오."라고 하더랍니다. 서독에서는 여성이 독자성을 인정받지 못했다는 말씀이지요. 서독 사회는 그런 점에서 모순이 많아요. 현재도 총리가 여성이고 고위직에도 여성이 많기는 하지만, 실제로는 여성이 성인 취급을 받지 못하고 있어요. 그런 한편으로 동독에서는 여성이 그렇게 고위직에 오르지는 못했어요.

한 : 노이에스 포룸의 창립선언문인 「시간이 무르익었다. 출발 89」를 썼을 때 가장 간절하게 희망하셨던 것이 무엇인가요?

볼라이 : 내가 책 한 권을 줄 테니 그걸 보세요.[356] 나는 동독 사회에서 사람

1월 시위에 참석했다가 체포되었다. 이 시위에서는 120명이 체포되었지만 그동안 반체제 인사로 두드러진 활동을 보였던 두 사람은 추방령을 선고받았다. 이들은 이해 2월 함께 잉글랜드로 추방당했으며 8월에 귀국허가도 함께 받았다.

355 동독 출신인 롤프 셸리케는 1980년대 중반 지인들 사이에서 불법서적을 배포했다는 이유로 반체제 인물로 지목되었다. 그는 수감되었다가 서독으로 추방당했으며 그 후 함부르크에서 거주하고 있다.

356 실제로 인터뷰가 끝난 후에 나는 볼라이 여사에게서 책 한 권을 받았다. 이레나 쿠쿠

들이 같이 결정하고(mitmachen) 동참하는 것(teilnehmen)을 원했습니다. 그 당시 사람들이 느끼기에, 주민들은 사회의 중요한 관심사를 결정하는 데 함께 참여할 권리를 가지지 못했던 겁니다(nicht mteinbezogen).

한 : 그 당시에 볼라이 선생님과 노이에스 포룸 주도자들이 원한 것은 정부와의 대화 혹은 의사소통이었습니까(Gespräch, Kommunikation), 아니면 동독 정부의 타도, 혁명이었습니까(Umsturz der Regierung, Revolution)?

볼라이 : 대화(Gespräch)와 동독 사회의 개혁(Reformation)을 원했지요. 정부의 전복 같은 요구를 내걸었던 것은 아닙니다.

한 : 동독 사회의 자체적 개선과 개혁을 요구하신 것이군요. 고르바초프의 페레스트로이카 같은 것이면 괜찮았을까요?

볼라이 : 고르바초프는 자기네 나라를 우선적으로 생각하는 정치가였지, 동독을 생각해주는 사람은 아니었어요. 우리는 우리 사회의 변화를 원했고 이를 위해 함께 참여할 준비가 되어 있었던 것이지요.

셸리케 : 고르바초프가 동독 정치인들에게 변화해야 한다고 촉구하기는 했지요. 그러한 촉구가 분위기의 변화를 가져온 것은 사실이고…….

한 : 볼라이 선생님께서 말씀하신 것처럼 시민들의 참여라는 것이 참 중요하다고 생각합니다. 한국에서도 과거에는 집권정부마다 정부가 지향하는 바를 집약하는 개념을 따서 이름을 붙였지요. 문민정부, 국민의 정부, 참여정부 등의 명칭이 있었습니다. 참여정부는 정부의 일, 결정 과정에 시민이 함께 참여하는 것을 지향한다는 의미에서 지어진 명칭이었습니다. 독일어로는 어떻게 하면 좋을지요. (셸리케의 제안을 참조하여 Regierung der Volksbeteiligung이라고 하면 좋을 것 같다고 잠정적으로 결론

츠(Irena Kukutz)가 쓴 『시민운동단체 노이에스 포룸 연대기 1989-1990』(*Chronik des Bürgerbewegung Neues Forum 1989-1990*)이라는 제목의 책이다. 노이에스 포룸의 역사를 중심적 활동가의 한 사람이었던 쿠쿠츠가 정리한 것이다.

을 봄.) 그런데 이는 적지 않은 저항에 부딪쳤고 의도한 만큼의 성과로 이어졌는지 회의적인 시선도 많습니다. 체제전환기 동독도 시민사회의 요구는 거셌지만 기득권세력 혹은 체제수호세력의 저항이 심했던 것이 아니겠습니까.

볼라이 : …… (볼라이는 이 질문에 아무 답도 하지 않고 시선을 아래쪽으로 고정시킨 채 가만히 앉아 있었다. 표정이 복잡해 보였다. 노이에스 포룸 창설 전후한 시기 소용돌이치는 상황을 돌이켜 보며 여러 가지 상념에 잠긴 듯했다.)

한 : 제가 이번에 독일을 방문한 이유가 '독일 통일과 여성'이라는 큰 주제 아래 구동독 여성들의 삶과 활동, 그리고 생각을 살펴보려는 데 있습니다. 이와 관련하여 오늘 낮에 포츠담에 있는 현대사 연구센터(Zentrum für Zeithistorische Forschung)에 가서 책들을 찾아보았습니다. 『1980년대 동독의 여성그룹들』[357]이라는 책이 있기에 아주 흥미롭게 훑어보았습니다. 1980년대에 이미 동독 내에 많은 여성그룹이 있었다는 것은 잘 알려져 있습니다만, 이 책을 통해서, 베를린이나 라이프치히 같이 큰 도시들뿐 아니라 아주 작은 도시에도 평화운동그룹과 교회여성그룹이 있었다는 것을 확인할 수 있었습니다. 볼라이 선생님께서는 교회그룹들과는 관련을 가지지 않으셨는지요.

볼라이 : 같이 일을 할 때는 같이 하기도 했지요. 그러나 교회그룹에 직접 참여하지는 않았어요. 나의 활동은 교회와는 상관없습니다.

한 : 지금도 교회에는 안 나가십니까?

볼라이 : 크리스마스 때는 갈 수도 있겠지요. (볼라이는 교회 쪽 움직임에 대해서는 꽤 냉소적으로 평가하였다.)[358]

---

357 본문에서 여러 차례 인용된 Samirah Kenawi (Hg.), *Frauengruppen in der DDR der 80er Jahre: Eine Dokumentation* (Berlin: Grauzone, 1995)을 말한다.

358 볼라이는 교회 인사들과 시민운동가들이 함께 시위를 해도 시민운동가들만 체포되어 조사를 받았으며 교회 관련자들이 시민운동을 지도하려 했던 일 등을 경험하면서 교

이야기를 나누고 있는 볼라이와 셸리케

셸리케 : 1964-65년에 서독에서 '가을 폭풍'(Herbststurm)이라는 캠페인[359]이 있었어요. 선택적 핵무장이라는 개념으로 서독에도 핵무기를 들여놓으려는 것이었지요. 이것이 많은 논란과 항의를 불러일으켰고 이때 이후 교회도 반핵·군축 평화운동에서 중요한 역할을 했지요.

한 : 1989년 독일 통일 과정과 그 후의 변화에 대해 평가해주시겠습니까?

볼라이 : 통일 과정에서 동독은 너무나 발언권이 없었습니다. 변화는 끝난 것이 아닙니다. 앞으로 새로운 변화가 일어나야 합니다. 1989년에는 많은 것이 가능했어요. 동독뿐 아니라 서독에서도 변화가 일어나야 했어요. 그것은 어느 한편만의 승리가 아니었거든요. 양쪽이 같이 가야 했습니다. 같이 변화해야 했어요. 그런데 서독의 방식이 일방적으로 강요되었습니다. 사실은, 이렇게 되면서 서독도 잃어버린 게 참으로 많습니다.

회와의 협력에 대해 차츰 회의를 가지기 시작했다고 한다.

359 문헌이나 인터넷에서 이 캠페인에 대해 찾을 수 없었다. 다만 셸리케가 말한 대로 1960년대 중반 서독의 선택적 핵무장 계획에 관한 내용을 확인할 수 있었다.

한 : 두 사회가 함께 변화해야 한다는 말씀이시군요. 참으로 중요한 발언이라고 생각합니다. 한국 사회에서도 사상적 지도자들은 남북한 사회가 함께 변화할 수 있는 길에 대해 강조합니다. 제가 독일에서 공부하던 시절에 독일 통일이 이루어졌고, 저는 바로 그 시기에 동베를린을 방문해서 머무르고 있었습니다. 1990년 10월 3일 통일 선포 직전의 며칠 동안 동독의 신학자, 경제학자, 정치가 등 여러 분들과 만나서 대화했습니다. 한 신학자가 대단히 침통한 표정으로, "우리는 지금 서독 자본에 의한 피점령 상태에 있습니다. 우리는 식민지입니다."라고 말하더군요. 외국인 유학생이었던 제가 그에게 "동독의 양심으로 계속 남아주십시오."라고 말했습니다. 그분은 그 말에 깊은 인상을 받은 것 같았습니다. 저에게 꼭 그러마고 약속했거든요. 그리고 저에게 자신의 서명이 든 작은 책자를 주었습니다. 사실 두 사회가 같이 변해야 한다는 것은 참 중요한데, 통일 당시 동독에도 몇 가지 흐름이 있지 않았습니까. 일부 사람들은 그냥 서독 쪽 장단에 함께 춤을 추었고, 동독 사람들이 물질적 탐욕 때문에 스스로 넘어간 것 아니겠어요?

볼라이 : 자본주의 사회, 서독 사회에서 물질과 경제적 성장만을 강조하는 것이야말로 서독이 무엇인가를 잃어버리고 있다는 의미입니다. 어떤 사회를 만들어가야 할지는 함께 생각해야 하는 문제지요.

한 : 사실 냉전이 끝나고 나서 사람들은 낙관적 열광에 사로잡혔었습니다. 일부 사람들은 역사의 종말이라는 이야기까지 했습니다. 이제 적어도 인류가 갈 방향은 모두에게 명백해졌다, 사회발전의 경로를 싸고 갈등할 필요는 없다, 뭐 그런 의미였던 것 같습니다. 그러나 그 후 곧 실망할 수밖에 없었지요. 일극체제와 신자유주의가 가져온 폐단이 분명히 드러났기 때문입니다. 한국 사회에서도 1990년대 후반 이후 신자유주의가 지배하게 되었는데, 신자유주의 이후 공동체에 대한 배려는 점점 사라지고 양극화만 심해지고 있습니다. 가진 자는 더 많이 가지고 약자는 더 약해지고 있습니다. 최소한 그전에는 대안에 대해서도 많이 생각했고,

자본주의와 사회주의가 공존하던 시절에는 어떤 균형 같은 것을 생각했었는데…….

볼라이 : (차분하고 냉정하게) 너무 많이 말하지 말고 질문만 하세요.

한 : 죄송합니다. 말이 너무 길어졌네요.

볼라이 : 아니, 죄송할 건 없어요. 이야기가 복잡해지고 생각할 게 너무 많아져서 그런 거지요.

한 : 그러면 아예 단도직입적으로 여쭙겠습니다. 선생님께서는 독일 통일의 의미를 어떻게 평가하시는지요?

볼라이 : 당연히 좋은 일이지요. 물론 부정적인 면들도 있지만. 그래도 이런 문제들에 대해서는 참을성을 가지고 기다려야 합니다. 독일 통일은 물론 긍정적 의미를 가진 일이지요.

한 : 원칙적으로 독일 통일을 좋은 일이라고 생각하시는군요. 동독 시절로 돌아가고 싶지는 않으십니까?

볼라이 : 돌아가고 싶은 생각은 없어요. 그렇지만 동독에서 배운 것을 모두 잊어버리고 싶지도 않아요. 자본주의는 돈밖에 평가하지 않으니까요. 다른 중요한 것도 있다는 것을 생각하지 않는 체제이지요.

한 : 선생님께서는 여성으로서, 구동독과 구서독의 여성의 지위를 각각 어떻게 평가하고 어떻게 비교하시겠습니까.

볼라이 : 동독 여성의 지위는 참 복잡한 것 같아요. 여성들은 발언권이 있으면서도 없었다고나 해야 할지.

한 : 동독 여성들은 높은 정치적 지위에 오르지 못했다는 이야기가 아까 나왔었는데요. 그렇다면 높이 올라가지는 못하더라도, 자신들의 영역에서는 독립적이고 자율적(selbständig, unabhängig)이었다고 말할 수는 있지 않은가요?

볼라이 : 그런데 가만 보면 동독 여성이 그렇게 자립적이었던 것도 아닌 것

같아요. 여성정책이란 것도 사실은 모두 여성노동을 확보하기 위한 것이었을 뿐이라는 생각도 들고 말이지요. 하지만 적어도 동독 여성들은 여성으로서 이 세상을 살아가는 데 두려움(Angst)은 없었던 게 사실입니다. 일자리를 잃을 염려도 없었고, 아이를 낳아서 어떻게 길러야 하는가에 대한 걱정도 없었으니까요.

셸리케 : 육아휴직년제[360]가 생기면서 더 그랬지요. 덕분에 동독 여성들은 아이 낳고 기르는 일에 대한 걱정이 전혀 없었어요.

한 : 동독에서 여성이 높은 지위에 오른 일은 정말 없었다고 하는데 혹시 여성이 정치적 야망이 없었기 때문에 그랬나요?

(그 사이에 볼라이는 부엌에 가서 버찌를 씻었고, 셸리케는 열변을 토하기 시작했다.)

셸리케 : 그건 야망의 문제가 아니었어요. 오히려 고위직에서 할 수 있는 일이 별로 없었다는 것이 문제였어요. 높이 올라가 봐야 뭐 그리 낙이 없었다는 것이지요. 가장 친한 친구의 부인이 드레스덴 출신 인민의회 의원이었어요. 그런데 아무 이득이 없었다고 합니다. 아무 영향력이 없었기 때문이지요. 돈을 많이 받는 것도 아니고 결정권이 있는 것도 아니고, 그냥 이름만 의원이었으니까요. 본인 스스로가 이를 대단히 민망스럽게 여기더군요. 사실 서독에서도 여성이 높은 지위에 올라간다고는 하지만 요즘 가장 힘이 센 사람이 누구겠어요? 앙겔라 메르켈 총리가 실제로 그렇게 결정권을 가지고 있나요? 게르하르트 슈뢰더도 총리였지만 최고 기업가만큼 돈을 벌진 못했거든요. 기업가의 힘이 더 세단 말씀이지요. 자본주의 사회에서는 의원이 된다는 것은 이를 발판으로 영향력

---

360 1976년부터 도입된 제도로 출산여성에게 둘째 아기 때부터는 출산 후 1년의 유급휴가를 보장해준 제도이다. 그 후 이 제도는 첫째 아기 때도 적용되었으며, 그 후에는 다시 기간도 더 길어지는 등 더욱 확대되었다. 동독 정부가 취한 친출산정책의 정점이라고 할 수 있다.

을 가지고 또 경우에 따라서는 앞으로 돈을 벌 기회도 가지게 된다는 것인데, 동독에서는 그렇지 못했거든요.

한 : 볼라이 선생님께서는 서구의 여성주의에는 관심을 가지셨습니까?

볼라이 : 전혀 관심이 없었어요. 서구의 여성주의는 동독 사회에 영향을 미치지 못했어요. 서구의 학생운동도 동독 사회에는 영향을 미치지 못했습니다.

볼라이, 셸리케 : (이구동성으로) 동독 사회는 서구의 무슨 이념으로부터 영향을 받을 일이 없었어요. 동독 사회는 자체적으로 민주적 헌법, 민주적 제도, 이념, 무엇 무엇 무엇을 다 가지고 있었기 때문이지요. 여성 문제와 관련해서도 양성평등이 헌법상으로 보장되고 있었거든요. 문서상으로는 모든 것이 다 주어져 있었고, 말로는 모든 것이 완벽했지요. 그런데 누군가가 현실의 잘못을 지적하면 감옥에 가야 했습니다. 모순이었지요……. 사실 양성평등 문제도 마찬가지였습니다. 여성의 지위는 보장받았지만, 다른 한편으로는 여성의 스트레스도 심했어요.

셸리케 : 나는 인격적 존엄의 문제가 가장 중요하다고 생각합니다. 오늘날은 정말 인격적 존엄성을 강조하는 시대입니다. 남녀 간에도 갈등은 있겠지만 가장 중요한 갈등은 개인과 정부 사이의 갈등이지요. 이 갈등은 항상 존재해왔고 지금도 존재합니다. '개인을 미성숙한 존재로 만드는 것'(Entmündigung der Persönlichkeit) 이것이 문제입니다. 인간이 '나는 중요하다'고 주장하더라도 이는 구두선에 머무르고 말지요. 정부가 지배권을 장악하고 있으니까……. 그런데 지배자들은 여성을 더 잘 지배합니다.

한 : 서독에서도 그런 연구가 있더군요. 연구결과를 보면, 여성이 선거에서 기민당을 비롯한 보수주의자를 더 많이 찍었다고 합니다. 여성이 더 잘 조종된다고 봐야 하는 걸까요?

셸리케 : 여성이 조종된다는 것이 아니라, 지배자가 여성을 더 잘 지배한다는 뜻이지요.

볼라이 : (셸리케의 답변이 다소 불충분한 듯) 동독 여성들은 겁쟁이가 아니었습니다. 자신의 임무를 받아들이고 이를 수행한 사람들이었습니다.

한 : 동서독의 분단과 통일을 겪은 분들로서 한반도 상황에 도움이 될 만한 말씀을 부탁드리고자 합니다. 동독 출신으로서 서독 사민당의 동방정책에 대해 어떻게 평가하시는지요?

볼라이 : 적어도 빌리 브란트는 신뢰할 만한 사람이었어요. 다른 사람들은 별로 신뢰할 만하지 않았어요. 한반도 상황, 남북한 관계에 대해 말하자면, 지금 긴장관계가 형성되어 있더라도 인내심을 가지고, 시간을 가지고 기다려야 합니다. 인내심을 가지고 남북한 양자 간의 공백과 거리를 메우도록 노력해야지요.

(볼라이, 셸리케 두 분은 필자에게 남북한 관계에 대해 질문했다. 그들은 천안함 사건 이후의 정세에 대해서도 관심을 가지고 있었다. 그리고 북한 사람들이 남한 라디오를 듣는지, 남한 텔레비전을 시청하는지, 사람들이 오고 가는지 궁금해 했다.)

한 : 북한에서 남한 방송을 시청하는 것은 공식적으로는 불가능합니다. 남쪽에서도 북한 방송을 시청할 수 없지요. 휴전선 양쪽에서 방해전파를 쏘아서 상대방의 전파를 교란시킵니다.

볼라이, 셸리케 : 한때는 동서독 사이에서도 그런 적이 있었어요. 하지만 남북한 관계는 동서독 관계와는 확실히 많이 다르군요.

한 : 남북한 관계가 지금보다 좋았을 때는 사람들이 어느 정도 오가기는 했습니다. 헤어진 가족들도 정례적으로 만날 수 있는 기회가 있었습니다. 그런데 2, 3년 전부터는 거의 다 단절되다시피 했습니다.

볼라이 : 어렵더라도 끈기 있게 노력하면서 기다리는 수밖에 없습니다. 참을성 있게 기다려야 합니다.

한 : 다시 우리의 원래 주제로 돌아가서, 서독 여성의 지위를 구동독 여성의 지위와 비교해서 평가해주시겠습니까?

볼라이 : 서독에서는 여성들이 자유롭게 사는 것 같기는 하네요. 결혼할 필요도 없고…….

한 : 제가 일상사에 관한 인터뷰 모음집을 보았는데, 동독 여성들도 다양하게 살았던데요. 결혼을 강요당하지도 않았고 말이지요.

볼라이 : 그건 맞는 말이네요.

셸리케 : 하지만 결혼을 안 하면 아파트 얻기가 어려웠어요. 베르벨, 당신도 결혼하고 나서 아파트 얻었지요?

(볼라이는 잠잠히 미소를 띤 채 생각에 잠겼다.)

한 : 마지막으로 통일독일의 상황, 그러니까 사회의 전반적인 진행방향과 독일의 진보세력에 대해 의견을 말씀해주시면 고맙겠습니다.

셸리케 : (이 질문에 대해서는 주로 셸리케가 대답했다.)[361] 현실사회주의는 종말을 고했습니다. 자본주의도 마찬가지예요. 두고 보십시오. 새로운 사회주의가 올 겁니다. 동독에서도 사유재산은 백 퍼센트 소멸되었던 것은 아니었어요. 사회주의는 아직 완전히 실현된 적이 없어요. 미래는 인간이 만들어가야 합니다.

그리고 독일의 좌파운동으로 말하자면, 진정한 좌파운동을 대표하는 세력은 녹색당입니다. 좌파당(Partei der Linke)[362]은 능력도 없고 신뢰할 만하지도 않아요. 구서독 지역의 좌파는 올바른 방향이 없어요. 그래도 일부 사람들은 꽤 합리적으로 생각하는 것 같아 보입니다.

(볼라이 여사는 2008년 말에 폐암 증세가 확인되어 그 후로는 공적 활동을 전면적으로 중단했다. 2010년 봄, 나는 그녀의 건강이 안 좋은 줄 알면서도 인터뷰

---

361 셸리케는 서독으로 추방당한 후 함부르크에서 서독의 좌파세력과 자주 접촉했고 그들의 분위기를 어느 정도 파악하고 있다고 자평하였다.

362 서독 사민당에서 갈라져 나온 오스카르 라퐁텐 지지세력과 구동독 공산당(사회주의통일당)의 후신인 민주사회주의당(PDS)이 합쳐져서 만든 정당이다.

를 신청했는데, 우여곡절은 있었지만, 그녀가 흔쾌히 응해준 덕분에 성사되었다. 그녀는 한국의 연구자가 면담을 신청했다는 데 대해 "아주 흥미롭다"는 반응도 보여주었다. 나는 가능하면 며칠 동안 연속적으로 그녀를 만나 심층 면담을 하고 싶은 생각이 있었지만, 면담 주선자인 셸리케 씨가 이를 제지하였다. 셸리케 씨는 이날도 이야기가 너무 길어지는 것을 중단시키는 임무를 띤 듯했다. 그래서 면담은 두 시간 동안만 진행되었다. 실제로 이날의 대화 도중 볼라이 여사는 여러 차례 힘들어했다. 안색이나 행동에서는 그다지 느낄 수 없었지만 대화가 길어지자 소화기와 호흡기 쪽 모두 조금씩 힘들어하는 기색이 비쳤다. 이야기 도중에 밭은 기침(감기나 천식 때문에 하는 기침과는 전혀 다른, 물기가 전혀 없는 마른기침이었다.)을 몇 번 하면서, 대담자인 나에게 미안하다는 말을 하곤 하였다. 내가 그녀를 두 시간 동안 꼬박 인터뷰에 붙잡아둔 것이 사실은 미안했다. 그녀는 이날, 커다란 터번식 회색 모자를 쓰고 있었는데, 예술가인 그녀가 남다른 패션 감각으로 쓴 모자라고 생각했지만 나중에는 혹시 항암치료 때문에 빠진 머리를 가리려고 그런 것은 아니었을까 하는 생각을 했다. 어느 쪽이든 확인할 길은 없었다.

먼 동쪽 나라에서 찾아간 방문객을 맞아 약간 지친 듯한, 어떻게 보면 좀 슬퍼 보이기도 하는 표정으로 성실히 답변해준 볼라이 여사에게 감사의 말을 전하기 위해 나는 면담 직후 그녀에게 메일을 보냈지만 아무 답변이 없었다. 면담 후 열흘이 약간 지나 7월 27일에 귀국한 나는 곧바로 셸리케 씨에게 전화를 했다. 함부르크에서 전화를 받은 그는 나에게 볼라이 여사가 지금 중환자실에 있으며 상태가 좋지 않다고 말했다. 그리고 "당신이 운이 좋았어요. 아마 당신이 한 인터뷰가 베르벨의 마지막 인터뷰일 겁니다."라고 말했다.

면담이 끝날 무렵 볼라이 여사에게 2010년 가을에 한국에서 열리는 동북아 여성 평화회의에 참석해달라고 청하였던 나는 그녀가 긍정적으로 답했다는 사실 때문에 기대를 안은 채, 그리고 가능한 한 그녀와 다시 만나 인터뷰를 하고 싶다는 희망을 여전히 품은 채, 셸리케 씨에게 볼라이 여사가 빨리 쾌차하기를 빈다고 답했다. 그로부터 한 달 반이 지난 9월 11일, 독일의 지인이 나에게, 노이에스 포룸 창시자이자 저명한 동독 시민운동 지도자였던 베르벨 볼라이의 별세를 알리는 언론보도를 전해왔다.)

2. 베티나 뢰더(Bettina Roeder), 한스-위르겐 뢰더(Hans-Ürgen Roeder) 부부 인터뷰

2010년 7월 16일 오전, 베를린, 치겔 슈트라세, EPD 사무실

(한스-위르겐 뢰더 씨와 베티나 뢰더 씨는 둘 다 개신교 계통 언론에서 활동하는 언론인이다. 독일 통일 전까지 남편인 한스-위르겐 씨는 서독 시민, 부인인 베티나 씨는 동독 시민이었다. 이들은 동베를린에서 거주하고 활동하면서 동독의 시민운동과 반체제운동을 가까이에서 지켜보았고, 이 분야에 많은 지인이 있다. 특히 서독 언론의 동베를린 특파원이었던 한스-위르겐 씨는 동독의 평화운동과 반체제운동에 관한 소식을 서방에 알리는 데 큰 역할을 했다. 베를린 동부의 유명한 알렉산더 광장에서는 2009년 가을부터 동독의 평화혁명과 동서독 통일 20주년을 기념하는 야외 전시회가 열려 2010년 여름에도 계속되고 있었는데, 1980년대 한스-위르겐 뢰더 씨의 취재 모습을 담은 사진도 크게 전시되어 있었다. 인터뷰 신청을 했을 때 부인인 베티나 씨가 남편보다 더 적극적 반응을 보여주었다. 두 사람 모두 진지하고 견실한 언론인으로서의 풍모를 고스란히 가지고 있었다.)

한: 먼저 한스-위르겐 뢰더 씨, 자신의 생애를 간략하게 정리해주시지요. 그리고 동독 평화운동과의 관련에 대해 말씀해주시지요.

한스: 저는 1946년 2월 16일 소련 점령지구인 튀링겐 주[363] 줄(Suhl)에서 태어났습니다. 1954년 전 가족이 서베를린을 통해 서독으로 탈출했습니다. 서독에서 대학을 졸업한 후 1975년부터 언론인으로 활동하고 있습

---

363 튀링겐은 원래 소련 점령지구가 아니었다. 그런데 서베를린이 서방 관할지역이 되면서 이에 대한 보상으로 튀링겐이 소련 관할지역에 편입되었다. 즉 베를린은 원래 서방 전승국의 관할지역이 아니었으나 4대 전승국 간의 재협상 결과 서베를린이 서방 전승국 관할 아래로 들어가게 되었다. 서방 전승국은 서베를린 관할권을 잃게 된 소련에게 보상의 의미로 튀링겐 관할권을 넘겨주었다.

니다. 몇십 년 동안 교회 언론인 '개신교 통신'(Evangelisher Pressdienst, EPD: 기독교 교회의 통신)에서 근무하고 있는데, 1979년에는 동베를린 특파원이 되었고 그때부터 지금까지 이곳에서 근무하고 있지요.

베티나 뢰더

제가 동베를린에서 서방으로 보내는 보도의 중점은 동독 사회였습니다. 1990년 동독 사회의 종말에 이를 때까지 이 일을 했지요.

저는 스스로 평화운동의 일원은 아니었지만, 특파원으로서 평화운동에 대해 취재하고 보도할 기회가 많았어요, 그래서 사정을 잘 알고 있었지요. 동독의 여성 평화운동으로 말하자면, 활동가 다수가 교회에서 성장해 나왔습니다. 교회가 동독 평화운동을 위한 보호지붕 역할을 했고, 또 직접 평화운동의 관심사에 열성적으로 개입하기도 했습니다.

베티나 : 서독 출신 저널리스트들이 동독의 여성 평화운동을 보도하고 보호하는 데 많은 공헌을 했답니다. 서독 언론의 보도 없이는 동독의 여성 평화운동이 가능하지 않았을 것이라고 할 수 있습니다. 투옥된 평화운동 활동가들이 감옥에서 나올 수도 없었을 겁니다.

한 : 베티나 뢰더 씨도 자신의 활동을 직접 소개해주시지요. 베티나 씨는 동독 출신이시지요. 성장해서 서독으로 가셨댔습니까?

베티나 : 저는 동독 드레스덴 출신입니다. 동독 출신이기는 한데 서독으로 가지는 않았어요.

한 : 아, 계속 동독에서 활동하셨군요. 교회에서 활동하셨지요?

베티나 : 교회에서만이 아닙니다. 저는 대학 학부에서 독문학을 전공했고 5년 동안 교사로 일하다 직장을 바꾸었어요. 교회신문(Kirchenzeitung)의 편

집자가 되었지요. 교회신문은 동독 시절 유일하게 자유로운 언론공간이었어요. 그 대신 탄압도 많이 받았지요. 예를 들어 우리 신문은 1988년에 검열 때문에 간행이 다섯 번 중단되었어요. 당시 우리 신문에는 여성운동과 평화운동에 적극적으로 참여하고 있던 많은 사람들이 기고했지요.

1988년 10월, 그러니까 평화로운 혁명 꼭 1년 전에 라이프치히에서 200명이 시위를 벌였어요. 교회신문이 이것을 보도했는데, 이게 바로 검열에 걸려 간행이 중단되는 이유가 되었지요. 이 시위에는 울리케 포페도 참여했고 마리안네 비르틀러(Marianne Birthler)[364]도 이 집회에 초대받았어요. 울리케 포페는 당시 아직 교회에 참여하지 않았지만 비르틀러를 비롯해 다른 사람들은 모두 교회에 열심히 참여하는 사람들이었어요. 남편과는 1980년대에 서로 알게 되었어요.

한스 : 그리고 결혼을 했지요. 베티나는 저와 결혼한 후에도 서독으로 가지 않고 동독에 남았습니다. 다른 많은 동독 여성들과는 다른 선택을 했지요. 우리는 결혼한 후에도 계속 동베를린에서 살았어요.

한 : 아, 뢰더 씨는 서독 신문의 특파원이셨지요? 동베를린에서 사셨구요.

베티나 : 통신사 본부는 서독에 있었어요. 프랑크푸르트 암 마인에 본사가 있었지요. 남편은 본인이 원한다면 매일 서독과 동독 사이를 왔다 갔다 할 수 있었어요. 외교관과 정확하게 같지는 않지만 좀 비슷한 면이 있었지요. 하지만 저는 그럴 수 없었어요. 저는 끝까지 동독 시민으로 남고자 했거든요.

한스 : 아내는 끝까지 동독 시민으로 남아 있었습니다. 우리 같은 경우는 달리 예를 찾아볼 수가 없습니다. 저는 아내를 통해 동독의 평화운동, 여

---

364 구동독 출신으로 반체제 시민운동가였다. 통일 후에는 동맹 90/녹색당 정치인으로 주의회 의원, 주 장관 등을 역임했고 슈타지 관련 과거사 청산작업에 앞장섰다. 2009년 독일연방 대통령 선거에서는 녹색당 후보로 출마하기도 했다. 이 선거에서는 기민당의 호르스트 쾰러가 대통령으로 당선되었다.

성운동, 교회의 동향 등에 대해 많은 정보를 얻을 수 있었습니다. 그리고 이것을 우리 통신사를 통해 보도할 수 있었지요.

(다시 정리하자면, 서독 시민인 남편이 동독 시민인 부인과 더불어 동베를린에 살면서 부인에게서 얻은 자료와 정보를 바탕으로 기사를 썼고 이것이 합법적으로 서독 독자들에게 보도되었다는 것이다. 한반도의 분단 상황을 기준으로 할 때, 이쯤 되면 동서독은 분단되었다고 말할 수조차 없을 것 같다는 생각이 들었다.)

한 : 두 분은 평화운동을 취재하셨는데 취재는 어떻게 이루어졌나요? 그리고 동독 사회에서 평화운동의 전개가 어떻게 가능했다고 생각하시는지요?

한스 : 동독에서 평화집회는 가능했습니다. 동독 사회는 북한과는 달랐습니다. 교회신문 보도를 위해서도 동독 저널리스트는 여행을 할 수 있었지요. 단 서독 저널리스트는 허가를 받아야 했습니다. 교회신문이라는 매체의 보도재량권이 어떻게 가능했는가 하면요, 동독에서 정부는 '교회와의 평화' 정책을 펴고자 했습니다. 『교회』(*Die Kirche*)라는 제호의 신문은 다섯 개의 개신교회 신문을 통합하여 만든 것입니다. 1945년 이후 소련 점령당국이 이를 허락했습니다. 소련도 독일의 고백교회(Bekenntniskirche)[365] 전통을 알고 있었기 때문에 이를 기반으로 한 개신교회의 활동을 존중한 것이지요. 가톨릭 교회신문은 둘 있었는데 이것 역시 하나로 합쳐졌습니다.

베티나 : 이렇듯 교회신문의 발간을 허락하기는 했지만 동독 공산당 중앙위원회가 내용을 검열했습니다. 내용이 마음에 들지 않으면 이를 지적하곤 했지요.

여성 평화운동가들 중에서도 교회와 긴밀한 관련을 가진 인물들이 있

---

365 나치 지배기에 나치와 협력하지 않고 기독교 신앙의 순수성을 지켜나가는 노선을 지향한 기독교인들이 속했던 교회를 말한다. 니묄러 목사, 본회퍼 목사 등이 중심인물이었다. 본회퍼 목사는 히틀러 암살 모의에 참여한 것을 비롯하여 나치에 적극적으로 저항했다. 구성원들의 이 같은 용기 있는 행위 덕분에 고백교회는 독일 개신교의 체면을 세워주었다.

었습니다. 아까 말씀드린 울리케 포페도 교회와 아주 좋은 관계를 유지했지요. 그런 가운데 동독의 변화를 지향한 것입니다. 동독의 개혁세력은 법치(Rechtssicherheit), 언론자유, 인민의 정치참여 등을 요구했지요. 당시에는 서독과의 통일에 대한 요구는 중요한 것이 아니었습니다. 중요한 것은 평화였지요.

평화운동 내에서는 수많은 소그룹들이 형성되었지요. 1970년대부터 생기기 시작해서 1980년대에 수적으로 증가했는데, 1988년 이전만 해도 이 그룹들은 산발적으로 여기저기 흩어져 있었어요. 평화에 대한 관심이 증가하면서 교회도 이를 신학적으로 체계화할 필요를 느꼈지요. 그래서 교회 내에서 평화의 신학, 비폭력의 신학이 성립했어요. 신구 교파를 망라하는 초교파(에큐메니칼) 회합에서 이러한 신학이 정립되었지요. 이것은 교회의 미래 구상(Zukunftskonzept)과도 직결된 것이었어요. 그래서 이를 다룬 책도 나왔지요.

독일 교회의 신학은 디트리히 본회퍼 목사에게서 강한 영향을 받았습니다. 단지 교회 담 안에만 머무르지 않고 '거리에 설 수 있는 교회'(Kirche auf der Strasse)를 지향했지요. 물론 이와 같은 신학의 지지자가 다수였던 것은 아닙니다. 그렇지만 이러한 새로운 개념들이 교회의 방향을 바꾸어갈 수 있었던 것이지요. 교회 내에서 환경, 인권, 법치 등의 개념도 중요하게 부각되었습니다. 그에 반해 동독의 가톨릭교회는 상대적으로 소극적인 입장을 취했습니다. 1989년의 체제전환 과정에 참여하지 않았지요.

한 : 외부 관찰자들 가운데 혹자는 동독인들의 생활방식이 프로이센적 전통과 관련되어 있다고 보기도 하던데 어떻게 생각하시는지요?

베티나 : 라이프치히나 드레스덴 같은 곳은 역사적으로는 프로이센과 상관이 없습니다. 그렇지만 여기서 프로이센이라는 말을 규율, 질서, 의무감 등의 의미로 이해한다면 상관이 있을 수도 있겠네요.

한스, 베티나 : 예컨대 근무시간 중에는 절대로 시위를 하지 않고 근무가 끝난 후 집회, 시위에 참가한다는 불문율 같은 것도 그런 건데요. 사람들은 아침 일찍 직장에 출근해서 정상적으로 근무한 후에 집으로 돌아가서 옷을 갈아입고 시위하러 나오곤 했지요. 그리고 시위와 집회가 항상 평화적이었다는 것도 특징입니다. 시위가 교회에서 출발했기에 평화시위가 가능했습니다. 평화로운 촛불시위가 될 수 있었던 것이지요. 평화운동세력이 의무감과 질서의식에 충실했다는 점에서는 프로이센적 전통과도 맥이 닿아 있다고 할 수 있겠네요.

한 : 베티나 씨, 동독 체제에 대한 자신의 관계에서 전환점이 있었습니까? 있었다면 가장 중요한 계기는 무엇이었습니까?

베티나 : 저는 1980년대 초까지만 해도 동독 체제가 개선 가능하다고 믿었습니다. 1968년에 체코슬로바키아에서 '프라하의 봄'이라 불리는 사회주의 개선 움직임이 있었지요. 이때도 사람들은 더 좋은 사회주의를 원했습니다. 비록 이 운동이 탄압받기는 했지만 희망은 버리지 않았던 것이지요. 그런데 1980년대 초에 들어와 국가가 시민운동을 탄압하는 것을 보고 이때부터 동독 국가에 대한 기대를 접었습니다. 시민운동 참가자들은 "우리는 인민이다"(Wir sind das Volk), "우리는 이곳에 머무른다"(Wir bleiben hier) 같은 구호를 내걸고 시위를 벌였습니다. 결코 동독 체제 자체에 적대적인 태도가 아니었지요.

그런데 이런 사람들이 투옥되었고 서독 정부가 이런 사람들을 위해 대가를 지불한 후 서독으로 데려오는 자유매입(Freikauf) 정책을 폈지요. 이것은 사실상 동독으로부터의 추방이었습니다. 동독 시민운동가들은 투옥이냐 추방이냐의 양자택일에 부딪쳤지요. 이 상황에서 시민운동가들은 "추방당하는 것은 좋다. 단, 동독으로 돌아올 수 있어야 한다. 그것도 동독 여권을 가지고." 그렇게 대응했습니다. 실제로 그러한 상황이 전개되었습니다. 베르벨 볼라이와 베르너 피셔는 추방된 지 6개월 만에 동독 여권을 가지고 동독으로 귀환했으니까요.

한 : 동독 여성들의 삶이 통일 전후로 어떻게 변화했는가를 살펴보는 것도

저의 관심사 가운데 하나인데요, 동독 여성의 삶이 어떠했다고 평가하십니까. 양성평등의 이상은 실현되었다고 평가할 수 있습니까.

베티나 : 아까 언급하신 프로이센식 시민사회가 남녀평등의식에 기여했다고 할 수 있겠습니다. 동독에서는 여성도 사회생활을 했습니다. 전체 여성의 97퍼센트가 직장생활을 했으니까요. 그런데 이게 다른 한편으로는 여성에게 이중부담(Doppelbelastung)이기도 했습니다. 가사와 직장생활을 병행해야 했으니까요. 양성평등조치들은 1989년 체제전환 후 대부분 철회되었습니다. 자녀양육에 대해 다른 관념(ein anderes Bild von Kind)을 가진 사회였다고 해야 할까요.

한 : 두 분은 자녀를 두셨습니까?

한스, 베티나 : 입양한 아들이 하나 있습니다.

한 : 동독 시절의 여성정책을 어떻게 평가하십니까? 그리고 동독과 서독의 여성정책을 비교하여 각기 장단점을 말씀해주시겠습니까?

베티나 : 동독에서 친출산·친자녀 정책을 편 것은 사실인데, 이 정책들은 양가적(兩價的, doppelwertig)인 것이었어요. 반드시 절대적으로 긍정적인 면만을 가지고 있었던 것은 아닙니다. 어린 아이들을 위한 탁아소나 어린이집 같은 기관들이 많이 설립되어 연결망을 이루고 있었지요. 이런 제도는 자녀를 둔 여성들이 직장생활을 할 수 있도록 해주었어요. 그렇지만 한편으로는 이런 정책의 가치에 의문스러운 점도 있어요. 국가의 자녀정책이 교육적으로 의문스러운 점을 내포하고 있었다는 말씀이지요. 교육에서는 질서와 안전만을 중시하는 경향이 있었어요. 인간적인 것에 대한 강조는 그렇게 많지 않았지요. 그리고 창조적 상상력(kreative Phantasie) 같은 것은 많이 억압당했어요. 무엇보다도 자녀가 다른 사람의 손에서 커야 한다는 것 자체가 재고할 만한 일이라고 생각합니다. 부모의 가치관이 자녀에게 미치는 영향이 중요한데 말이지요. 그리고 학교 다니는 아이들은 소년단(Pioniere), 선발대원단(Vormarscher) 등에 가

입해서 활동했지요. 이런 점에서는 동독과 북한이 비슷한 점을 가지고 있지요.

그러니까 아동양육기관들은 원칙적으로 좋은 것이었기는 하지만 단점도 있었다고 말씀드릴 수 있겠네요. 아이들을 너무 어린 시절부터, 3-4개월 되었을 때부터 탁아소에서 기른다고 생각해보십시오. 집단적인 것이 무엇보다 중요했기 때문에 이런 제도가 나온 건데, 문제도 있었던 거죠.

동독의 여성지위에 대해서도 마찬가지로 말씀드릴 수가 있어요. 양가적인 성격의 정책이었다고 할 수 있지요.

어쨌거나 통일 전에는 동독 여성의 97퍼센트가 직장에 다녔고 직장생활을 당연한 것으로 여겼는데, 통일 후에는 상황이 많이 달라졌어요. 동독 출신 여성들의 일자리가 대폭 줄어들었지요. 교육받은 젊은 동독 출신 여성들은 동부 독일에서 일자리를 구할 수 없어서 서부 지역으로 떠나고 있습니다.

– 베티나 뢰더 2차 인터뷰
2010년 7월 20일 오후, 푸블릭 포룸(Publik Forum) 사무실

한 : 동독 교회 내 여성의 역할이 어떠했는지 평가해주시겠습니까.

베티나 : 여성들은 교회 안에서 적극적으로 활동했습니다. 여성이 목사가 될 수 있었고 여성 목사들은 정치적으로도 활동했습니다. 용감했지요. 여성 목사들이 '평화를 위한 여성모임'(Frauen für den Frieden, 평화여성회)에 참여해서 활동하기도 했습니다. 이 단체는 영적으로나 정치적으로나 교회의 영향을 받은 것이었습니다.

한 : 예, 평화를 위한 여성모임은 명성 높은 운동단체였습니다. 여기에 여성 목사들도 참여했었군요. 그러면 동독 교회가 언제부터 동독 정권에 반대하여 정치적으로 적극적인 목소리를 냈는지 말씀해주시겠습니까? 처

음부터 그랬나요?

베티나 : 그렇지는 않고요. 교회의 사회적·정치적 발언이라는 것이 사실 독일 전체의 동향과 결부된 것이었습니다. 1980년대 초에 평화운동이 활성화되면서 서독에서도 군비확산에 반대하는 평화운동에 교회가 적극적으로 참여했지요. 이때 동독에서도 평화운동이 전개되면서 남녀를 막론하고 교회를 통해 평화운동에 참여한 것입니다. 동독의 평화운동은 서독 평화운동의 영향을 받았다고 할 수 있습니다.

한 : 여성과 남성이 차이 없이 평화운동에 참여했다는 말씀이시군요. 그렇다면 동독 교회가 그렇게 적극적인 역할을 할 수 있었던 내적 동인 같은 것은 무엇이었습니까? 교회 내에 어떤 특별한 힘이 있었나요? 교회는 사회를 향해 어떤 특별한 것을 이야기하고자 했나요?

베티나 : 원래 독일 교회는 하나였지요. 그런데 1961년 베를린 장벽이 세워지면서 교회가 강제로 분리되었습니다. 처음에는 이 장벽이 한 2-3년 있다 없어질 줄 알았지요. 그런데 장벽은 계속 존속했거든요. 그래서 결국 8년 후 별도로 '동독 내 교회'(Kirche im Osten)를 조직할 수밖에 없게 되었습니다. 이렇듯 동독에 따로 교회를 세우면서, 교회의 나아갈 길을 본회퍼의 가르침에 따라 정립하게 됩니다. 그것은 곧 '타인을 위한 교회'(Die Kirche für die Anderen)라고 하는 이념이었습니다. 그것은 다시 말하면 '인간을 위한 교회, 권력이나 특권 없는 교회, 이 나라에 살고 있는 인간을 위한 교회, 그러나 기독교인들만을 위한 교회가 아니라 이 상황, 이 조건 아래서 살고 있는 모든 인간을 위한 교회'가 되어야 한다는 것이었습니다.

동독 교회는 사회주의 체제에 대해서는 특별한 관계를 취하지 않았습니다. 친사회주의적이지도 않고 반사회주의적이지도 않은, 인간 일반을 위한 교회가 되겠다는 것이었습니다. 많은 개혁파 운동가들이 동독 교회에서 배출되었습니다. 교회는 특히 산상수훈의 특별한 가르침을 중시했고 그 가르침을 따르고자 노력했습니다.

(저널리스트인 베티나 뢰더 씨는 한국에도 관심이 많았다. 한반도의 분단상황과 그 역사에 대해서도 비교적 잘 알고 있었을 뿐 아니라, 한국 내 여성 평화운동에 대해서도 큰 관심을 보였다. 이 때문에, 그녀를 인터뷰했던 나는 인터뷰가 끝난 다음에는 거꾸로 그녀에게서 인터뷰를 당해, 여러 질문을 받고 답을 해야 했다. '인터뷰어'와 '인터뷰이'가 바뀌는 상황이 된 것이다.)

3. 카롤라 린디히(Carola Lindig) 인터뷰

2010년 7월 17일 저녁, 게라-빈디셴-베른스도르프[366] 안 데어 빌트비르네, 린디히 자택

(카롤라 린디히 씨는 동독에서 대학교육을 받고 미술관의 학예사로 일했으며 현재는 유적보호 관련 직책을 담당하고 있는 전문직 여성이다. 단란한 가정생활을 하고 있는 매우 활달한 성격의 소유자이다. 그녀도 동독 시절, 정권에 어떠한 누도 끼쳐서는 안 된다고 믿는 상급자들과의 갈등 때문에 직장을 그만두는 일을 두 번이나 겪었다. 그녀와의 대담에서 동독 시절 전문직 여성의 결혼, 출산, 육아, 직장생활, 통일 이후의 삶과 관련된 이야기를 두루 들을 수 있었다.)

한 : 먼저 자신의 삶의 과정에 대해서 간단하게 소개해주시지요. 출생연도, 가족, 교육 등에 대해 말씀해주시면 됩니다.

카롤라 : 저는 1952년 구벤(Guben)에서 태어났어요. 어머니는 소르브 혈통도 가지고 계시지요. 구벤은 2차 대전 후 분할되었는데, 일부분은 폴란드 영토가 되어 구비(Gubi)라 불리고 다른 부분은 독일식으로 계속 구벤이

---

366 게라는 독일 튀링겐 주 게라군의 군청소재지이다. 카롤라 린디히 가족은 게라 시에서 승용차로 10분 정도 걸리는 거리에 있는 조용한 교외에 본인들이 5년 전에 직접 설계하여 지은 아담한 3층 주택(지하층과 지상 2층)에서 산다.

라 불리게 되었죠. 부모님은 두 분 다 학교 선생님이셨는데, 구벤에서 1961년에 튀링겐 지방으로 이주하셨지요. 그래서 저도 초등학교 4학년 때부터 튀링겐에서 학교에 다녔어요. 튀링겐 숲(튀링거발트)은 아주 아름다운 지역이지요. 초등학교를 마친 후 김나지움에 진학했고, 1971년에 대학입학자격시험(아비투어)을 거쳐 라이프치히 대학에서 공부했어요. 문화학(Kulturwissenschaft)과 미학, 미술사를 전공했지요. 석사 논문 주제로는 셸링(Schelling)의 예술철학을 택했는데, 셸링의 저작은 읽기가 정말 어려워요. 한 문장이 한 페이지 이상에 걸치기도 하고……. 하하하.

아직 대학생이던 시절, 같은 대학에 다니던 지기〔남편인 지크프리트(Siegfried)의 애칭〕와 사랑하게 되었지요. 지기는 물리학을 공부했는데, 물리학 수업시간에 알게 되었어요. 우리 두 사람은 1년 동안 함께 산 후 1974년에 결혼했어요. 다음해인 1975년에 첫째 아들 카르스텐이 태어났어요. 아직 공부도 마치지 못한 상황이었지요. 졸업자격시험을 보고, 아들을 낳고 나서 석사 논문을 썼어요. 논문을 마친 후 게라에 와서 미술관에 취직했지요. 당시에는 학예관(wissenschaftliche Mitarbeiterin)이라 불렀는데 요즘은 큐레이터라고 하더군요.

미술관 일은 참 재미있었어요. 게라는 오토 딕스(Otto Dix)의 출생지라 게라 미술관은 오토 딕스의 작품을 공들여 수집했고 특히 그래픽 작품을 상당수 소장하고 있지요. 저는 그의 작품을 수집하고 전시하는 데서 특히 큰 흥미를 느꼈어요.

직장 생활을 하면서 둘째 아들 스벤을 낳았어요. 1977년의 일이지요. 직장생활도 재미있게 하고, 가정생활도 화목하고, 그렇게 지냈지요. 그런데 1981년에 게라에 새로운 미술관장이 오면서 문제가 생기기 시작했어요. 새 관장은 정치적으로 주장이 강한 사람이었어요. 교조적이고, 비민주적이고 까다로운 인물이었지요. 사회주의 리얼리즘 경향에 부합하지 않는 작품은 싫어했기에 오토 딕스의 작품을 수집하고 전시하는 것을 이해하지 못했어요. 그래서 그와 빈번하게 의견충돌을 빚었고 결국 1981년에 사표를 냈어요. 미술관 일은 그만두었지만, 별 문제는 없었어요. 왜냐하면, 동독 사회는 일자리를 보장하는 사회여서 일하기를 원하는 사람은 관청에 신청하면 누구나 새로운 일자리를 얻을 수 있었기 때문이지요. 그래서 게라에서 새로 들어간 직장이 광역군 영화국(Bezirksfilmdirektion)이었어요. 예술영화, 작은 스튜디오 제작영화 등을 상영하고, 영화비평을 싣는 등등의 일을 하는 곳이었지요. 역시 재미있었어요.

카롤라 린디히

1984년에는 외동딸인 노라가 태어났어요. 그렇게 재미있게 살아가던 참이었는데, 1983-4년에는 정치체제와 진짜 심각한 충돌을 겪게 되었어요. 뭐냐 하면 1884년에 라이프치히에서 단편기록영화제가 열렸는데, 영화제 제목은 '세계의 평화를 위한 세계의 영화'(Filme der Welt-Für den Frieden der Welt)였지요. 그런데 이 영화제에서 평화운동가들이 촛불집회를 열고 시위를 했어요. 기록영화 관계자들도 이를 목격하고 상황에 대해 당국과 토론을 하기를 원했지요. 저도 토론을 원하는 영화관계자의 한 사람이었고요. 그런데 당국은 외국인 참가자들에게는 토론을 허락하면서 우리에게는 토론을 허락하지 않았어요. 게다가 저도 토론을 요구하는 사람 중의 하나였다는 사실 때문에 당국은 저에 대해 안 좋은 인상을 가지게 되었지요. 그 후 비판적 시각에서 환경 문제를 다룬 기록영화를 제작하려고 했는데, 금지당했어요. 1985년에는 육아휴직기간이 끝난 다음 다시 일하려고 했는데, 일자리를 잃어버렸지요. 그래서 그 후 2년 동안 실업자가 되었어요. 말하자면 간접적 취업금지령을 당한 셈이지요.

이렇게 되자 다시 취업을 하기 위해 여러모로 애를 쓰면서, 당국에 대화를 요구하기 시작했어요. 그런데, 이 점은 특별히 강조를 해두고 싶은데, 취업을 위해 당국에 대화를 요구하러 갈 때 저 혼자 간 게 아니라 남편이나 아버지와 함께 갔다는 말씀이지요. 그런데도 안 되었어요. 동독에는 원칙적으로 실업자가 없었는데, 저는 2년 동안이나 일하지 못했어요. 아이가 3명이나 되니 남편 혼자 벌어서는 생활에 어려운 점이 있었어요. 왜냐하면 동독의 임금체계라는 게 부부가 모두 일한다는 것을 전제로 해서 형성되어 있었기 때문이지요. 게다가 그 사이에 남편은 박사논문을 쓰게 되었어요.

그래서 전업주부로 집에만 있다가 (육아휴직기간까지 합치면 집에만 있었던 기간이 3년 반이 되네요.) 1987년 가을 새로 취직을 하게 되었어요. 새로 얻은 일자리는 문화공원(Kulturpark)이었어요. 조각작품 전시 등을 책임지는 일종의 박물관이라고 할 수 있지요. 여기서 일하면서 계속 공부를 하고 싶어 할레 대학 박사과정에 진학했어요. 건축사 전공이었지요. 아마 1980년대 말부터 시작된 정치적 격동이 없었으면 박사학위를 땄겠지요. 그런데 얼마 안 있어 바로 그 대전환(Wende)이 일어났고, 1989년 11월에는 문화공원이 문을 닫았어요. 남편은 정치적으로 아주 적극적인 활동을 하기 시작했어요. 정당 중에서는 독일자유민주당(LDPD)을 지지했는데 서독의 자민당(FDP)에 해당하는 자유주의 정당이지요. 그래서 LDPD의 선거운동에도 열심히 참여하고 반년 동안 그렇게 일했어요. 직업정치 쪽으로 나갈 것을 진지하게 고려해서 주의원 선거에 출마하기도 했지요.

제 경우를 말하자면, 이 무렵 커다란 정치적 변화를 겪으면서 교회에 자주 나가게 되었어요.[367] 게다가 1990년에는 자민당(FDP)을 통해 튀링겐 주정부에서 문화정책을 결정하는 데 함께 참여해달라는 제안을 받게 되었어요. 튀링겐 주정부는 에르푸르트에 있지요. 게라에서 에르푸르트까지는 자동차로 두 시간 걸려요. 그런데 1990년대 초에 남편이 서독의 슈투트가르트에서 새로운 일자리를 얻게 되었어요. 〔지크프리트는 국영 게라전자회사(VEB Elektronik Gera)에서 일하다가, 이 회사가 통일

---

367 1989년, 동독 교회는 대전환의 정신적 중심지 가운데 하나였다.

전후시기에 쇠퇴 일로를 걷게 되자 회사를 그만두고 슈투트가르트의 다른 회사로 이직했다.〕 가족은 게라에 계속 머무르기로 하고요. 그런데 이 무렵 막내딸인 노라가 초등학교에 다니기 시작했지요. 저는 노라의 등하교를 도와주면서 에르푸르트로 출퇴근하는 게 불가능했기 때문에 주정부 문화부의 제안을 거절할 수밖에 없었어요. 그래서 좋은 기회를 놓쳤고 다시 실직자가 되었지요. 게라에는 마땅한 일자리가 없었어요. 그러다가 1991년 게라 군 행정심의청(Landratsamt Verwaltung) 산하에 문화유적 보존 관련 일자리가 생겼어요. 이 직장은 1992년부터 유적보호국(Denkmalschutzbehörde)이라는 명칭을 가지게 되었고, 저는 1994년에는 그라이츠 행정심의청 산하 유적보호국에서 유적보호 업무를 책임지고 있어요. 세 군의 문화유적보호 업무를 맡고 있지요.

(여기서 카롤라 린디히는 그라이츠 유적보호사업에 관한 자료, 팸플릿 등을 한 아름 안고 와서 일일이 설명하였다.)

유적 정비와 관련된 옛날 문서들이네요. 학교 건물을 수리하다 발견되었지요. 건물 지붕은 어떻게 지어졌고 어느 부분은 어떻게 지어졌고 하는 설계도예요. 백 년 전 자료지요. 여기 이 신문기사 보세요. 유적보호 작업하는 카롤라 린디히, 옛날 자료들 발견되다 등등, 하하하. (신문의 사진을 보며 카롤라에게 아주 젊어 보인다고 하자, 그녀는 웃음을 터뜨리더니, 이 사진을 보는 사람들이 모두 그렇게 평한다면서 좋아하였다.) 여기 보세요. 이분이 제 상관이세요. 이 자료들 가져가시겠어요? 드릴까요? (카롤라는 필자에게 유적보호활동을 설명하는 팸플릿을 선물로 주었다.) 우리 활동은 다양해요. 옛 건물들을 잘 보존한 기관이나 사람에게는 유적보호상(Denkmalschutzpries)을 수여하지요. 이 건물을 보세요. 복원된 건물인데요. 우리에게서 상을 받았지요. 유적보호 의식을 고취하기 위해서 유적 개방의 날, 유럽 유적 개방의 날 같은 행사도 열린답니다. 이런 행사 때면 일반인들이 와서 유적을 돌아보고, 관련된 강연도 듣고 하지요. 정비가 어떻게 이루어졌는지 하는 얘기도 듣고, 음악도 듣고, 행사가 많아요. 이 자료들 다 가지세요. 제가 어떤 일을 하고 있는지 잘 아실 수 있을 거예요.

한 : 동독 시절의 애환을 몸으로 겪고 살아내셨는데, 그렇다면 동독 사회에 대한 자신의 입장 혹은 태도는 어떤 것이었다고 말씀하시겠는지요? 만족하셨는지요, 혹은 만족스럽지 않으셨는지요?

카롤라 : 복합적이고 양면적인 것이었다고 해야 할까요. 동독은 나의 가족이 있는 곳, 내가 젊은 시절을 보낸 곳, 일상생활 속에서 정상적으로 살면서 크고 작은 기쁨을 느낄 수 있었던 곳입니다. 이 체제와 관련해서는 어떤 경계를 지어놓고 말할 수 있습니다. 이 경계 안에서는 아주 정상적으로 생활할 수 있었지요. 그러나 이 경계를 넘어서고자 할 때는 이 경계가 너무 좁다는 것을 느끼게 되지요. 이 경계를 넘어서고자 할 때는 체제에 대해 정말 불만스럽게 되고 두려움을 느끼게 되었지요. 이 경계 안에서는 좋았어요. 자녀양육 여건을 볼까요. 유치원에 충분한 자리가 있어서 아이들을 받아주었고, 자녀양육 보조금도 괜찮게 받았습니다. 자녀가 많다는 이유로 좋은 집도 얻었지요.[368] 우리는 아이가 셋인데, 셋 다 문화적으로 아주 좋은 교육을 받았어요. 일반교육 외에 음악학교에 다니면서 피아노와 악기를 배웠고, 단순한 오락용 음악교육이 아니라 수준 높은 예술교육을 받았지요.

한 : 자녀들이 문화적으로 좋은 교육을 받았다는 말씀이지요.

카롤라 : 물론 부모가 어떤 교육을 시키고자 하는가 하는 게 중요하지요. 그런데 부모가 자녀에게 수준 높은 문화교육을 시키고자 한다면 그게 재정적으로 가능했어요. 세 자녀에게 모두 음악교육을 시키는 게 사실 쉬운 일은 아니잖아요. 그런데 동독에서는 그게 가능했다는 말이지요.

한 : 아까 기록영화 때문에 어려움을 겪었다는 말씀을 하셨는데, 이 사건에

---

368 린디히 가족은 교외지대에 3층짜리 단독주택을 짓기 전에 방 다섯 개짜리 아파트에서 살았다. 자녀 한 사람이 방 하나씩을 가질 수 있었다.

대해 '그것은 동독 사회에 대한 관계에서 개인적인 전환점이었다'고 말할 수 있겠는지요?

카롤라 : 아까도 말했지만 이 체제와 관련해서는 어떤 경계가 있었어요. 이 경계를 넘어서고자 하는 시도를 하지 않았다면 별 문제가 없었겠지요. 그런데 이 경계를 넘어서고자 할 때는 동독 체제는 전혀 불만족스러운 것이 되곤 했어요. 기록영화제 사건은 그 한 예라고 할 수 있지요. 저는 평화운동에 아주 적극적인 편도 아니었고 단지 영화에 관심을 가지고 영화나 예술에 대해 토론을 하고자 하는 사람일 뿐이었어요. 그런데 이를 이유로 아주 심한 대접을 받았으니까요. 일자리도 잃어버렸고. 경계가 어디 있었는지 아시겠지요.

정치적으로 문제가 없었으면 아마 문제없이 만족스럽게 살았을 거예요. 사적인 자리에서 이런 문제를 논의한다고 칩시다. 그러면 물론 조심해야 되지요. 가족이나 아주 가까운 친척들 사이에서는 정치적으로 분명한 입장을 이야기할 수 있었지요. 가까운 지인들 사이에서도. 그런데 아주 가까운 지인들이라 할지라도, 지인의 범위 안에 어떤 사람이 들어 있는가 살피고 조심해야 되기는 했어요. 왜냐하면 지인들 중에도 이른바 슈타지(Stasi, 동독 국가안전부) 정보원이 있는 경우가 있었거든요. 슈타지 정보원들 때문에 통일 이후에 난리가 났는데, 저나 남편인 지기의 경우에는 적어도 친구들 중에는 정보원으로 일한 사람이 없었어요. 베르벨 볼라이 여사의 경우는 달랐지요. 볼라이 여사와 대담했잖아요. 남편이 슈타지 아니었어요?

한 : 아니요.

카롤라 : 남편 아니면 동거인이 슈타지였던 것 같은데. 그런 이야기 안 하던가요?

한 : 남편이 아니라 볼라이 여사의 변호사가 슈타지 정보원이었지요.

카롤라 : 반정부운동을 적극적으로 했던 사람들 중에는 가족이 정보원인 경

우도 있었어요. 우리가 잘 아는 여성 시민운동가는 남편이 슈타지 정보원이었어요.

한 : (깊은 한숨)

카롤라 : 다행히 우리 친구들 사이에는 그런 정보원이 없었지요.

한 : 그래요. 친구들 사이에서는 그런 인물이 없으셨느냐는 질문을 드릴 참이었어요.

카롤라 : 사실 이 이야기는 안 했는데, 남편도 조사를 받았어요. 그런데 약간 다른 성격의 일이었지요. 남편의 죽마고우인 빌프리트가 동독에서 헝가리 국경을 넘어 오스트리아로 가서 서방으로 탈출하려다 체포되는 일이 벌어졌어요.[369] 빌프리트가 사전에 아무 이야기도 하지 않았기 때문에 남편은 아무것도 몰랐어요. 하지만 남편은 당국에 '이야기 좀 하자'고 불려가 한참 조사를 받았어요. 그게 뭐냐 하면, 우리도 그동안 감시를 받았다는 이야기지요. 그게 동독에서는 중대한 문제영역이었어요. 누군가가 도망가려다 붙잡혀 되돌아왔다든가, 외국여행 신청서를 냈다든가 하는 일들이 관련되면…… 이른바 '공화국 탈출'이라는 건 아주 민감한 문제거든요.

한 : 체제전환 전에는 교회에는 다니지 않으셨나요?

카롤라 : 다녔어요. 우리는 1974년에 교회식으로 결혼했어요. 지기는 가톨릭이고 저는 개신교 신자이지요. 남편은 당에서 주관하는 청소년 축제(Jugendweihe)에 참가한 적이 없어요. 저만 해도 청소년 축제에 참가했는데 남편은 한 번도 참석하지 않았지요. 그리고 가톨릭 신자기 때문에 원래는 대학입학자격시험을 볼 수 없는 형편이었어요. 김나지움에서 성적이 가장 좋은 학생이었지만 말이지요. 그런데 시어머니 되실 분이 아

---

369 린디히 가족의 친구인 빌프리트 니체는 동독-헝가리 국경에서 경찰에 체포되었다. 그는 수감되었다가 나중에 서독 정부의 '자유매입' 조치를 통해 서독으로 건너왔다.

주 간곡하게 당국에 호소하고 애를 쓰셨어요. 그 덕분에 겨우 남편이 대학입학자격시험에 응시할 기회를 얻게 되었지요. 제 경우를 말하자면 아버지는 공산당원이셨어요. 그런데 어머니는 교회에 다니는 분이셨고 말하자면 반체제적인 분이셨어요. 부모님은 정치적 이견 때문에 자주 언쟁을 벌이곤 하셨지요. 저는 공산당에 가입하지는 않았어요. 남편은 어머니의 영향으로 종교적으로 교육을 받았고 종교적으로 독실한 편이었어요. 본인도 견진성사(Firmung)를 받았고. 저는 그렇게 종교적이지는 않았어요. 친정어머니는 교회에 다니시기는 했지만, 아주 독실하다기보다는 시민적인 분이셨지요. 어머니는 저를 시민적으로 교육하셨지요. 교회적 지식인은 좀 달랐어요. 그런데 그렇게 교육을 받지는 않았어도 교회를 존중하기는 했어요. 우리 세 아이도 모두 가톨릭 세례를 받게 했지요.

한 : 여성으로서 동독에서의 일상생활을 어떻게 평가하시나요? 자녀양육, 직장, 주택 등등의 문제에 대해 두루 말씀해주시면 되겠어요. 그리고 남녀 임금격차가 있었는지, 여행의 기회는 있었는지 등에 대해서도 말씀해주시지요.

카롤라 : 여성으로서 일상생활이 어떠했는지에 관해서는, 우선 제 자신이 여성해방의 원칙에 아주 충실하게 성장했다고 말하고 싶어요. 친정 부모님은 양성평등의 원칙을 철저히 지키시는 분들이었어요. 어머니가 반체제적이었다는 것은 아까도 말했지만 두 분은 정치적 견해가 달랐기에 서로 거리낌 없이 이견을 말하곤 했어요. 그런가 하면 아버지는 아주 지적이고 예술적 재능이 있어서 그림도 그리고 하신 분인데, 집에서 요리도 하고 바느질도 하셨지요. 이렇게 아버지가 집안일을 많이 하셨고, 집에는 가사도우미도 있었어요. 동독에서는 드문 일이었는데, 어머니가 직장생활, 자녀양육, 가사노동 이 모든 일을 한꺼번에 해내실 수 없었기 때문에 가사일은 도우미 할머니에게 맡길 수밖에 없었지요. 가족이 없는 초로의 여자분이 우리를 맡아주셨어요. 저는 성차별이나 억압을 받

은 적은 전혀 없어요. 오빠가 한 명 있었지만 남매가 워낙 양성평등적으로 자랐어요.

한: 그런데, 독실한 가톨릭 신자인 남편이라, 일반적으로는 이런 분들은 남녀관계에 관해 조금 보수적이시지 않나요?

카롤라: 그렇게 예상할 수도 있겠지요. 그런데, 남편과의 관계로 말하자면, 남편도 가톨릭이라 체제에 대해 저항적인 편이었기 때문에 부부가 모두 강해야만 했어요. 체제에 대해 비판적인 사람들끼리는 연대를 해야 했거든요. 그리고 남편은 그렇게 고지식한 신자는 아니었어요. 남편은 대학에서도 가톨릭 대학생회 활동을 했지만 우리 결혼식 자체가 초교파적인 의식으로 거행되었지요. 우리 아이들은 엄격하게 가톨릭식으로 키우지는 않았어요. 관용과 휴머니즘을 으뜸가는 덕목으로 삼아 길렀어요. 인간 상호관계에서 관용을 중시하는 것이지요. 제 경우는 친정 부모님도 관용을 아주 중시하셨지요. 우리는 아이들을 모두 평화주의적으로 길렀고 '폭력에 대한 반대'라는 원칙을 깊숙이 심어주고자 했지요. 이 점에서 교회가 보호막이 되어주었어요.

동일 노동에 대한 남녀 간의 임금차 문제로 말한다면, 우리 부부의 경우 남편이 기술전문직[370]에 종사하면서 문화 부문에서 일하는 저보다 훨씬 더 많은 보수를 받았어요. 동독 시절에는 원칙적으로 여성도 전일제 근무를 했어요. 반면에 저는 둘째 아들을 출산한 후 파트타임(하루 여섯 시간)으로 일했고 아이가 아프면 집에 머무르면서 아이를 돌보곤 했어요. 이렇듯 집에만 있었던 기간도 꽤 되고 해서 직업적으로는 손해를 많이 봤지요. 오히려 통일 후에 직업적으로 인정을 받았어요. 통일 후에는 열심히 일하게 되었어요. 저는 개방적이고 대화를 좋아하는 편이라 성격적으로 대전환 이후 시기의 사회에 더 잘 어울린다고 생각해요. 그래서 통일 후의 사회에 문제없이 잘 적응할 수 있었지요.

---

370 지크프리트 린디히는 물리학 박사학위를 가진 고위 엔지니어이다.

한 : 동독 시절에 어려움을 겪기는 했지만 서독으로 이주할 생각을 한 적은 없다, 이렇게 말할 수 있나요?

카롤라 : 사실은 그런 생각을 하기도 했어요. 1986-7년에 서독 여행을 하려고 정식으로 신청서를 작성하기도 했지요. 그런데 확실한 일자리가 있어야 갈 수 있었어요. 공교롭게도 그때 저는 일자리가 없었어요. 그런 경우에는 국경을 넘어갈 수 없었어요. 그런 사람은 다시 동독으로 돌아오려고 하지 않을 테니까요. 게다가 서독으로 가는 일에 대해 두려움도 좀 있었어요. 아이들에 대한 걱정도 있었고. 겁이 났지요. 서독으로 가고자 한 것은 전문가로서 직업생활을 하면서 좌절감을 느끼는 일이 많았기 때문이지요. 저는 미술사를 전공한 전문가인데 프랑스, 이탈리아 같은 국가로 여행을 갈 수가 없었거든요. 원본 그림을 볼 수 없으니까 그게 문제였지요.

한 : 동독 시절에도 동유럽 여행은 할 수 있었지요?

카롤라 : 동독 사람들은 소련과 동유럽 사회주의 국가들로만 여행을 할 수 있었어요. 소련 여행은 두 번(카프카즈 여행 한 번, 참 아름다운 여행이었어요. 그리고 볼가 유람 여행 한 번) 했고, 체코슬로바키아는 여러 번 갔지요. 폴란드와 헝가리도 방문했어요. 헝가리는 물가가 참 비쌌어요. 우리는 돈이 그렇게 많지도 않았으니까. 돈이 많은 사람들은 불가리아도 갔어요.

한 : 동독에서는 자녀양육에 관한 한 문제가 없었다, 특히 제도적으로 탁아소, 유치원 등이 잘 마련되어 있었다고들 말하는데요.

카롤라 : 자녀양육과 관련해서는 동독이 좋은 제도를 갖추고 있었다고들 말하는데, 저는 아이들을 너무 어려서부터 탁아소에 맡기는 것에 대해서는 불만이었어요. 탁아소에서 너무 획일적으로 기르는 것도 문제였고요. 그래서 둘째 아들은 개인적으로 사람을 고용해서 돌보게 했지요. 그런 다음에 만 두 살 반이 지나서 유치원에 보냈어요.

한 : 탁아소의 획일적 양육이 불만이셨군요.

카롤라 : 이 문제에 대해서 비판적인 의견들이 이미 있었지요. 그래서 개인적으로 육아도우미에게 아이를 부탁했던 것인데, 공적으로 그렇게 할 수는 없었어요. 학교에서도 그랬어요. 대놓고 무슨 이야기를 했다간 어려움을 겪을 테니까. 학부모들은 이중적 도덕(doppelseitiges Moral)을 가지고 행동했다고 할 수 있어요. 그냥 뒤에서 불평하지요.

동독의 일반 사람들은 사회주의적 원칙이나 이상에 대한 확고한 원칙은 없었어요. 양면적 도덕이 지배했다고 할 수 있어요. 사적으로는 불평도 하지만 공적으로는 어떤 식으로든 감시를 당하니까. 이중적 도덕이 일반적이었어요. 그렇기 때문에 체제가 그렇게 쉽게 무너졌겠지요. 하지만 우리 가족의 개인적 친구 그룹은 지식인층이었고 문화에 대해 관심이 많고 양성평등적이었어요.

한 : 그러면 이제 동독에서 체제전환 전과 후의 여성의 삶이 어떻게 다른지 비교해주시겠습니까? 장점과 단점을 각각 말씀해주시겠습니까?

카롤라 : 글쎄요, 저 개인적으로는 체제전환 후에 손해를 본 것은 없어요. 좋은 일자리를 얻었고 독립적으로 일하고 보수도 웬만큼 받게 되었으니까. 하지만 이건 개인적인 경우고 책임 있는 자리에 있던 사람들은 어려움을 겪었겠지요. 그전에 직장을 가지고 일하던 많은 여성들이 체제전환 후에 일자리를 잃게 되었을 거예요. 그리고 이런 상황에 익숙하지 않아서 힘들었을 거예요, 동독에서는 모든 여성이 다 일을 했으니까요. 다만 저는 그렇게 직장생활을 많이 하지는 않았는데, 경제적으로 반드시 돈을 벌어야 할 필요는 없었기 때문에 가정에 머무를 수도 있었단 뜻이지, 사회적으로 필요한 일, 내가 좋아하는 일에는 또 열심히 참여했거든요. 그런데 경제적으로 정말 일을 해야만 하는 여성들은 체제전환 후에 어려움을 겪은 경우가 많아요.

그리고 일반적으로 말하면 예술가들에게는 동독 시절이 더 좋았어요. 국가가 미술작품을 발주하고 전시회를 열어주었고, 연극공연을 지원하고 극단을 지원해주었지요. 체제전환 이후에는 일류 스타가 아니면 예술가는 하층계급 취급을 받습니다. 국가가 예술가들을 후원하지 않아요. 연극배우, 발레리나 모두 어려움을 겪고 있어요. 연극배우들의 경우 보통 2년 계약으로 한 극단에서 일하고 계약이 만료되면 다른 직장을 찾아야 하는데, 이런 불안정한 생활은 삶을 지치고 병들게 하지요. 동독 시절에 학교에서는 연극활동을 크게 장려해서 학생들로 하여금 이 길로 나아가게 했는데 정작 성인이 되고 나니까 먹고살 길이 없어요. 저같이 행정직에 종사하는 사람들이 평균적으로 예술가들보다 훨씬 더 많이 법니다. 재능은 예술가들이 더 뛰어난데, 돈은 저같이 평범한 사람들이 더 많이 벌고 있단 얘기지요.[371]

한 : 동독에서의 여성지위 및 여성정책을 서독과 비교하여 어떻게 평가하시겠습니까? 통일 전 서독의 상황과도 비교해주시고, 현재 독일의 여성지위 및 여성정책과도 비교해주십시오.

카롤라 : 과거나 지금이나 서독 지역 여성의 지위에 대해 정확하게 알지는 못해요. 서독 쪽 여자들은 집에 많이 있다고 듣기는 했어요. 동독의 경우 여자들이 일을 하는 것이 당연했거든요. 그렇긴 한데 서독 여자들이 더 다양하고 다면적인 삶을 누리는 것 같아요. 활동도 더 다양하게 하고, 세계에 대해 더 열려 있는 것 같아요. 외국인들도 만나고, 교양수준도 높고……. 동독 여성은 좀 더 단순하게 생활하고 사고했지요. 또 한 가지 차이점이 있다면 서독 여자들이 좀 더 자기를 가꾼다고 할까요, 유행감각도 있고, 외모를 가꾸는 데에도 열심이지요. 저는 이런 게 맘에 들어요. 추레하게 보이는 건 안 좋은 것 같아요.

한 : 그럼 마지막으로 동서독의 통일 과정에 대한 견해를 여쭤보도록 하지요. 통일 과정에 대해서는 어떻게 생각하시는지요. 만족하십니까, 아니

---

371 카롤라 린디히와 아주 가까운 한 사람은 동독에서 고등학교를 다니면서 연극을 비롯한 예술활동에 열성적이었으며 통일 후 대학에서 연극을 전공하고 배우가 되었다. 그는 구서독 지역 도시의 극단에서 배우로 활동했으나 그 후 활동무대를 찾지 못해 어려움을 겪었다. 카롤라는 이 점에 대해 매우 가슴 아파했다.

면 아쉬운 점이 있으십니까. 예컨대 동독 주민들의 의사가 충분히 참작되지 않았다든가, 주민들 참여가 제대로 이루어지지 않았다든가…….

카롤라 : 글쎄요, 통일 과정 자체에 대해서는 별로 말할 게 없어요. 솔직히 말해 통일 후에 손해 본 것은 없어요. 독일 전체로 본다면 경제적으로 정책상의 오류는 있었겠지요. 그런데 동독 출신으로서 이야기하자면 여행의 자유가 정말 중요했어요. 통일된 후 1990년대에는 정말 여행을 많이 했답니다. 예술사를 전공한 사람의 입장에서 문화적으로 중요한 지역으로 여행할 수 있다는 건 참 좋은 일이었지요. 그리스, 이탈리아, 프랑스, 이스라엘, 몰타 등등…….

동독에서 좋았던 점을 들자면 기본적 생활조건이 보장된다는 것이었지요. 주택 월세가 워낙 쌌고 대중교통 요금과 식품 가격도 저렴했고요. 합리적인 괜찮은 생활을 할 수가 있었지요. 건강보험도 잘 되어 있었고. 민간의료보험은 미친 짓 같아요. 동독 시절 종합병원(Poliklinik)에서는 돈 걱정 없이 진료를 받을 수 있었지요. 그리고 학교교육체제에도 장점이 있었어요. 8년간 일반교육을 받았지요. 서독은 주(Bundesland)마다 교육내용이 다르고 교과서 내용도 다르다고 하네요.

각론으로 들어가서 노동계급 여성에 대해 말해보자면, 일정한 수준의 교육은 받을 필요가 있다고 봅니다. 자기관리도 할 수 있어야지요. 외모나 말하는 태도나 예의범절이나 뭐 이런 면에서도 말이에요. 동독 시절에는 이런 게 필요치 않았지요.

동독 시절에 체제에 대한 이야기를 할 때는요, 친구들이나 친척들 사이에서는 솔직하게 이야기했어요. 서독 사람들과 이야기할 때는 어땠느냐, 대화상대가 서독에서 온 친척이라면 체제에 대한 의견을 대단히 솔직하게 이야기했지요. 하지만 서독에서 온 저널리스트에게라면 그렇게 이야기하지 않았을 거예요.

4. 롤란트 가이펠(Roland Geipel) 인터뷰

2010년 7월 18일 낮, 게라-빈디셴-베른스도르프, 안 데어 빌트비르네, 카롤라 린디히 자택, 카롤라 린디히도 동석

(롤란트 가이펠(1939년생) 씨는 동독에서 태어나 서독으로 건너갔다가 다시 동독으로 와서 활동한 개신교 목사다. 그가 동독으로 건너와 정착한 것은 동독 시민인 부인과의 사랑을 이루기 위해서였다. 그는 게라에 정착한 후 성 우르줄라 교회의 목사로서 문학, 예술, 청소년, 환경 문제 연구모임, 청소년 모임, 장애인 지원활동모임 등 다양한 모임을 조직하고 운영하였기에, 게라 문화활동의 중심 인물, 게라의 앙팡 테리블이라 불렸다.[372] 이때 그는 슈타지와 크고 작은 마찰을 빚기도 했지만 그것이 근본적인 갈등관계였다고 보기는 어렵다. 그러나 동독 체제전환기였던 1989년 가을 그는 변화를 요구하는 게라 시민들의 촛불집회에서 중심적 역할을 하였다. 수석목사로서 활동하다가 2005년에 현역에서 은퇴했으며 2009년 독일연방정부는 그에게 연방 공로훈장을 수여하였다. 또한 자유와 사랑, 활동 기회를 찾아 동서독 경계를 몇 번이나 넘나들었던 그의 극적인 삶의 이야기는 세인의 비상한 관심을 끌어 독일 통일 후에는 『넘어 가라니까! –독일 역사 50년』(*Geht doch rüber!–Fünf Jahrzehnte Deutscher Geschichte*)(Ehapa Comic Collection, 1999)이라는 만화로 재현되기도 했다.[373] 이 만화는 역사학자와 만화 작가들이 공동으로 작업하여 동서독의 50년 역사 속에서 가이펠 씨와 그의 가족들의 삶의 행로를 다루고 있는데, 작품 속에서 롤란트 가이펠 씨는 '롤란트 겜펠' 이라는 이름으로 등장한다.

7월 17일 밤늦게까지 필자와 인터뷰한 카롤라 린디히 씨는 자기 집에서 다음 날 바로 가이펠 목사와의 대담을 주선해주었다. 필자가 남성인 가이펠 목사를 인터뷰하기로 한 이유는 몇 가지 있었다. 첫째, 그가 원로 종교인으로서 1980년

---

372 Karsten Dümmel, "Schild und Schwert der SED"–Was war die Stasi?, http://www3.lrs.lt/IPP/konferensijos-pranesimai_dumel.html (검색일: 2011-01-10).

373 Karsten Jauch, "Grenzerfahrungen", *Thüringer Allgemeine Zeitung*, 2009. 11. 6, http://www.simon-schwartz.de/Presse/09.html (검색일: 2011-01-11).

인터뷰하는 롤란트 가이펠 목사(맨 왼쪽)**와 카롤라 린디히**(왼쪽에서 두 번째)

대 동독의 지방 도시인 게라 주변의 사회적 분위기와 주민들의 정신적 분위기를 정리해줄 수 있으리라고 기대했다. 둘째, 그가 동독 출신인 부인과 결혼하면서 동독에 정착하고 살아온 과정을 통해 동독 여성의 일상적 삶과 관련된 또 다른 이야기를 들을 수 있으리라 기대했다.

가이펠 목사는 동독 체제전환 과정과 관련된 이야기를 듣고 싶다는 제의에 아주 흔쾌하게 응했다. 개신교 목사답게 대단한 달변가인 그는 막힘없이 여러 이야기를 풀어놓았다. 외부에서는 전혀 알지 못했던, 동서독 간의 인적·물적 교류에 관해 흥미로운 세부적 사실들을 들을 수 있었다. 단위 시간 내에 가장 많은 이야기를 한 이가 바로 가이펠 목사다. 이 정리본에서는 인터뷰 내용을 발췌해서 싣는다.)

한 : 서독에서 동독으로 건너오신 개신교 목사님이시지요? 서독에서 신학을 공부하셨습니까?

가이펠 : 저는 서독에서 언어학을 공부한 후 동독에 와서 예나에서 신학과 관련 언어를 공부했습니다. 1969년에 최종적으로 동독으로 왔습니다.

한 : 동독으로 건너오신 것은 선교 목적 때문이지요?

가이펠 : 선교는 두 번째 목적이었고요. 첫 번째 목적은 사랑이었습니다. 동독 사람인 제 아내와의 사랑을 이루기 위해 온 것이지요. 저는 1965년에 동독을 방문했을 때 아내 될 사람을 처음 만났습니다. 그 후 편지를 주고받았고, 1967년에 두 번째로 방문했을 때 사랑에 빠졌지요. 그리고 서로의 사랑을 확인했습니다. 그래서 2년 후 이곳으로 왔습니다. 동독의 목사가 되기 위해서였죠. 1964년 제가 살던 마인츠에서 라디오 방송을 들었는데, 동독에서 목사를 할 수 있다고 하더군요. 그래서 동독으로 오기로 했지요. 처음 왔을 때 아내 될 사람을 만난 것이고 말입니다. 처음에는 베를린에서 활동을 하려고 했었습니다. 그런데 베를린의 상급 목사가 제게 권유하더군요. 튀링겐 주 게라로 가시오. 부인될 분이 게라에 사시니까요, 그렇게요. 그리고 하시는 말씀이 게라에 수석 목사님이 계시는데, 그 양반이 동독 공산당 서기장인 발터 울브리히트와 이야기가 통한다고요. 게다가 제가 서독 시민이라서, 규정상 동베를린에서 강의를 들을 수는 있는데 거주할 수는 없었습니다.

한 : 그런데 동독 정부가 서독 시민과 서독 목사의 동독 이주를 하락한 데는 이유가 있었을 텐데요. 선전상의 목적 같은 것 말입니다. 동독 사회를 향해, '봐라, 우리는 이렇게 자유롭고 관용적이다' 뭐 이렇게 말하고자 했던 것 아닐까요.

가이펠 : 제가 1967년에 아내 될 사람과 함께 게라에 와서 시청 내무과에서 만일 내가 동독에 오면 어떻게 될 것인가를 물었을 때 그 관리가 이렇게 말했지요. "동독에 오신다면 환영합니다. 우리는 관용적인 목사가 필요하거든요." 이것은 의미심장한 발언이었어요. 제가 2년 후 동독에 왔을 때 2주에 한 번씩 슈타지에 출석해서 점검을 받아야 했는데, 그럴 때마다 이 말을 인용하곤 했지요. 그리고 게라에 와서 목사로 일하면서도 이 말을 항상 인용하곤 했어요. 왜냐하면 사람들이 도대체 어떻게 가이펠은 동독으로 다시 돌아올 수 있었는가 이상하게 여겼거든요. 제 동생은

동독 군대 하사관으로 3년째 복무 중이었습니다. 저는 원래 동독에서 태어났습니다. 열일곱 살의 나이로 1957년에 서독으로 이주했지요. 그런데 1967년 동독에 왔다가 열아홉 살 난 동독 소녀와 사랑에 빠졌고 기필코 그녀와 결혼하고자 했습니다. 그래서 동독으로 이주했지요. 결혼은 동독에서 주택을 얻는 데도 필수적이었습니다. 우리 부부는 결혼한 후 게라에서 아파트를 얻었는데, 게라에 거주하던 노부인이 서독으로 이주하여 집이 비게 되었기에 그 집을 얻을 수 있었던 겁니다.

카롤라 린디히 : 어디서 태어나셨다구요?

가이펠 : 동독의 작은 마을 출신이지요.

카롤라 린디히 : 아하 그렇군요. 저는 목사님이 게라 출신이신 줄 알았어요. 그런데 서독으로 이주했다가 다시 동독으로 돌아와서 이곳에 정착하셨다니, 참 변화무쌍한 역정이군요.

가이펠 : 원래 미국으로 가고 싶은 생각도 있었습니다. 모스크바, 상트페테르부르그, 키예프를 여행했었는데, 그곳에서 바로 독일 작가 하인리히 뵐의 흔적을 발견할 수 있었지요. 유대인들에 대한 연대감을 강하게 느꼈고, 예술과 교회가 내 삶의 터전이라고 생각했습니다. 연극도 엄청나게 좋아했지요. 동독에 와서도 주말마다 전시회도 개최하곤 했는데, 이 때문에 행사 신고를 하는 문제로 당국과 마찰이 일어나기도 했습니다. 1980년대에 이런 마찰을 겪으면서 차츰, 이 체제가 오래가지는 못하겠구나 하는 생각이 들었습니다. 주변 사람들은 동독이 그렇게 빨리 무너질 줄 몰랐다고 하는데, 저는 그걸 이미 전부터 예상하고 있었던 것이지요. 여행 문제만 하더라도 제가 동독에 온 후로는 사회주의 국가들은 자유롭게 여행할 수 있었는데, 1984년 이전에는 서독으로 여행할 수 없었습니다. 함부르크에서 장애인 관련 국제회의가 있었는데, 거기에 초청받았지만 참석할 수 없었지요.

한 : 목사님은 교회에서 아주 빨리 일자리를 얻으신 셈입니다. 부인께서도

직장생활을 하셨습니까?

가이펠 : 제 아내는 1974년까지 문서관리 전문가로 일했었는데, 제가 목사라서 탁아소에 아이를 보낼 수가 없었어요. 그래서 아내가 직장을 그만두고 전업주부가 되기로 결정했어요. 우리 두 사람이 고심 끝에 그렇게 결정을 내린 것이지요. 경제적인 면에서는 서독의 친지가 매달 소포를 보내주었습니다. 서독 교회에서 연간 500마르크씩 보수를 받았는데, 친지가 이를 대신 받아서 관리해주면서 물건을 보내주는 것이지요. 옷 같은 일용품들을 보내주었어요. 큰 혜택이었지요. 게다가 게라의 고급주택가(운테름 하우스)에서 150제곱미터짜리 주택을 얻을 수 있었습니다. 백 년 된 집인데 아주 고급이었지요.

한 : 두 분이 그렇게 넓은 집에 사셨어요?

가이펠 : 아이도 있었어요. 1972년에 딸이 태어났어요. 그런데 아내의 건강 상태로 봐서 아이를 하나는 낳을 수 있지만 그 이상은 낳을 수 없었어요.

한 : 그런 다음 게라에서 아주 평온하게 사셨군요.

가이펠 : 게라 루잔에서 교회 부담임 목사로 선출되었지요. 1975년부터 규정이 만들어져서, 주민 2-3천 명 되는 새로운 도시 주택지구에서는 300명을 수용할 수 있는 교회 건물을 지을 수 있었는데, 비용의 3분의 2는 서독 마르크로, 3분의 1은 동독 마르크로 충당할 수 있었습니다. 이런 프로젝트가 있었어요.

카롤라 린디히 : 일종의 동서독 합작 교회신축 프로그램이네요.

가이펠 : 그렇습니다. 재미있는 일이지요. 1977년 새로운 교회 건물이 지어졌습니다. 동독 돈과 서독 지원금을 합쳐서 건물을 지었습니다. 멋진 건물이었어요. 새 건물을 지어서 교회가 들어오니까 사람들이 망원경을 가지고 열심히 건물을 구경하더군요.

(통일 전까지 동독 시민이었던 카롤라 린디히도 이 같은 이야기는 처음 듣는 듯, 무척 흥미로워 했다.)

한 : 동독의 체제전환 이전에도 개신교 목사로서 동독 정부와 갈등을 겪으셨는지요?

가이펠 : 동독으로 이주할 때부터 갈등을 겪었지요. 저는 동독 시민이 되기 위해서는 6주 동안 과도시설에서 지내야 했는데, 이 기간 동안 제가 서독에서 가져온 모든 물건을 점검당했습니다. 동독으로 올 때 333권의 책을 가지고 왔었어요. 서독에 있을 때 이미 이런 일이 있으리라는 것을 알고 결단을 내렸었지요. 일기, 대부분의 책, 문서 등을 모두 서독의 지인과 연구자들에게 넘겨주고 왔었지요. 이데올로기적으로 동독은 서독과 다르다는 것을 알고 있었으니까요. 레닌의 전기를 읽었었는데, 마음에 들지 않는 사람은 처형하기도 했더군요.

카롤라 린디히 : 스탈린이 그랬지, 레닌은 안 그러지 않았어요?

가이펠 : 레닌은 자기 형이 처형당하는 일도 겪었지요. 그전에 도스토예프스키가 겪었던 일이며, 차르 체제하에서 일어났던 이런 일을 생각하면 차르 체제는 당연히 바뀌었어야만 했습니다.

한 : 그래서 동독 체제는 예상했던 대로 전체주의적이었습니까?

가이펠 : 저는 이미 그전에 서독에서 살 때부터 친구를 사귀거나 여행을 할 기회가 있어도 서방으로 향하기보다는 동독 쪽으로 향했습니다. 어머니가 켐니츠에 살고 계시기도 했고, 이 외에도 이쪽 사람들과 교류했지요. 동독 사정을 알고자 했습니다. 그런데 동독에서는 선거가 있으면 그전에 주민들이 이미 표시가 된 투표용지를 받곤 했습니다. 이것을 거부하는 데는 용기가 필요했지요. 이런 일이 있었습니다. 예나의 한 목사가 저항적인 인물이어서, 이런 투표용지에 대해, '아니오'라고 했습니다. 이로 인해 그는 당국에 불려가서 엄청난 탄압을 받았고, 그 탄압이 너무나 심해 그는 그 후 아주 열성적인 정보원이 되었습니다. 그는 교회활동에 관한 정보를 슈타지에 제공했는데, 그 후로는 정보원 일에 익숙해졌어요. 돈도 받고. 동독 목사 봉급 기준으로는 상당한 액수의 돈을 받았지요.

한 : 이주 수용소에서의 경험 외에, 목사로서 설교를 하시면서 설교 내용 때문에 당국과 긴장관계에 빠지신 적은 없나요?

가이펠 : 있었습니다. 1981년과 1982년에 청소년 예배에서 건설사병(Bausoldaten, 양심적 무기거부자)[374]에 대해 언급했습니다. 그들은 내일을 위한 새로운 희망이며, 평화를 수립하기 위해 노력하는 것이 그들의 삶의 목적이라고 말했습니다.

카롤라 린디히 : 건설사병은 어떤 사람들이지요? (동독 시민이었던 카롤라는 동독 징병제하에서 집총을 거부하는 젊은이들을 위해 마련된 대안복무 제도였던 건설사병에 대해 모르고 있었다.)

가이펠 : 1964년 동독에서 마련된 제도입니다. 양심상 무기를 거부하는 젊은이들에게 이를 허용하는 제도입니다. 저는 1971년에 이 제도에 대해 새롭게 인식하게 되었습니다만 원래는 1959년 서독 지크마링겐에서, 어떤 종류의 무기도 거부할 수 있다는 것을 알게 되었더랬습니다.

한 : 한국에서도 그런 젊은이들을 찾아볼 수 있어요. 한국도 징병제이거든요. 그런데 '나는 무기를 손에 들지 않겠다'는 젊은이들이 있습니다. 한국에서는 이를 '양심적 병역거부'라고 부릅니다.

가이펠 : 저는 서독 군대에서 복무하지 않았습니다. 왜냐하면 제가 신병훈련을 받으러 가서 동독에 계시던 어머니가 보내온 편지를 읽고 있었는데 이걸 장교가 보게 되었어요. 편지에서 어머니는 "네가 서독 군대에서 복무하게 되면 동독에 입국할 수 없을 것이다." 그렇게 쓰셨어요. 그렇게 들어 알고 계셨던 것이지요. 제가 그 편지를 장교에게 제출했더니 장교가 그걸 읽고 하는 말이, "그렇다면 독일이 통일되면 (동독으로) 이주할 수 있을 거요." 그러더라고요. 저는 어쨌거나 이 편지를 계기로 군복무

374 징병제인 동독에서 병역을 이행하되 대체복무에 종사한 사병을 말한다. 무기 대신 주로 건설 장비를 들고 토목건설 업무에 종사했기에 이렇게 불렸다. 한국의 공익요원들이 수행하는 것과 같은 업무에 종사하는 사병도 있었다.

를 하지 않게 되었고 그로부터 10년이 지난 후 동독으로 들어왔지요. 그리고 "나는 서독에서 양심상의 이유로 무기를 들 수 없었다."라고 분명히 말했지요. 이후 1971년에 건설사병으로 인정받았습니다. 그 후에 대학에서 공익요원(Zivildienstleistender)으로 일했지요.

한 : 그때는 이미 나이가 서른이 넘으셨지 않아요?

가이펠 : 그렇습니다. 원래 저는 1956년에, 그때 나이가 열일곱이었는데, 병영을 경비하는 경찰로 차출되었습니다. 그런데 이때 이를 벗어날 이유를 댔어요. 그때 조부모님이 생존해 계셨고 여덟 살 난 남동생이 있었습니다. 그래서 내가 군대에 가면 어머니 혼자 조부모님과 어린 동생을 돌보실 수 없다, 그렇게 말했지요. 그래서 그때 군대에 가지 않았는데, 1971년에 새로 징집대상이 된 것이지요.

한 : 이로써 건설사병이 되신 것이고, 갈등을 겪으셨군요.

가이펠 : 저는 그 후 젊은 사람들에게 건설사병, 무기거부에 대해 자주 이야기했습니다. 병역을 마친 아버지들에게도 그렇게 이야기했지요. 무기를 거부하더라도 감옥에 가지 않을 수 있다고 말했지요. 사람들에게 그런 정보를 준 겁니다.

한 : 게라의 전체 주민 가운데 열성적으로 교회에 출석하는 사람은 몇 퍼센트 정도나 되었을까요?

가이펠 : 제가 1974년 게라의 목사(Vikar)였을 때 수석감독(Superintendant)이 말하기를 게라의 12만 인구 가운데 3만 3천 명이 개신교회에 등록되어 있다고 하더군요. 지금은 10만 인구 가운데 개신교 신자로 등록한 사람은 1만 2천에서 1만 5천 명 정도 됩니다.

한 : 설교를 하실 때 동독 정부를 비판한 적이 있으신가요?

가이펠 : 주말 행사를 조직하면서 그런 경험을 했습니다. 현실에 대한 저항을 조금씩 시도해보는 것이지요. 그리고 린디히 씨 가족의 경우처럼 부모

가 뒷받침해주면 젊은 세대는 아주 적극적으로 반응을 하더군요. 인간이 어려움이 있더라도 자기의 길을 갈 수 있다는 것, 자기가 스스로 삶의 결정을 내릴 수 있다는 것을 젊은 세대가 예를 들어 저 개인의 살아온 과정을 보면서도 깨달을 수 있었다고 생각합니다.

사람들이 인종차별이 행해지던 시기의 남아프리카를 비난하면서 동독과 남아프리카가 비슷하다고 주장한 일이 있어요. 그런 이야기를 들으면 좀 짜증이 났습니다. 친척 아주머니 가운데 한 분이 남아프리카에 지인이 있어서 1980년대 초에 남아프리카를 가끔 방문하셔서 그쪽 사정 이야기를 듣곤 했는데, 동독에서는 노동자, 지식인 등이 그렇게 억압을 받았다기보다는 일정한 한계 안에 갇힌 삶을 살았다고 하는 편이 더 적합할 겁니다. 여행의 자유가 제한되었다는 것, 예를 들어 알제리나 이라크 같은 곳에 전문가로 가서 일할 수는 있었지만 서방 여행을 할 기회는 크게 제한되었거든요.

한 : 동독 체제의 전환을 어떻게 경험하셨습니까. 목사님 개인에게 그 전환은 언제부터 시작되었습니까?

가이펠 : 구체적으로는 1989년 여름부터…… 그런데 저는 언제나 그렇게 희망했었어요. 변화할 것이다, 변화할 것이다 그렇게요. 하지만 아주 구체적으로 전환을 경험하게 된 것은 1989년 여름이었어요. 친구인 서독의 한 목사가 제 부탁에 따라 저에게 책을 한 권 보내왔는데, 모스크바에서 출판되었고 독일어로도 번역된 책이었습니다. 소련의 핵물리학자 사하로프(Andrey Dimitriyevich Sakharov)에 대한 책이었어요. 도이칠란트 라디오방송에서 이 책에 대해 들었거든요. 하늘의 징표 같아 보였습니다. 부탁했더니 친구가 이 책을 탐문해서 사 보냈을 뿐 아니라 저랑 통화까지 할 수 있었어요. 한 이틀 있으면 책이 도착할 거라고 하더군요. 책을 받을 때까지 여름휴가도 미루자고 아내에게 말했지요. 과연 며칠 후에 책이 왔더군요. 책을 받은 다음 1989년 7월 말에 휴가를 가서 책을 읽었습니다. 굉장했습니다.

휴가에서 돌아가면 신호를 올려야겠다, 그렇게 생각했습니다. 그리고 돌아온 후로는 멈춤 없이 내달릴 수 있었지요. 평화기도회를 열었습니다. 교회 안에서뿐 아니라 대학에 있는 분들처럼 개명된 자세를 가진 분들하고 같이 행동하기도 했습니다. 1989년 8월에 그런 집회를 가졌고 어떨 때는 200명 정도가 집회에 참석하기도 했습니다. 라이프치히의 시위 소식도 들었고 그곳에서 온 사람들과 연합 집회를 열기도 했지요. 그러한 것이 게라에서의 우리 활동을 아주 강화시켜주었습니다. 예배 때의 발언 때문에 보수적인 신도들과 갈등을 겪기도 했습니다. 기민당(동독에도 공산당 외에 이른바 동반자 정당들이 있었는데 기민당은 그중 하나였다) 당원인 어떤 신도는 이제 교회에 나오지 않을 거라고 하더군요. 당신은 서독에서 넘어온 목사라고 하면서. 그래도 계속 평화집회를 열었습니다. 린디히 가족의 젊은 아들들처럼 젊은이들의 호응이 대단했습니다. 집회에선 네덜란드건 동독이건 어떤 로켓도 설치해서는 안 된다고 요구하기도 했고요. 집회 때문에 외부에서 게라로 들어오는 길이 차단되기도 했습니다. 슈타지가 우리를 주시하면서 신경을 곤두세우고 있었지요. 평화기도회에 참석한 사람들은 저에게 바나나며 야채 같은 것을 가져다주면서 성원을 보냈습니다. 이분들의 지지가 큰 힘이 되었습니다. 우리는 1년 후 1990년에 성탄예배를 드리면서 이때 일을 감개무량하게 회고했습니다.

5. 앙겔라 P. 인터뷰

2010년 7월 21일 오전, 베를린 앙겔라 P. 자택

(앙겔라 P. 씨는 노동계급에 속하며 성적 소수자의 길을 택한 여성이다. 그녀는 동독 시절 공산당원 출신인 남자와 결혼하여 자녀를 두었지만 남편이 체제전환의 와중에서 자신의 삶에 대해 불안을 느끼고 인간적으로 피폐해지자 그와 이혼했다. 그 후 그녀는 자신의 레즈비언적 정체성을 깨닫고 지식인 계급에 속하는 여자친구(박사학위를 가진 대학 강사)를 만나 현재 베를린에서 함께 살고 있다. 두 사람은 아주 만족스러운 관계를 유지하고 있다. 앙겔라 씨는 포츠담에 일터가 있고 근처에 집이 있지만, 여자친구와는 베를린의 아파트에서 함께 살기 때문에, 포츠담과 베를린을 오가는 생활을 하고 있다. 말투와 외모 모두 씩씩하고 활달한 앙겔라 씨와의 면담은 유쾌한 것이었다. 이 면담에서는 면담자가 질문을 많이 할 필요가 없었다. 앙겔라 씨는 자신의 삶의 궤적을 술술 이야기해 갔다.)

한 : 먼저 자신에 대해 간단하게 소개해주시지요. 나이, 고향, 교육 및 직업훈련, 가족관계 등등을 말씀해주시면 됩니다.

앙겔라 : 저는 1966년 6월 동독 브란덴부르크 주에 속하는 루켄바일레에서 태어났습니다. 1973년에 초등학교인 에드윈 회른레(Edwin Hoernle) 군립학교에 입학했지요. 에드윈 회른레는 공산주의자로서 나치에 맞서 싸운 저항투사, 자유투사였지요. 유대인이었어요. 나치에 의해 암살당했습니다. 에드윈 회른레 학교는 지금도 있기는 한데, 학교 이름은 없애버렸어요.

어머니는 유치원에서 일하셨고 아버지는 트랙터 운전을 하셨어요. 트랙터를 몰고 하천정비작업도 하셨지요. 배수로를 만드는 일 같은 것도 하셨고요. 이런 업무는 지역 전체를 위한 것이었지요. 브란덴부르크 주 전체에 해당하는 일도 있었어요. 그런데 제가 열다섯 살 되던 해 9월이었어요. 아버지가 비바람이 몰아치는 가운데 일하다가 사고를 당해 돌아가셨지요.

학교생활은 그냥 보통이었어요. 학교를 마친 후 대학입학자격시험(아비투어)을 볼 생각이었지요. 대학진학을 생각할 무렵 성적은 특별히 좋은 편은 아니었어요. 다른 학생들이나 비슷한 편이었지요. 제가 열다섯 살 되었을 때 아버지가 돌아가셨지만, 어머니가 생존해 계셨기 때문에 고아는 아니었는데, 제 성적으로는 아비투어를 볼 수 없었어요. 저 정도의 성적인 학생이 만일 고아였다면 아비투어를 볼 수 있었을 겁니다. 대학입학 정원 내에 포함될 수 있는 기준이 여러 가지 있었는데, 제 경우 그런 것이었어요.

대학에 입학할 길이 막혔기 때문에 직업교육을 받게 되었지요. 10학년 되었을 때 포츠담으로 왔어요. 포츠담에서는 열여섯 살 나던 1982년부터 열아홉 살 나던 1985년까지 직업학교에서 여성 요리사가 되기 위한 직업교육을 받았지요. 음식점인 '춤 칼레베르크'(Zum Kahleberg)에서도 요리를 배웠답니다. 그런데 요리사라는 게 남성적 위계서열이 지배하는 직업이에요. 저는 항상 청소나 하고 석탄[375]을 닦아내는 일이나 했지요. 주방장은 언제나 남자고 남자들이 지배했어요. 저는 날이면 날마다 초과근무하면서 지지고 볶는 삶을 언제까지나 살고 싶진 않았어요. 그래서 1985년에 다시 고향으로 돌아왔지요.

고향에서는 농기계생산공장(LTA)에서 새 일자리를 얻었어요. 전화 담당 직원이었지요. 관청에는 일꾼배정과(Kaderabteilung)가 있어서, 일하기를 원하는 사람에게는 무슨 일이든지 주선해주었어요. 농기계생산공장 사무실에서 전화 담당 직원으로 일했는데 일은 재미있었지요. 그러다가 1980년대 말에 자물쇠 제조공이 되기 위한 교육을 받기 시작했답니다. 여성으로서 뭔가 자립할 수 있는 기술을 배우고 싶었거든요. 1년 반 동안 토요일마다 교육을 받았는데, 성과도 좋았어요. 같이 교육 받은 사람 중에는 여자가 4명, 남자가 20명이었어요. 여성이지만 일과 관련해

---

375 동독은 갈탄을 주된 연료로 사용했다.

서는 존중을 받았지요.

그러다가 남자친구와 사귀게 되고 곧 결혼을 했어요. 남편은 로스톡 출신으로 대학에서 원예학을 공부한 청년이었답니다. 처음에는 석공으로 직업훈련을 받았지만 원예학을 하면 돈을 더 벌 수 있기 때문에 이쪽으로 진로를 바꾸었답니다. 시아버지는 당의 고위인사였어요. 남편은 슈베린에서 대학에 다녔고요. 결혼은 1989년 1월 22일에 했는데 결혼식은 꽤 성대하게 치렀지요. 결혼하던 해에 바로 아이를 가지게 되었어요. 딸을 낳았지요. 그런데 바로 이해 1989년에는 라이프치히에서 월요시위가 계속되더니 큰 변화가 일어나기 시작했어요. 남편은 원예학을 공부한 다음에는 아버지의 후광을 입어 아주 빠른 속도로 출세할 거라고 예상하고 있었지요. 공산당에 굉장한 줄이 닿아 있었거든요. 그런데 동독에서 무슨 일인가가 벌어진 거예요. 11월 9일에는 결국 베를린 장벽이 무너졌지요. 독일 통일에 대한 요구가 드높아졌어요. 이 와중에서 남편은 어찌할 바를 몰라 하더군요. 출세가 보장되어 있던 사람이 체제가 바뀌려 하니 갈피를 못 잡게 된 것이지요. 남편은 술을 마시기 시작했어요.

1990년에는 잘 아시다시피 독일 통일이 이루어졌잖아요. 이해 저는 개인적으로 1년간의 육아휴직기간(Babyjahr)을 얻어 쉬고 있었어요. 남편은 대학을 그만두고 농부가 되었어요. 작물보호 일을 했는데, 독일 통일 과정에서 수많은 사람들이 실업자가 되거나, 아니면 기업이 엉망이 되어버리거나 했지요. 우리 지역에서도 2만 명이 실업자가 되었어요. 1990년 9월에 남편도 나도 다 실업자가 되어버렸어요. 그래서 할 수 없이 여러 직업훈련을 다시 받으러 나섰지요.

집을 친정어머니와 제가 공동으로 소유하였기에 어머니와 함께 살았지요. 어머니가 딸을 돌보아주셨어요. 저는 음식점에서 일하기도 했고 1993년에서 1996년 사이에는 유리공예사로 일하기도 했답니다. 교회 건물 유리창에 스테인드 글라스 작업 하는 거 아시죠. 이 일을 하는 개인 기업체에서 일했는데 재미있었어요. 6명에서 8명 정도 되는 사람이 팀을 이뤄서 교회 건물을 복원했는데, 남자들은 건물 뼈대를 세우고 여자들은 나머지 일을 하곤 했지요. 보수는 별로 많이 받지 못했지만 이 일을 하는 동안 자의식이 성장했어요. 그리고 체중도 25킬로그램이나 빠졌지요. (앙겔라는 현재 아담한 보통 체격의 소유자이다. 과거에 체중이 25킬로그램이나 더 많이 나갔다면 꽤 통통했으리라 추측된다.)

그런데 결혼생활은 점점 위기에 빠져들고 있었어요. 남편은 베를린에서 건물의 지붕 덮는 일을 하는 건축노동자가 되어 있었는데, 한 3년 동안은 꽤 괜찮았지요. 수입도 괜찮고. 저는 직업전환교육(Umschulung)을 받았어요. 무슨 일이냐, 가스·수도 배관공 일을 배우게 된 거죠. 포츠담에서는 제가 이 기술 소유자로 등록한 세 번째 여성이었다고 하네요. 1996년에서 1998년 사이에 이 직업교육을 받았는데 당시 교육받는 여자가 2명이었어요. 자격시험은 아주 잘 봤지요. 인정을 받기 위해 정말 열심히 일했답니다. 그런데 제가 열심히 일하고 일자리에서 자신감을 얻을수록 이상하게도 남편은 불안해하더라고요. 술 마시고 자기 아내를 때리고 말이지요. 남편의 알코올 중독은 심해져 갔어요. 술기운이 없는 때가 없는 그런 술꾼(Spiegeltrinker)이 되어갔지요. 1997년에는 알코올 때문에 직장에서 해고를 당하게까지 되었어요. 어쩝니까. 결국 다음해에 이혼을 했지요. 저는 제 집에서 딸을 데리고 나왔던 거예요. 여성쉼터에서 3주를 지냈지요. 그땐 정말 이렇게 살다간 목숨을 잃을지도 모른다는 두려움에 사로잡혔었어요. 정말 최악이었지요. 마지막에는 딸 앙겔라(앙겔라 P.의 딸도 '앙겔라'라는 이름을 가지고 있었다)와 저 자신의 안전을 생각하는 것 외에 아무것도 신경 쓸 수가 없었어요.

이렇게 이혼을 한 후 1998년에는 포츠담에서 새 일자리를 얻었어요. 고층아파트의 관리사가 된 것이지요. 도어맨, 도어우먼이라고 하는데 전반적 행정업무도 맡지만 기술, 소방, 수도, 잠긴 문 열어주기, 우편물 수령 등의 일을 하고 경비 일도 겸하지요. 주택 소유자회에서 고용하는 자리지요. 제가 일하는 아파트는 24층 건물인데 200가구가 살지요. 사흘 일하고 하루 쉬는 생활인데, 근무일 사흘 동안에는 교대 근무를 한답니다.

포츠담에도 집이 있어요. 거기서 친정어머니, 저, 딸 이렇게 모녀 3대가 살지요. 딸은 자기 아버지와는 거의 접촉이 없어요. 어머니는 일흔 살이 되셨어요. 전남편은 자기에게 맞는 사람을 만나 재혼을 했는데, 여전히 실업자 상태랍니다.

저는 일을 통해 많은 사람을 알게 되었고, 사람들과 사귀는 것을 알게 되었습니다. 말하는 법, 행동하는 법, 사회적 존재로서 살아가는 법도 알게 되었지요.

한 : 지금까지의 자신의 삶에 대해 아주 상세하게 말씀해주셨네요. 구동독에서 일반 기층민중의 삶이 어떠했는지 구체적으로 알 수 있게 해주는 말씀도 많았던 것 같습니다. 자, 그러면 동독의 체제전환 속에서 자신의 삶이 어떻게 달라졌는지 말씀해주시겠습니까. 그 전과 그 후가 어떻게 달라졌다, 동독 시절과 통일 후 삶의 장단점은 어떤 것이다, 등등.

앙겔라 : 체제전환을 거치면서 저의 삶도 많이 바뀐 것은 분명합니다. 동독에서라면 음식점에서 계속 일하면서 너저분해졌겠지요. 아주 단조로운 삶을 살지 않았을까 해요. 알코올 중독자인 남편에게 계속 매달리면서 말이지요. 하지만 체제전환 후에는 많은 게 달라졌어요. 저는 그전보다 훨씬 더 독립적이 되고 훨씬 더 분명한 자의식을 가지게 되었지요. 남자들은 체제전환을 거치면서 많이 망가졌는데 여자들은 훨씬 더 잘 적응했어요. 자연은 자녀양육을 위해 여성에게 더 큰 적응능력을 준 것 같다고 생각합니다.

개인적 변화를 또 한 가지 말씀드린다면, 체제전환 후에 새로운 삶을 살면서 저는 문학과 예술에 새로이 눈을 뜨게 되었답니다. 과거 동독 시절에는 문학에 많은 한계와 제한이 있었어요. 좋은 책을 얻기 위해서는 오래 기다려야 되기도 했고. 지금은 문화가 더 다양하고 문학도 더 다면적인 모습을 보여주고 있다고 할 수 있어요. 과거에는 당의 노선이 모든 것을 결정했기 때문에 문학을 공부하려면 용기가 필요했어요. 서른 살이 넘으면 나이가 너무 많아 문학 공부를 한다는 게 불가능했지요.

그런데 지금 저는 2년째 통신 교육을 통해 문예창작을 공부하고 있답니다. 독학을 하면서 직접 글도 쓰고 있지요. 아름다운 작품을 쓰고 싶어요.

딸은 학교에서 좋은 성적을 거두었어요. 김나지움을 마치면서 대학입학자격시험을 보았어요. 수의사가 되고 싶다고 하네요. 동물원에서도 수의사가 필요한데 성적이 좋아야 한다는군요. 딸과는 사이가 좋답니다. 딸은 남자친구와 함께 살아요. 포츠담 바로 옆에 있는 마을에서 어머니와 남자친구와 함께 살고 있지요.

지금의 여자친구와의 관계는 어머니와 가족들에게서 인정을 받았어요. 이혼한 후 1년 동안 다른 남자와 살았었지요. 일곱 살 젊은 남자였어요. 그런 다음 다른 남자와 사귀기도 하고 몇 명의 여자들과 사귀기도 했는데, 나는 아무래도 여자들과의 관계에서 더 큰 만족감을 느끼는 것 같아요. 여자친구와의 관계는 정말 좋답니다.

한 : 여자친구는 어떻게 만나셨지요? 어떤 계기가 있었나요?

앙겔라 : 인터넷을 통해 만났답니다. 여자친구가 인터넷에 광고를 냈지요. 2007년에 만났으니 만난 지 3년 되었군요.

한 : 아파트 관리사로 일한다고 하셨는데 직업생활에 대해서도 말씀해주십시오.

앙겔라 : 베를린 생활은 참 다른데요, 포츠담에서는 벌써 12년째 이 일을 하고 있어요. 아파트 주민들과는 개인적 친분을 쌓은 지 오래되었지요. 아이들, 부부들과도 다 친하게 지내지요. 물론 거만한 사람들도 있기는 하지만 상관없어요. 근무를 마치고 나면 여가시간이 많아요. 밤에는 조용히 앉아 글을 쓰거나 인터넷을 하지요. 저는 자기 운명에 대해 책임지는 삶을 살고 싶어요.

저는 지금 삶에 만족하고 있어요. 그래도 일반적으로 말하자면 체제 전환 후의 삶에 문제가 없는 것은 절대 아니에요. 구동독 시절에는 학교에 다닐 때 교장 선생님이 직접 내는 시험이 있었답니다. 공개시험이었는데 열여섯 살 때였는데 "왜 동독에서의 삶에 만족하는가?"라는 문제가 나왔지요. 답은 "사회가 삶을 보장해주기 때문이다." 뭐 이런 것이었던 것 같아요. 자본주의 사회에서는 실존의 위기가 훨씬 더 심각한 건 분명한 사실이지요.

한 : 동독 사회에도 장점이 있었다는 말씀이군요.

앙겔라 : 동독에서는 많은 사람들과의 인간적 접촉이 가능했어요. 예를 들어 밤에 무슨 급한 일이 생겨도 이웃 사람들에게서 보호를 받을 수가 있었지요. 그런데 지금은 그런 게 하나도 없어졌어요. 모든 사람이 자기 코앞의 일을 해결하는 데 급급해 하고 있는 형편이지요. 하지만 사람들은 다시 변화를 시작하고 있어요. 체제전환이 있은 지 20년이 지난 지금 마을에서는 사람들이 다시 상호 접촉을 이룩하기 위한 노력을 시작했지요. 아주 긴밀한 이웃 도움 체계를 만들고 주민축제 같은 것도 함께 열고 있어요.

6. 보충: 작은 인터뷰들

아스트리트 루츠 폰 플라텐과의 대화
2010년 7월 12일, 튀빙겐, 폰 플라텐 자택

아스트리트 : 2009년 11월 9일, 베를린 장벽 붕괴 20주년을 기념하여 친구들을 초청해 파티를 벌였지요.

한 : 베를린 장벽 붕괴를 그렇게 축하한 이유는 무엇인지요? 장벽이 없는 지금 구동독인들과 구서독인들은 서로 좋아하나요?

아스트리트 : 베를린 장벽 붕괴 자체는 차원이 다른 일이었어요. 만날 수 없었던 사람들이 서로 만날 수 있게 되었다는 것은 굉장한 일이었지요.

참으로 아름다운 일이었어요. 벽이 무너진다는 것은 사람들 사이의 관계가 새로 열린다는 것을 의미합니다. 물론 그 후에는 새로운 현실이 전개되었어요. 현실은 많은 문제점들을 보여줍니다. 현실은 언제나 현실이지요.

힐데가르트 슐츠와의 대화
2010년 7월 13일, 튀빙겐, 슐츠 자택

한 : 동독 여성들도 그렇게 획일적으로 산 것 같지는 않더군요. 동독 체제 아래서 한 젊은 여성은 두 남자친구와 함께 아이 하나를 키우며 같은 집에서 살았다는데. 장차 한 남자친구가 더 합류할 것이라는 계획도 있더군요.

힐데가르트 : 사실 그런 면이 있어요. 동독 여성들의 삶의 방식은 다양했다고요. 그들은 경직된 체제에 아랑곳하지 않고 재미있게 살았거든요. 자기들끼리 즐기면서 체제를 우습게 만들었던 것이지요.

빌프리트 니체와의 대화
2010년 7월 24일 낮, 튀빙겐, 니체 자택

빌프리트 : 어머니는 서독 출신이었어요. 동독 출신인 아버지가 2차 대전에 참전하여 서독 지역에서 포로가 되었는데 어머니는 이때 그를 만나 결혼하면서 동독으로 갔지요. 3녀 3남을 두었는데 그중 딸 하나는 아주 어릴 때 죽었습니다. 어머니는 직장생활을 한 적이 없어요. 자녀들을 기르느라 직장에 다닐 수 없었던 것이지요.[376] 어머니는 무척 가정적이었고, 따뜻했고 음식을 잘하셨지요. 이 세상에서 어머니가 만든 음식이 가장

맛있어요.

(동독 출신인 빌프리트 니체 씨는 30대 중반이었던 1985년 서독으로 탈출하려다 발각되어 옥살이를 했다. 헝가리로 가서 헝가리 국경을 넘어 오스트리아로 탈출하려고 시도하다가 헝가리 경찰에 체포되었다. 동독으로 압송된 그는 1년 동안 수감되었으며 서독 정부의 자유매입정책에 따라 풀려나 서독으로 건너왔다. 키르히하임에 아저씨(아버지의 이복형제. 아버지가 두 살 때 할머니가 사망하고, 그 후 할아버지가 재혼함)가 살고 있어서 처음에는 키르히하임에서 살았다. 그 후 슈투트가르트를 거쳐 튀빙겐에 정착했다. 건축 기사여서 이쪽 관련 일을 하고 있다.)

376 이는 빌프리트 어머니의 선택이었던 듯하다. 자녀를 탁아소, 어린이집에 맡기면서 직장생활을 할 수도 있었을 것이다. 그런데 어머니가 이를 원하지 않았던 것으로 보인다.

참고문헌

1. 출판물

김명숙, 「독일 녹색당 여성정치 연구－평등 vs. 차이 관점에서」, 서울대학교 대학원 협동과정 여성학 전공 석사학위 논문(2004).

문수현, 「독일 제국 시기 성의 담론과 여성노동: 1878－1891년 독일 여성노동자 보호법을 중심으로」, 서울대학교 대학원 서양사학과 석사학위 논문(1999).

설킬드, 오드리, 『레니 리펜슈탈, 금지된 열정』, 허진 옮김(마티, 2006).

이순예, 『아도르노와 자본주의적 우울: 계몽의 변증법에서 미학이론까지 아도르노 새롭게 읽기』(풀빛, 2005).

정현백, 「통일운동과 여성주의」, 『창작과 비평』 통권 109호(2000).

페트리, C., 『나찌하의 抵抗運動』, 문희영 옮김(일월서각, 1983).

한정숙, 「독일 영년(零年): 여성이 살아내고 돌아본 나치 패망 후의 시간들」, 『서양사연구』 제42집(2010. 5).

"15 Jahre danach 'Wer zu spät kommt, den bestraft das Leben'", *Frankfurt Allgemeine Sonntagszeitung*, Nr. 40 (2004. 10. 3).

Alsop, Rachel, *A Reversal of Fortunes? Women, Work and Change in East Germany* (New York; Oxford: Berghahn, 2000).

Altbach, Edith Hoshino, "The New German Women's Movement", *Signs*, Vol. 9, No. 3 (Spring, 1984).

Anonyma, *Eine Frau in Berlin: Tagebuchaufzeichnungen vom 20, April bis 22. Juni 1945* (München: btb Verlag, 2003).

Bartov, Omer, *Hitler's Army: Soldiers, Nazis, and War in the Third Reich* (New York; Oxford: Oxford University Press, 1992).

Boa, Elizabeth / Janet Wharton (eds.), *Women and the Wende: Social Effects and Cultural Reflections of the German Unification Process* (Amsterdam; Atlanta: Rodopi, 1994).

Boveri, Margaret, *Tage des Überlebens, Berlin 1945* (München: Deutscher

Taschenbuch Verlag, 1970).

Bridenthal, Renate / Claudia Koonz / Susan Stuard (eds.), *Becoming Visible: Women in European History*, 2nd ed. (Boston: Houghton Mifflin Company, 1987).

Broszat, Martin / Klaus-Dietmar Henke / Hans Woller (Hg.), *Von Stalingrad zur Währungsreform: zur Sozialgeschichte des Umbruchs in Deutschland* (München: Oldenbourg, 1990).

Brownmiller, Susan, *Against Our Will: Men, Women and Rape* (New York: Simon and Schuster, 1975).

Brunnbauer, Ulf, *"Die sozialistische Lebensweise": Ideologie, Gesellschaft, Familie und Politik in Bulgarien (1944-1989)* (Wien: Böhlau Verlag, 2007).

Bunke, Hendrik, *Die KPD in Bremen. 1945-1968* (Köln: Papyrossa-Verlag, 2001).

Carter, Erica, *How German is She? Postwar West German Reconstruction and the Consuming Woman* (Ann Arbor: University of Michigan Press, 1997).

Cole, George F. / Stanislaw J. Frankowski (eds.), *Abortion and Protection of the Human Fetus: Legal Problems in a Cross-Cultural Perspective* (Dordrecht: M. Nijhoff Publishers, 1987).

DiCaprio, Lisa, "Marianne and Juliane / The German Sisters Baader-Meinhof fictionalized", *Jump Cut: A Review of Contemporary Media*, No. 29 (February, 1984).

"Die sind tierisch hinterm Mond", *Der Spiegel*, 20/1990.

Diken, Bülent / Carsten B. Laustsen, "Becoming Abject: Rape as a Weapon of War", *Body and Society*, Vol. 11, No. 1 (2005).

Dunn, Walter S. Jr., *Hitler's Nemesis: the Red Army, 1930-1945* (Westport: Praeger, 1994).

Eifler, Christine (Hg.), *Ein Bisschen Männerhass steht jeder Frau: Erfahrungen mit Feminismus* (Berlin: Christoph Links Verlag, 1991).

Eser, Albin, "Reform of German Abortion Law: First Experiences", *The American Journal of Comparative Law*, Vol. 34, No. 2 (Spring, 1986).

Fehrenbach, Heide, *Cinema in Democratizing Germany* (Chapel Hill: University of North Carolina Press, 1995).

Fehrenbach, Heide, "Rehabilitating Fatherland: Race and German Remasculinization", *Signs*, Vol. 24, No. 1 (Autumn, 1998).

Fehrenbach, Heide, "Working Paper Defining Our Position: Women's Initiative "Lila Offensive"", *Feminist Studies*, Vol. 16, No. 3 (Autumn, 1990).

Feier, Elizabeth / Annette Kuhn (Hg.), *"Das Schicksal Deutschlands liegt in der Hand seiner Frauen": Frauen in der deutschen Nachkriegsgeschichte* (Düsseldorf: Schwan, 1984).

Fischer, Erica / Petra Lux, *Ohne uns ist kein Staat zu machen: DDR-Frauen nach der Wende* (Köln: Kiepenheuer & Witsch, 1990).

Frevert, Ute, *Women in German History: From Bourgeois Emancipation to Sexual Liberation*, translated by Stuart McKinnon-Evans / Terry Bond / Barbara Norden (Oxford; Washington D.C.: Berg, 1990).

Garnham, David, "Extending Deterrence with German Nuclear Weapons", *International Security*, Vol. 10, No. 1 (Summer, 1985).

Goldman, Wendy Z., "Industrial Politics, Peasant Rebellion and the Death of the Proletarian Women's Movement in the USSR", *Slavic Review*, Vol. 55, No. 1 (1996).

Goldman, Wendy Z., *Women, the State & Revolution: Soviet Family Policy & Social Life, 1917-1936* (Cambridge: Cambridge University Press, 1993).

Gottschall, Jonathan, "Explaining Wartime Rape", *The Journal of Sex Research*, 41.2 (2004).

Gupta, Charu, "Politics of Gender: Women in Nazi Germany", *Economic and Political Weekly*, Vol. 26, No. 17 (April 27, 1991).

Hamburger Institut für Sozialforschung (Hg.) Vernichtungskrieg: Verbrechen der Wehrmacht 1941 bis 1944: Ausstellungskatalog (Hamburg: Hamburger Edition, 1996).

Hamerow, Theodore S., "Review: Women, Propaganda, and Total War", *Reviews in American History*, Vol. 7, No. 1 (March, 1979).

Harsch, Donna, *Revenge of the Domestic: Women, the Family, and Communism in the German Democratic Republic* (Princeton; Oxford: Princeton University Press, 2007).

Haug, Frigga, "The Women's Movement in West Germany", *New Left Review* I/155 (January – February, 1986).

Heer, Hannes / Klaus Naumann (Hg.), *Vernichtungskrieg: Verbrechen der Wehrmacht, 1941-1944* (Hamburg: Hamburger Edition, 1995).

Heineman, Elizabeth, "The Hour of the Woman: Memories of Germany's "Crisis Years" and West German National Identity", *American Historical Review* (April, 1996).

Heldmann, Philipp, *Herrschaft, Wirtschaft, Anoraks: Konsumpolitik in der DDR der Sechzigerjahre* (Göttingen: Vandenhoeck & Ruprecht, 2004).

Herminghouse, Patricia / Magda Mueller, *German feminist writings* (London: The Continuum International Publishing Group, 2001).

Hess, Sabine, *Globalisierte Hausarbeit: Au-pair als Migrationsstrategie von Frauen aus Osteuropa* (Wiesbaden: VS Verlag für Sozialwissenschaft, 2008).

Jarausch, Konrad Hugo, *Dictatorship as Experience: Towards a Socio-Cultural History of the GDR* (New York; Oxford: Berghahn, 1999).

Jeffords, Susan, "The "Remasculinization" of Germany in the 1950s: Discussion", *Signs*, Vol. 24, No. 1 (Autumn, 1998).

Jütte, Robert, *Contraception: a History* (Cambridge: Polity Press, 2008).

Kenawi, Samirah (Hg.), *Frauengruppen in der DDR der 80er Jahre: Eine Dokumentation* (Berlin: Grauzone, 1995).

Kim, Nury, "Die Deutsche Wiedervereinigung in der Sicht von Güntor Grass", 『독어교육』 제24집(2002).

Klein, Thomas, *"Frieden und Gerechtigkeit": Die Politisierung der unabhängigen Friedensbewegung in Ost-Berlin während der 80er Jahre* (Köln: Böhlau Verlag, 2007).

Koerner, Charlotte W., "Divided Heaven: By Christa Wolf? A Sacrifice of Message and Meaning in Translation", *The German Quarterly*, Vol. 57, No. 2 (Spring, 1984).

Kolinsky, Eva, *Women in Contemporary Germany: Life, Work, and Politics* (Providence; Oxford: Berg, 1993).

Krockow, Christian Graf von, *Die Stunde der Frauen: Bericht aus Pommern 1944 bis 1947* (Stuttgart: Deutsche Verlags-Anstalt, 1988).

Kuhn, Annette (Hg.), *Frauen in der deutschen Nachkriegszeit*, Bd. 2 (Düsseldorf: Schwann, 1986).

Kuhnhenne, Michaela, *Frauenleitbilder und Bildung in der westdeutschen Nachkriegszeit Analyse am Beispiel der Region Bremen* (Wiesbaden : VS Verlag für Sozialwissenschaften, 2005).

Kukutz, Irene, *Chronik der Bürgerbewegung Neues Forum 1989-1990* (Berlin: Basis Druck Verlag, 2009).

Larres, Klaus (ed.), *Germany Since Unification: The Development of the Berlin Republic*, 2nd ed. (New York: Palgrave, 2001).

Leinkauf, Thomas, ""Die Reue" mochte er gar nicht. Kurt Hager war über 30 Jahre Chefideologe der SED", *Berliner Zeitung*, 1998. 9. 19.

Lenin, V. I., "Capitalism and Female Labour", *Lenin Collected Works*, Volume 36 (Moscow: Progress Publishers, 1971).

Lenz, Ilse (Hg.), *Die Neue Frauenbewegung in Deutschland: Abschied vom kleinen Unterschied. Eine Quellensammlung 2. aktualisierte Auflage* (Wiesbaden: VS Verlag für Sozialwissenschaften, 2010).

Lovenduski, Joni, "Women and Party Politics in Western Europe", *Political Science and Politics*, Vol. 30, No. 2 (Jun., 1997).

Menschik Jutta / Leopold Evelyn, *Gretchens rote Schwestern: Frauen in der DDR* (Frankfurt: Fischer Taschenbuch, 1974).

Meyer, Sibylle / Eva Schultze, "After the Fall of the Wall: The Impact of the Transition on East German Women", *Political Psychology*, Vol. 19, No. 1 (March, 1998).

Moeller, H-B., "The Films of Margarethe von Trotta: Domination, Violence, Solidarity, and Social Criticism", *Women in German Yearbook: Feminist Studies in German Literature & Culture*, Vol. 2 (1986).

Moeller, Robert G., "Homecoming in the Fatherland: The "Remasculinuzation" of West Germany in the 1950s", *Eine Welt, Eine Geschichte? 43. Deutscher Historikertag in Aachen 2000* (München: Oldenbourg Wissenschaftsverlag,

2001).

Moeller, Robert G., *Protecting Motherhood: Women and the Family in the Politics of Postwar West Germany* (Berkeley: University of California Press, 1993).

Moeller, Robert G., "Reconstructing the Family in Reconstruction Germany: Women and Social Party in the Federal Republic, 1945-1955", *Feminist Studies*, Vol. 15. No. 1, Women, Family, and Work (Spring, 1989).

Moeller, Robert G. (ed.), *West Germany Under Construction: Politics, Society, and Culture in the Adenauer Era* (Ann Arbor: University of Michigan Press, 1997).

Pallmert, Ulrike, "Hilfe für misshandelte Frauen - zweites Frauenhaus", Gisela Gassen, *Wohin geht die Frauenbewegung?* (Frankfurt: Fischer Taschenbuch, 1981).

Passmore, Kevin (ed.), *Women, Gender, and Fascism in Europe, 1919-45* (Manchester: Manchester University Press, 2003).

Pence, Katherine, "'You as a Woman Will Understand': Consumption, Gender and the Relationship between State and Citizenry in the GDR's Crisis of 17 June 1953", *German History*, Vol. 19 No. 2 (2001).

Pence, Katherine / Paul Betts (eds.), *Socialist Modern: East German Everyday Culture and Politics* (Ann Arbor: University of Michigan Press, 2007).

Philipsen, Dirk, *We Were the People: Voices from East Germany's Revolutionary Autumn of 1989* (Duhrum; London: Duke University Press, 1993).

Piotrowicz, Ryszard W. / Sam Blay, *The Unification of Germany in International and Domestic Law* (Amsterdam; Atlanta: Rodopi, 1997).

Proctor, Robert N., *The Nazi War on Cancer* (Princeton: Princeton University Press, 1999).

Rueschemeyer, Marilyn (ed.), *Women in the Politics of Postcommunist Eastern Europe* (Armonk; London: M.E. Sharpe, 1994).

Ruhl, Klaus-Jörg (Hg.), *Frauen in der Nachkriegszeit: 1945-1963*, dtv dokumente (München: dtv, 1988).

Ruhl, Klaus-Jörg (Hg.), *Unsere verlorenen Jahre: Frauenalltag in Krieg- und*

Nachkriegszeit 1939-1949 in Berichten, Dokumenten und Bildern (Darmstadt; Neuwied: Luchterhand, 1985).

Sander, Helke / Barbara Johr (Hg.), *BeFreier und Befreite: Krieg, Vergewaltigung, Kinder* (München: Verlag Antje Kunstmann, 1992).

Sänger, Eva, *Begrenzte Teilhabe: Zentraler Runder Tisch in der DDR* (Frankfurt am Main; New York: Campus, 2005).

Sarotte, M. E., *Dealing with the Devil: East Germany, Détente, & Ostpolitik, 1969-1973* (Chapel Hill; London: The University of North Carolina Press, 2001).

Schacht, Ulich (Hg.), *Hohenecker Protokolle: Aussagen zur Geschichte der politischen Verfolgung von Frauen in der DDR* (Zürich: Ammann Verlag, 1984).

Schissler, Hanna, *The Miracle Years, a Cultural History of West Germany, 1949-1968* (Princeton: Princeton University Press, 1997).

Schlaeger, Hilke, "The West German Women's Movement", *New German Critique*, No. 13, Special Feminist Issue (Winter, 1978).

Scholl, Inge, *Die Weiße Rose* (Frankfurt am Main: Verlag der Frankfurter Hefte, 1952).

Schroeter, Sabina, *Die Sprache der DDR im Spiegel ihrer Literatur: Studien zum DDR-typischen Wortschatz* (Berlin; New York: De Gruyter, 1994).

Schubert, Doris, *Frauenarbeit 1945-1949: Quellen und Materialien*, Annette Kuhn (Hg.), *Frauen in der deutschen Nachkriegszeit*, Bd. 1 (Düsseldorf: Schwann, 1984).

Schwarz, Gislinde / Christine Zenner (Hg.), *Wir wollen mehr als ein Vaterland* (Hamburg: Rohwolt Taschenbuch Verlag, 1990).

Seifert, Ruth, "War and Rape: A Preliminary Analysis", Alexandra Stiglmayer (ed.), *Mass Rape: The War Against Women in Bosnia-Herzegovina*, translated by M. Faber (Lincoln; London: University of Nebraska Press, 1994).

Solomon, Anke, *Synode und SED-Staat: Die Synode des Bundes der Evangelischen Kirchen in der DDR in Görlitz vom 18. bis 22. September 1987* (Göttingen:

Vandenhoeck, 1997).

Staden, Wedeltraut von, *Darkness over the Valley* (New Haven; New York: Ticknor & Fields, 1981)

Stephenson, Jill, *The Nazi Organisation of Women* (London: Croom Helm, 1981).

Stern, Ralph, "*The Big Lift* (1950): Image and Identity in Blockaded Berlin", *Cinema Journal* 46.2 (2007).

Stiglmayer, Alexandra (ed.), *Mass Rape: The War Against Women in Bosnia-Herzegovina*, translated by M. Faber (Lincoln; London: University of Nebraska Press, 1994).

Stötzel, Georg / Martin Wengeler, *Kontroverse Begriffe: Geschichte des öffentlichen Sprachgebrauchs in der Bundesrepublik Deutschland* (Berlin; New York: Walter de Gruyter, 1995).

Summers, Randal W. / Allan M. Hoffman, *Domestic Violence: a Global View* (Westport: Greenwood Press, 2002).

Thomas, Nick, *Protest Movements in 1960s West Germany: a Social History of Dissent and Democracy* (Oxford; New York: Berg, 2003).

Trappe, Heike, *Emanzipation oder Zwang?: Frauen in der DDR zwischen Beruf, Familie und Sozialpolitik* (Berlin: Akademie Verlag, 1995).

Unruh, Trude (Hg.), *Trümmerfrauen: Biographien einer betrogenen Generation* (Essen: Klartext-Verlag, 1987).

Wander, Maxie, *Guten Morgen, du Schöne: Frauen in der DDR. Protokolle mit einem Vorwort von Christa Wolf* (Darmstadt; Neuwied: Luchterhand, 1978).

Weber, Hermann / Andreas Herbst, *Deutsche Kommunisten. Biographisches Handbuch 1918 bis 1945.* (Berlin: Dietz, 2004).

Wenger, Andreas / Christian Nuenlist / Anna Locher, *Transforming NATO in the Cold War: Challenges beyond Deterrence in the 1960s* (Milton Park; New York: Routledge, 2007).

Wildenthal, Lora, *German Women for Empire 1884-1945* (Durham: Duke University Press, 2001).

Wilke, Sabine, *Ist alles so geblieben, wie es früher war?: Essays zu Literatur und Frauenpolitik im vereinten Deutschland* (Würzburg: Königshausen und Neumann, 2000).

Wistrich, Robert Solomon, *Who's Who in Nazi Germany* (London; New York: Routledge, 2002).

Winkler, Heinrich August, *Der lange Weg nach Westen: Deutsche Geschichte 1933–1990*, Bd. 2 (Bonn: Bundeszentale für politische Bildung, 2004).

Генс, А. Б., *Аборт в РСФСР: Доклад на Всесоюзном съезде по охране материнства и младенчества* (1-8 дек. 1925 г.) (Москва: Издательство "Охрана Материнства и Младенчества", 1926).

2. 인터넷 자료

김용석·김진우, 「'요코 이야기' 美 교재사용 파문확산」, 『경향신문』(2007-01-17), http://news.khan.co.kr/kh_news/khan_art_view.html?artid=200701171812301&code=970201 (검색일: 2011-01-28).

「美학교, '요코이야기' 교재사용 중단 잇따라」, 『연합뉴스』(2007-01-23), http://news.naver.com/main/read.nhn?mode=LSD&mid=sec&sid1=104&oid=001&aid=0001527568 (검색일: 2011-01-28).

아소 도시후미, 「'요코 이야기' 의 진실」, 『국민일보』(2007-01-25), http://www.kukinews.com/special/article/opinion_view.asp?page=1&gCode=opi&arcid=0920433818&cp=nv (검색일: 2011-01-28).

"17.06.2009 – Kurzmeldung: Kaiserin Auguste Victoria Haus wird 100 Jahre alt", http://www.charite.de/charite/presse/pressemitteilungen/artikel/detail/kaiserin_auguste_victoria_haus_wird_100_jahre_alt/ (검색일: 2010-04-23).

"Aufruf", DDR 1989/90 Dokumente, http://www.ddr89.de/ddr89/inhalt/ddr_da.html (검색일: 2010-08-16).

"Aufruf zur Einmischung in eigener Sache", Demokratie Jetzt: DDR 1989/90 Dokumente, http://www.ddr89.de/ (검색일: 2010-08-10).

Bender, Stefan / Kohlmann Annette / Lang Stefan, "Women, Work, and Motherhood: Changing Employment Penaltiesfor Motherhood in West Germany after

1945-. A Comparative Analysis of Cohorts Born in 1934-1971", MPIDR Working Paper WP 2003-006 (February, 2003), 3쪽, http://www.femtech.at/fileadmin/downloads/Wissen/Themen/Vereinbarkeit/women-work-and-motherhood.pdf (검색일: 2010-09-10).

"Consultation is Presidential Business": Secret Understandings on the Use of Nuclear Weapons, 1950-1974, National Security Archive Electronic Briefing Book No. 159, http://www.gwu.edu/~nsarchiv/NSAEBB/NSAEBB159/index.htm (검색일: 2010-12-20).

Eisenfeld, Bernd / Rainer Eppelmann / Karl Wilhelm Fricke / Peter Maser, *Für Freiheit und Demokratie. 40 Jahre Widerstand in der SBZ/DDR. Wissenschaftliche Dienste Archiv für Christlich-Demokratische Politik* (Herausgeber: Konrad-Adenauer-Stiftung e.V. Wissenschaftliche Dienste), 11쪽, http://www.kas.de/db_files/dokumente/7_dokument_dok_pdf_684_1.pdf (검색일: 2010-03-11).

Frauen für den Frieden(FfF): Chronologie ausgewählter Daten von Ereignissen und Aktionen im Kontext der Ost/West Friedensbewegung, http://www.havemann-gesellschaft.de/fileadmin/Redaktion/Fotos/Bestaendeuebersicht/PDF/Chronologie-FfF.pdf (검색일: 2010-03-09).

Klarsfeld, Beate, "… J'ai giflé le chancelier allemand Kiesinger.", *Paris Match*, Lundi 17 Août 2009, http://www.parismatch.com/Actu-Match/Monde/Actu/J-ai-gifle-le-chancelier-allemand-Kiesinger.-Par-Beate-Klarsfeld-120738/ (검색일: 2010-04-23).

"Lothar de Maizière", *Biographische Datenbanken*, http://stiftung-aufarbeitung.de/wer-war-wer-in-der-ddr-%2363%3B-1424.html?ID=2199 (검색일: 2011-01-05).

"Louise Schroeder", Berlin.de. Das offizielle Hauptstadtportal, https://www.berlin.de/rbmskzl/rbm/galerie/louise_schroeder.html (검색일: 2011-01-12).

Morier, Elizabeth, "Socialist Magical Realism: Irmtraud Morgner's Trobadora Beatrice", *The Complete Review Quarterly*, Vol. 2, Issue 2 (May, 2001), http://www.complete-review.com/quarterly/vol2/issue2/morgner.htm.

Paré, Laura Kaiser, "West German Women & Postwar Culture: A Survey of

First Person Perspectives", http://www.calstatela.edu/centers/perspectives/Volume%2034/Pare.pdf (검색일: 2011-01-12).

Petra Kelly Archives. Heinrich Böll Stiftung The Green Political Foundation, http://www.boell.de/foundation/archive/about-us-3975.html (검색일: 2010-08-25).

Sander, Helke, "Rede des »Aktionsrates zur Befreiung der Frauen«" auf der 23. Delegiertenkonferenz des »Sozialistischen Deutschen Studentenbundes« (SDS) im September 1968 in Frankfurt, http://www.glasnost.de/hist/apo/weiber3.html (검색일: 2012-01-06).

"Rede von Bundespräsident Richard von Weizsäcker bei der Gedenkveranstaltung im Plenarsaal des Deutschen Bundestages zum 40. Jahrestag des Endes des Zweiten Weltkrieges in Europa", http://www.bundespraesident.de/Reden-und-Interviews/Reden-Richard-von-Weizsaecker-,12166.629421/Rede-von-Bundespraesident-Rich.htm?global.back=/Reden-und-Interviews/-%2C12166%2C0/Reden-Richard-von-Weizsaecker.htm%3Flink%3Dbpr_liste (검색일: 2010-03-07).

"Slogan für eine Abrüstungskampagne. 30 Jahre: Frieden schaffen ohne Waffen. Ein Bericht aus der Geschichte der AGDF von der DFG-VK", http://www.friedensdienst.de/News-Anzeige.53+M5e5e645863d.0.html (검색일: 2010-08-25).

"Soziale Marktwirtschaft", *Gabler Wirtschaftslexikon*, http://wirtschaftslexikon.gabler.de/Homepage.jsp (검색일: 2011-01-14).

"Standortbestimmung der Fraueninitiative "lila offensive"": Arbeitspapier der Lilos. 1. Entwurf o.J. vermutlich September 1989, http://www.infopartisan.net/archive/1989/ma89024.html (검색일: 2011-02-03).

Tageszeitung, Westberlin, 1989. 11. 11, Manfred Behrend, "Bürgerbewegungen in der DDR und danach - Aufstieg, Niedergang und Vermächtnis (1)", http://www.glasnost.de/autoren/behrend/buergerbew.html (검색일: 2010-08-25).

Ulrich Schwarz, "Laß ihre Politik scheitern", *Spiegel*, 5/1988, http://www.spiegel.de/spiegel/print/d-13525997.html (검색일: 2011-01-03).

"Ulrike Meinhof interviewed in 1970", http://www.youtube.com/watch?v=k7jEk_f04pE (검색일: 2010-04-20).

Unabhängiger Frauenverband, http://www.ddr89.de/ddr89/inhalt/ddr_dj.html (검색일: 2010-08-11).

"Wir sind ein Volk!", *Mo*, 1989. 11. 20, http://www.bundesregierung.de/Content/DE/Artikel/20Jahre/2009-11-20-wir-sind-ein-volk.html (검색일: 2010-07-01).

3. 인터뷰 자료

1. 베르벨 볼라이(Bärbel Bohley) 인터뷰: 2010년 7월 15일 저녁, 베를린 페어벨리너 볼라이 자택. 롤프 셸리케(Rolf Schälike) 동석.
2. 베티나 뢰더(Bettina Roeder), 한스-위르겐 뢰더(Hans-Jürgen Roeder) 인터뷰: 2010년 7월 16일 오전, 베를린 치겔 슈트라세 EPD 사무실.
   베티나 뢰더 두 번째 인터뷰: 2010년 7월 20일 오후, 베를린 치겔 슈트라세 푸블릭 포룸 사무실.
3. 카롤라 린디히(Carola Lindig) 인터뷰: 2010년 7월 17일 저녁, 게라-빈디셴-베른스도르프, 안 데어 빌트비르네, 카롤라 린디히 자택.
4. 롤란트 가이펠(Roland Geipel) 인터뷰: 2010년 7월 18일 낮, 게라-빈디셴-베른스도르프, 안 데어 빌트비르네, 카롤라 린디히 자택.
5. 잉겔라 P. 인터뷰: 2010년 7월 21일 오전, 베를린 앙겔라 P. 자택.

제 2 부

독일 통일과 여성의 사회적 통합

노동시장 통합 문제를 중심으로

홍찬숙

독일 통일은 구체적으로 여성의 삶에 어떤 영향을 미쳤으며, 여성들은 거기에 어떻게 대응하고 있는가? 제2부에서는 특히 '삶의 기회'와 관련된 측면에서 이 질문에 대해 대답해보려고 한다. 자본주의 사회에서 여성에게 삶의 기회는 흔히 말하는 '결혼시장'과 '노동시장'으로 연결되는 두 가지 회로가 어떻게 상호작용을 하는가에 따라 결정된다. 결혼생활에서 삶의 전망을 찾고 거기에 중심적으로 대비하는 경우가 과거에는 '정상적인 여성의 생애'로 이해되었다. 현재는 규범적으로나 경제적으로 맞벌이가 정상화되고 있으나, 여성이 노동시장에서 자신이 성취한 지위만을 통해서 삶을 기획하는 일은 여전히 무척 고되고 험난한 과정으로 생각된다.

그러나 통일 전 사회주의 동독에서 여성은 한 가정의 어머니이면서 동시에 '노동 역군'이었다. 사적 소유가 금지된 동독에서 여성은 남성과 마찬가지로 스스로의 노동에 의존하여 삶의 기회를 성취했고, 결혼생활이 그것과 모순된다는 생각을 하지 못했다. 여성에게도 남성에게도 재산이란 존재하지 않았다. 그런데 통일 후 구동독의 제도와 일상이 구서독의 주도하에 재편되면서 여성들은 매우 큰 변화를 겪게 된다. 남녀가 모두 무산자 상태에서 자신의 삶을 새롭게 기획해야 하는데, 남성 노동력 중심의 서독 방식으로 자본주의가 이식되고 또 신자유주의의 흐름 속에서 전반적으로 경제체제가 재편되는 가운데 취업과 숙련의 기회가 남성과 대학을 졸업한 고학력자에게 유리한 형태로 구조화되었기 때문이다.

이런 상황 속에서 여성들이 어떻게 대응하며 어떻게 삶을 조직해나갔는지를 여기에서는 사회학적 분석을 통해서 접근한다. 제2부는 5개의 장으로 나뉘어 있다.

제1장은 도입부로서 연구의 문제의식과 연구내용을 간단히 소개한다. 제2장에서는 구동독의 민주적 저항운동이 주변화되며 구서독 정치세력에 의해 가속화된 통일 과정 속에서, 그리고 신자유주의 구조조정 와중에 있던 구서독 경제가 구동독에 이식되면서, 구동독 경제가 전반적으로 주변화되었다는 사실을 설명한다. 제3장에서는 이렇게 구동독의 경제가 주변화되는 상황에서 구서독 지역을 향한 이주의 물결이 형성되었고, 또 1990년대 중반을 지나면서는 이러한 물결이 명확히 여성화되었다는 사실을 살펴본다.

제4장에서는 구동독 지역의 경제가 주변화하는 과정에서 구서독 지역으로 이주하지 않고 구동독 지역에 남은 여성들의 노동시장지위가 어떻게 변화하는지를 살펴본다. 여기서는 구동서독 여성 간에 나타나는 경제활동패턴의 차이와 일/가족 양립방식의 차이 역시 살펴본다. 여기서 제4장의 내용을 가로지르는 주된 이론적 관심사는 구동독 출신 여성을 통일의 피해자라는 동질적 '집단'으로 이해할 것인가, 아니면 여성들 내부의 기회구조와 대응양식의 차이를 오히려 강조할 것인가의 문제이다.

제5장에서는 구서독 사회제도의 젠더 레짐을 살펴보고, 통일이 거기에 어느 정도의 변화를 가져왔는지를 짚어본다. 그리하여 통일 후 독일 여성노동시장이 어떤 특징을 보이는지에 대해 설명한다. 이 장에서는 또한 통일 직후 구서독 지역으로 이주한 3명의 여성을 심층 인터뷰하여 그 결과를 분석하였다. 마지막으로 이 장에서는 구동독 지역의 여성들이 통일 후 자신의 삶이 어떻게 변화했는지에 대해 평가하는 내용을 독일에서 이루어진 조사결과에 기초하여 분석하였다.

마지막으로 기꺼이 시간을 내어 인터뷰에 응해주신 세 분의 인터뷰 대상자들께도 감사의 말씀을 전한다.

제1장

서론

현실사회주의가 역사적 실험이었던 것만큼 현실사회주의의 붕괴 역시 새로운 실험장이 되고 있다. 여타 구사회주의 사회에서와 달리 구동독 사회는 붕괴와 동시에 구서독으로 흡수통일되면서 다른 체제전환 사회들과는 달리 빠르게 안정을 찾아갔다. 동시에 구동독 경제에 대한 투자는 지연되어 경제가 활력을 잃고 대규모 인구가 구서독 지역으로 이주하면서 구동독 지역은 통일독일의 주변부로 자리를 잡아가고 있다.

여성과 관련해서도 구동독 출신 여성의 이주는 여타 구사회주의 국가에서와는 달리 성매매로 연결되기보다는 오히려 노동이주의 성격을 보인다. 이주의 동기는 남성에 비해 다양하지만 이주는 주로 직업교육기회를 찾는 방식으로 이루어지고, 이주한 여성들은 구서독의 노동시장으로 편입되고 있다.

통일 초기에 구동독 여성들은 통일의 가장 큰 피해자로 인식되었다. 한국에서는 2000년대 초반에 독일 통일에 대한 연구가 활발했는데, 연구의 초점은 주로 '여성이 통일의 피해자'라는 평균적 사실에 맞추어져 있었다. 과거 사회주의 동독에서 여성들은 비교적 남성과 동등하게 경제에 통합되어 있었는데, 통일 이후 자본주의화와 신자유주의화(노동유연화)라는 이중의 변동 속에서 여성 실업률이 급격히 상승하고 여성 노동이 불안정해졌다. 그리하여 전반적으로 여성의 삶의 기회가 급속도로 악화되었는데, 빠르게 진행된 이러한 변화는 '통일과 여성'에 대한 미세하고 차별화된 접근방식을 고무하기보다는 오히려 충격적 변화를 강조하는 방향으로 작용하였다.

특히 통일 직후 여성들이 대거 고용되어 있던 국가보육시설들이 폐쇄되면서 여성 실업률을 연쇄적으로 상승시켰다. 이에 대해 구동독의 여성운동이 강력하게 대응하면서 이후 보육시설이 대체로 유지되는 결과를 가져왔다. 구동독 지역에서 유지된 보육시설은 현재까지 구동서독 여성들의 노동시장 행태 차이를 초래하는 기반이 되며, 구동독 지역 여성들이 상대적으로 안정된 노동시장지위를 유지할 수 있는 조건으로 작용하고 있다.

통일 20년이 지나면서 통일독일에서 구동독 여성의 지위 변화에 대한 인식은 초기의 '피해자화'에서 여성 지위의 다양화 또는 양극화로 바뀌고 있다. 통일 초반에 극적으로 증가한 실업률과 극적으로 감소한 출산율 등 여성의 불안한 삶을 보여주는 지표들이 시간이 지나면서 개선되었고, 무엇보다도 노동시장에 통합된 정도가 구서독 지역 여성에 비해 높은 것으로 지속적으로 관찰되기 때문이다.

통계가 보여주는 구동독 여성들의 노동시장 통합 정도가 삶의 질을 말해주는 것이라고 볼 수는 없다. 통일 20년이 지난 현재 구동독 주민들 중에서 자신이 사회의 하층에 속한다고 인식하는 경우가 매우 증가했고, 노동유연화가 불안정 노동으로 이어지는 상황이 여성에게서 두드러지며, 장기실업의 경험 역시 여성에게 더 빈번하기 때문이다. 그리하여 그들에게는 통일 당시와 비교할 때 현재의 경제상황이 더 나빠졌다는 의견이 더 좋아졌다는 의견보다 오히려 더 높게 나타난다. 반대로 남성들의 경우는 더 좋아졌다는 의견이 약간 더 높다. 또한 많은 젊은 여성들이 구동독 지역의 삶에 대해 좌절하거나 서독에 대한 선망을 가지고 구서독 지역으로 이주하여 구동독 지역의 고령화를 재촉하고 있다. 또한 구동독 방식의 육아에 대한 회의와 구서독 제도 유입의 영향으로 젊은 여성들을 중심으로 영아기 자녀를 둔 여성의 취업에 불안을 느끼는 분위기가 확산되고 있다.

구동독 지역에 남아 있는 여성들은 현재까지도 구서독 지역에 비해 평균적으로 넉넉지 않은 가구소득의 절반을 벌어들이고 일자리를 유지하기 위해 아이가 생겨도 결혼을 마다하는 등, 가족화의 방향보다는 오히려 개인화의 전략을 취하고 있다. 이러한 개인화 경향은 매우 양가적인데, 우선은 이것이 '풍요'의 표현이라기보다는 '결핍'의 표현이기 때문이다. 다른 한편으로 이런 개인화의 경향은 자원동원능력과 관련하여 여성에게 경제 이외의 영역에서 더 많은 자유와 권력을 의미하는 것일 수도 있다. 구동독 지역 주민들 중 남녀를 불문하고 (또한 남녀가 비슷한 정도로) 통일 당시보다 경제사정이 악화되었다고 느끼면서도 스스로를 통일의 패배자가 아니라고 생각하는 경우가 왕왕 있고, 또 스스로를 독일 시민이라고 느끼지 못하면서도 구동독으로는 돌아가고 싶어 하지 않는 경향이 강하게 나타나기 때문이다(제5장). 물론 이러한 조사결과는 스스로가 선택한 결과를 정당화하고 싶어 하는 인지상정과 완전히 무관할 수 없을 것이다. 그럼에도 불구하고 구동독으로 돌아가고 싶어 하지 않는 경향은 통일 이후 해가 거듭되어도 변하지 않는 일관된 흐름이다.

특히 통일로 인해 혜택을 보았거나 중상층 이상의 계층귀속의식을 보이는 경우에는 여성들의 그러한 개인화 전략이 '사회적 강요'보다는 '사회적 기회'에 대한 대응으로 해석될 수 있을 것이다. 이런 의미에서 많은 연구자들이 지적하듯이, 구동독 사회는 독일 사회의 미래를 앞서서 보여주는 현실의 실험장이라고 말할 수 있다. 구동독 지역의 젊은 여성들이 구세대 여성에 비해 의식적인 측면(예컨대 영아 양육에서 엄마의 존재에 대한 평가 등)에서 구서독 여성에 가까워지는 반면, 구서독 지역의 젊은 여성들은 취업의식 등에서 구동독 여성들과 가까워지고 있기 때문이다. 50대 이후의 고령층에서는 구동서독 여성 간의 문화 차이가 심각한 반면, 젊은 층에서 문화격차는 좁혀지는 것으로 보인다.

통일로 인한 구동독 여성의 지위 변화를 간단히 요약하면, ① 평균적으로 볼 때 여성의 노동시장 통합 정도와 경제적 지위 약화, ② 사회통합 양상에서의 신자유주의적 양극화, ③ 라이프스타일 변화를 중심으로 볼 때 일/가족 양립방식의 다양화와 라이프스타일의 다변화 또는 분화가 진행되는 것으로 볼 수 있다.

제2부에서는 구동독 여성의 지위 변화를 다루면서 여기에서 거론한 세 가지 양상 중 처음 두 과정(소위 "이중의 변동")에 주로 초점을 맞추었다. 그리하여 통일 후 구동독 지역의 여성노동시장 변화 양상을 추적하는 것이 핵심내용이 되었다. 그러나 구서독 지역의 여성 노동시장 양상과 비교하는 부분에 이르면 세 번째의 관점이 부분적으로 개입한다. 라이프스타일의 분화 현상은 구동독 지역에 한정해서 논의하기보다는 통일독일 전체를 대상으로 할 때(즉 '서독화'의 문제를 거론할 때) 한결 논의가 적절하게 이루어질 수 있기 때문이다. 따라서 이 부분은 본문을 통해 설명하기보다는 오히려 앞으로 연구가 필요한 부분으로 남겨두었다.

통일 후 구동독 여성들의 지위변화와 사회통합 양상을 보다 포괄적으로 이해하기 위해서는 현재 구동독 지역에 남아 있는 여성들뿐 아니라 구동독 지역을 떠나 구서독 지역으로 이주한 여성들에 대한 연구까지 포괄해야 할 것이다. 그러나 구서독 지역으로 이주한 여성들에 대한 연구가 거의 전무한 형편이고 이들에 대한 접근 자체가 어려워서, 본문에서 이 부분은 세 건의 인터뷰를 통해 부분적으로만 다루었다. 애초에는 2명에 대한 심층 인터뷰를 계획했으나 준비 과정에서 4명과 연락이 되었고, 그중 1명과는 인터뷰가 성사되지 못했다.

통일 후 구동독 주민이 독일 사회에 통합되는 양상을 특징짓는 데 가장 핵심적으로 작용한 사실은, 독일 통일이 구동독 주민의 '저항'으로 촉발되었으나 결과적으로는 '탈출'을 통해 완성되었다는 것이다. 구동독의 붕괴에는 저항과 탈출이 적절하게 상호작용하며 효과적으로 기여했으나, 독일 통일에는 저항에 기초한 정치적 협상이 아니라 탈출심리에 의한 투표결과가 일방적으로 작용하였다. 통일 후 구동독 여성의 사회통합 양상에서도 이러한 역사적 배경이 중요하게 작용하였다. 그리하여 구서독 체제에 흡수(통일)됨으로써 구동독은 목하 구조변동 중인 구서독 자본주의 경제체제 및 조합주의 사회국가체제로 편입되는 '이중의 변동'을 겪는다. 제2장에서는 이러한 역사적 과정을 '독일 통일의 특징'으로 설명하였다.

빠르게 성사된 흡수통일로 구동독 사회가 내재적 재건 과정을 거치지 못하고 구서독의 방식으로 청산되면서 통일 전부터 나타난 탈동독의 물결이 통일 후 구서독을 향한 국내이주(이하 '서독이주'로 표기, 구서독 지역으로 이주한 구동독 지역 출신자는 '서독이주자'로 표기)의 물결로 이어졌다. 제3장에서는 구동독 주민의 서독이주 현황, 특히 여성 이주의 특성을 살펴본다. 근대 산업화 당시 도시화 과정이나 현대의 체제전환 이후 서방세계로의 여성이주, 또 세계주변부에서 세계중심부를 향한 초국적 여성이주의 흐름들에서와 마찬가지로, 구동독 출신 여성의 서독이주도 주로 미혼 청년층을 중심으로 이루어지는 특성을 보인다. 그러나 예컨대 현대의 초국적 이주에서와 달리 서독이주에서 여성이주의 목표는 결혼이나 성매매 등 '성'과 관련된 부분과 직접적으로 연관되지 않는다는 고유의 특성을 보인다. 물론 미혼으로 이주한 후 서독 남성과 결혼하는 경우가 드물지는 않을 것이다. 그러나 구동독 출신 여성의 높은 노동의욕이 강조되면서, 이주의 목적은 주로 '정규 직업교육을 받을 기회의 추구'라고 설명되고 있다. 즉 주로 결혼이주나 가사노동시장 또는 성매매시장으로 흡수되는 초국적 여성이주와 비교할 때, 서독이주는 비교적 양성 간의 동등한 권력관계 속에서 이루어지고 있다.

제4장에서는 통일로 인한 독일 사회의 '이중의 변동'이 무엇을 의미하

는지, 그리고 그 과정에서 구동독 지역 여성의 노동시장지위가 어떻게 변화했는지를 구체적으로 살펴본다. 구동독 지역 여성의 노동시장 통합이 통일 후 선택적인 방향으로 변화하며 위축되었으나 구서독에 비해서는 여전히 안정적이다. 여기에는 구동독 지역의 빈곤 상황이라는 경제적 요인 외에 여전히 제 역할을 하고 있는 공공보육제도가 크게 기여하고 있다.

제5장 '여성의 구서독 제도 의존성과 동독 정체성'에서는 구서독부터 현재까지 부분적인 변화를 거치면서 지속되고 있는 독일 사회의 특징, 특히 가부장적인 사회국가의 면모를 살펴보고, 구서독 제도에 흡수된 구동독 여성들의 삶과 정체성을 살펴본다. 특히 통일 후 구서독 지역으로 이주한 구동독 출신 여성들과의 심층 인터뷰를 통해 그들의 현재 모습을 살펴보고, 또 구동독 지역에 남아 있는 여성들의 경우에는 기존의 자료를 통해 통일 후 삶에 대한 그들의 평가를 살펴본다.

제2장

독일 통일 또는 구동독 체제전환의 특징

1. 저항보다는 탈동독(인구유출)에 의해 지배된 통일 과정

경제학자인 알베르트 히르쉬만(Albert O. Hirschman)은 소비자들의 시장전략에 기초하여 불만족 상황에 대한 두 가지 형태의 대응방식, 즉 '발언'(voice)과 '탈출'(exit)을 구별하였다.[1] '발언'이 기존의 정치이론에서 주로 다루었던 '저항'에 가깝다면, '탈출'은 시장상황과 같이 조직화가 매우 어렵고 개별화된 상황에서 우회적으로 나타나는 저항의 표현을 의미한다. 그에 의하면 발언과 탈출 사이에서 선택을 결정짓는 가장 중요한 요인은 '충성심'이다. 충성심은 '투입-산출' 효율성의 지배를 받지 않는 비탄력적 수요를 의미한다. 상품이 아닌 조직을 대상으로 할 경우에는 조직에 대한 정서적·이데올로기적 애착을 의미하며, 충성심으로 인해 때로는 개인적 이익의 극대화를 포기하기도 한다.[2]

---

1 Albert O. Hirschman, *Exit, Voice and Loyalty: Responses to Decline in Firms, Organizations and States* (Cambridge: Harvard University Press, 1970).

2 Douglass C. North, *Structure and Change in Economic History* (New York: Norton, 1981), 45-58쪽, Steven Pfaff/Hyojoung Kim, "Exit-Voice Dynamics

충성심이 없는 경우에 '발언'은 '탈출'에 비해 2차적인 선택이다. 예컨대 정치적 반대자의 경우 충성심이 없으면 조직이나 국가를 미련 없이 떠날 것이다. 그렇게 하는 것이 투표나 청원, 저항 등에 비해 훨씬 경제적이기 때문이다. 따라서 '발언'은 '탈출'이 현실적으로 불가능할 경우에 선택되는 2차적이고 직접적인 저항방식이다. 이 경우 '발언'이란 '여론동원을 포함하는 다양한 형태의 행동과 저항'을 의미한다.

히르쉬만은 '탈출' 가능성이 존재할 경우 '탈출' 위협을 구사함으로써 '발언'의 효과가 한층 강화되는 것으로 보았지만, 양자가 적절하게 혼합되어 성공적으로 작용하기보다는 서로 길항작용을 하는 것이 일반적이라고 판단하였다. 즉 '탈출'이 지배적이 되어 대규모 탈출현상이 일어나면 저항세력의 유출로 인해 '발언'이 수그러들고, '발언'이 지배적일 경우에는 '탈출'이 미약할 것으로 보았다.

그러나 동독의 붕괴 과정을 설명하면서 히르쉬만은 '발언'과 '탈출' 전략 간에 이처럼 상호 배제적 관계가 존재한다는 자신의 기존 견해를 수정했다. 그리하여 두 전략의 성공적 상호작용에 의해 동독 체제가 붕괴된 것으로 설명한다.[3] 스티븐 파프(Steven Pfaff)와 김효정(Hyojoung Kim)은 여기에서 한 발 더 나아가, 동독 붕괴 과정에서 '발언'과 '탈출' 전략 간의 성공적 상호작용이 구체적으로 어떻게 가능했는지를 경험적으로 해명하고자 했다.

히르쉬만의 관찰대로 동독 붕괴 과정에서 대규모 '탈출'이 일어났음에도 불구하고 저항('발언')이 약화되기보다는 오히려 강화되었다. 파프와 김

---

in Collective Action: An Analysis of Emigration and Protest in the East German Revolution", *The American Journal of Sociology*, 109(2)(2003), 403쪽에서 재인용.

3 Pfaff/Kim, "Exit-Voice Dynamics in Collective Action: An Analysis of Emigration and Protest in the East German Revolution", 404-406쪽 참조.

의 연구에 의하면 그 이유는 ① 대규모 '탈출'이 체제위기에 대한 지식을 전해주는 '신호'로 작용했기 때문이고, ② 동독의 214개 군과 구(Stadtkreis) 중에서 주로 저항이 일어난 곳은 인구유출이 중간규모로 이루어진 지역들이었기 때문이다. 인구유출이 대규모로 이루어진 군 또는 구에서는 저항세력이 유출되거나 저항조직이 공동화되었을 가능성이 있다고 그들은 설명한다.

파프와 김은 대규모 동독 탈출이 개별적 전략의 단순한 합이 아니라 지식의 전달작용을 하는 '사회적 현상'이 되었다고 설명하고 있다. 그러나 그렇게 전달되는 지식은 사실상 시장가격을 통해 전달되는 수요-공급에 대한 지식과 다를 바가 없다. 따라서 그렇게 전달된 지식에 의해 결집된 저항은 동독 사회에 대한 '충성심'(비탄력적 수요)이나 장기적 비전에 기초한 비판이라고 볼 수 없고 오히려 시장행위와 마찬가지로 기회주의적 성격을 가질 가능성이 크다. 파프와 김 역시 여러 연구결과들[4]을 근거로 동독을 붕괴로 이끈 대중저항에서 공식적 저항조직이 중심적 역할을 하지 못했으며, 대중저항은 오히려 자발적으로 이루어진 동독 탈출의 결과일 뿐이라고 보고 있다.[5] 이들과 마찬가지로, 1989년 여름부터 형성된 동독 탈출의 물결이 독일 통일의 서막을 열었다고 보는 것이 일반적인 견해이다.[6]

---

4 Karl-Dieter Opp/Peter Voss/Christiane Gern, *Origins of a Spontaneous Revolution* (Ann Arbor: University of Michigan Press, 1993); Norman Braun, "Das Schwellenmodell und die Leipziger Montagsdemonstrationen", *Kölner Zeitschrift für Soziologie und Sozialpsychologie*, 46. Jahrgang, Heft 3 (1994), 492-500쪽; Norman Braun, "Individual Thresholds and Social Diffusion", *Rationality and Society*, 7(2) (1995), 167-182쪽; Dieter Rucht, "German Unification, Democratization and the Role of Social Movements: A Missed Opportunity?", *Mobilization*, 1(1) (1996), 35-62쪽.

5 Pfaff/Kim, "Exit-Voice Dynamics in Collective Action: An Analysis of Emigration and Protest in the East German Revolution", 438쪽.

6 박노영, 「사회통합으로서의 독일 통일」, 『사회과학논총』 제6권(충남대학교 사회과학연구소, 1995), 82쪽.

이처럼 독일 통일은 과거 동독 주민들이 비판적 가치 아래 결집하여 저항을 통해 정치적 주체가 되는 과정에 의해 주도되었다기보다는, 오히려 정치체제의 소비자와 다를 바 없이 구동서독 체제 중 하나를 개별적으로 선택하는 '탈출' 전략에 의존하여 이루어졌음을 알 수 있다. 이러한 독일 통일 과정의 특성은 통일 과정 자체뿐 아니라 통일의 결과에 대해서도 지속적으로 영향을 미치게 된다. 저항하는 주민들이 정치적 주체가 아니라 정치적 소비자임이 드러난 순간은 대중 저항의 구호가 "우리가 인민이다!"(Wir sind das Volk!)에서 "우리는 한 민족이다!"(Wir sind ein Volk!)로 바뀌었을 때였다. 흡수통일을 선택한 구동독 주민의 선거결과는 결국 파격적 경제지원으로 서독의 정치체제를 할인가격에 내놓은 구서독 콜 정부의 마케팅전략이 성공했음을 보여줄 뿐이다.

구동독 화폐의 가치를 실제보다 300-400% 평가절상한 구동서독 화폐 간의 1 : 1 통합과 그로 인한 구동독 산업의 붕괴, 신탁청(Treuhandanstalt)에 의한 사유화 과정에서 소규모로 분할되어 구서독 인수자에게 헐값으로 매각되거나 폐쇄된 구동독의 인민기업들, 구서독 통일비용의 막대한 비중을 차지한 구동독 주민들의 사회보장 이전소득, 구동독 주민들의 서독이주를 막기 위해 시행된 구동독 지역의 임금인상과 그로 인한 구동독 기업의 경쟁력 상실 등은 구동독 주민들을 통일체제의 '생산자'로 규정하기보다는 구서독 경제의 '소비자'로 규정한 측면이 강하다.

통일 직후의 급격한 산업붕괴와 높은 실업률에도 불구하고, 1992년부터는 소득수준에서 동서 간의 격차가 눈에 띄게 좁혀졌다. 1989년에 구서독 지역의 41.5%에 불과하던 구동독 지역의 순근로소득은 1992년에는 67.1%로, 1994년에는 76.1%로 가파른 상승세를 보였다. 또한 연금소득의 경우에도 1995년 1월 1일 구서독 남성 1,805마르크, 구서독 여성 793마르크에 비해 구동독의 경우에는 남성 1,632마르크, 여성 1,033마르크로, 여성의 경우에는 오히려 구서독 지역을 앞지르게 된다.[7]

이를 위해 구동독 지역으로 유입된 재정이전 규모는 통일 후 5년간 연평균 1,570억 마르크(약 80조 원)에 달했는데, 이것은 구서독 지역 인구 1인당 매년 약 2,400마르크(약 120만 원)를 지불한 셈이다.[8] 이러한 수치들을 보면, 갑작스런 통일로 야기될 수 있는 대규모 구동독 탈출과 정치적 불안정을 차단하기 위해 구서독 주민들이 얼마나 많은 통일비용을 지불했는지를 알 수 있다. 그러나 동시에 그렇게 막대하게 지출된 통일비용이 얼마나 효율적으로 구동독 지역에 투자되었는지, 즉 통일비용의 규모뿐 아니라 효과에 대해서도 문제가 제기될 수 있다. 실제로 이 문제는 통일 이후 지속적인 논의의 대상이 되었다.

통독전략은 구동독 지역 소득수준의 급상승으로 인한 구매력 확충과 함께 효과를 드러내기 시작하였다. 그런데 그 효과와 경제적 결과를 정확히 판단하기 위해서는 통일 5주년 시점에서의 평가와 통일 20주년 시점에서의 평가를 비교할 필요가 있다. 통일 5주년 시점에서 구동독 지역 경제는 "통합 초기의 극적인 위축을 겪은 다음 회복되기 시작하여 〔…〕 1992년 이래 외형상으로는 높은 성장률을 보이게 되었다."[9]라고 다소 낙관적으로 평가되었다. 그리하여 경제통합보다는 실업, 여성지위의 후퇴, 동서독 간 '마음의 장벽', 동독에 대한 향수, 2등 시민이라는 느낌, 극우세력의 득세 같은 사회적 문제가 동서 통합을 가로막는 더욱 근원적인 문제라고 논의되었다.[10]

이와 달리 독일 통일 20주년에 이르면 경제 측면에서 동서독 균형발전에 대한 예상이 완전히 빗나갔음이 지적된다. 구동독 지역의 1인당 국내

---

7 같은 글, 91쪽.

8 한운석, 「통일독일의 민족통합 문제와 그 원인들」, 『독일연구』 제2호(2001), 91쪽.

9 박노영, 「사회통합으로서의 독일 통일」, 90-91쪽.

10 위의 글, 91-97쪽; 한운석, 「통일독일의 민족통합 문제와 그 원인들」, 76-89쪽.

총생산이 1991년 구서독 지역의 43%에서 2010년에는 71%로 빠른 시일 내에 증가한 것은 사실이나, 그것은 통일 초기의 급격한 변화에 의한 결과일 뿐 1995년 이후 15년 동안은 60-70% 수준에서 계속 정체현상을 보였다는 것이다. 또한 지속적인 서독이주로 인해 구동독 지역에서 대규모의 인구감소와 고령화 현상이 나타나고, 또 동서독 지역 간 실업격차가 오히려 확대되는 추세가 나타났다. 그리하여 통일 20주년 되는 시점에서는 막대한 통일비용의 효율성 문제가 가장 중요한 문제로 지적되었다.[11]

실제로 1992년부터 1995년 초까지 매년 전년도 대비 6% 이상의 성장률을 보이던 구동독 지역의 국내총생산은 1996년 0% 성장으로 추락하였다. 구동독 지역의 노동생산성은 2000년 여름까지도 구서독 지역의 65% 수준에 불과했고, 1992년 14.4%로 공식 집계된 실업률이 1998년에는 19.5%(구서독 지역 10.5%)로 증가했다. 기업 1만 개당 도산 건수를 보면 1998년 구서독 지역은 83건인 반면 구동독 지역은 211건을 기록하고 있다.[12] 결국 동서 간의 사회심리적 갈등과 사회통합 문제에는 구동독 지역의 파행적 경제구조와 그것을 자초한 독일 통일 전략의 문제가 자리 잡고 있음을 알 수 있다.

---

11 예컨대 「베를린장벽 붕괴 20년 … 장벽보다 높은 통일독일의 '경제 격차'」, 『매일경제』, 2009. 11. 4 참조.

12 한운석, 「통일독일의 민족통합 문제와 그 원인들」, 94쪽.

2. '이중의 변동':
통일(구서독 제도의 이식) + 신자유주의 산업구조 조정

통일과 더불어 진행된 구동독 사회의 급격한 변화를 설명하는 몇 가지의 대립되는 이론적 입장들이 있다. 우선 전통적 근대화론이 있는데, 이 입장에서는 통일로 인해 구동독 지역에서 외부세력의 주도로 뒤늦게나마 '지연된 근대화'가 가능해졌다고 본다.[13] 이 입장에 의하면 1997년부터 드러나기 시작한 구동독 지역의 문제들(성장지체와 실업률의 재증가 등)은 단지 일시적인 현상일 뿐이다. 전통적 근대화론에 대한 대표적 반론으로 '식민지화론'이 있는데, 이 입장에서는 구동독 주민들이 사회변화의 실질적 주체가 되어야 한다고 강조한다.[14]

전통적 근대화론과 식민지화론을 양극단으로 하여 다양한 중간 입장들이 존재한다. 예컨대 통일 이후 구동독이 구서독에 동화된 것이 아니라

---

13 Wolfgang Zapf, "Der Untergang in der DDR und die soziologische Theorie der Modernisierung", Bernd Giesen / Claus Leggewie (Hg.), *Experiment Vereinigung. Ein sozialer Großversuch* (Berlin: Rotbuch, 1991), 38-51쪽; Wolfgang Zapf, *How to evaluate German unification?* Discussion paper FS III 00-404 (Berlin: Wissenschaftszentrum Berlin für Sozialforschung (WZB), 2000); Wolfgang Zapf, *Modernisierung und Wohlfahrtsentwicklung* (Berlin: edition sigma, 2003), Raj Kollmorgen, "Transformation als Modernisierung. Eine meta- und gesellschaftstheoretische Nachlese", Frank Ettrich (Hg.), *Transformation und Europäisierung* (Münster; Berlin: Lit-Verlag, 2009), 156쪽 참조.

14 Wolfgang Dümcke / Fritz Vilmar (Hg.), *Kolonialisierung der DDR. Kritische Analysen und Alternativen des Einigungsprozessses* (Münster: agenda, 1996); Stefan Bollinger / Ulrich Busch / Daniela Dahn / Fritz Vilmar (Hg.), *Zehn Jahre Vereinigungspolitik. Kritische Billanz und humane Alternativen* (Berlin: Weist, 2000); Michael Thomas, "Paradoxien in der deutschen Transformationsdebatte", *Berliner Debatte Initial*, 9. Jahrgang, Heft 2/3 (1998), 104-116쪽, Kollmorgen, "Transformation als Modernisierung. Eine meta- und gesellschaftstheoretische Nachlese", 156쪽 참조.

오히려 독특한 성격을 갖는 또 다른 사회가 독일 내에 따로 형성되었다고 보는 경우가 있고,[15] 동독 정체성이 오히려 더 강화되었다는 관점[16]도 있다. 이 외에도 라이 콜모르겐(Raj Kollmorgen)에 의하면 전통적 근대화론과 식민지화론의 중간쯤에 위치하는 연구들이 다수 존재한다.[17] 구동독이 구서독 사회에 동화되기보다는 오히려 주변화 또는 차별화되고 있다는 관점들[18]이 등장하면서, 1990년대 중반 이후부터는 구동서독 지역 간의 비교

---

15 Rolf Reißig, *Die gespaltene Vereinigungsgesellschaft* (Berlin: Karl Dietz, 2000).

16 Gunnar Winkler, *Sozialreport 2002. Daten und Fakten zur sozialen Lage in den neuen Bundesländern* (Berlin: trafo verlag, 2002).

17 예컨대 다음과 같은 연구를 들 수 있다: Władysław Adamski/Pavel Machonin/Wolfgang Zapt (Hg.), *Structural Change and Modernization in Postsocialist Societies* (Hamburg: Krämer, 2002); Peter Alheit/Kerstin Bast-Haider/Petra Drauschke, *Die zögernde Ankunft im Westen. Biographien und Mentalitäten in Ostdeutschland* (Frankfurt am Main: Campus, 2004); Peter Alheit, "Modernisierungsblockaden in Ostdeutschland?", *Aus Politik und Zeitgeschichte*, B. 40 (2005), 32-40쪽; Frank Ettrich, *Die andere Moderne. Soziologische Nachrufe auf den Staatssozialismus* (Berlin: Berliner Debatte, 2005); Raj Kollmorgen, "Diskursive Missachtung. Zur Subalternisierung ostdeutscher Soziokulturen", *Deutschland Archiv*, 40(3)(2007), 481-491쪽; Michael Thomas, "Transformation-Hypertransformation-Transformation? Drehen wir uns nur im Kreis? Anmerkungen zu einer berechtigten Fragestellung", Eckehard Binas (Hg.), *Hypertransformation* (Frankfurt am Main: Peter Lang, 2008), 185-206쪽, Kollmorgen, "Transformation als Modernisierung. Eine meta- und gesellschaftstheoretische Nachlese", 156쪽 참조.

18 Kollmorgen, "Transformation als Modernisierung. Eine meta- und gesellschafts-theoretische Nachlese", 157쪽에 의하면 여기에 해당되는 연구들은 다음과 같다. Tanja Busse/Tobias Dürr (Hg.), *Das neue Deutschland. Die Zukunft als Chance* (Berlin: Aufbau, 2003); Jürgen W. Falter/Oscar W. Gabriel/Hans Rattinger/Harald Schoen (Hg.), *Sind wir ein Volk? Ost- und Westdeutschland im Vergleich* (München: Beck, 2006); Wolfgang Herles, *Wir sind kein Volk. Eine Polemik* (München: Piper, 2004); Raj Kollmorgen, *Ostdeutschland. Beobachtungen; einer Übergangs- und Teilgesellschaft* (Wiesbaden: VS, 2005); Rainer Land, "Zur Lage in Ostdeutschland. Bericht des Netzwerkes und des Innovationsverbundes Ostdeutschlandforschung", *Berliner Debatte Initial*, 17(5) (2006), 3-5쪽; Klaus Schroeder, *Die veränderte Republik. Deutschland nach der Wiedervereinigung* (München: Bayerische Landeszentrale für politische Bildung,

연구가 꾸준히 이루어지고 있다.

볼프강 엥글러(Wolfgang Engler)는 구서독 제도를 도입한 결과 역설적으로 동독 정체성이 생겨났다는 입장을 개진하였다.[19] 그는 구동독 지역을 '이식된 사회'라고 불렀는데, 그것은 제도와 재정이 서독으로부터 이전됨으로써 사회가 형성되었다는 의미이다. 그는 구동독의 '이식된 사회'가 이미 후기산업사회의 징후를 보이는 것으로 본다. 그리하여 일정한 측면에서는 서구사회의 발전방향을 오히려 앞서서 보여준다고 판단하였다. 이와 유사하게 라이너 란트(Rainer Land)는 독일교육연구부에서 지원하는 제1차 『독일 사회경제보고서』에서 보고서의 공식 입장으로 "이중의 변동"(doppelter Umbruch)론을 피력한다.[20]

'이중의 변동'이란 구동독이 흡수통일로 인해 서독 체제화되고 있지만, 서독 체제 역시 이미 1970년대 중반부터 심각한 변동 과정에 놓여 있다는 것이다. 이중의 변동론에 의하면 구동독 지역으로 이전된 구서독의 제도들은 1970년대 이후 지속되는 사회변화(특히 포디즘 체제의 붕괴)를 시의적절하게 반영하면서 동시에 미래의 전망을 제시하는 완성된 성격의 것이 아니다. 오히려 그것은 변화의 압박에 직면한 서독 식 발전경로[21]를 체화한 것에 불과하다. 따라서 흡수통합으로 구동독 지역에서는 현재 "실험무

2006); Hans-Joachim Veen, "Vereint, aber noch nicht wirklich eins? Ein Plädoyer wider den völkischen Rückfall", *Deutschland Archiv*, 33(2)(2000), 269-275쪽.

19 Wolfgang Engler, *Die Ostdeutschen als Avantgarde* (Berlin: Aufbau, 2002).

20 Rainer Land, "Ostdeutschland", Soziologisches Forschungsinstitut (SOFI) et al. (Hg.), *Berichterstattung zur sozioökonomischen Entwicklung in Deutschland. Arbeit und Lebensweisen*, 1. Bericht (Wiesbaden: VS, 2004), 79쪽.

21 Martin Baethge / Peter Bartelheimer, "Sozioökonomische Entwicklung als Gegenstand der Berichterstattung", Soziologisches Forschungsinstitut (SOFI) et al. (Hg.), *Berichterstattung zur sozioökonomischen Entwicklung in Deutschland. Arbeit und Lebensweisen*, 1. Bericht, 52쪽.

대”[22]가 펼쳐지고 있는데, 그 무대 위에서 현대 포스트포디즘의 변동과 독일 근대 이후 발전경로 간의 모순이 단기간에 대규모로 나타나고 있다는 것이다. 따라서 구동독 지역에서 현재 두드러지는 사회현상들 또는 문제들은 향후 구서독 지역에서도 광범위하게 나타날 문제들을 일찌감치 보여주는 징후이며, 동일한 문제들이 현재 구서독 지역에서는 제도에 의해 억제되어 소규모로 나타나고 있을 뿐이라고 설명한다.

마르틴 배트게(Martin Baethge)와 페터 바르텔하이머(Peter Bartelheimer)에 의하면 현대 독일 사회가 겪고 있는 사회경제적 변동은 세 가지 차원에서 일어난다.[23] 첫 번째는 장기적인 경제발전의 추세(Trend)로서, 서비스사회화, 정보사회화 등으로 표현된다. 두 번째는 사회형태(Formation)인데, 이것은 사회구성체적 성격을 갖는 것으로 생산 및 축적체제와 사회체제(제도적·정치적·문화적·이데올로기적 관계들)가 어우러져 비교적 견고한 규정양식을 이루고 있는 것을 의미한다. 1970년대 중반부터 관찰되는 포디즘으로부터의 단절이 여기에 해당된다. 세 번째는 발전경로(Entwicklungspfad)인데, 이것은 경제가 주도하는 ‘단절’보다는 사회적·역사적 환경의 ‘지속성’과 관련된다. 포디즘이 1940-1970년대까지 사회경제적 발전에 압도적 영향력을 발휘한, 그러나 동시에 한시적인 현상이었다면, ‘경로의존성’(Pfadabhängigkeit)은 사회경제적 발전이 그보다 더 장기적이고 역사적이며 구체적인 조건들 속에 배태되어 있음을 의미한다. 이러한 경로의존성을 말해주는 표현들로 그들은 “라인강 자본주의”[24] 또는 “조합주의 복지국가형태”[25]를 들고 있다.

---

22 Land, “Ostdeutschland”, 80쪽.

23 Baethge/Bartelheimer, “Sozioökonomische Entwicklung als Gegenstand der Berichterstattung”, 50-53쪽.

24 Michel Albert, *Kapitalismus kontra Kapitalismus* (Frankfurt am Main: Campus, 1992) 참조.

위에서 언급한 바 있는 란트의 '이중의 변동' 개념은 배트게와 바르텔하이머가 말하는 세 차원의 변동 중 특히 두 번째의 포디즘 체제와 관련된 것이다. 그러나 1990년대 이후 더욱 분명하게 드러나고 있는 세계경제의 흐름과 관련하여 이 책에서는 배트게와 바르텔하이머가 분류한 앞의 두 차원을 함께 묶어(경제추세+포스트포디즘), '이중의 변동'을 신자유주의 산업구조조정과 관련된 것으로 파악하고자 한다. 배트게와 바르텔하이머가 말하는 세 번째의 차원인 경로의존성은 역사적으로 형성된 구서독 자본주의의 구체적 형태 및 제도와 관련된 것이기 때문에, 흡수통일을 통해 구동독 지역으로 이식된 구서독 제도를 의미하는 것으로 해석한다. 구서독의 사회변동에 역사적 전제조건으로 작용하는 경로의존성의 문제는 란트가 앞서 지적했듯이, 구동독 지역에서는 단지 '이식'되었을 뿐이라는 사실로 인해 구서독 지역에 비해 미약한 영향력을 발휘할 것으로 보인다.

따라서 이 책에서는 '이중의 변동'을 한편에서는 흡수통일로 인한 구서독 제도의 이식(경로의존성), 다른 한편에서는 신자유주의 산업구조조정의 영향력이라는 측면에서 구동독 사회가 변화하는 것으로 이해한다. 앞서 말했듯이 구동독 지역에서는 경로의존성이 구서독 지역에 비해 미약할 수밖에 없기 때문에, 신자유주의의 영향력 역시 구서독 지역과는 다른 방식으로 나타날 것이다. 그리고 구동서독 지역 간의 이러한 '다름'은 란트가 말하는 바와 같은 '신자유주의에 대한 구서독 제도의 억제력'과만 관련되는 상이함이 아니라, 젠더 관점에서 오히려 구서독 가부장제가 갖는 영향력의 상이함을 의미할 수도 있다. 이 책에서는 '이중의 변동'이라는 개념하에 경로의존성과 신자유주의의 상호 과정을 젠더 관점에서 다룰 것인데, 결과적으로 통일로 인한 구동독 여성의 지위 변화에는 구서독 제도가

---

25 G. 에스핑-앤더슨, 『복지 자본주의의 세 가지 세계』, 박시종 옮김(성균관대학교출판부, 2004) 참조.

신자유주의를 억제하는 측면(또는 정도), 그리고 구서독 가부장제가 신자유주의를 가부장적으로 채색하는 측면(또는 정도)이 혼재해 있을 것이다.

제3장

통일 이후 **구동독 지역**의 **인구유출 현황**과 **젠더 특성**

구동독 지역 탈출로 촉발된 독일 통일 과정에서 구서독 지역을 향한 이주의 물결이 차단되는 효과가 나타난 것은 1994년경부터이다. 베를린 장벽이 붕괴된 1989년에서 1990년 사이에 구서독 지역으로 이주한 구동독 주민은 약 40만 명에 달했다. 이것은 베를린 장벽이 세워지기 전인 1957년경의 이주자 수에 육박하는 수준이다. 그 후 1991-1994년까지 서독이주가 가파르게 감소해서 인구유출이 일정 정도에서 정체되다가, 1998년에 다시 증가하기 시작하여 2001년에 새로운 정점에 도달한다.

구동독 지역의 임금은 1990-1994년에 급격히 상승한 후 정체되었다가, 그 이후에는 구서독 지역의 임금이 점차 상승하는 경향을 보인다.[26] 제니퍼 헌트(Jennifer Hunt)에 의하면 1991년 이후 서독이주를 급격하게 감소시킨 요인, 그리고 이후 정체를 거쳐 다시 상승시킨 요인은 구동독 지역의 실업률이 아니라 동서독 지역 간의 임금격차였다. 실제로 구동독 지역의

---

26 Jennifer Hunt, "Staunching Emigration from East Germany: Age and the Determinants of Migration", *Journal of the European Economic Association*, 4(5)(2006), 1017-1018쪽.

임금이 상승하면서 구서독 지역으로의 이주가 감소한 반면 실업률은 오히려 높아졌기 때문이다.[27]

과거에 동서로 분단된 후 서독으로 인구가 유출되는 것을 차단하기 위해 베를린 장벽이 세워지기까지 1950년부터 1961년까지 대략 260만 명의 인구가 서독 지역으로 유출되었다. 이에 비해 1990-2003년에는 그 절반이 넘는 약 140만 명의 인구가 구서독 지역으로 유출되었다. 통일 당시 동독 인구가 약 1,670만 정도였던 것을 보면 통일 후 서독이주의 규모가 엄청나다는 것을 알 수 있다.[28] 헌트에 의하면 1989-1990년 사이에 구동독 지역 주민의 2.5%가 서독으로 이주했는데, 이것은 1950-1987년에 있었던 동독 인구의 지속적인 감소를 감안할 때 1950년대보다 더 높은 비율의 인구유출을 의미한다.[29]

구서독 지역으로 유출되는 인구에서 (구서독 거주자들이) 구동독 지역으로 오는 유입인구를 뺀 구서독 지역으로의 순이주 규모는 통화·경제·사회 통합이 발효된 1990년부터 2008년까지 약 138만 명으로, 1990년 당시 구동독 지역 인구의 8.6%에 해당된다.[30] 통일 직전인 1989년을 포함할 경우, 2008년까지 순이주 규모는 176만 명으로 증가한다. 이 기간 동안 구서독 지역으로의 유출은 388만 명, 구동독 지역으로의 유입은 212만 명을 기록하고 있다.[31]

---

27 같은 글.

28 김창권, 「독일 통일 이후 구동독지역 인구이동 및 인구변화와 한반도 통일에 주는 정책적 시사점」, 『경상논총』 제28권 1호(2010), 30쪽; Hunt, "Staunching Emigration from East Germany", 1017쪽; Christiane Dienel, "Abwanderung aus Ostdeutschland – vom Wendephänomen zum langfristigen Trend?", Rainer Hufnagel/Titus Simon (Hg.), *Problemfall Deutsche Einheit* (Wiesbaden: VS, 2004), 93-94쪽.

29 Hunt, "Staunching Emigration from East Germany", 1017쪽.

30 김창권, 「독일 통일 이후 구동독지역 인구이동 및 인구변화와 한반도 통일에 주는 정책적 시사점」, 36쪽.

31 같은 곳.

서독이주는 시기와 무관하게 대체로 젊고 노동능력이 있으며 (직업)교육수준이 비교적 높은 층에서 이루어졌다. 서독으로 이주하는 인구 중 약 60%가 30세 이하이며, 약 20%가 18-25세의 연령층이다. 가장 이주가 활발한 연령대는 20-30대이며 35세부터 이주율이 급격히 감소한다. 이에 반해 구서독 지역에서 구동독 지역으로 이주하는 경우에는 연령이 높아서 15%(서독이주의 경우에는 9%)가 50세 이상이다.[32]

그리하여 통일 이후 구동독 지역의 출산율 변화와 함께 서독이주가 구동독 지역의 인구구조에 큰 영향을 미치고 있고, 젊고 유능한 인력의 유출로 인해 경제가 활력을 잃는 등 심각한 문제가 야기되고 있다. 특히 최근에는 고학력의 젊은 여성 위주로 서독이주가 이루어져서 농촌지역에서 젊은 남성들의 결혼 문제가 새로운 사회문제로 등장하기도 했다.[33]

1. 서독이주의 1단계(1990-1991): 대규모 탈동독의 지속

1990-1991년까지 통일 직후 2년간 연평균 32만 3천 명의 대규모 이주가 이루어졌다. 구동서독 간의 통화·경제·사회 통합은 1990년 7월에 발효되었고, 정치통합은 10월에 발효되었다. 따라서 1990년의 이주인구에는 구동독 체제에 대해 불만을 가진 정치적 이주자들 역시 포함되어 있을 것이다. 그러나 전체적으로는 구동독 경제의 붕괴로 급등한 실업률, 구동서

32 Dienel, "Abwanderung aus Ostdeutschland – vom Wendephänomen zum langfristigen Trend?", 95쪽.

33 인터넷 기사 「통독 19주년 ... 통일은 아직도 '진행중'」(『조선일보』, 2009-10-01 입력); 베를린 인구 및 발전 연구소(Berlin-Institut für Bevölkerung und Entwicklung)의 2007년 연구 "Not am Mann"; "Im Osten fehlen die Frauen"(*Welt Online*, 2007-05-30); 남부독일 일간지 기사 "Frauen verzweifelt gesucht"(*Süddeutsche Zeitung*, 2007-05-30) 참조.

독 지역의 극심한 경제격차와 소득격차로 인해 구서독 지역에서 일자리를 찾거나, 더 나은 일자리를 위해 이주한 경우들로 판단할 수 있다.

통일 이후 구동독 지역의 일자리 붕괴를 보면, 우선 구동독의 관료층이 대규모로 해체되어 1989년 9만 1천 명에 달했던 국가안전부와 4만 4천 명에 달했던 사회주의통일당(SED)의 간부 자리가 완전히 사라졌다. 군대의 경우에도 장교 2만 4천 명 중 약 2,900명과 하사관 2만 3천 명 중 1,600명만이 1-3계급씩 강등되어 서독 군대로 편입되었을 뿐이다. 연구·개발 분야, 방송국 종사자, 판검사도 대폭 해고되었고, 교사와 경찰의 경우가 재임용 비율이 가장 높았다. 그리하여 일반교사들의 경우에는 1992년 말까지 약 5분의 1만이 감축되었을 뿐이다.[34]

엘리트층뿐 아니라 노동자층의 경우에도 일자리가 대규모로 감축되어 1990년 1월에 구동독의 노동자가 약 900만 명이었으나, 1990년 7월 신탁청이 기업 사유화 업무를 시작할 즈음에는 이미 동독 기업에 근무하던 노동자가 350만 명 정도로 줄어 있었다. 1990년에 기업의 피고용자 중 자신의 일자리를 그대로 유지할 수 있었던 경우는 45%에 지나지 않았고, 노동시장정책으로 일자리를 옮기거나(14%) 실업상태에 있는 경우(17%)가 많았다. 그 밖에 조기퇴직, 퇴직, 자원퇴직이 19%를 차지했다.[35]

통일 직후에도 대규모의 탈동독이 지속되었던 데에는 무엇보다도 독일 통일의 정치적 상황이 크게 작용한 것으로 보인다. 이 시기의 대규모 서독이주는 주민들로 하여금 '저항'보다는 '탈출'이라는 개인화된 정치행태를 선택하도록 강요한 구동독의 역사적 현실과 당시 독일 집권세력의 '식민지적' 통일정책이 빚어낸 결과라고 볼 수 있다.

---

34 한운석, 「통일독일의 민족통합 문제와 그 원인들」, 99쪽.

35 정형곤, 「구동독 산업의 사유화 정책」, 유임수 외, 『베를린 시대의 독일 공화국』(엠애드, 2001), 269-270쪽.

2. 서독이주의 2단계(1992-1997): 둔화와 구동독 지역으로의 인구유입 증가

이 시기에는 구동독 지역 주민의 서독이주가 둔화되고 오히려 구서독 지역에서 구동독 지역으로의 이주가 상대적으로 활발하게 이루어져 구서독 지역으로의 순이주가 지속적으로 감소하였다. 구서독 지역으로의 이주는 이 기간 동안 연평균 약 17만 3천 명, 구동독 지역으로의 이주는 연평균 13만 명(1990-1991년에는 연평균 5만 8천 명)이었다. 구서독인의 구동독 이주는 통일 과정에서 구동독 지역에 행정조직과 교육체계 등이 재구축되면서, 또 구서독 기업들이 구동독 지역에서 기업 활동을 하면서 구서독 인력이 유입된 현상이다.[36]

동독이 서독으로 흡수통일되면서 통일 후 구동독 지역의 행정조직과 경제 핵심에는 구서독의 엘리트들이 진출하였다. 그리하여 법률, 내무, 공공안전, 재정 및 경제 분야에서 구서독 출신 관리들의 수가 2만여 명에 달한 적도 있다. 또 그들은 주로 고위직을 차지하였다. 1992년 5개 신연방주 주지사 직할청(Staatskanzlei) 소속의 4분의 3 이상이 구서독 출신이었고, 5명의 직할청장이 모두 구서독 출신이었다. 대학의 경우에도 마찬가지여서, 특히 동독 시절의 친정권적 성격으로 인해 통일 후 구조조정 대상이 된 법학, 사회학, 경제학, 일부 인문학 분야의 경우에는 구서독 지역에서 온 교수들이 지배적으로 자리 잡았다. 또한 신탁청을 통해 민영화된 기업들에서 핵심간부들의 대다수가 구서독 출신이었다.[37]

그러나 독일 사회경제패널 자료(1990-2000)를 사용해 개인 수준에서

36 김창권, 「독일 통일 이후 구동독지역 인구이동 및 인구변화와 한반도 통일에 주는 정책적 시사점」, 37쪽.

37 한운석, 「통일독일의 민족통합 문제와 그 원인들」, 100쪽.

이주를 분석한 헌트에 의하면 1992년부터는 상당 정도의 역이주(서독이주를 감행한 구동독 주민의 구동독 지역 귀환)가 이루어졌을 것이라고 한다. 그에 의하면 1992-2000년의 역이주 비율은 구동독 지역으로 유입된 인구의 20% 이상을 차지할 것이라고 한다.[38]

구동독 지역의 실업증가와 관련하여, 통일정책과 구동독 지역의 구조조정이 경제 논리보다는 정치 논리와 선거전략 측면에서 결정되었기 때문에 문제가 한층 심각해졌다는 지적이 많다. 예컨대 졸속으로 처리된 무리한 화폐통합으로 인해 동독 경제의 기반과 경쟁력, 특히 수출경쟁력이 파괴되고 그로 인해 구동독 지역의 탈산업화가 시작되었다는 '식민지화'론이 있다. 이 입장에 의하면 화폐통합과 함께, 보상보다는 반환 원칙에 기초한 신탁청의 소유권 문제 해결방식, 구동독 기업의 대부분을 헐값으로 구서독인에게 매각하여 구동독 기업의 경쟁력을 파괴한 민영화 과정, 적극적이었으나 충분치 못했던 통일 초기의 고용창출정책, 빈곤방지를 일차적 목표로 삼은 재정지원정책 등이 구동독 지역의 구조조정을 실패로 이끈 원인으로 제시된다.[39]

실제로 구서독 전문가들의 우려와는 달리, 소유권을 기업 내부 경영자에게 매각하는 MBO(내부 경영자 매각) 방식으로 구동독 경영자들에게 매각된 구동독 중소기업들의 경우에는 고용창출에 오히려 더 긍정적인 효과가 나타났다. 사유화된 구동독 기업 중에서 MBO 방식은 약 20%를 차지했지만, 1990년 이후 설립된 구동독 전체의 중소기업을 포함하여 볼 때 중소기업에서 MBO 기업의 비중은 0.6% 정도이다. 이에 비해 MBO 기업에 종사하는 노동자 수는 전체 중소기업 노동자 수의 약 6.8%에 이른다.[40]

'식민지화'론과는 또 다른 방향에서, 구동독 지역의 임금상승을 주도한

---

38 Hunt, "Staunching Emigration from East Germany", 1026쪽.

39 한운석, 「통일독일의 민족통합 문제와 그 원인들」, 94쪽.

40 정형곤, 「구동독 산업의 사유화 정책」, 258쪽.

조합주의적 사회정책이 1 : 1 화폐통합과 함께 실업증가와 기업도산의 가장 큰 요인으로 작용했다는 지적도 있다. 독일 정부가 정치적 안정성을 더 우선시하여 서독이주를 최대한 줄이려는 목적으로 구서독 노동조합의 제안을 받아들였다는 것이다. 그리하여 구서독의 임금제도가 구동독 지역에 동일하게 적용되고, 생산력을 훨씬 웃도는 임금상승을 가져왔다. 그로 인해 구동독의 기업들이 도산했고, 또 구동독 시장의 신속한 개방으로 구동독 지역의 기업들이 충분한 준비 없이 하루아침에 세계시장과 경쟁하게 되었다는 것이다.[41]

그러나 구서독의 임금제도를 구동독 지역에 적용한 정책은 애초의 목표를 달성했다. 구동독 지역의 임금인상은 특히 구동독 젊은이들의 서독이주 감소에 지대한 영향을 미친 것으로 나타난다.[42] 그리하여 이 시기 동안 실업이 증가할 때조차 서독이주는 감소하고 일정한 수준으로 정체되었다. 구동독 지역의 임금상승뿐 아니라 통일 초기 독일 정부의 적극적 고용창출정책도 어느 정도 효과를 발휘했을 것으로 보인다. 또한 사회간접자본 중심의 건설투자 붐으로 인한 지역 경제의 일시적 활성화도 구동독 지역 경제에 대한 기대를 높임으로써 이주의 물결을 완화시켰다.

임금수준과 실업이 이주 동기에서 차지하는 비중을 비교해보면, 작센주에서 특히 젊은이들 중 더 나은 임금조건 때문에 이주했다고 밝힌 경우는 43%로, 실업상태라서 이주했다는 응답(36%)보다 좀 더 높게 나타났다. 같은 연구에서 78%는 구서독 지역에서 실습기회나 일자리를 이미 찾았기 때문에 서독이주를 했다고 밝혔고, 26%는 생활환경 때문에, 13%는 여가시설 때문에 구동독 지역을 떠난 것으로 나타났다.[43]

---

41 같은 글, 265-267쪽.

42 Hunt, "Staunching Emigration from East Germany", 1034쪽.

43 Dienel, "Abwanderung aus Ostdeutschland – vom Wendephänomen zum langfristigen Trend?", 96쪽. 여기서 각 수치의 합이 100을 넘는 것은 복수응답 때문

3. 서독이주의 3단계(1998-2002): 재증가와 젠더적 성격의 강화

이 시기에는 통일 직후처럼 대규모는 아니지만 구서독 지역으로의 이주가 다시 활발해진다. 이 기간 동안 구동독 지역의 인구유출은 연평균 19만 2천 명, 인구유입은 연평균 12만 9천 명으로 순이주가 연평균 6만 3천 명에 달했다. 1990년대 중반부터 통일특수가 종료되고, 전 세계적인 경기침체로 독일 경제의 성장이 둔화되었다. 또한 구동서독 지역의 임금 균등화가 지체되면서 경제격차 해소에 대한 기대가 감소하여 서독이주가 다시 늘어난 것으로 설명된다.[44]

1990-2000년까지의 사회경제패널 자료를 사용한 헌트에 의하면 그 기간 동안 서독이주를 결정짓는 인구학적 특성은 연령과 교육수준이다. 성별은 구서독 지역 출퇴근자의 경우에만 유의미하게 나타나서, 여성보다는 남성이 구동독 지역에 거주하면서 구서독 지역으로 출퇴근하는 경향을 많이 보인다고 한다. 서독이주의 경우에는 성차보다는 오히려 연령 차이가 매우 두드러져서 젊은 층의 이주가 많고, 특히 18-25세의 연령층이 이주인구의 46%를 차지한다고 한다.[45] 젊은 층의 경우에는 대졸 이상에서 서독이주의 확률이 높다.[46]

이에 비해 크리스티아네 디넬(Christiane Dienel)은 1998년부터 서독이주가 두드러지게 젠더적 성격을 보이는 것으로 설명한다.[47] 순이주 규모

인 것으로 보인다.

44 김창권, 「독일 통일 이후 구동독지역 인구이동 및 인구변화와 한반도 통일에 주는 정책적 시사점」, 37쪽.

45 Hunt, “Staunching Emigration from East German”, 1026, 1030쪽.

46 같은 글, 1029, 1032쪽.

47 Dienel, “Abwanderung aus Ostdeutschland – vom Wendephänomen zum langfristigen

로 보면 물론 1998년 이전부터 남성에 비해 여성의 구동독 지역 유입규모가 작기 때문이 여성들의 순이주가 우세하다. 그러나 1998년 이후로 오면 특히 18-25세 연령층을 중심으로 여성들의 서독이주가 활발해지는 현상이 뚜렷해진다. 이것이 이주의 젠더적 성격을 보여주는 것이라고 디넬은 설명한다. 특히 이 연령대가 가임연령층이기 때문에 이들의 유출이 구동독 지역의 인구구조에 미칠 영향을 심각히 고려해야 한다고 강조한다.

서독이주의 여성화가 어느 시기에 지배적으로 나타나는지에 대해서는 관점에 따라 견해가 다르다. 1991년 이후로 구동독 지역을 떠난 인구 중 3분의 2 정도가 여성이기 때문에 서독이주의 여성화는 전 시기에 걸친 현상이라는 견해가 있다.[48] 이와는 달리 서독이주의 여성화가 1990년대 중반까지만 나타나는 현상이라고 설명되기도 한다.[49] 또 다른 연구에서는 1991-2007년을 통틀어 서독이주의 남녀 성비가 남성 48%, 여성 52%이며, 순이주의 경우에는 남성 41%, 여성 59%로서, 전반적으로 여성의 이주가 활발한 것으로 평가한다.[50]

1998년부터 서독이주의 젠더적 특성이 강화되는 것으로 설명하는 디넬의 경우에는 이주 규모에서 여성이 남성을 능가한다는 양적인 현상보다는 남성 이주와 구별되는 여성 이주의 특성이 뚜렷해진다는 사실을 강조

Trend?", 95쪽.

48 Berlin-Institut für Bevölkerung und Entwicklung, *Not am Mann. Von Helden der Arbeit zur neuen Unterschicht? Lebenslagen junger Erwachsener in wirtschaftlichen Abstiegregionen der neuen Bundesländer* (Berlin, 2007), 39쪽, Daniel Erler / Susanne Dähner, *Frauen machen neue Länder: Lebenssituation und Perspektiven junger Frauen in den neuen Bundesländern – Forschungsstand* (Familien Service, 2008), 49쪽, http://www.frauenmachenneuelaender.de/images/pdf/studie_lang.pdf에서 재인용.

49 Erler/Dähner, *Frauen machen neue Länder: Lebenssituation und Perspektiven junger Frauen in den neuen Bundesländern – Forschungsstand*, 49쪽.

50 김창권, 「독일 통일 이후 구동독지역 인구이동 및 인구변화와 한반도 통일에 주는 정책적 시사점」, 39쪽.

한다. 즉 여성 이주는 직업교육을 받는 연령기에 집중적으로 일어나고 그 규모가 타 집단에 비해 뚜렷이 큰 시기라는 것이다. 또한 이주 동기에서도 성차가 나타나서 여성은 남성보다 오히려 분산된, '다양한' 이주 동기를 보인다고 한다.

서독이주의 동기를 보면 특히 젊은 층에서 '일자리'와 '직업훈련 기회'가 지배적으로 나타난다. 그러나 앞서 헌트의 연구를 통해서도 보았듯이, '실업' 자체는 서독이주의 동기로서 오히려 미약하게 작용하는 것으로 보인다. 2002년의 작센 주 자료에 의하면 서독이주자의 16%만이 실업상태였고, 대부분의 경우에는 구서독 지역으로 이주하기 전에 이미 직장을 갖고 있거나, 직업교육을 이수한 후 작센 지역에서 직장을 구한 적이 없었다. 즉 실업자의 상태가 아니었다. 실업보다는 실업에 대한 예상이, 또 더 나은 일자리 조건에 대한 기대가 이주를 선택하는 데에 크게 작용한 것으로 판단된다. 뿐만 아니라 배우자를 따라 이주하는 경우도 적지 않았다.[51]

같은 자료에서 특히 이주 동기를 보면 성차가 확인된다. 남성의 경우에는 3분의 2 정도가 직업 관련 동기에서 이주한 데 반해, 젊은 여성들의 경우에는 50% 이상이 개인적 동기를 들었다. 그러나 이주 동기가 (직업)교육인 경우는 남성보다 여성에게서 훨씬 높게 나타났다. 즉 남성들은 주로 직업적 요구로 인해 연령에 상관없이 이주하는 반면, 여성들의 이주는 청년층에 집중되어 있으며 직업교육 기회와 여타의 목적으로 양분되는 경향이 있다. 한편으로 이것은 구동독 지역에서 여성을 위한 직업교육 기회가 제한되어 있음을 의미하며, 다른 한편으로는 시기적으로 취업 전과 가족형성 이전 시기로 제한된 여성 이동성의 특징을 보여준다.

---

51 Dienel, "Abwanderung aus Ostdeutschland – vom Wendephänomen zum langfristigen Trend?", 97쪽.

4. 서독이주의 4단계(2003-2008): 하향안정화와 젠더적 성격의 약화

2003년부터는 서독이주의 물결이 다시 둔화되어 구동독 지역의 인구 유출은 연평균 14만 2천 명, 유입은 연평균 8만 8천 명으로, 2단계보다 유출과 유입 모두에서 더욱 안정화된 경향을 보인다.[52] 다만 순유출의 경우 이러한 안정화 추세가 1990년대 중반의 둔화 추세에까지 미치지는 못한다.[53]

현재 구동독 지역의 생산성이 구서독 지역의 80%에 이른다고는 하나 구동독 지역의 경제전망이 낙관적인 것은 아니다. 그러나 최근 경제위기의 여파는 구서독 지역보다 구동독 지역에서 더 약하게 나타난 것으로 평가된다. 구동독 경제가 중소기업 중심이고 또 세계경제에 통합된 정도가 낮기 때문이다.[54]

그러나 서독이주의 하향안정화는 그간의 활발한 인구유출로 인한 인구감소, 특히 젊은 층의 유출로 인한 구동독 지역의 고령화에서 기인하는 것일 수도 있다. 또는 역이주의 경험과 독일 정치체제에 대한 반발로 구동독 지역에 대한 충성심이 높아진 결과일 수도 있다. 실제로 2010년 연방선거에서 구동독 지역에서는 구동독 시절 지배정당의 후신인 민주사회주

---

52 김창권, 「독일 통일 이후 구동독지역 인구이동 및 인구변화와 한반도 통일에 주는 정책적 시사점」, 37쪽. 김창권은 최근의 이러한 안정화 추세가 구동독 지역의 실업률 하락과 경제 사정의 호전에 기인하는 것으로 보고 있다.

53 Erler/Dähner, *Frauen machen neue Länder: Lebenssituation und Perspektiven junger Frauen in den neuen Bundesländern – Forschungsstand*, 49쪽.

54 Uta Bauer/Susanne Dähner, *Frauen machen neue Länder. Frauen in den neuen Bundesländern – gut positioniert in der Bewältigung der Wirtschaftskrise* (Familien Service, 2009), http://www.frauenmachenneuelaender.de/images/pdf/studie_lang_21.12.2009.pdf.

의당(PDS)이 크게 선전했다.

구동독 지역의 인구구조를 살펴보면, 1989년부터 2008년 사이에 서독으로의 누적 순유출자 수는 약 176만 명으로 1989년 당시 동독 인구의 11.6%에 해당된다. 이것은 실제로 통일 이후 서독이주가 구동독 지역의 인구감소에 결정적 역할을 했음을 말해준다.[55] 서독이주는 특히 구동독 지역의 고령화에 큰 영향을 미쳤다. 구동독 지역의 중앙치 연령이 1991년 34.5-38.8세에서 2004년 43.3-44.6세로 높아졌는데, 여기서 고령화에 서독이주가 기여한 정도는 20.3-27.3%라고 한다.[56]

젊은 층의 대규모 서독이주, 특히 가임기 연령층 여성들의 지속적 이주는 통일 직후 구동독 지역의 출산율 하락(1994년에 최저점)과 함께 구동독 지역의 인구구조에 크게 영향을 미쳤으며, 이는 다시 산업인력 부족을 초래하며 경제를 악화시켰다. 고령화가 혁신능력의 부족으로 생산성에 부정적 영향을 미치는 것 못지않게, 고학력 청년층의 인구유출도 구동독 지역의 경제구조에 크게 악영향을 미치고 있다는 것이 일반적인 평가이다.

이 시기에는 또한 서독이주의 여성화 현상이 이전 시기만큼 두드러지지는 않지만, 그러면서도 여전히 30세 이하의 연령층에서는 여성의 강세가 지속된다고 한다.[57] 즉 서독이주의 여성화는 주로 18-25세의 젊은 층에서 두드러지는데, 이 시기에는 서독이주자들 중에서 해당 연령층의 비중이 상대적으로 낮아졌다.

---

55 김창권, 「독일 통일 이후 구동독지역 인구이동 및 인구변화와 한반도 통일에 주는 정책적 시사점」, 43쪽.

56 같은 글, 47쪽.

57 Erler/Dähner, *Frauen machen neue Länder: Lebenssituation und Perspektiven junger Frauen in den neuen Bundesländern – Forschungsstand*, 49-50쪽.

5. 서독이주의 연령별·성별 특징

1) 연령별·성별 특징

위에서도 언급했듯이 서독이주에서 전반적으로 두드러지는 현상은 연령의 효과이다. 일반적으로 젊은 연령이 이주현상에서 매우 중요하게 작용한다는 것은 널리 알려진 사실이다. 젊은 층은 송출사회에 투자한 바가 적고 가족에 대한 책임이나 사회적 여건에서 자유롭기 때문에 미래에 대한 전망을 저울질하여 출신사회를 떠나는 데 어려움이 적다.

김창권에 의하면 통일 직후 초기 구동독을 빠져나간 서독이주자의 경우에는 특히 나이가 적어서 중앙치 연령이 23.7세이다. 1991-2007년 동안에는 그보다는 다소 높은 25.4세의 중앙치를 보이는데, 이와 반대로 같은 기간 동안 구서독 지역에서 구동독 지역으로 이주한 경우의 중앙치는 28.0세였다.[58]

1991-2007년까지 구동서독 이주자의 누계를 연령별·성별로 보면, 이 기간 동안 서독이주자의 경우 30세 미만의 젊은 층이 67%를 차지한다. 특히 18세부터 30세 미만의 비중은 남성의 경우 47%, 여성의 경우에는 48%이다. 이 연령층은 학업을 시작하기 위해, 혹은 아직 학업중이거나 직업교육 중에, 또는 학업이나 직업교육을 막 종료한 후 일자리를 얻기 위해 구서독 지역으로 이주한 경우로 보인다. 또한 이 연령층의 이주는 통일 이후 시간이 지나면서 대체로 증가하는 추세를 보였다.

서독이주자 가운데 50세 이상의 비중은 매우 미미하며, 65세 이상은 약 3%에 불과하다. 65세 이상의 경우에는 오히려 구서독 지역에서 구동

---

58 이하 김창권, 「독일 통일 이후 구동독지역 인구이동 및 인구변화와 한반도 통일에 주는 정책적 시사점」, 37-41쪽 참조.

독 지역으로 이주한 경우가 더 많다. 구서독 지역에서 구동독 지역으로 향하는 고령층의 이주는 지속적으로 완만하게 상승하면서 구동독 지역의 고령화를 가속화하는 데 기여하고 있다.

연령과 성을 함께 고려할 때, 특히 18세에서 25세 미만인 젊은 여성들의 이주가 매우 활발함을 알 수 있다. 이주자 가운데 이 집단의 누적 비중은 33.6%에 달하며, 구서독 지역에서 구동독 지역으로의 이주를 차감한 순유출 비중에서는 이 연령층의 구동독 여성 비중이 42.2%로 확대된다. 이 연령층 여성들의 서독이주가 최근 다소 감소했으나 같은 연령층의 남성과 비교하면 상대적으로 더 활발하다. 이것은 이 연령층 여성들의 노동시장지위가 남성에 비해 매우 취약하기 때문이라고 해석된다.

표 II-1 구동독 지역 청년 이주자 연구 현황

연구주체	연구제목	연구내용
막데부르크-슈텐달 단과대학(2004)	작센-안할트 주 젊은 여성 및 가족의 미래기회	
할레 대학(2004)	이주와 귀환: 이주에 의한 인적 자본 손실과 메클렌부르크-포어포메른 주로 귀환할 가능성	메클렌부르크-포어포메른 주에 대한 연구
넥서스 연구소(2006)	역이주: 구동독 지역의 역동적 요인	막데부르크로 역이주하는 구동독 지역 주민들 연구
엠피리카 연구소(2006)	작센-안할트 주로의 인구 유입	작센-안할트 주로 역이주하는 구동독 지역 주민들 연구
베를린 인구 및 발전 연구소(2007)	남성 비상사태	구동독 변두리지역 연구
할레 사회조사연구소(2007)	브란덴부르크 주와 청년층: 지역 이동성	학교교육, 직업교육, 직장으로 이어지는 과정에서 나타나는 청년이주 문제에 대한 종단연구(구동독 지역 이동성 패널)

출처: Daniel Erler / Susanne Dähner, *Frauen machen neue Länder: Lebenssituation und Perspektiven junger Frauen in den neuen Bundesländern – Forschungsstand* (Familien Service, 2008), 48쪽의 내용을 필자가 표로 정리.

가족동반 이주로 볼 수 있는 18세 미만 연령층의 서독이주는 지속적으로 감소하고 있다. 이들의 부모 나이에 해당되는 30-40대의 경우에도 특히 남성의 이주 비중이 2000년대에 들어서 다소 둔화되고 있다. 그리하여 가족동반 이주가 점차 줄어들고 가족이나 자녀가 없는 형태의 이주가 더 많아지는 것으로 보인다. 가족이나 자녀를 동반하지 않은 이주의 증가에는 통일 이후 구동독 지역의 인구학적 특성 변화, 즉 출산율 저하와 결혼 및 출산 연령 상승이 작용한 것으로 보인다.

그러나 2000년대 이후에는 이주유연성이 가장 큰 연령층인 18세부터 30세 미만의 이주율이 상대적으로 급격히 낮아지고 있어서, 최근으로 올수록 서독이주에서 연령별 차이는 두드러지지 않는다.

구동독 청년층의 서독이주와 관련해서는 특히 연방주 차원에서 많은 연구 프로젝트들이 진행되었다. 대표적인 연구들을 살펴보면 표 II-1과 같다.

2) 여성 이주의 특징

(1) 18-25세 미만의 여성: 가장 이동성이 높은 집단, (직업)교육이주

통일 후 1991-2006년의 구동서독 지역 간 이주실태를 살펴보면 18세부터 25세 미만인 젊은 여성층의 이주가 가장 활발하다. 그러나 여성 이주가 남성 이주를 초과하는 경우는 주로 이 연령층이기 때문에 다니엘 에를러(Daniel Erler)와 수잔네 데너(Susanne Dähner)는 서독이주가 일반적으로 여성화된다고 말할 수는 없다고 파악한다. 예컨대 30-50세 남성은 젊은층 여성들과 비슷한 정도의 높은 이주율을 기록하지만 반대방향의 이주율 역시 높기 때문에 순유출 규모가 상쇄될 뿐이다.

또한 전체적으로 보아 25세 이상 여성의 경우 유출이 남성에 비해 눈에 띄게 많지 않지만, 구동독 지역으로의 유입도 많지 않기 때문에 순유출

규모가 크게 나타난다. 다시 말해서 18-25세 미만 연령층 여성의 높은 이주율은 구동독 여성들의 활발한 서독이주에 의해 주도되는 반면, 25세 이상 여성의 인구유출이 높게 나타나는 것은 구동독 지역으로의 여성유입이 적은 탓이다.

구동독 지역으로의 인구유입 역시 18-25세 미만 연령층의 경우 1990년대 중반부터 남성보다 여성의 유입이 더 많은 것으로 기록된다. 이 경우 물론 유입규모가 유출규모에 비해 현저히 작다. 그러나 전반적으로, 특히 2000-2006년까지의 자료를 볼 때, 18-25세의 여성들이 구동독에서 구서독 방향뿐 아니라 반대방향으로도 가장 이동성이 큰 집단으로 나타난다.[59] 즉 18-25세 미만의 연령기는 구동서독 지역을 막론하고 여성들이 앞으로의 정착을 위해 기회를 폭넓게 탐색하는 결정적인 시기라고 말할 수 있다.

(2) 구동독 지역 내 여성 이동성과 여성의 낮은 역이주율

18-25세 미만 여성들을 조사한 할레 사회조사연구소의 연구에 의하면 이 연령층 이주자의 4분의 3은 구서독 지역으로 가는 반면, 4분의 1은 다른 구동독 지역으로 가는 것으로 나타났다. 작센 주는 성별에 관계없이 인구유출이 가장 적은 주로 나타난 반면, 메클렌부르크-포어포메른 주는 성별격차가 가장 심한 주로 나타나서, 남성들의 경우에는 작센 주 정도의 유출을 보였으나 여성들은 20% 이상이 이주해 나갔다. 작센 주에서 유출이 적은 이유는 라이프치히나 드레스덴 같은 대도시를 중심으로 (직업)교육시설이 잘 갖춰져 있기 때문이다. 라이프치히와 드레스덴 다음으로 여성의 유출이 적은 도시는 그라이프스발트, 막데부르크 순이다.[60] 베를린 인

---

59 Erler/Dähner, *Frauen machen neue Länder: Lebenssituation und Perspektiven junger Frauen in den neuen Bundesländern – Forschungsstand*, 49-51쪽.

60 같은 책, 51-52쪽.

구 및 발전 연구소에 의하면 2002년부터 2004년 사이에 포츠담, 그라이프스발트, 할레, 예나 등 구동독 지역 도시의 대학을 다니기 위해 남성보다 여성(18-25세)이 더 많이 이들 도시에 유입되었다.[61] 여성유출이 가장 큰 연방주는 튀링겐 주와 브란덴부르크 주로, 여성의 25% 이상이 이주해나 갔고, 이 주들로 역이주하는 경우 역시 가장 적게 나타났다.

한번 떠난 후 구동독 지역으로 역이주할 확률이 여성의 경우에는 남성에 비해 더 낮았다. 남성들의 역이주 확률은 25-50% 정도 되는데, 특히 작센 주와 튀링겐 주로 귀환하는 경우가 많았다.

젊은 여성의 높은 서독이주율과 낮은 역이주율은 구동독의 농촌지역과 변두리지역에서 가장 두드러졌다. 그리하여 유럽에서는 유일하게 그 지역들에서 18-29세 연령층의 남녀 성비가 100 : 80의 불균형을 보이게 되었다. 반면에 구동독의 중심도시들에서는 동연령층의 성비가 균형을 보이거나 또는 여성이 좀 더 높게 나타난다.[62]

(3) 여성 고급인력의 유출 또는 고학력 여성의 쌍방향 이동성 증가

구동독 지역의 젊은 고학력 인구 유출로 숙련노동력 부족현상이 사회문제로 등장하고 있다. 2002년 작센 주의 이주 연구에 의하면 작센 주에서 유출된 여성들의 17.9%가 전문대졸 이상의 학력을 보였는데, 이것은 당시 작센 주에 거주하는 18세 이상 여성들 중 전문대졸 이상의 비율이 7.6%인 것을 감안할 때 매우 높은 수치이다.[63] 할레 사회조사연구소의 연구 결과에서도 마찬가지로 학력이 높을수록 이동성이 증가하는 것으로 나

---

61 Berlin-Institut für Bevölkerung und Entwicklung, *Not am Mann*, 42쪽.

62 Erler/Dähner, *Frauen machen neue Länder: Lebenssituation und Perspektiven junger Frauen in den neuen Bundesländern – Forschungsstand*, 49-54쪽.

63 Sabine Gosch, "Ergebnisse der Sächsischen Wanderungsanalyse", Statistisches Landesamt des Freistaates Sachsen, *Statistik in Sachsen*, 2003-03, 61쪽.

타났다. 구서독 지역에 비해 구동독 지역에서 인문계 고졸자(대입자격자)의 비율이 높다는 사실도 이러한 사실에 영향을 미치는 것으로 보인다.

그러나 (직업)교육수준은 서독이주자의 경우에만 높은 것이 아니라, 구동독으로 유입되는 인구와 역이주의 경우에도 평균보다 높게 나타난다. 엠피리카 연구소가 시행한 작센-안할트 주 역이주자들에 대한 연구에 의하면 직업교육을 이수한 19-35세 연령층의 작센-안할트 주로 유입된 인구 중에서 절반 정도가 전문대졸 이상이었다.[64] 막데부르크로 귀환한 사람들에 대한 넥서스 연구소의 연구에 의하면 성별에 상관없이 절반 정도가 직업교육을 이수한 상태였고, 구동독 지역으로 새로 이주한 여성들의 경우에는 대부분이 대학 재학 중이었다. 유입인구 중 직장생활을 하는 경우에는 4분의 3이 대입자격을 갖추고 있었고, 3분의 2가 대졸이었다.

고학력 여성들의 구동독 지역 유입규모가 유출규모만큼 크지 않지만 유입여성들의 경우에도 대부분은 대학교육을 목적으로 이주하는 것으로 나타났다. 또한 막데부르크 역이주자 조사에 의하면 역이주자들의 대부분이 직업교육을 이수한 상태지만, 여성의 경우에는 특히 40% 정도가 전문대졸 이상의 고학력이었다. 이러한 고학력자 비율이 남성 역이주자의 경우에는 35%에 불과하다.[65]

따라서 전반적으로 학력이 높은 청년층 여성일수록 더 나은 직업전망을 위해 구서독 또는 구동독 방향으로 이동을 감행한다고 말할 수 있다.

---

64 empirica, *Zuwanderung nach Sachsen-Anhalt* (Berlin, 2006), 19쪽.

65 Erler/Dähner, *Frauen machen neue Länder: Lebenssituation und Perspektiven junger Frauen in den neuen Bundesländern – Forschungsstand*, 55쪽.

(4) 이주 동기의 성차

막데부르크-슈텐달 단과대학에서 행한 2004년 연구에 의하면 작센-안할트 주를 떠난 18-35세 여성 중 약 3분의 1이 직업적 이유와는 무관하게 이주를 결심했다. 또한 여성들은 직업교육, 대학교육 등 특히 교육의 기회를 위해 이주한 경우가 남성에 비해 많았다. 이에 비해 남성들은 직업 관련 이주가 많았다.[66] 그러나 교육이주의 구체적 동기를 살펴보면 단순한 직업교육의 의미보다는 다양한 동기들이 혼재되어 있음을 알 수 있다.

① 여성 교육이주의 구체적 동기

남성에 비해 여성의 경우 특히 직업교육이나 대학교육이 이주의 목적으로 나타났는데, 이것은 위에서도 살펴보았듯이 여성 이주의 연령상 특징과도 일치한다. 전반적으로 여성들의 교육수준이 구서독에 비해 구동독 지역에서 더 높기 때문에 더 나은 교육기회를 위한 이주 역시 활발할 수 있을 것이다. 그러나 여기에는 동서 지역 간에 상이하게 형성된 산업 및 교육기회 구조 역시 중요하게 작용한다.

구동독 지역에서는 청년들에게 주로 건축이나 제조업 영역에서 직업교육의 기회가 제공되는 반면 '여성 직업'에 해당되는 사회서비스업(건강, 교육, 복지 영역), 공공행정 부문, 은행 및 보험업 등 서비스 부문은 주로 구서독 지역에서 더 많은 교육의 기회를 제공한다. 그러나 교육이주가 여성들에게 더 많이 나타나는 데에는 이러한 객관적 노동시장 및 교육기회 구조뿐 아니라, 여성들이 직업교육의 내용과 무관한 주관적 동기에서 교육이주를 결심하는 경우가 많기 때문이기도 하다.

위의 작센-안할트 주 연구에서 38%의 여성들이 '현 거주지역에서 (직업)교육을 받고 싶지 않다'고 대답했는데, 그 이유가 거주지역에서 제공하

---

66 같은 책, 55쪽.

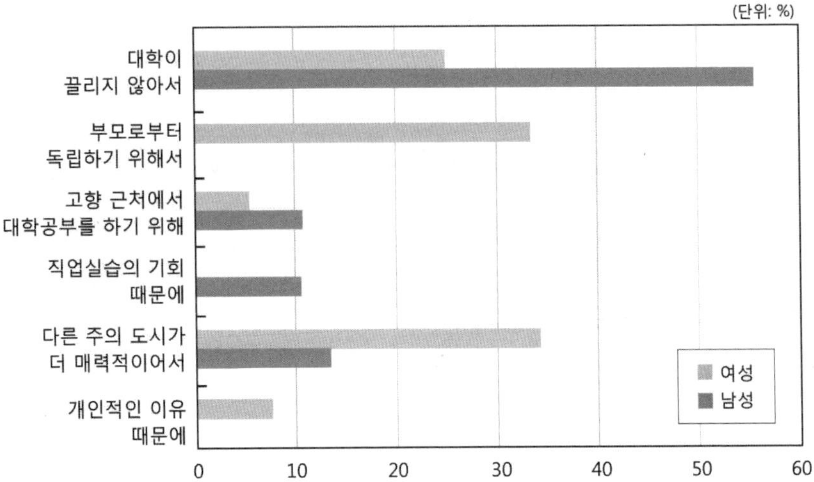

출처: Daniel Erler / Susanne Dähner, *Frauen machen neue Länder: Lebenssituation und Perspektiven junger Frauen in den neuen Bundesländern – Forschungsstand* (Familien Service, 2008), 57쪽.

그림 II–1 작센–안할트 주에 있는 대학에 진학하지 않으려는 이유

는 직업교육 내용 때문이라기보다는 오히려 다른 환경에서 더 나은 삶을 살고 싶기 때문인 것으로 나타났다. 반면에 남성들의 경우에는 직업교육 기회의 유무 자체가 이주를 결정하는 데에 훨씬 더 중요하게 작용하였다.

대학교육을 위해 작센-안할트 주를 떠나 다른 곳의 대학을 선택하는 이유에서 성차가 두드러졌다. 교육이주를 결심한 여성들의 70%가 그 이유로 '작센-안할트 주에서 공부하고 싶지 않기 때문'이라고 대답했는데, 남성들의 경우에는 좀 더 구체적으로 '자신이 원하는 과목이 작센-안할트 주 (단과)대학에서 제공되지 않기 때문'이라고 대답하였다. 자신의 현 거주 지역에서 대학을 다니고 싶지 않은 이유로 주로 여성들은 '다른 도시들이 매력적이라서' 또는 '부모로부터 독립하고 싶어서'라고 대답했으나, 남성들은 '대학이 끌리지 않아서'라고 답했다(그림 II-1 참조).

② 직업 관련 여성 이주의 제한성

위의 작센-안할트 주 연구에 의하면 남성들의 절반 이상이 일자리 때문에 이주한다고 한 반면 여성들의 경우는 35%만이 그렇게 대답했다. 이것은 일반적으로 알려진 바와 같이 구동독 지역 여성들의 높은 취업의욕을 상기할 때, 여성들이 일단 취업을 한 경우에는 구동독 지역에 머무는 경향이 크다는 것을 의미한다.

실업상태에서 또는 직업교육이나 대학교육을 이수한 후에 이주하는 경우에는 일자리 때문에 이주한다는 응답이 남녀 간에 큰 차이를 보이지 않는다(여성 25%, 남성 31%). 그러나 현재의 일자리 때문에 또는 현재 일자리가 있음에도 불구하고 이주하는 경우는 성별로 큰 차이를 보였다. 여성의 경우에는 12%만이 이주 전에 직업이 있었던 것으로 나타나는데, 남성의 경우에는 그 비율이 31%에 이른다. 즉 남성은 직업경력을 위해 이주하는 경우가 여성에 비해 훨씬 많다는 것을 알 수 있다.[67]

이것은 두 가지 방향으로 해석될 수 있는데, 하나는 흔히 그런 것처럼 여성들이 직업과 가족 사이에서 가족생활에 의해 경력형성이 제한된다는 해석이다. 다른 한편으로 이것은 구동서독의 여성 일자리구조 또는 노동시장환경의 차이에서 기인하는 것일 수도 있다. 다음 장에서 살펴보겠지만, 여성의 취업현황을 볼 때 구동독 지역의 노동시장은 구서독 지역에 비해 성별 차이가 약한 것으로 나타나기 때문이다. 따라서 남성들은 구서독 지역의 노동시장에서 직업경력 형성의 더 나은 전망을 찾을 수 있겠지만, 여성의 경우에는 그렇지 않다고 할 수 있다.

③ 여타 개인적 이주 동기

여성의 경우에 남성에 비해 이주 동기 중에서 개인적 동기가 훨씬 높

67 같은 책, 57-58쪽.

게 나타나는데, 개인적 동기로 가장 중요한 것은 사회적 관계나 가족관계 등 '관계'에 의한 것이다. 특히 여성들의 경우에는 배우자와 함께 또는 배우자에게 가기 위해 이주하는 경우가 많다. 또한 위에서 살펴보았듯이, 다른 도시의 대학에 다니기 위해 이주하는 경우에도 다른 도시에 대한 동경이나 부모로부터의 독립 등이 중요하게 작용한다.

넥서스 연구소의 연구에 의하면 여성들의 이주에는 '자녀'라는 요인 역시 중요하게 작용한다. 그리하여 자녀가 없는 대학생의 경우에는 졸업 후 이주하겠다는 비율이 70%에 이른 반면, 자녀가 있는 대학생의 경우에는 50% 이상이 현 거주지역에 그대로 머물겠다고 답했다.[68] 구동독 변두리 지역을 연구한 베를린 인구 및 발전 연구소에 의하면 여성들의 이주 동기에는 여성들이 상대적으로 고학력이라서 구동독 지역에서 적당한 배우자를 찾기 힘들다는 사실 역시 작용한다고 한다.[69] 구동독 지역 여성들도 자신과 비슷하거나 자신보다 나은 남성을 배우자로 선택하고 싶어 하는 경향을 보이기 때문이다.[70]

(5) 여성 역이주 또는 구동독 지역으로 이주하는 경우

막데부르크 역이주에 대한 연구에 의하면 역이주의 경우에는 60% 이상이 개인적 사정 때문이라고 진술했고, 순전히 직장 때문이라고 대답한 경우는 30%에 불과하다. 개인사정으로는 고향에 대한 향수(44%)와 남아 있는 가족(40%) 때문에 역이주하는 경우가 대표적이다.[71] 인구유입에 대

---

68 nexus-Institut für Koorperationsmanagement und interdisziplinäre Forschung, *Implementierung familienfreundlicher Maßnahmen und Strategien in ostdeutschen Modellregionen mit start rückläufiger Bevölkerungszahl: Hochschulen als Katalysator regionaler Entwicklung in Ostdeutschland, Abschlussbericht* (Berlin, 2006), 61쪽.

69 Berlin-Institut für Bevölkerung und Entwicklung, *Not am Mann*, 7쪽.

70 Erler/Dähner, *Frauen machen neue Länder: Lebenssituation und Perspektiven junger Frauen in den neuen Bundesländern – Forschungsstand*, 58쪽.

한 엠피리카 연구소의 연구결과 역시 비슷해서, 작센-안할트 주로 이주하는 동기가 고향/사회적 관계(44%), 일자리(38%), 직업교육(27%) 순으로 나타났다.[72]

작센-안할트 주에 대한 막데부르크-슈텐달 단과대학의 연구에 의하면, 이주해 나간 사람들 중 60%가 다시 돌아올 의향을 보였다. 그러나 남성의 경우에는 65%가 귀환 의사를 밝힌 것에 비해 여성의 경우에는 53%에 불과해서 여성들의 실제 저조한 역이주 경향과 일관된 결과가 나왔다. 이것은 한편으로는 여성들의 경우 배우자 등 가족과 함께 이주하는 경우가 많기 때문이고, 또 연령이 올라감에 따라 이주율이 낮아지는 여성들의 특성과도 관련된 것으로 보인다.

넥서스 연구소의 연구결과에 의하면 막데부르크로 귀환한 역이주 여성들은 스스로를 '남모르는 실패자'라고 생각하는데, 그 이유는 되돌아온 고향 지역에서 그들은 그전에 비해 질이 떨어지는 일자리에 취업하거나 낮은 소득을 받고 있기 때문이다. 그러나 스스로 실패자라고 생각하면서도 그들은 자신들의 역이주에 대해 부정적으로 평가하지는 않았는데, 그것은 여성들의 경우에 이주 동기에서 직업이 상대적으로 덜 중요하기 때문이다.[73]

한편 교육의 경우에는 할레 사회조사연구소의 연구에 의하면 역이주 진에 다른 지역에서 직업교육을 받은 경우 그 지역에서 직업교육을 받은 사람들에 비해 오히려 더 나은 일자리와 더 높은 소득을 누릴 수 있다고

---

71 nexus-Institut für Koorperationsmanagement und interdisziplinäre Forschung, *Rückwanderung als dynamischer Faktor für ostdeutsche Städte, Abschlussbericht* (Berlin, 2006), 51쪽 이하.

72 empirica, *Zuwanderung nach Sachsen-Anhalt*, 20쪽 이하.

73 nexus-Institut für Koorperationsmanagement und interdisziplinäre Forschung, *Rückwanderung als dynamischer Faktor für ostdeutsche Städte, Abschlussbericht*, 56쪽 이하.

한다. 여성들의 역이주 비율은 낮으나 일단 역이주할 경우에는 동년배 남성에 비해 취업할 가능성이 높다. 말하자면 구서독 지역에서 직업교육을 받고 고향으로 돌아오면 비록 구서독 지역만큼 임금수준이 높지는 않더라도 직업선택에서 긍정적인 작용을 한다는 것이다.

통일 후 독일에서는 서독이주자 가운데 특히 젊은이들을 다시 구동독 지역으로 흡수하기 위해 여러 프로젝트와 활동들이 이루어졌다. 2001년부터 실시된 "mv4you"는 그중에서 가장 오래된 프로젝트인데, 주로 구동독 지역에 부족한 숙련인력과 관리자급 인력이 메클렌부르크-포어포메른 주로 귀환하도록 돕는다. 여기에 등록된 사람들은 대부분 25-35세 연령대에 속하는 숙련인력으로서 메클렌부르크-포어포메른 주에서 일자리를 구한다. 65% 정도가 고졸(대입 자격 소지)이고, 대졸자가 2천 명 정도이다. 2003년 이후로 600명 정도가 실제로 이 프로젝트를 통해 메클렌부르크-포어포메른 주로 유입되었다. 이 프로젝트의 여성 회원은 42%에 불과하고 또 이 프로젝트를 통해서 여성들의 역이주율이 낮다는 것이 또 한 번 확인되었다. 그러나 직업과 가족생활 병행을 뒷받침해줄 구동독 지역의 더 나은 보육시설들 때문에 젊은 여성들의 경우 오히려 역이주를 원하는 경우도 상당히 존재한다고 한다.[74]

---

74 Erler/Dähner, *Frauen machen neue Länder: Lebenssituation und Perspektiven junger Frauen in den neuen Bundesländern – Forschungsstand*, 60-62쪽.

제4장

'이중의 변동'과 구동독 여성의 노동시장지위 변화

통일 후 구동독 지역 노동시장에서 여성의 지위 변화와 관련하여 일찌감치 "이중의 변동" 개념이 사용되었다.[75] 앞서 살펴본 바와 같이 1970년대부터 서구 자본주의 산업사회는 구조변동을 겪고 있는데, 독일 통일로 인한 구동독의 자본주의화 역시 이러한 구조변동 속에서 진행되는 '이중의 변동'이라는 것이다.

1989년 체제붕괴와 함께 구서독으로 흡수통일되면서 구동독의 노동 및 젠더체제에 근본적인 변화가 일어났다. 경제활동뿐 아니라 일상적 삶의 구성, 세대 재생산에 이르기까지 삶의 모든 영역에서 자본주의와 구서독 제도의 지배를 받게 된다. 그러나 통일 당시 구서독에서도 경제 변화와 함께 사회 변화가 진행되고 있어서 산업사회의 일/생활 분리 모델과 표준경제활동 모델이 변화하고 있었다. 여성의 경제활동의욕이 높아지고, 남

---

75 Hildegard Maria Nickel, "Frauen im Umbruch der Gesellschaft. Die zweifache Transformation in Deutschland", *Aus Politik und Zeitgeschichte. Beilage zur Wochenzeitung Das Parlament*, B. 36-37 (1995); Susanne Völker, *Hybride Geschlechterpraktiken. Erwerbsorientierung und Lebensarrangements von Frauen im ostdeutschen Transformationsprozess* (Wiesbaden: VS, 2004), 17쪽에서 재인용.

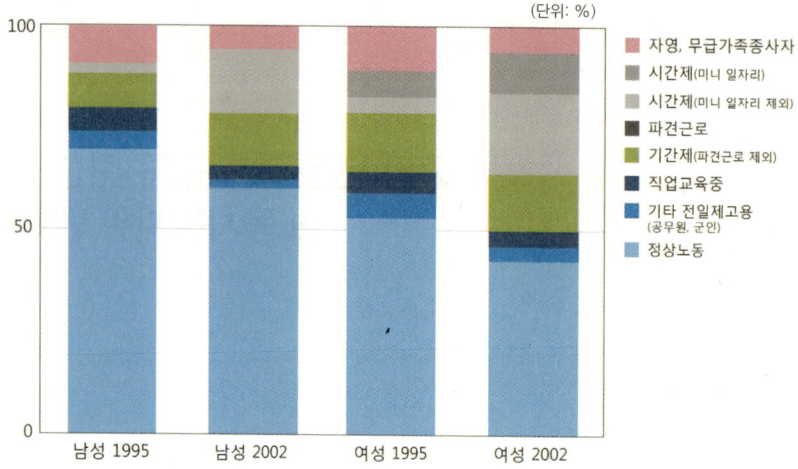

출처: Karin Gottschall, "Gender: Erwerbsbeteiligung von Frauen und Verdienermodell des Haushalts", *Berichterstattung zur sozioökonomischen Entwicklung in Deutschland. Arbeit und Lebensweisen* (Wiesbaden: VS, 2005), 74쪽.

그림 II-2 구동독 지역 취업자의 성별 취업형태

성의 정상노동 모델이 약화되면서 성역할에 변화가 일어났다. 서독 사회가 변동 중이었기 때문에 구서독 체제에 흡수된 구동독 지역에서 통일은 더욱 혼란스러운 과정이 되었다고 평가된다.

구서독이 겪고 있던 장기적 경제 변화의 영향으로 구동독 지역에서도 3차 산업 중심의 경제구조 개편, 서비스경제화, 기업구조의 유연화 및 시장의존성 증대, 노동형태의 다양화 등이 진행되었다. 특히 고용규모의 감소와 구조화된 대량실업으로 취업자나 실업자 모두에게 삶이 불안해지는 과정이 불가피했다.[76]

이러한 이중의 변동 결과 노동시장지위가 어떻게 변화했는지를 구동서독 지역별·성별로 비교하면 그림 II-2, 그림 II-3과 같다.

---

76 Völker, *Hybride Geschlechterpraktiken. Erwerbsorientierung und Lebensarrangements von Frauen im ostdeutschen Transformationsprozess*, 20-21쪽.

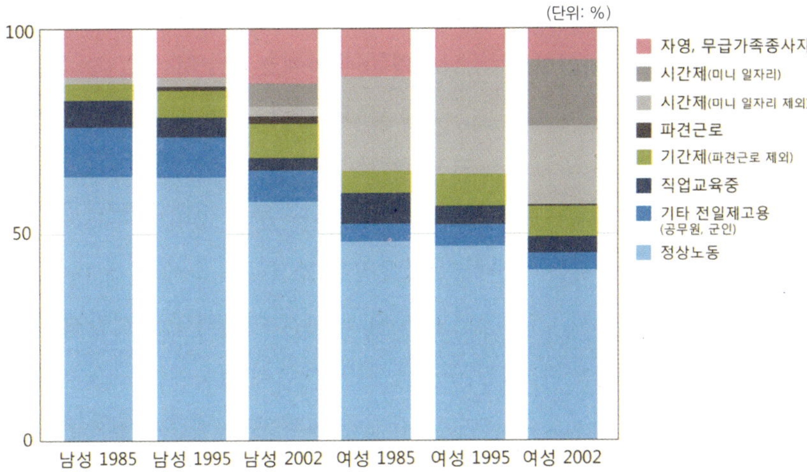

출처: Karin Gottschall, "Gender: Erwerbsbeteiligung von Frauen und Verdienermodell des Haushalts", *Berichterstattung zur sozioökonomischen Entwicklung in Deutschland. Arbeit und Lebensweisen* (Wiesbaden: VS, 2005), 73쪽.

그림 II-3 구서독 지역 취업자의 성별 취업형태

통일 이전에 질적으로는 어땠건 간에 양적으로는 동독에서 남녀를 불문하고 거의 모두가 정규직이었으나 1995년에는 이미 양성 간에 격차가 많이 벌어져 있다. 남성의 경우에도 정규직 비율이 감소해서 70.5%(군인, 공무원 포함 74.5%)밖에 되지 않지만, 여성의 경우에는 감소폭이 더 커서 정규직은 60%(군인, 공무원 포함 61.2%)에 불과했다. 2002년에는 상황이 더 악화되어 남성 정규직은 53.3%(군인, 공무원 포함 58.6%), 여성 정규직은 43.0%(군인, 공무원 포함 45.8%)로 나타났다.

이것을 서독 지역과 비교해보면, 서독에서는 통일 전(1985)부터 이미 남성 정규직의 비율이 64.6%(군인, 공무원 포함 76.2%)에 불과해서, 통일 후에도 큰 변화가 없다가 2002년에 이르면 58.4%(군인, 공무원 포함 65.6%)로 떨어진다. 구동독 지역과 마찬가지로 구서독 지역에서도 감소세를 보이지만 그 추세가 완만해서 통일 후에는 오히려 구동독 지역의 남성들보다 상

황이 더 나아졌다. 서독 여성의 경우에도 정규직 비율이 1985년 48.4%(군인, 공무원 포함 53.1%)이던 것이 남성과 마찬가지로 감소하여 2002년에 와서는 41.5%(군인, 공무원 포함 45.7%)에 불과하였다. 그러나 남성과 달리 여성의 경우 동서독 간의 차이는 크지 않다.

비정규직 구성에서는 동서 지역 차이보다는 성별 차이가 두드러진다. 남성의 경우에는 동서를 막론하고 계약직이 늘어나는 추세인 데 비해, 여성의 경우에는 시간제, 그중에서도 특히 15시간 이하의 초단시간제 비중이 커지는 경향을 보인다. 다만 구동독 지역 여성의 경우에는 구서독 지역 여성에 비해 계약직 비중이 크며, 시간제 중에서 미니 일자리(월소득 400유로 이하의 아르바이트)의 비중이 적은 것이 특징이다.

1. 여성은 통일의 최대 피해자인가?

사유재산뿐 아니라 사적 가족의 폐지를 목적으로 하는 정책들(여성의 경제참여와 가사노동의 사회화)을 통해 위로부터 여성해방을 도모함으로써, 과거의 현실사회주의는 거대한 역사적 실험장을 제공하였다. 그리하여 현실사회주의가 몰락했을 뿐 아니라 그것이 서독의 안정된 사회시장경제로 통합되는 과정을 보여주는 독일 통일 역시 또 하나의 '자연스러운 실험' 과정으로 이해되고 있다.[77]

---

77 Rachel A. Rosenfeld / Heike Trappe / Janet C. Gornick, "Gender and Work in Germany: Before and after Reunification", *Annual Review of Sociology*, 30 (2004), 103-124쪽; Paul Frijters / John P. Haisken-DeNew / Michael A. Shields, "Investigating the Patterns and Determinants of Life Satisfaction in Germany Following Reunification", *The Journal of Human Resources*, 39(3) (2004), 649-674쪽; Dirk Konietzka / Michaela Kreyenfeld, "Women's Employment and Non-Marital Childbearing: A Comparison between East and West Germany in the 1990s",

과거 동독에서 일하는 어머니들을 지원하는 인프라가 다각적으로 구축되어 있었고 여성 취업률이 100%에 육박했기 때문에, 구서독의 보수적·조합주의적 복지체제로의 통합은 여성의 지위를 악화시킬 것이라고 예상되었다. 무엇보다도 구동독의 보육인프라는 구서독보다 우월하다고 인정되는 유일한 것이었다.

통일 후 여성에게 더욱 두드러진 실업률 증가, 초기의 보육시설 감축 및 보육 종사자 퇴출, 건설업 중심의 재건사업으로 인해, 그리고 금융·보험업처럼 구동독에서는 전형적인 여성 직업에 속하던 부문에서 남성 위주의 고용이 이루어지면서 구동독 지역에서 여성의 경제적 독립이 불안해졌다. 그리하여 출산율이 하락하는 등 여러 가지 위기의 징후들이 나타났다. 다른 한편으로는 구동독에서도 여성 노동이 남성 노동과 달리 시간제 고용 형태로 보편화되면서 젠더 차이가 굳어질 것이라는 예견이 나오기도 했다.[78]

여성이 독일 통일의 최대 피해자라는 견해는 무엇보다도 통일 후 구동독 지역 경제의 상대적 안정이 여성들의 부분적 노동시장 퇴출과 55세 이상 고령자의 전면적 퇴출을 대가로 한 것이라는 데에 근거한다.[79] 또한 실업의 효과보다는 재취업의 효과가 더욱더 성차별적이라는 분석도 있다. 재취업 기회에서 여성이 남성에 비해 뚜렷이 불리하다는 것이다. 뿐만 아니라 통일 후 여성의 지위 악화가 단순히 실업 문제에 국한되지 않고 부부

Population, 57(2)(2002), 331-357쪽.

78 Eva Kolinsky, "Women after Muttipolitik", Eva Kolinsky (ed.), *Between Hope and Fear: Everyday Life in Post-Unification East Germany. A Case Study of Leipzig* (Keele: Keele University Press, 1995), 177-195쪽; Rosenfeld/Trappe/Gornick, "Gender and Work in Germany: Before and after Reunification."

79 Karl Ulrich Mayer/Martin Diewald/Heike Solga, "Transitions to Post-Communism in East Germany: Worklife Mobility of Women and Men between 1989 and 1993", *Acta Sociologica*, 42(1)(1999), 51쪽.

관계나 가사노동의 부담 등에서도 확인된다는 연구도 있다.[80] 이와 같은 맥락에서 국내 논의에서도 주로 '여성은 통일의 피해자'라는 측면이 부각되어왔다.[81]

그러나 동시에 똑같은 이유에서 여성이 오히려 통일의 수혜자라는 입장도 있다. 구동독에서 여성은 거의 모두가 평생 동안 경제활동을 했기 때문에 구서독의 복지체제에 의해 (구서독 여성과는 달리) 높은 연금액을 수급할 수 있고, 그 때문에 통일의 수혜자라는 것이다. 또한 여성의 임금상승으로 양성 간의 임금격차가 오히려 감소했기 때문에 여성 모두가 피해자라고 볼 수 없다는 논의도 있다.[82]

독일 노동시장에서 남성에 비해 여성의 경우에는 특히 학력이 중요하게 작용하여 구동독 여성 일반이 피해자라기보다는 오히려 학력에 따라 여성의 지위가 양극화된다고 보는 견해도 있다. 구동독 지역에서 실업으로 내몰린 여성들은 대부분 대졸자가 아닌 경우가 많으며,[83] 부부가 모두 전일제로 일하는 구동독 모델이 유지되는 경우는 부부가 모두 대졸이거나 그에 상응하는 경력을 가질 때뿐이라는 것이다.[84]

---

80 Sibylle Meyer/Eva Schulze, "After the Fall of the Wall: The Impact of the Transition on East German Women", *Political Psychology*, 19(1) (1998), 95-116쪽.

81 전복희, 「1989년 이후 체제전환기 구동독지역의 여성문제」, 『국제정치논총』 제40집 1호(2000), 185-204쪽; 김경미, 「독일통일과 구동독지역의 여성: 왜 구동독지역의 여성들은 "통일의 잃은 자"가 되었는가?」, 『국제정치논총』 제41집 1호(2001), 287-306쪽; 도기숙, 「통일 이후 구동독출신 여성의 세대별 갈등양상–포커스 인터뷰 분석」, 『뷔히너와 현대문학』 제25집(2005), 363-387쪽.

82 Jennifer Hunt, "Post-Unification Wage Growth in East Germany", *The Review of Economics and Statistics*, 83(1) (2001), 190-195쪽; Jennifer Hunt, "The Transition in East Germany: When Is a Ten-Point Fall in the Gender Wage Gap Bad News?", *Journal of Labor Economics*, 20(1) (2002), 148-169쪽.

83 Hildegard Maria Nickel/Hasko Hüning, "Modernisierung mit oder gegen Frauen? Betriebliche Reorganisation und ambivalente Chancenstrukturen", *Supplement der Zeitschrift Sozialismus*, 2 (2001), 32쪽.

2. 통일 이후 여성의 노동시장지위 변화: 구동서독 지역 비교

1) 여성의 교육수준

먼저 구동서독 여성의 교육수준과 성장과정을 비교하기 위해 여성 관련 제도 및 그에 기초한 일대기를 비교해본다. 표 II-2에서는 1969년에 출생해서 1992년 23세가 된 경우를 바탕으로 구동서독 여성의 일대기를 구성해놓았다.

표 II-2에서 보듯이 독일에서는 동서독을 불문하고 초·중등교육은 10-11년 만에 끝난다. 그 이후에는 대입자격을 취득해[구서독 총 13년 과정, 구동독 총 12년 과정으로 '고졸(+1년)'에 해당되는 연한] 고등교육을 받거나 중등교육 전후에 바로 직업 코스로 들어서서 직업교육을 받는다. 특히 구서독의 경우에는 4년제 초등학교의 졸업과 함께 직업교육과정이 세분화되어 있다. 반면에 구동독에서는 교육과정이 통일되어 있어서 대부분이 중등교육 후에 직업을 결정하는 것으로 나타난다. 구동독 지역의 교육수준이 구서독 지역에 비해 높게 나타나는 것은 이러한 제도적 차이에서 기인한다. 즉 구동독에서는 구서독에서와 달리 고졸 학력이 일반적이다.

통일 이후 구동독 지역에서 구서독의 교육제도를 도입했으나 구동독 제도의 특성들을 상당 정도 유지시켰다. 그리하여 구동독 지역의 보육 및 교육제도는 (자주 논란거리가 되는) 구서독의 제도에 비해 오히려 선진적인 것으로 평가된다. 예컨대 영유아 보육시설이나 대학입학 전 12년의 교육과정이 그대로 유지되고 있다. 또한 구동독 시절에는 대입자격이 엄격하게 규제

---

84 Zukunftskommission der Friedrich-Ebert-Stiftung, *Wirtschaftliche Leistungsfähigkeit, sozialer Zusammenhalt, ökologische Nachhaltigkeit. Drei Ziele-ein Weg* (Bonn: Verl. J.H.W. Dietz Nachf, 1998); Irene Dölling, "Ostdeutsche Geschlechterarrangements unter Druck", *Forum Wissenschaft*, 2 (2004).

표 II-2 1969년생 구동서독 여성의 일대기 비교

연도	(만) 연령	구서독	구동독
1969	0	- 출생	- 출생
1970-1972	1-3	- 어린이집 등 시설 이용: 거의 전무(약 1%)	- 어린이집 등 시설 이용: 약 25%
1972-1975	3-6	- 유치원 시설 이용: 약 30%	- 유치원 시설 이용: 약 70%
1975	6	- 6년 과정 초등학교 진학: 72% - 7년 과정 초등학교 진학: 22% - 양부모 슬하: 약 39% - 방과후학교 이용: 거의 불가능	- 6년 과정 초등학교 진학: 60% - 7년 과정 초등학교 진학: 39% - 양부모 슬하: 약 90% - 4년까지 방과후학교 이용: 약 90% (어린이 조직: Jungpionier)
1979	10	- 상위 학교로 진학 - 구교: 첫 세례	- 유년 조직: Thälmannpionier
1981	12	- 구교: 견진세례	
1982	13	- 기간학교(Hauptschule): 42% - 실업학교(Realschule): 24% - 인문계학교(Gymnasium): 25% - 기타: 9%	- 폴리테크닉 상급학교(16세까지)
1983	14	- 신교: 첫 세례	- 성인식 - 청소년조직: FDJ - 폴리테크닉 상급학교를 그만두고 직업교육: 약 10%
1984	15	- 중졸(전체 교육기간: 9년) 후 직업수련/직업고등학교 또는 취직, 직업전문학교 또는 중등교육 완료 (전체 교육기간: 10년)	
1985	16	- 중등교육 완료 - 실업학교, 인문계 고등학교, 종합학교(Gesamtschule) 졸업 후 약 70%가 상급학교 진학 - 인문계 고등학교 최고학급 재학 - 전문상급학교, 전문학교, 직업수련/직업고등학교 진학 - 낙제 1회: 17% - 직업 확정: 50%	- 폴리테크닉 상급학교 졸업(전체 교육기간 10년) - 90%가 교육을 종료하거나 상위 학교로 진학(그중 대입자격 취득 후 고등교육 5%, 상급학교(Erweiterte Oberschule) 진학 약 10%, 직업수련/직업고등학교 65%) - 낙제: 3% - 직업 확정: 85%

표 II-2 (계속)

연도	(만) 연령	구서독	구동독
1986	17	- 학업 종료: 55%	- 학업 종료: 84%
1987	18	- 법정 성인	- 법정 성인 - 대입자격 획득(상급학교 졸업, 전체 교육기간: 12년)
1988	19	- 대입자격(전체 교육기간: 13년) - 직업교육 종료: 41% - 완전 취업: 54% - 독립할 만한 소득: 39%	- 대입자격 갖춘 후 고등교육 - 직업교육 종료: 71% - 완전 취업: 71% - 독립할 만한 소득: 60%
1989	20	- 부모로부터 독립: 41%	- 부모로부터 독립: 41%
1990	21		- 여성 평균 혼인연령
1991	22	- 부모로부터 규칙적 용돈 받음: 22% - 부모로부터 생활비 지원받음 - 실업: 3% - 아버지의 실업: 2% - 성인임을 실감: 66% - 처음으로 부모가 됨: 7%	- 부모로부터 규칙적 용돈 받음: 12% - 부모로부터 생활비 지원 받음: 1% - 실업: 16% - 아버지의 실업: 15% - 성인임을 실감: 49% - 처음으로 부모가 됨: 20%
1992	23	- 여성 평균 혼인연령	

출처: Eva Kolinsky (ed.), *Between Hope and Fear: Everyday Life in Post-Unification East Germany. A Case Study of Leipzig* (Keele: Keele University Press, 1995), 278-279쪽.

되었으나 통일 후 제한이 철폐되면서 구동독 지역에서 고등교육 기회가 확대되었다. 고등교육 기회 확대의 최대 수혜자로 젊은 여성들이 꼽힌다.

구동서독 지역 여성들의 교육수준을 비교해보면, 구동서독 교육제도의 차이로 인해 중등교육수준에서는 구동독 지역의 교육수준이 더 높은 편이며, 고등교육에서는 구서독 지역이 더 높게 나타난다. 전반적으로는 구동독 지역의 교육수준이 남녀를 불문하고 좀 더 높은 편인데, 이 역시 대학교육보다는 전반적인 기초교육수준에서의 우위를 바탕으로 한 것이다.[85]

---

85 Erler/Dähner, *Frauen machen neue Länder: Lebenssituation und Perspektiven*

(1) 구동독 지역 대학교육의 여성화

통일 이후 구동독 지역에 대학들이 설립되면서 각 연방주마다 최소한 2개의 종합대학과 3개의 단과대학이 들어섰다. 그러나 이런 고등교육 기회를 실제로 이용하는 정도는 일반적으로 구서독 수준에 미치는 못하는 것으로 나타난다. 또 여학생의 상당수가 대학 진학을 위해 구서독 지역으로 이주하는 경향에도 불구하고 대학 내 여학생 비율은 오히려 전반적으로 구동독 지역이 구서독 지역(2003-2008년 47.5%)보다 높을 뿐 아니라 50%를 넘는 것으로 나타난다. 대학 신입생의 경우에도 구동독 지역의 여학생 비율이 2007년 50.5%로 구서독 지역보다 높다. 그러나 구서독 지역에서도 여학생 비율은 지속적으로 증가하고 있으며(2007년 49.6%), 구동독 지역과 큰 격차를 보이지는 않는다.

그러나 이와 같은 고등교육의 여성화에도 불구하고 여성들의 고등교육이 취업시장에서 발휘하는 영향력은 그다지 크지 않다. 그 이유는 전공이나 분야 선택에서 구동독 여성들 역시 언어·문화 관련 학문(2007년 71%)과 의학(66%)·예술(60%)에 편향되기 때문이다. 반면에 공학(22%)과 수학·자연과학(37%)을 선택하는 경우는 흔하지 않다.[86]

(2) 직업교육을 위한 구동독 여성의 서독이주

직업교육의 경우에도 통일 후 구서독의 직업교육체계가 도입된 이후, 특히 통일 초기에 직업교육의 기회가 활발히 제공되면서 구동독 지역에서 직업교육에 참여하는 경우가 늘었다. 그러나 1990년 후반 이후로는 직업교육 지원자 수가 오히려 감소 추세를 보인다. 특히 여성의 경우 이러한 경향은 더욱 뚜렷한데, 한편으로 그것은 여성들이 인문계 고등학교에 지

---

junger Frauen in den neuen Bundesländern – Forschungsstand, 7-8쪽.

86 같은 책, 10-12쪽.

원하는 경향이 강하기 때문이고, 다른 한편으로는 젊은 여성들의 서독이주가 활발하기 때문이다. 구동독 지역보다는 구서독 지역에서 직업교육의 기회를 얻을 가능성이 크기 때문에 젊은이들이 구서독 지역으로 이주하는 경우가 많다. 그 결과 2006년부터는 구동독 지역에서도 직업교육 기회에 대한 접근성이 다소 개선되었다.[87]

(3) 성별 직종분리와 '여성 직업'의 지속성

대학 전공 선택과 마찬가지로 직업교육에서도 여전히 '여성 직종' 선택이 지속되고 있다. 구서독 지역보다는 정도가 좀 덜하다고 해도 구동독 지역에서도 경리직과 보조업무, 단순사무직에서 여성의 비율이 높다. 그리하여 경리회계 관련 직업에서 2006년 89.1%(구서독 지역 94.4%), 간호보조사, 세무보조사, 변호사 보조업무 등에서 93.5%(구서독 지역 95.4%)가 여성이었다.[88]

성별분리는 직업교육과 직업뿐 아니라 종사하는 산업 분야에서도 나타난다. 독일에서 전반적으로 자동차, 기계, 금속, 건설업의 여성 비율이 약 20% 정도인 데 비해 대부분의 여성들은 공공서비스와 사회서비스 분야(특히 보육, 교육 등 사회 분야, 건강 관련 분야, 상업, 음식업)에 종사한다.[89]

동서 간에 비교한 것을 보면 구동독 지역의 경우 산업별 여성 비율이 공공서비스 분야에서 64.0%(구서독 지역 63.3%), 제조업과 상업에서 39.4%(구서독 지역 39.6%), 농업에서 24.5%(구서독 지역 21.4%), 기능직 분야에서 23.0%(구서독 지역 23.1%)이다. 그리하여 구동서독 지역에서 산업 분야에 따른 성

---

87 같은 책, 13쪽.

88 같은 책, 14쪽.

89 Silke Bothfeld / Ute Klammer / Christina Klenner / Leiber Simone / Anke Thiel / Astrid Ziegler, *WSI Frauendatenreport 2005. Handbuch zur wirtschaftlichen und sozialen Situation von Frauen*, Forschungsbericht der Hans Böckler Stiftung (Berlin: edition sigma, 2005), 167-168쪽.

별분리현상이 매우 유사하게 나타났다.[90]

여성 취업자들 중 업종별 비중을 보면 1997-2006년 사이 행정직은 13.5%에서 10.6%로 감소한 반면, 서비스 산업은 33.2%에서 38.1%로 증가했다. 부동산과 사업서비스업은 7.7%에서 10.6%로 증가했고, 상업 및 음식업은 21.1%에서 19.7%로 감소하였다. 이들 업종을 모두 합친 비율은 75.5%에서 79%로 증가하였다. 반면 건설 및 제조업은 10.2%에서 10.0%로 거의 변화를 보이지 않았다.[91]

2) 구동독 지역의 산업구조조정과 여성 실업률 변화

통일과 함께 시작된 '이중의 변동' 결과 구동독 지역에서는 빠른 속도로 탈산업화 과정이 진행되었다. 특히 낙후된 산업체들이 통일 직후 빠른 시일 내에 폐쇄되면서 대량실업을 초래하였다. 그럼에도 불구하고 통일 후 초기에 구동독 지역의 1인당 국내총생산이 빠르게 증가하여 1991-1997년 사이에 구서독의 약 33%에서 63% 수준로 상승한다. 이런 빠른 성장을 주도한 것은 무엇보다도 건축업과 공공서비스 부문, 그리고 구서독으로부터의 재정이전이었다. 1990년대 중반부터 성장세가 주춤하면서 2007년에는 구동독 지역의 1인당 국내총생산이 구서독의 68% 정도로 미미하게나마 성장이 지속되고 있다.

구서독의 재정이전으로 가능했던 구동독 지역 초기의 건설 붐으로 건설업은 구동독 지역 국민총생산의 14%(구서독 지역 6%)를 차지하는 성과를 보이기도 했다.[92] 그러나 이후 재정이전 규모가 축소되면서 건설업은

---

90 Erler/Dähner, *Frauen machen neue Länder: Lebenssituation und Perspektiven junger Frauen in den neuen Bundesländern – Forschungsstand*, 14쪽.

91 같은 책, 24쪽.

1996년부터 마이너스 성장을 보이다가 2006년에 들어서야 다시 미약하게나마 성장세로 돌아선다. 반면에 제조업은 점진적 성장세를 보이는데, 1993년 이후 다소 등락을 겪으면서도 지속적으로 성장세를 유지하고 있다. 제조업의 성장은 주로 작센 주와 작센-안할트 주, 튀링겐 주를 중심으로 이루어지고 있다. 드레스덴, 라이프치히, 막데부르크, 할레, 에르푸르트, 예나 등의 도시를 중심으로 산업·기술 밀집지역이 형성되면서 구동독 지역의 경제를 이끌고 있다. 그리하여 최근 들어 구동독 지역 노동시장에도 긍정적 영향을 미치고 있다.[93]

구동독 지역의 실업률은 이러한 산업구조조정 과정과 관련이 있다. 통일 직후에 여성의 실업률이 남성에 비해 높았는데, 그것은 특히 남성 노동시장 중심의 건설 붐 때문이기도 하다. 1991-1994년 기간 동안 구동독 여성의 실업률은 11.4%에서 20.4%로 상승한 것에 비해 남성의 실업률은 10.2%에서 15.7%로 상대적으로 소폭 상승했을 뿐이다. 그러나 건설 붐이 사그라든 1990년대 중반부터는 남성 실업률이 다시 크게 상승해서 1997년에는 19%를 상회하게 된다.

1997년에는 여성 실업률도 최고치인 21.6%에 도달한 후 서서히 감소 추세를 보이는데, 2000년대 들어 다시 상승했다가 2000년대 중반 이후 다시 감소하는 추세를 보인다. 2002년부터는 여성 취업 부문인 공공 서비스 영역이 축소되었음에도 불구하고 남녀 간에 실업률이 역전되어 남성에 비해 여성의 실업률이 낮게 나타났고, 2007년에는 16.8%로 양성의 실업률이 같아졌다(그림 II-4 참조). 남녀 실업률의 역전은 구동독 지역 제조업의 성장으로 사업서비스업이 확장되면서 여성 인력을 흡수했기 때문으로 보

---

92 Ifo, "Mittelfristige Perspektiven der Ost-West- Konvergenz", *Ifo Dresden berichtet*, 1/2006.

93 WSI, "Zur Entwicklung des ostdeutschen Arbeitsmarkts im Aufschwung", *WSI Mitteilungen*, 9/2008.

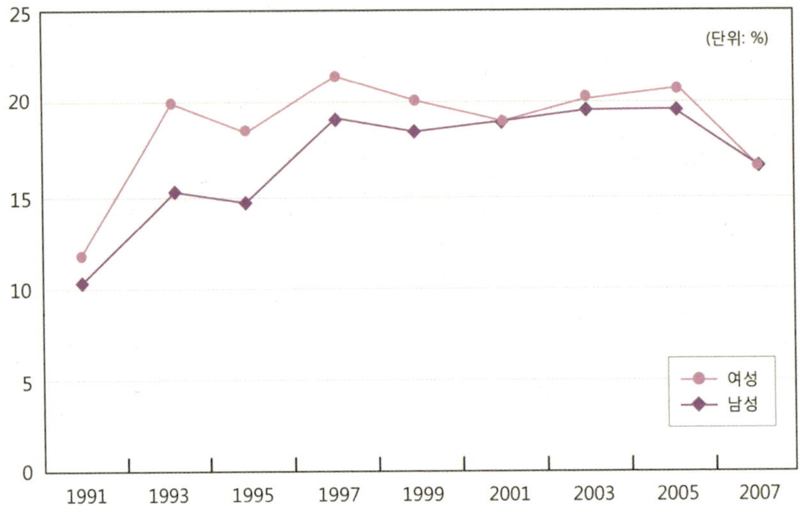

주 : 여기서 실업률은 피고용자의 실업률을 의미한다.
출처 : Daniel Erler / Susanne Dähner *Frauen machen neue Länder: Lebenssituation und Perspektiven junger Frauen in den neuen Bundesländern – Forschungsstand* (Familien Service, 2008), 21쪽.

그림 II-4 구동독 지역의 실업률 추이(1991–2007)

인다. 젊은 여성의 경우에는 특히 높은 학력수준이 취업에 유리하게 작용했을 것이다.[94]

3) 여성의 경제활동참여 현황과 소득

높은 실업률에도 불구하고 구동독 지역 여성들의 지속적인 노동시장 참여는 구동독 여성들의 역사적 특수성을 잘 드러내주는 부분이다. 실제로 여성 취업률은 2004년의 경우 구동독 지역 58.1%, 구서독 지역의 경우

94 Erler / Dähner, *Frauen machen neue Länder: Lebenssituation und Perspektiven junger Frauen in den neuen Bundesländern – Forschungsstand*, 18–21쪽.

58.5%로서 비슷한 수준이었다.[95] 그러나 비슷한 취업률 속에서, 또 훨씬 더 높은 실업률 속에서도 구동독 지역 여성들은 노동시장에서 탈퇴하지 않고 높은 노동참여의욕을 드러내고 있다. 독일 사회경제패널 자료에 의하면 1996-2006년 사이에 중년층(35-55세)을 제외한 연령층에서 구동독 지역의 여성 실업률이 구서독 지역보다 높게 나타나는데, 특히 56-64세에서 매우 심한 격차를 보인다.[96]

구서독 지역과 비교하여 구동독 지역 여성의 경제활동패턴에서 특징적으로 나타나는 현상은 ① 높은 경제활동참여율, ② 높은 전일제 비중, ③ 3세 이하 영아를 둔 시기에도 높은 경제활동참여율, ④ 가구소득 중 높은 여성 소득 비중 등이다. 통일 20주년의 시점에서도 구동독 지역 여성들의 소득이 가구소득에 기여하는 비중은 약 44%로서 통일 이전과 크게 변하지 않았다. 반면에 구서독 지역에서는 그 비중이 그간에 다소 상승해서 약 28%에 달하고 있다.

또한 구동독 지역의 부부 가운데 맞벌이의 비중은 약 4분의 3에 이른다(2007년 72%). 여기에 부부 중 한 사람은 취업중이고 한 사람은 실업자인 경우까지 합치면 그 비중은 83%로서 1990년 통일 당시와 다르지 않다. 기혼여성 중 6%만이 전업주부인데, 이처럼 여성이 전업주부인 형태가 구서독 지역의 경우에는 20% 정도이다. 그러나 이것도 1990년의 34%에서 많이 감소한 것이다. 구서독 지역에서 흔히 여성의 경제활동의욕에 부정적 작용을 미치는 대표적인 성차별적 제도로 지적되는 소득세 부부합산제도(Ehehgattensplitting)는 통일 후 구동독 지역에도 동일하게 적용된다. 그럼에도 불구하고 여전히 구동독 지역 여성들은 결혼에 생활을 의존하지 않

95 박귀천, 「독일 여성노동시장 참여 현황」, 한국노동연구원, 『국제노동브리프』 제4권 5호(2006), 81쪽.

96 Elke Holst/Jürgen Schupp, "Kap. 5.2 Situationen und Erwartungen auf dem Arbeitsmarkt", Statistisches Bundesamt (Hg.), *Datenreport* 2008, 123-124쪽.

는 경향이 강하다. 물론 재산소득이 없고 가구소득에 여성이 기여하는 비중이 크기 때문에 결혼생활에 경제적으로 의존할 수 없는 조건 때문이기도 한데, 동일한 조건에 있는 구서독 지역 여성들도 동일한 선택을 하는지를 비교할 필요가 있다. 어쨌든 2008년 구동독 지역 아동의 60.7%가 미혼인 어머니에게서 태어났는데, 이러한 경우가 구서독 지역의 경우에는 25.8%이다. 즉 여성이 주요 가구소득원인 비율이 구서독 지역에 비해 구동독 지역에서 훨씬 높은데, 이것이 특히 빈곤과 관련된 현상인지에 대해서는 앞으로 연구가 필요하다.

구동독 지역의 경우에도 노동시장에서 성별 불평등은 지속되고 있다. 또한 남녀 임금격차도 구서독 지역에 비해서는 매우 작지만 지속적으로 존재하고 있으며, 젊은 세대일수록 커지는 경향을 보인다.[97]

(1) 여성의 경제활동참여율

통일 이후 구동독 지역의 구조조정과 급격한 실업률 상승 속에서 여성의 경제활동참여가 조금씩 감소하는 경향을 보였으나 2006년에는 73.4%를 기록해서 1991년 수준(73.8%)을 회복한다. 그러나 이러한 재성장의 이면에는 시간제 취업과 미니 일자리 취업이 증가하는 현상이 존재한다. 2001-2006년 사이에 독일에서 160만 건이 넘는 전일제 일자리가 사라졌는데 구동독 지역 여성의 경우 13.3%, 남성에게는 11.7% 정도 전일제 일자리가 감소하였다.[98] 구서독 지역의 경우에는 여성 7.1%, 남성 5.4%의 전일제 일자리 감소율을 보여서, 신자유주의 노동시장 유연화의 효과가

---

97 Christina Klenner, “Wer ernährt die Familie? Erwerbs- und Einkommenskonstellationen in Ostdeutschland”, *WSI Mitteilungen*, 11/2009, 621쪽.

98 Andreas Jansen/Angelika Kümmerling/Steffen Lehndorff, “Unterschiede in den Beschäftigungs- und Arbeitzeitstrukturen in Ost- und Westdeutschland”, Hans-Böckler-Stiftung, *IAQ Report*, 2009-03.

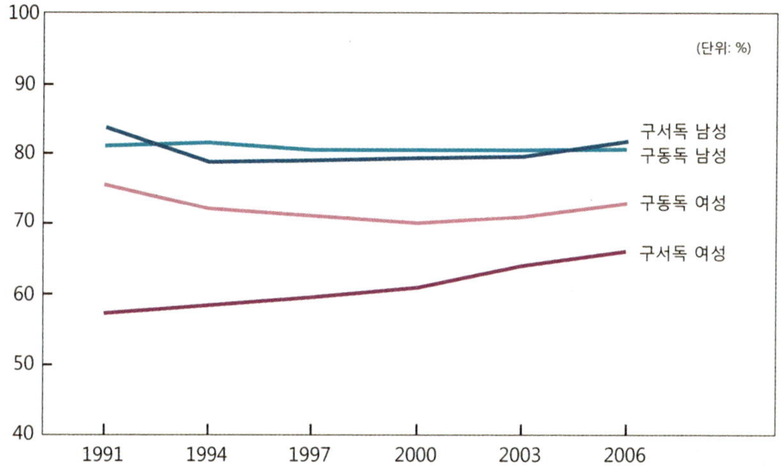

출처: Daniel Erler / Susanne Dähner, *Frauen machen neue Länder: Lebenssituation und Perspektiven junger Frauen in den neuen Bundesländern – Forschungsstand* (Familien Service, 2008), 22쪽.

그림 II-5 15–64세 연령층의 경제활동참여율(1991–2006)

구동독 지역, 그중에서도 특히 여성에게 집중적으로 나타나고 있음을 알 수 있다. 이런 의미에서는 구동독 지역 여성이 통일의 최대 피해자라는 표현이 설득력을 얻을 수 있을 것이다.

구서독 지역 여성의 경우에는 경제활동참여율이 지속적으로 증가하여 1990년 56.9%이던 것이 2006년에는 67.1%로 상승하였다. 그러나 남성의 동서 격차(2006년 구동독 지역 80.1%, 구서독 지역 81.4%)에 비해 여성의 동서 격차는 여전히 크게 벌어져 있는 상태이다(그림 II-5 참조).

(2) 연령별 여성의 경제활동참여율

여성의 경제활동참여율을 연령별로 비교해보면(그림 II-6), 동서를 막론하고 15-25세의 경제활동참여율이 특히 감소해서 여성의 교육연한이 길어졌음을 알 수 있다. 특히 구동독 지역 15-20세 여성의 경우가 경제활

(단위: %)

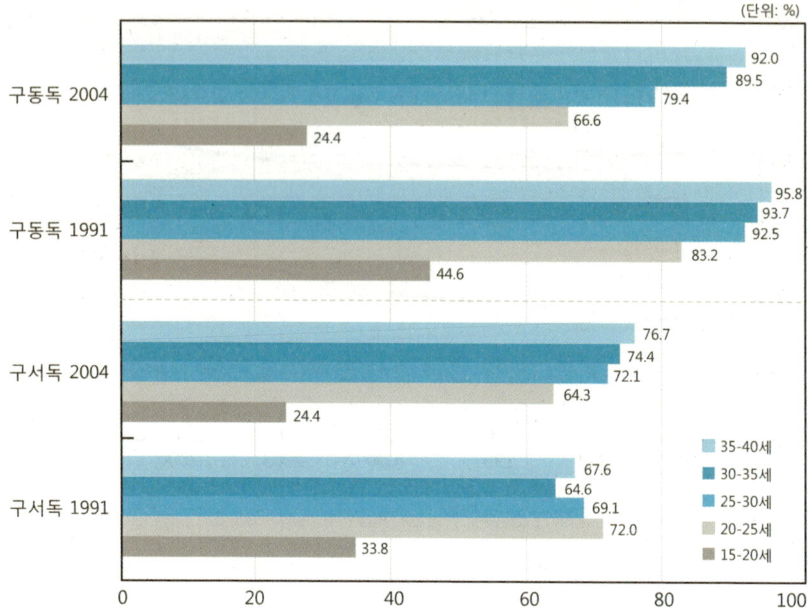

출처 : Daniel Erler / Susanne Dähner, *Frauen machen neue Länder: Lebenssituation und Perspektiven junger Frauen in den neuen Bundesländern – Forschungsstand* (Familien Service, 2008), 23쪽.

그림 II-6 연령집단별 여성의 경제활동참여율(1991, 2004)

동참여율의 감소 폭이 가장 큰 것으로 나타난다.

반면에 중년층에서는 동서 간의 차이가 확연히 드러난다. 25-40세 여성의 경제활동참여율은 구서독 지역에서 증가세를 보이는 반면에 구동독 지역에서는 감소세를 보인다. 특히 출산·육아와 관련되는 25-30세 연령층에서 큰 폭으로 감소하였다. 구서독의 경우 이 연령대에서 여성의 경제활동참여가 증가하기는 하나 그 증가세는 상당히 미미한 수준이다. 그리하여 30, 40대 여성의 경제활동이 구서독 지역에서는 증가하고 구동독 지역에서는 감소한다는 상반되는 추세에도 불구하고, 이 연령대의 동서 차이는 여전히 상당한 정도로 벌어져 있다. 반면에 15-30세의 연령대에서는 동서 간의 차이가 좁혀지고 있을 뿐 아니라 이미 상당히 좁혀져 있는 상태임을 알 수 있다(그림 II-6 참조).

결국 통일과 신자유주의 구조조정이라는 이중의 변동 속에서도 구동독 지역 여성들의 경제활동참여가 여전히 활발하다는 관찰은 주로 30세 이상 여성들에게서 유효함을 알 수 있다. 이들에게는 여전히 구동독 시기의 '일하는 어머니' 특성이 지속되는 데 반해서, 30세 이하 여성층의 경우에는 일정한 변화가 일어나고 있음을 알 수 있다. 또한 그 변화가 구서독과 유사해지는 방향으로 이루어지고 있음을 알 수 있다.

(3) 구동서독 지역 간 성별 소득격차 비교

1991-1995년 사이에 구동독 지역의 평균임금은 70% 이상 상승하여, 1991년 구서독 지역 월급여의 51%에 해당되던 구동독 지역의 월급여가 1995년에는 75%로 상승하였다. 1997년 이후로 구동독 지역의 임금상승은 구서독 지역을 약간 상회하는 정도를 보여서 1997-2007년 사이에 14.2% 상승했는데, 구서독 지역에서는 11.1%의 상승률을 보였다. 그리하여 2007년 구동독 지역의 임금은 구서독 지역의 77.4%에 달한다.

그러나 남녀 간의 임금격차는 구동독 지역이 구서독 지역에 비해 훨씬 작게 나타난다. 유럽 지역의 성별 임금격차 현황과 비교할 때, 독일의 경우 여성의 임금이 남성의 78%밖에 되지 않아 상당히 뒤처져 있다. 2007년 자료에 의하면 유럽 28개국 중 23위를 차지하고 있다.[99] 유럽 내에서 독일의 이러한 후진적 지위는 구서독 지역의 성별 임금격차에서 기인한다. 구동독 지역에서는 여성의 임금이 남성의 90%에 해당되어 유럽 최고 수준인 반면, 구서독 지역에서는 76% 정도이기 때문이다.

구서독 지역에서 성별 임금격차가 큰 것은 무엇보다도 여성들의 시간

99 Erler/Dähner, *Frauen machen neue Länder: Lebenssituation und Perspektiven junger Frauen in den neuen Bundesländern – Forschungsstand*, 27쪽.

제 고용 비율이 높기 때문이다. 구서독 지역은 여전히 영유아 보육시설과 서비스가 잘 갖춰져 있지 않아서 유자녀 여성의 경우 시간제를 선호하는 경향이 크다. 반면에 구동독 지역에서 성별 임금격차가 적은 이유는 ① 전반적으로 임금이 균등하기 때문에, 즉 고임금 남성 직업이 많이 존재하지 않는 동시에 비교적 고소득인 여성 일자리가 존속되었기 때문이다. 또 ② 구동독 지역 여성들이 공공 서비스 부문에 종사하는 비중이 높기 때문이다. 그리고 무엇보다도 ③ 구동독 여성들이 가족이나 자녀를 이유로 퇴직하는 경우가 드물기 때문이다.

4) 여성 관리직 실태

독일의 민간기업 취업자 중 여성 비율이 약 45%인데도 불구하고 고위직으로 올라갈수록 여성의 비중은 낮아진다.[100] 여성의 고위직 진출 현황은 유럽 수준에서 볼 때 독일이 중간 정도이다. 경제 부문 고위직 여성 비율은 프랑스가 38%, 스페인과 이탈리아, 영국이 34%인 데 비해서 독일은 29%로, 27개 유럽연합 회원국 중 13위를 차지하고 있다.[101] 특히 기업 부문에서 여성의 고위직 진출 비중이 매우 낮다.

구동서독 지역을 비교하면, 우선 최고관리자 수준에서는 2004년 구동독 지역의 여성 비율이 28%로 구서독 지역의 23%에 비해 약간 높다. 업종별로 볼 때 광업 및 에너지 산업, 건설업, 자동차 판매 및 수리업에서만 구동독 지역에 비해 구서독 지역의 여성 관리자 비중이 높았다. 특히 금융 및 보험업에서는 구동독 지역의 여성 관리자 비중이 2배 이상 높게 나타

---

100 IAB(Institut für Arbeitsmarkt- und Berufsforschung der Bundesanstalt für Arbeit), “Frauen in Führungspositionen. An der Spitze wird die Luft dünn”, *IAB Kurzbericht*, 2/2006.

101 EC, *Database in Women and Men in Decision-Making* (Brussels, 2008).

난다. 따라서 업종별로만 보면 남성 중심 업종에서 구서독 지역의 여성 관리자 비중이 구동독 지역에 비해 약간 높다.

중간관리직에서 여성의 비중은 구동독 지역 41%, 구서독 지역 42%로 동서 간에 별반 차이가 없고, 건설업과 자동차 판매 및 수리, 교통 및 언론 부분에서만 구서독 지역의 여성 비중이 높게 나타난다. 업종별로도 동서 간에 큰 차이가 나타나지 않는데, 흥미롭게도 광업 및 에너지 산업 부문에서는 동서 격차가 매우 크게 나타나서 구동독 지역에서는 여성 중간관리직 비율이 38%인 반면 구서독 지역에서는 3%에 불과하다.

앞서 살펴본 바 있는 직업교육 및 직업선택의 성별분리현상이 관리직 비중에서도 그대로 나타나서 건강 관련 업종, 개인서비스, 상업 부문에서 여성 관리직의 비중이 높게 나타난다.

여성의 고위직 비율은 민간기업 부문보다 공공 부문에서 더 높게 나타나며, 기업규모가 커질수록 낮아지는 경향이 있다. 구동독 지역의 경우 전반적으로 대규모 기업의 비중이 적기 때문에 여성들이 관리직에 오를 가능성이 상대적으로 크다. 2001-2006년 사이에는 민간기업 부문에서도 구동독 지역의 여성 관리직 비중이 더욱 눈에 띄게 증가하였다.[102]

---

102 Bauer/Dähner, *Frauen machen neue Länder. Frauen in den neuen Bundesländern – gut positioniert in der Bewältigung der Wirtschaftskrise*, 16쪽.

3. 여성의 일/가족 양립 현황: 구동서독 지역 비교

1) 구동서독 지역 간 성역할 모델 비교

통일 20년이 지난 시점에 통일독일에서 자란 젊은 여성들이 동서 간에 서로 비슷한 인생관을 가지리라고 상상하기 쉽다. 그러나 최근의 한 연구에 의하면 17-19세와 27-29세 연령층에서 구동독 지역 여성들은 구서독 지역 여성에 비해 자녀와 가족, 파트너 관계에 더 큰 중요성을 부여하는 것으로 나타났다. 그러나 자녀출산의 전제조건으로 결혼을 꼽는 경우는 구서독의 절반 정도에 불과하였다. 자녀와 가족, 파트너 관계뿐 아니라 경제적 독립과 직업적 성취의 중요성 역시 구동독 지역 여성들에게서 더 큰 것으로 나타났다.

장래에 직업이 중요하다는 경우가 구동독 지역 여성의 89%, 아이를 갖겠다는 경우가 86%였던 반면, 구서독 지역에서는 각각 78%와 81%로 직업에 대한 열의에서 차이를 보였다. 또한 출산 후 1년 안에 일자리에 복귀하겠다는 경우가 구동독 지역 여성은 50%, 구서독 지역 여성은 34%여서 일/가족 양립에 대해 상당한 견해 차이가 있음을 확인할 수 있다.[103]

격년마다 시행되는 대국민 표집조사(ALLBUS)에서도 남녀 간 성역할(남성홑벌이 모델)에 대한 견해 차이는 연령별·성별 차이보다 오히려 동서 간에 가장 큰 것으로 나타났다.[104] 성별 견해 차이는 구동독 지역에서나 구서독 지역에서나 별반 크지 않게 나타났고, 연령별 차이는 양 지역 모두에서 연령이 어릴수록 비전통적인 성역할 관념을 가지는 것으로 나타났다.

---

103 Jutta Allmendinger/Christine Puschmann/Marcel Helbig, *Frauen auf dem Sprung-Die BRIGITTE-Studie* 2008, 59-62쪽, http://www.brigitte.de/gesellschaft/politik-gesellschaft/frauen-auf-dem-sprung-567222/.

104 Erler/Dähner, *Frauen machen neue Länder: Lebenssituation und Perspektiven junger Frauen in den neuen Bundesländern – Forschungsstand*, 34쪽.

반면에 시간이 흐름에 따라 동서 간의 차이는 점점 더 커져서 1991년에는 격차가 상당히 크게 벌어졌다. 여기에는 구동독 지역의 변화가 크게 기여했고 구서독 지역의 변화는 미미할 뿐이다. 구동독 지역에서 보인 변화의 특징은 성별이나 연령에 상관없이 전 계층에서 1991-2004년 사이에 남성홑벌이 모델에 찬성하는 의견이 급격히 감소했다는 것이다. 1991년에도 이미 구동독 지역의 경우에는 연령별 견해 차이가 적은 편이었는데, 2004년에는 차이가 더욱더 좁혀지는 경향을 보인다. 이처럼 통일 직후인 1991년에 비해 시간이 지나면서 오히려 구동독 지역에서 서독의 가족 모델인 남성홑벌이 모델에 대한 호감이 급격히 줄었다는 사실은 성역할 모델의 '비서독화' 현상을 의미하며, 동시에 그것이 구동독 시절의 잔재만은 아님을 말해주는 것이다.

구서독 지역에서는 연령별 견해 차이가 매우 크다. 그리하여 46세 이상의 연령층이 남성홑벌이 모델에 대한 찬성의견의 비중을 높이는 데 크게 기여하였다. 45세 이하의 경우에도 2004년 구서독 지역의 찬성의견이 구동독 지역에 비해 2배가량 많은데, 이 경우에도 동서 간의 이질성은 1991년보다 오히려 커졌다. 45세 이하 여성층, 특히 18-30세의 여성들이 구서독 지역에서 양성평등 가족 모델을 추구하는 세력이라고 볼 수 있다. 그러나 이들에서도 남성홑벌이 모델에 반대하는 비중이 구동독 지역에 비해 크게 변화하지 않았으며, 또 이들은 구동독 지역의 동년배 여성에 비해 좀 더 보수적인 성역할 모델을 가지고 있다.

이러한 경향은 여성의 내조 역할에 대한 견해, 그리고 영아기 자녀 양육과 여성취업의 병행에 대한 견해에서도 나타난다. 여성의 내조에 대한 견해는 구동독 지역에서 1991년 이후 찬성 비율이 더욱 급격히 줄었다는 것 외에는 동서 간에 가장 유사한 구조를 보이고 또 전반적으로 찬성 의견이 가장 적게 나타나는 항목이기도 하다.

그에 반해 동서 간에 가장 큰 견해 차이를 드러내는 부분은 영아기 자녀 양육과 여성취업의 병행에 대한 태도이다. 흥미롭게도 성역할과 관련된 위의 다른 견해들에서와 달리 이 부분에서는 1991년 구동독 지역에서 '영아기 자녀를 둔 어머니의 일/가족 병행의 위해성'에 찬성하는 비율이 남녀를 불문하고 60%에 육박하였다. 2004년에는 양성 간의 견해 차이가 심각하게 커졌는데, 이런 경향은 구서독 지역에서도 마찬가지이다. 이 항목은 또한 전반적으로 성역할과 관련하여 보수성이 크게 드러나는 항목이기도 하다. 여기서 구동독 지역에서 특이하게 나타나는 현상은 18-30세 연령층, 즉 어린 자녀 양육의 현실성이 가장 크다고 볼 수 있는 연령층에서 구동독 지역 여성들이 시간이 지나면서 상대적으로 오히려 더 보수적인 태도를 보인다는 것이다.[105]

이것은 위에서 본 연령별 경제활동참여율 추이와 일맥상통하는 측면이 있는데, 1991-2004년 사이 구동독 지역에서 25-30세 여성들의 경제활동참여율이 눈에 띄게 감소했기 때문이다. 즉 젊은 여성들을 중심으로 영아기 자녀 양육과 취업을 병행하는 것에 대한 불안이 어느 정도 확산되는 것으로 보인다. 그러나 성역할태도에 대한 여타 항목들에서는 동서 여성들 간의 격차가 크기 때문에, 청년층 여성에게서 상대적으로 두드러지는 이러한 변화가 구동독 지역 젊은 여성의 성역할관념이 '서독화'되었기 때문이라고 보기는 어렵다.

2) 일/가족 양립 실태

자녀를 가지려면 결혼해야 한다는 생각이 구동독 지역 여성들에게는 상대적으로 희박한데, 실제 생활에서도 그러한 성향이 확인된다. 2003년

105 Erler/Dähner, *Frauen machen neue Länder: Lebenssituation und Perspektiven junger Frauen in den neuen Bundesländern – Forschungsstand*, 35쪽.

혼외 관계에서 출생한 신생아의 비율이 구동독 지역에서는 57%인 반면 구서독 지역에서는 21%였다. 이미 동독 시절(특히 1980년대)부터 혼외 관계에서 출생한 자녀의 비중이 높았는데, 통일 후에도 지속적으로 상승하여 구서독 지역과의 격차가 좁혀지지 않았다. 홀거 폰 데어 리페(Holger von der Lippe)와 라우라 베르나르디(Laura Bernardi)는 이것을 문화적 차이에서 기인하는 것으로 해석한다. 구서독 지역에서는 순차적 일/가족 양립 모델(여성의 직장생활 → 자녀 출산 및 양육 → 직장생활 재개)이 문화적으로 지배적인 데 비해 구동독 지역에서는 병렬적 모델이 지배적이라는 것이다.[106] 구서독 지역에서는 자녀 출산 전에 물질적 안정과 그것을 가능하게 하는 직업적 성공을 이루는 것이 중요시된다. 그렇기 때문에 우선 남성의 직업적 안정을 추구하는 반면, 구동독 지역에서는 직업 및 양육에서 남녀 간의 균형을 더 중요시한다는 것이다.

동서 간의 또 다른 차이는 아버지가 부모수당(Elterngeld)을 수령하는 비중에서도 나타나서, 베를린과 바이에른 주를 제외하면 이 비중이 구동독 지역에서 평균 17.2%로 구서독 지역 평균(14.9%)보다 더 높다. 특히 브란덴부르크 주와 작센 주, 튀링겐 주가 상위를 차지하고 있다.[107]

유자녀 여성의 자녀 연령별 노동시장 참여(일하는 어머니) 현황을 보면 구동서독 간의 일/가족 양립 차이를 확인할 수 있다. 여기서 동서의 지역 차이는 ① 자녀 연령에 따른 비경제활동 비율, ② 일하는 어머니의 노동시간(전일제근무), ③ 실업자 비율에서 드러난다.

우선 비경제활동 비율을 보면, 3세 이하의 자녀를 가진 여성 중 비경제활동인구(취업상태·육아휴직상태·실업상태가 아닌 경우)는 2004년 구서독의

---

106 Holger von der Lippe/Laura Bernardi, "Zwei deutsche Ansichten über King und Karriere", *Demografische Forschung aus Erster Hand*, Nr. 3 (2006), 1-2쪽.

107 Erler/Dähner, *Frauen machen neue Länder: Lebenssituation und Perspektiven junger Frauen in den neuen Bundesländern – Forschungsstand*, 38-39쪽.

경우 절반을 차지하지만 구동독 여성은 30%에 불과하다. 게다가 3세 이상의 자녀를 가진 경우 구동독 지역 여성의 비경제활동 비율은 10% 미만으로 감소한다.[108]

일하는 어머니들의 노동시간에서는 동서 간의 차이가 한결 두드러진다. 2005년 구서독 지역에서는 3세 미만 영아를 둔 여성의 20.9%가 시간제에 종사하고 9.7%만이 전일제로 일했다. 반면에 구동독 지역에서는 18.5%만이 시간제로 일하고 22.5%가 전일제로 종사해서 전일제의 비중이 여전히 더 높다.[109]

또한 시간제 노동시간에서도 동서 여성 간의 차이가 두드러지는데, 2006년 구서독 지역에서 시간제 일자리에 종사하는 여성의 노동시간은 평균 17.5시간인 데 비해 구동독 지역에서는 21.8시간을 기록하였다.[110] 여성들의 시간제 취업 비율은 동서를 막론하고 증가하는 경향인데, 특히 구서독 지역에서 증가세가 두드러진다. 2009년 현재 구서독 지역에서는 취업여성의 거의 절반이 시간제로 근무하며(48.6%), 구동독 지역에서는 약 3분의 1이 시간제로 근무하고 있다(34.5%).[111]

한편 일하는 어머니들 중 3세 미만 자녀 양육으로 육아휴직 중인 비율도 구동독 지역(11%)에 비해 구서독 지역에서 2배가량 높다(19%).[112] 그러나 이것은 육아휴직으로 인한 부담(해고나 전직 등)이 구동독 지역에서 더

---

108 같은 책, 40쪽.

109 Angelika Kümmerling / Andreas Jansen / Steffen Lehndorff, *Die Verlängerung der Beschäftigungs- und Arbeitszeitstrukturen in Deutschland 2001 bis 2006, Datenbericht an die Hans-Böckler-Stiftung "Arbeitszeit-Monitor"* (2009), http://www.iab.de/764/section.aspx/Publikation/k090709p03, 27쪽.

110 같은 책, 48쪽.

111 Statistisches Bundesamt, *20 Jahre Deutsche Einheit – Wunsch oder Wirklichkeit* (2010), 46쪽.

112 Erler / Dähner, *Frauen machen neue Länder: Lebenssituation und Perspektiven junger Frauen in den neuen Bundesländern – Forschungsstand*, 40쪽.

크기 때문일 수도 있다.

비경제활동 비율의 동서 차이에는 미치지 못하지만 실업률도 동서 지역 여성 간의 차이를 두드러지게 보여준다. 2004년 구서독 지역의 일하는 어머니들은 10% 미만의 실업률을 기록하여 비경제활동인구로 포함되는 경우가 많음을 알 수 있다. 반면 구동독 지역의 어머니들은 자녀의 연령에 따라 15-26%의 높은 실업률을 보여서, 어린 자녀가 있음에도 불구하고 쉽게 노동시장을 떠나지 않는 행태를 보였다.[113]

3) 시간제 근무를 하는 이유

시간제 근무의 규모나 비중뿐 아니라 시간제 근무를 하는 이유에서도 구동서독 여성 간에 매우 흥미로운 차이를 보인다. 2006년 구서독 여성의 대다수(66%)가 '개인적/가족적 의무'를 시간제 근무 이유로 들고 있는 반면, 구동독 지역에서는 51.8%가 '전일제 일자리를 찾지 못해서'라고 답했고 '개인적/가족적 의무'는 20.8%에 불과하였다.

유자녀 여성의 경우에는 이 차이가 더욱 확연해서 구서독 지역의 경우 81.5%가 '개인적/가족적 의무' 때문이라고 답한 반면 구동독 지역에서는 30.1%만이 그렇게 대답하였다.[114] 그러나 2008년의 통계를 비교해보면 구동독 지역 어머니들에게서 상당한 변화가 감지된다. 2008년 구서독 어머니들의 경우 88.8%가 시간제 취업의 이유로 '가족 돌봄'을 들어 2년 전과 크게 다르지 않은 반면, 구동독 어머니들의 경우 '가족 돌봄'을 든 비율은 52.4%로 크게 증가했기 때문이다.[115] 그럼에도 불구하고 동서 간의 격차

---

113 같은 곳.

114 같은 책, 41쪽.

는 여전히 크다.

구동독 지역에서는 무자녀 여성의 6.8%만이 '개인적/가족적 의무' 때문에, 40.2%가 '기타 이유'로 시간제에 종사한다고 대답했다. 반면 서독에서는 전자가 35.4%, 후자가 50.6%로, 무자녀 여성의 경우에도 가족의무로 인해 시간제에 종사하는 비중이 훨씬 컸다.[116]

이와 같이 상당한 정도로 두드러지는 동서 간의 차이에도 불구하고 구동독 지역 여성들의 '재전통화'를 지적하는 연구들도 있다. 재전통화 경향을 보이는 경우는 대부분 저학력·미숙련 여성들이다. 예컨대 타탸나 텔렌(Tatjana Thelen) 등에 의하면 미숙련 여성의 경우 고용주나 노무 상담자가 육아휴직을 길게 갖도록 추천하는데, 그로 인해 육아휴직 후 재취업이 힘들어지는 경우가 왕왕 있다고 한다.[117] 또한 영유아 관련 기관이나 가족상담소 등에서도 서독 식의 어머니상을 전달하는 경우가 많다고 한다. 작센-안할트 주의 소녀들을 대상으로 한 플라우케 밍어찬(Flauke Mingerzahn)의 연구에서도 고학력 여성들은 직업을 위해 출산을 미루거나 더 나은 취업기회를 찾아 작센-안할트 주를 떠나는 반면, 저학력 여성들은 직업추구를 포기하고 가족생활에서 행복을 구하는 경우가 많다고 한다.[118]

---

115 Statistisches Bundesamt, *Frauen und Männer in verschiedenen Lebensphasen* (2010), 32-33쪽.

116 Erler/Dähner, *Frauen machen neue Länder: Lebenssituation und Perspektiven junger Frauen in den neuen Bundesländern – Forschungsstand*, 41쪽.

117 Tatjana Thelen/Astrid Baerwolf/Tilo Grätz, "Ambivalenzen der Flexibilisierung: Traditionalisierung der Familien- und Geschlechterbeziehungen in Ostberlin und Brandenburg", Working Paper, No. 89 (Halle: Max Planck Institute for Social Anthropology, 2006).

118 Flauke Mingerzahn, "'Ich will beides. Beruf und Familie'–Lebenslagen von Mädchen in Sachsen–Anhalt zwischen Wunsch und Wirklichkeit", Christiane Dienel (Hg.), *Abwanderung, Geburtenrückgang und regisponale Entwicklung* (Wiesbaden: VS, 2005).

4) 보육인프라 및 보육인프라 이용의 동서 차이

구서독에 비해 구동독 지역에서 한층 양성평등한 노동시장지위가 관찰되는 것은 무엇보다도 구동독 시절의 보육인프라가 여전히 제 역할을 하기 때문이다. 그뿐 아니라 ① 구동독 지역에서 서비스업 중심으로 산업구조가 개편되고 있고, ② 전반적으로 기업규모가 작으며, ③ 세계시장에 통합된 정도가 낮다는 점도 양성평등에 기여하는 것으로 지적된다.[119] 즉 탈산업사회에서 현대화의 변동을 거치면서도 세계경제의 주변부에 위치하는 특성으로 인해 상대적으로 여성의 노동시장지위가 보장되고 있다는 설명이다. 이것은 여전히 후진적인 경제상황으로 인해 남성의 직업분화가 제한되어 있으며, 또 전반적으로 구서독 지역에 비해 구동독 지역의 가구소득이 낮기 때문에 여성의 경제활동이 활발하다고 보는 경제주의적 설명과도 일맥상통한다.

그러나 전반적으로 구동독 여성의 노동의욕이 매우 높고 일/가족 동시병행의 의지가 구서독 여성에 비해 두드러지게 강하다는 사실에 대해서는 이론이 없는 것으로 보인다. 또한 구동독 지역에서 구서독 지역으로 이주한 여성들이 구동독 여성정체성을 유지한 채로 혼인행태 등에서 서독화되는 경향이 있음을 지적한 연구[120]를 볼 때, 구서독 지역의 부진한 보육인프라 실태가 여성들에게 어떤 영향력을 미치는지를 확인할 수 있다.

현재 보육인프라 관련 법의 개정으로 독일에서는 모든 유아가 유치원에 갈 권리를 누리며, 3세 미만의 경우에는 2013년 중반부터 그와 같은 권리

---

119 Bauer / Dähner, *Frauen machen neue Länder. Frauen in den neuen Bundesländern – gut positioniert in der Bewältigung der Wirtschaftskrise*, 7쪽.

120 Oliver Arránz Becker / Daniel Lois, "Unterschiede im Heiratsverhalten westdeutscher, ostdeutscher und mobiler Frauen. Zur Bedeutung von Transformationsfolgen und soziokulturellen Orientierungen", *Soziale Welt*, 61 (2010), 5–26쪽.

를 부여받는다. 보육인프라의 동서 지역 차이는 여전히 상당한 정도로 지속되고 있는데, 특히 3세 미만 영아의 보육 기회와 종일반 보육 기회에서 차이가 크다. 그리하여 구동독 지역에서는 2007년 3세 미만 영아의 37.4%(작센-안할트 주의 경우에는 51.8%)가 보육기관에서 보살핌을 받는 데 반해 구서독 지역에서는 단지 8.1%만이 그런 기회를 이용하고 있다. 구동독 지역 영아의 경우에는 26.8%가 종일반에서 보육되는 데 비해 구서독 지역의 경우에는 3.2%로 지극히 예외적인 현상이다.

자녀의 연령이 3세 이상의 경우에도 동서 격차는 여전히 크게 나타난다. 3-5세 유아의 경우 구서독 지역에서는 약 88.1%가, 구동독 지역에서는 94%가 보육시설을 이용해서 얼핏 보면 별 차이가 없는 듯하지만, 종일반의 비율을 보면 격차가 두드러진다. 종일반 비율이 서독에서는 17.3%에 그친 반면 구동독 지역에서는 그 비율이 평균 60%(튀링겐 주는 84.5%)에 이른다.[121]

한편 2007-2008년 사이에 보육인프라 이용 증가율은 구서독 지역에서 더 높게 나타났는데,[122] 구서독 지역의 경우에는 구동독 지역에 비해 주간 아이돌보미 서비스에 대한 수요가 두드러진다. 구서독 지역에서는 시간제 등 여성의 유연노동 비중이 높아서 보육인프라 중 아이돌보미 서비스를 이용하는 비율이 2006년에는 15.5%였으나 2008년에는 17.7%로 증가하였다. 반면에 구동독 지역의 경우 아이돌보미 서비스 이용률은 2008년 9.4%에 그치고 있다.

---

121 Erler/Dähner, *Frauen machen neue Länder: Lebenssituation und Perspektiven junger Frauen in den neuen Bundesländern – Forschungsstand*, 42-43쪽.

122 Deutscher Bundestag, "Unterrichtung durch die Bundesregierung. Bericht der Bundesregierung über den Stand des Ausbaus für ein bedarfsgerechtes Angebot an Kindertagesbetreuung für Kinder unter drei Jahren für das Berichtsjahr 2008", Drucksache 16-12268 (2009), 4쪽 그림 1 참조.

구서독 지역에서는 아이돌보미 서비스 이용의 절반 이상이 주당 2-4일 정도 이용하는 경우였고, 특히 2일(18%) 내지 3일(22%)만 이용하는 경우가 가장 많았다. 한 주 내내 서비스를 이용하는 경우는 40%를 조금 넘었는데, 구동독 지역의 경우에는 거의 대부분이 여기에 해당되어서 동서 간의 차이를 드러내고 있다.[123]

4. '여성' 범주의 설명력 변화: 분화, 다양화, 양극화

위에서 살펴보았듯이 구동독 지역의 여성들은 노동시장에서 여전히 상당히 견고한 위치를 유지하고 있다. 그러나 여기에 불안정 요인이 없는 것은 아니어서, ① 고학력의 젊은 여성들 위주로 여전히 서독이주의 흐름이 유지되고 있다는 것, ② 직업 및 종사 분야뿐 아니라 특히 젊은 여성들이 선택하는 직업교육 분야가 상당히 서독 지향적이고 또 매우 제한되어 있다는 것, ③ 어머니의 직장생활이 영아에게 해로울 수 있다는 생각이 젊은 여성들에게서 상대적으로 많이 나타난다는 것 등, 주로 젊은 세대 여성들과 관련되어 있다. 젊은 여성들의 경우에도 일/가족 양립에 대한 의지는 여전히 강한 것으로 나타나지만, 이들이 구서독 지역으로 이주하거나 영아기 보육에 대한 불안이 커질 경우 앞으로의 방향이 지금까지와는 달라질 수도 있다.

다른 한편, 구서독 지역에서와는 달리 사회제도에 의해 조합주의적으로 제어되지 못하며 급격하게 진행되고 있는 산업구조조정의 방향, 특히 서비스사회화의 경향은 제조업 등 남성중심 산업을 지속적으로 축소시킴으로써 여성의 일자리 유지에 기여하고 있다. 특히 세계화된 구서독 거대

---

123 같은 글, 13-14쪽.

기업들의 비중이 적고 보육인프라가 여전히 제 기능을 하고 있어서 여성들은 노동시장에서 비교적 안정적 지위를 누리고 있을 뿐 아니라 상대적으로 고위직 진출에도 장애를 겪지 않는 편이다.

기존의 구서독 사회에서는 복지제도의 반여성성, 특히 소득세 부부합산 과세와 같은 제도들이 여성의 경제활동참여를 가로막는 중요한 요인으로 지적되어왔다. 그러나 위에서 보았듯이, 구동독 지역 여성의 경우에는 그러한 가부장적 조세제도가 여성의 경제활동참여에 별반 영향을 미치지 않는 것으로 나타난다. 동서 지역 여성들 간의 이런 차이를 대개의 경우 '역사'와 '문화'의 차이로 이해한다. 동일한 서독 제도의 규정을 받으면서도 동서 간에 여성들은 전혀 다른 여성의식과 감수성을 보이기 때문이다.

그러나 서독화를 강압하는 사회적 힘을 가진 제도가 이식되면서 향후에도 구동독 지역 여성들이 여전히 구서독 지역 여성과 다른 특성을 보일지에 대해서는 알 수 없다. 2008년 현재 구동독 지역의 인구비율이 독일 전체 인구의 15.9%에 불과해서 이들의 특성이 독일 전체 통계에 반영되지 않고 있으나 여전히 지속되고 있는 동서 간의 행태 차이와 동서 간의 이주로 인한 교류는 반대로 구서독 지역에도 어떤 형태로든 영향을 미칠 것이다.

통일 후 구서독 지역에서 두드러지는 변화는 세계적인 '성주류화' 추세와 발맞추어 여성의 일/가족 양립을 강조하고 있다는 것이다. 적어도 규범적인 수준에서는 맞벌이 가족과 여성 취업이 점차 정당성을 획득하고 있다. 그러나 그러한 변화는 여성 인력에 대한 시장의 수요와 양성 간 권력관계, 기존 제반 제도와의 충돌 등 여러 가지 요인의 개입에 의해 모양을 갖추게 될 것이다.

현재까지 현실적 불가피성이나 규범적 지원에 비해 여성의 일/가족 양립을 가능하게 하는 제도적·관행적·실천적 지원이 부족한 상태이기 때문에, 구동서독 지역의 여성들, 또 구동서독 지역으로 이주한 여성들은 자신들의 가용자원과 가치지향에 따라 다양한 방식의 라이프스타일을 보여줄 것으로 생각된다. 특히 가용자원의 종류와 분포에 따라 여성의 라이프스타일 분화는 다양화와 양극화의 방향을 모두 취할 수 있다. 구동독 지역의 경우나 구서독 지역으로 이주한 구동독 여성들의 경우 '서독화'가 주로 어떤 요인들과 관련하여 어떤 방향으로 이루어지는지, 그것을 상쇄하는 요인들은 무엇인지를 연구할 필요가 있다. 그럴 경우 단순히 동서의 평균 여성상을 산출하여 단순히 비교하는 데 머물지 않고, 앞으로의 추세를 여러 라이프스타일들 간의 관계, 특히 미시적 권력관계를 통해 좀 더 역동적으로 관찰할 수 있을 것이다.

지금까지 구동독 지역의 여성들 내부에 차이를 야기하는 가장 중요한 요인으로 지적되는 것은 학력이다. 구서독 사회 못지않게 구동독 지역의 (여성)노동시장에서도 학력에 따른 격차가 매우 큰 것으로 설명된다. 앞에서 보았듯이 고학력일수록 부부가 모두 전일제로 일할 확률이 높다는 지적도 있다. 게다가 구동독 시절에는 재산축적이 불가능했기 때문에 통일 후 구동독 지역에서 노동시장지위가 삶의 기회에 미치는 영향은 결정적이다.

구동독 지역에서 여성 실업률이 2002년 이후 남성 실업률보다는 낮아졌다고는 하나 여전히 높은 상태이고, 여성 노동의 불안정성은 더욱 커지고 있다. 구동독 지역 여성들은 시간제 일자리에 대한 선호가 낮으며 노동시간이 더 길어지기를 원한다.[124] 혼자서 아이를 키우는 비혼 어머니의 비율이 매우 높을 뿐만 아니라 구서독 지역에 비해 부부가 모두 전일제로 일하는 비율도 매우 높다. 따라서 구동독 지역에서는 구서독 지역과 달리 자신의 소득에 의존하는 여성들과 국가 복지 부문에 의존하는 여성들로 양

---

124 Elke Holst, "Vollzeitbeschäftigte wollen kürzere, Teilzeitbeschäftigte längere Arbeitszeiten", *Wochenbericht des DIW*, 25/2009.

극화가 진행될 가능성이 존재한다고 볼 수 있다.

실제로 2006년의 마이크로 센서스 자료에 의하면 15세 이상 여성들 중에서 구동독 지역의 경우 10% 정도(구서독 여성은 28.8%)만이 피부양자 위치에 있는데, 이것은 구서독 지역 남성의 피부양자 비중과 거의 일치한다. 이에 반해 자신의 근로소득에 의존해서 생활하는 경우가 40.9%(구서독 여성은 39.3%)로 구서독 여성보다 약간 높으나 남성(구서독 남성 57.5%, 구동독 남성 50.3%)에 비해서는 상당히 낮다. 그리고 비중이 가장 큰 48.4%가 연금이나 실업수당, 사회부조, 대여 장학금 등 국가로부터의 이전소득에 의존하는 것으로 나타났다.[125]

125 Christian Wingerter, "Kapital 5.1 Arbeitsmarkt und Erwerbstätigkeit", Statistisches Bundesamt (Hg.), *Datenreport* 2008, 112쪽.

제5장

여성의 구서독 제도 의존성과 동독 정체성

위에서 살펴보았듯이 통일 20년이 지난 현재에도 여성의 노동시장지위에서는 동서 지역 간에 많은 차이를 보인다. 그러나 그러한 변화를 주도하는 층은 주로 중장년 여성이다. 젊은 여성의 경우에는 지금까지 구동서독 지역을 각각 지배하던 상반되는 성역할 규범에서 벗어나 오히려 서로 수렴되는 경향을 보인다. 구서독 지역의 젊은 여성들은 남성홑벌이 가족모델에서 벗어나는 경향을 보이고, 구동독 지역의 젊은 여성 중에는 영아기 자녀를 둔 어머니의 취업에 대한 부정적 견해가 다른 연령층에 비해 안정적으로 나타난다. 이것은 통일 후 구동서독의 일/가족 양립 방식이 모두 도전받고 있음을 의미한다.

1980년대부터 뚜렷이 관찰되는 구서독 사회의 산업구조 변동 속에서 여성, 특히 기혼 여성의 경제활동참여는 지속적으로 증가해왔다. 한편으로 그것은 탈산업사회화가 수반하는 노동시장의 흐름과 궤를 같이하는 것이지만(구조변동, Transformation), 다른 한편으로는 괴스타 에스핑-앤더슨(Gøsta Esping-Andersen)이 '조합주의 복지체제'라고 부르는 서독식 사회정책체제의 구속을 받으며 그 형태가 재조정되는 과정(배트게와 바르텔하이머의 표현에 의하면 '경로의존성')이기도 했다.

통일과 함께 구서독의 조합주의 복지체제는 특히 여성 노동과 관련하여 구동독의 '앞선' (흔히 '스칸디나비아 수준'이라고 표현되는) 제도에 비교되면서 그 시대적 낙후성이 부각되기도 했고, 또 유럽연합에 의해 그 성차별적 요소들이 지적되기도 했다. 그러나 전반적으로는 커다란 궤도수정 없이 현재까지 지속되고 있다. 변화가 있다면 법적인 수준에서 양성평등의 방향을 공고히 하고 또 여성의 일/가족 병행을 지원하기 위해 육아의 사회적 책임이나 양성 간 분담에 좀 더 관심을 돌리는 정도이다.

구동독의 보육제도에 대한 긍정적 평가와 여성의 일/가족 양립에 대한 강조는 무엇보다도 노동시장의 양성평등을 강조하는 유럽연합의 이념에 의해 뒷받침되고 있다. 사회정책을 중심으로 한 유럽연합의 여성정책은 여성 취업률의 목표치를 제시하는 (리스본 전략) 식으로 고급 여성 인력과 유연한 여성 노동에 대한 시장수요를 옹호하는 신자유주의적 성격을 갖는 동시에, 산업사회의 전통적 남성홑벌이 가족 모델과 그에 기초한 조합주의 국민국가체제에 균열을 일으키는 양가적 작용을 한다.

1. 구서독에서 통일에 이르기까지 사회체제와 여성의 위상: 가족·보육정책을 중심으로

에스핑-앤더슨은 제도화된 사회적 연대형태와 통합방식을 의미하는 사회복지체제를 세 가지로 구별하였다.[126] 그중 독일은 '조합주의' 체제로서 시장분배에 기초한 자유주의 체제, 그리고 양성평등을 포함하여 사회적 평등을 지향하는 사민주의 체제의 중간 정도에 위치하는 보수적 사회연대의 형태를 보여준다. 조합주의에서는 자유주의 체제에 비해 노조와 같은

126 에스핑-앤더슨, 『복지 자본주의의 세 가지 세계』.

계급조직의 영향력이 제도적으로 보장되는 반면에, 사회연대 가치가 개인과 개별 가족의 자유와 책임을 전제로 하는 '보충성' 원칙에 기초한다.

비스마르크 이후 독일 복지국가의 주요 원칙은 보수정당과 진보정당 간의 정권교체에도 불구하고 일관되게 지속되고 있다. 그것은 보충성의 원칙과 사회적 자치, 질서순응성이라고 할 수 있다.[127] 보충성 원칙은 기독교 보수정당인 기독교민주당(CDU)과 기독교사회연합(CSU)의 정책원칙이지만 사회민주당(SPD) 정권 시기에도 크게 바뀌지는 않았다. 그것은 복지체제가 개인 및 개별 가족들의 자치가 실패하는 경우에만 보충적으로 개입함을 의미한다. 그리하여 일차적으로는 개인(남성)들의 취업지위에 기초하여 개인과 그 가족구성원의 복지가 자율적으로 해결되며, 국가의 지원은 그것을 보조하는 형태로만 이루어진다.

이러한 보충성 원칙은 여성의 역할 및 사회적 지위와 관련하여 매우 중요하게 작용했다. 여성은 남성과 동일하게 자신의 노동시장지위에 기초하여 사회보험을 통해 사회적 위험에 대비하는 것이 아니라, 가족 내의 모성수행을 통해 사회적으로 인정받는 피부양자가 되었다. 그리하여 여성이 취업하는 경우에도 그것은 보조적이거나 부차적인 부업으로 인식되고, 이것이 여성의 취업형태에 반영되어 여성들은 불연속적 고용형태와 높은 시간제 취업형태를 보인다("강한 부양자 모델").[128]

수잔네 슌터-클레만(Susanne Schunter-Kleemann)은 이러한 독일의 사회연대 모델을 "혼인관계 중심의 가부장제 국가"라고 부르기도 하는데,[129]

---

127 정재훈, 「보수주의 복지국가의 성차별적 특성 분석: 독일 보육수당·휴가 정책 변화를 중심으로」, 『사회복지연구』 제22호(2003), 258쪽.

128 Ilona Ostner, "Arm ohne Ehemann?: Sozialpolitische Regulierung von Lebenschancen für Frauen im internationalen Vergleich", *Aus Politik und Zeitgeschichte*, B. 36-37 (1995), 3-12쪽.

129 정재훈, 「보수주의 복지국가의 성차별적 특성 분석: 독일 보육수당·휴가 정책 변화를 중심으로」, 266쪽.

표 II-3 구서독에서 통일 이후까지의 가족정책

집권정당	가족정책의 특징	구체적 정책
1945년 국가성립 이후 기독교 보수정권	• 기독교 이념에 기초한 전통적 성역할 분업, 전통적 핵가족 보호 • 남성홑벌이 가족 모델: 가족주의(Familialismus) • 여성 취업의 3단계 모델: 취업-자녀양육-재취업 • 가족의 목적: 자손번식과 자녀양육 • 성역할 관련 가족형태: 전업주부가족 형태(Hausfrauenehe) • 가족부 설치(1953년), 입법업무만 부여	**[가족의 경제부담 완화 목적]** ① 출산장려 • 자녀수당(셋째 자녀 대상으로 1955년 도입, 1961년 둘째 자녀부터로 개정) • 자녀 세금공제 • 주택공급 ② 혼인장려 • 소득세 부부합산과세(1958년) ③ 사회보험에서 파생적 수급권 (비취업 가족구성원 지원)
1969-1982년 사민당 정권	• 정상가족 개념: 출생원칙(혈연), 완전가족(부모 둘 다 존재) • 여성과 아동 개인의 자유와 평등 중시, 동반자적 가족상 지향 • 가족정책에 여성정책적 요소 도입 • 전 계층 아동에 균등한 기회제공 • 양성평등, 여성 취업과 가족생활 병행 지원 의도 • 1976년 혼인법 및 가족법 개정: 기혼 여성의 지위 향상, 친권 개정, 아동보호체계 구축	**[계층 간 사회정의 목적]** • 소득세 부부합산과세 및 자녀공제 철폐(1975년), 가계비 공제 상향 조정, 첫 자녀로 자녀수당 확대(1975년) • 모자가정에 교육연금(1977년) • 모성휴가(출산휴가 후 4개월, 1979년 도입) • 취업 어머니 모성수당 도입 • 육아휴직과 (취업모) 양육비제도 도입, 모자가정 양육비 선급제도 도입 (1986년)
1982-1998년 기독교 보수정권	• 가족에 대한 재정적 지원 강화 (특히 유자녀 가정) • '가족의 경제부담 완화'에서 '가족 능력 보상'으로 이동 • 가족정책 강화: 다자녀 가족 생활 지원, 가족의 사회적 기능 보상	• 자녀수당과 자녀공제 부활 • 부부합산과세 부활 • 연방 양육수당 도입(1986년) • 무급 육아휴직(8주-3세) 도입(1986년) • 주부 연금제(자녀양육기 인정, 1자녀당 3년의 연금기여기간) 도입 • 10세 미만 자녀 2인 이상 양육 시, 또는 중증이상 장애인 돌봄 시 세금 공제 • 자녀수당과 세금공제액수 크게 상향 조정 및 택일제(1996년)
1998-2005년 사민당 정권	• 계층 간 소득재분배 • 여성 취업과 양육의 양립	• 저소득층 자녀양육비 지급 • 부모시간제도(육아휴직 개혁, 2001년 도입) • 자녀수당 조정(가구소득수준별로 차등 지급) • 자녀공제 • 보육기회확대법(2005년 도입)*

표 II-3 (계속)

집권정당	가족정책의 특징	구체적 정책
2005년-현재* 기독교 보수당	• 사설 보육시설을 포함한 보육지원 및 가족 내 양육 지원	• 부모수당(2007년 도입, 양육수당 대체) • 아동지원법(2008년 도입) • 자녀수당 조정(2010년)

주: *는 필자가 정리한 내용임.
출처: 이진숙, 「독일 가족정책의 변천에 대한 연구」, 『한국인구학』 제25권 1호(2002), 124-179쪽; 정재훈, 「보수주의 복지국가의 성차별적 특성 분석: 독일 보육수당·휴가 정책 변화를 중심으로」, 『사회복지연구』 제22호(2003): 268-280쪽을 표로 재정리.

그런 만큼 그것은 가족정책과 아동보육정책에 지대한 영향을 미쳤으며, 그를 통해 여성의 사회적 지위를 모성과 돌봄에 결박시키는 결과를 가져왔다.

구서독의 가족정책은 기독교 보수정당의 보충성 원칙을 기초로 하면서도 정권교체에 따라 부분적으로 변화를 보이기도 했는데, 정책 변화를 표로 정리하면 표 II-3과 같다.

표 II-3을 통해 알 수 있듯이 구서독 가족정책의 근간은 분단 이후 서독 재건 과정에서 보수적 기독교 집권세력에 의해 마련되었다. 특히 소득세 부부합산과세와 파생적 사회보험 수급권은 독일 복지정책의 보수성을 보여주는 핵심사항으로 지적되고 있다.[130] 사민당으로 정권교체가 이루어지면서 몇 차례에 걸쳐 보다 '동반자적 가족상'의 방향으로 가족정책의 수정이 이루어진 바 있으나 시급한 경제정책 등에 의해 우선순위에서 밀리면서 효과적인 변화를 이끌어내지 못했다. 또한 정권교체기마다 가족정책의 방향이 수정되면서 실질적 정책 변화에 한계를 보였다.

---

130 Damian Grimshaw/Jill Rubery, "Workforce Heterogeneity and Unemployment Benefits: the Need for Policy Reassessment in the European Union", *Journal of European Social Policy*, 7(4)(1997), 291-318쪽; Maria Jepsen/Danitle Meulders, "Gender inequalities in European unemployment benefit systems", *International Social Security Review*, 50(4)(1997), 43-61쪽.

취업여성의 출산 시 지급되는 모성수당(Mutterschaftsgeld)과 어머니의 취업과 무관하게 자녀출산 시 지급되는 자녀수당(Kindergeld), 자녀양육을 지원하는 양육수당(Erziehungsgeld)에 대한 규정들은 모성 및 여성 취업에 대한 사회적 규범을 드러낸다. 빕케 콜베(Wiebke Kolbe)에 의하면 1986년 연방 양육수당이 도입되기 전까지는 양육지원정책에서 "부권중심주의"(Vaterzentriertheit)가 지배적이었다고 한다.[131] 양육지원의 목적이 일차적으로 출산으로 인한 가족의 재정부담 완화(보수당) 또는 가족 간 평등화(사민당)에 있었기 때문에, 자녀 관련 수당들은 가장의 임금을 보충하는 성격을 띠었고, 그 수급권자는 아동의 생계비를 담당하는 남성 가장이었다.

1986년 보수정권하에서 연방 양육수당이 도입되면서 수혜자의 자격이 변화해서 부모 모두에게 수급권이 인정되었고, 부모가 서로 합의하지 못할 경우에는 어머니에게 수급권이 주어졌다. 그러나 연방 양육수당은 이렇게 모성 역할을 사회적으로 인정하는 것뿐 아니라, 아동보호를 목적으로 모성을 장려하는 성격을 가진 것이기도 했다. 즉 어린 자녀를 두고도 가난 때문에 어머니가 전일제로 취업해야 하는 경우가 있는데, 그런 경우 양육을 위해 어머니가 취업을 포기할 수 있도록 연방 양육수당으로 지원해야 한다는 논의가 제도 도입의 배경이 되었다.

연방 양육수당은 도입 후 점차 수급기간이 길어졌는데, 지급 기간 동안 수급자는 주당 18시간 이하의 시간제 노동 이외에는 취업할 수 없도록 되어 있었다. 같은 해에 시행된 육아휴직은 당시 8주간이던 모성보호기간이 끝나면 신청할 수 있었다. 육아휴직기간에는 고용보호를 받을 수 있었고 휴직 후 같은 직장에 복직할 수 있었으나 동일 업무로의 복직은 보장되

131 Wiebke Kolbe, *Elternschaft im Wohlfahrtsstaat: Schweden und die Bundesrepublik im Vergleich 1945-2000* (Frankfurt am Main: Campus, 2002), 52쪽, 정재훈, 「보수주의 복지국가의 성차별적 특성 분석: 독일 보육수당·휴가 정책 변화를 중심으로」, 269쪽에서 재인용.

지 않았다.

이처럼 양육수당과 육아휴직은 여성들이 취업하기보다는 집안에서 자녀를 양육할 때 더 많은 보상을 받는 결과를 가져왔다. 취업모의 경우에는 이전부터 시행되었던 모성수당(모성보호법에 의거하며 자신의 순소득에 근거해 급여액이 결정됨), 양육수당, 육아휴직 중 선택하도록 되어 있었다. 그리하여 8주간의 모성보호기간 종료 후 모성수당을 계속 수급할 경우 양육수당과 육아휴직의 기회가 없어질 뿐 아니라, 모성보호기간 동안 모성수당을 받을 경우에도 양육수당 수급대상에서 제외되었다. 단, 모성수당이 양육수당보다 적을 경우에만 그 차액에 상당하는 금액을 수급할 수 있었다. 또한 육아휴직기간 중 양육수당 수급 시 시간제 노동을 허용했다 하더라도 자녀가 7개월이 된 이후부터는 보육수당이 시간제 근무 소득을 제한 만큼만 지급되었기 때문에 여성들을 가정으로 복귀시키는 결과를 가져왔다. 1995년의 한 조사에 의하면 독일 전국에서 육아휴직을 받았던 여성 중 34%가 휴직기간 중 해고되었으며, 구동독 지역의 경우에는 그 비율이 약 48%에 이르렀다고 한다.[132]

사민당·녹색당 연립정권하에서 2001년에 '부모시간제도'가 도입되면서 육아휴직제에 큰 변화가 일어났다. 자녀가 만 3세가 될 때까지 부모가 공동으로 부모시간(육아휴직)을 받을 수 있는데, 이 경우 각각 주당 30시간까지 취업활동을 할 수 있다. 그러나 실질적으로는 남성의 육아참여를 유인하는 내용이 없고 보육인프라 구축정책과 연계되지 않은 채 시행되고 있어서, 자녀양육을 가족의 책임으로 규정하는 보충성 원칙에서 벗어나지 않았다고 할 수 있다.

또한 3년간의 긴 육아휴직기간은 여성들의 노동시장 경력에 오히려 역

---

132 정재훈, 「보수주의 복지국가의 성차별적 특성 분석: 독일 보육수당·휴가 정책 변화를 중심으로」, 271-276쪽.

효과를 내는 것으로 보고되고 있다. 다른 연구에 의하면 3년간의 육아휴직이 도입된 이후인 1987-1993년 사이에 기업들이 유자녀 및 무자녀 젊은 여성들을 대상으로 실시하는 경력향상교육이 30-50% 정도 감소했다고 한다.[133] 따라서 남성들의 육아참여를 유인하는 규정이 없어서 결국 여성들의 3년 육아휴직으로 연결될 가능성이 높은 부모시간제도 역시 여성들의 직업경력에 악영향을 미칠 가능성이 크다. 오히려 여성들의 시간제 근무 형태를 촉진할 가능성이 크다고 볼 수 있다.

2. 통일 이후 여성정책과 제도의 변화

1) 통일협약 제31조와 양성평등권 강화

1990년 8월 31일에 체결된 통일협약의 제31조 '가족과 여성'은 다음과 같은 내용으로 이루어졌다.

1) 남녀평등권의 지속적 발전
2) 일/가족 양립의 관점
3) 신연방주의 보육인프라 유지
4) 태아보호(낙태금지)

낙태 관련 조항을 제외하면 통일협약의 여성 관련 규정은 사회정책 수준에서의 평등권 문제와 관련된다. 사회정책의 측면에서는 통일협약을 통

133 Patrick A. Puhani / Katja Sonderhof, "The Effects of Maternity Leave Extension on Training for Young Women", IZA Discussion Paper No. 3820 (2008), http://ftp.iza.org/dp3820.pdf.

해 법담론의 수준에서나마 기존 서독 사회의 규범보다 진일보한 수준의 내용이 제시되고 있다. 다시 말해서 낙태와 같은 성(sexuality)과 모성의 문제에 있어서는 통일과 함께 구서독 사회규범에서 변화가 수반되지 않았으나, 사회정책의 측면에서는 일정 부분 구동독의 규범(일/가족 양립)과 수렴되는 부분이 있음을 의미한다. 다만 그것을 지원하는 제도적인 측면에서 보육인프라를 구동독 지역의 문제로만 남겨놓음으로써 일/가족 양립의 실현방식에서 차이를 예고하고 있다.

여성정책과 관련해서 통일 후 가장 눈에 띄는 법적 변화는, 1949년에 제정된 독일 기본법 제3조 2항의 남녀평등권 규정("남성과 여성은 동등한 권리를 갖는다.") 다음에 그것의 실현을 위한 국가의 책임이 명시되었다는 것이다("국가는 여성과 남성의 평등권이 사실상 실현되도록 촉진하며 현존하는 불이익을 철폐하도록 노력한다."). 국가의 적극적 개입을 촉구하는 이 새로운 규정은 1994년 10월에 추가되었고 11월 15일에 발효되었다.

그러나 이보다 앞서서 같은 해 6월 24일 '남녀평등권실천법'이 공포되었는데, 이것은 '2차 평등권법'(zweite Gleichrechtigungsgesetz)이라고도 불린다. 연방행정에서 여성지원 및 일/가족 양립 지원법, 시간제 공무원 지위개선을 위한 연방공무원법, 여성지위 강화를 위한 기업기본법, 연방의 각종 위원회에 남녀 임명 및 파견에 관한 법 등으로 이루어져 있다. 여기에는 연방행정부 부처에서 적극적 조치를 시행할 것과 여성담당관제 신설 등이 규정되어 있다.

여성정책 담당 부서의 변화를 보면, 통일과 함께 독일 정부의 연방 청소년·가족·보건·여성부가 여성청소년부와 가족보건부로 분리되었다. 그러나 1994년 이 두 부서가 다시 연방 가족·노인·여성·청소년부로 통합되었고, 동시에 각 주와 지방자치단체 차원에서 여성정책 담당 부서가 설립되었다. 또한 같은 해에 제정된 남녀평등권실천법에 의해 200명 이상이 고용된 연방정부 및 주정부 기관, 공공기관, 기업, 대학 등에 여성담당관

설치가 의무화되었다. 여성담당관의 업무는 양성평등, 일/가족 양립, 여성 노동 지원 등 사회정책 분야에 관한 것이다.[134]

2) 보육인프라

이와 달리 보육인프라와 관련해서는 매우 완만한 변화만이 나타나고 있다. 독일에서 보육지원은 1972년 사민당 정권이 주간 아이돌보미 제도(Tagesmutter)를 도입한 이후 시작되었으나 큰 진전을 보이지 않았다. 1989년 당시 보수정권의 가족부 장관에 의해 3세 미만 영아에 대한 보육시설 설치가 제안된 바 있으나 정부 내 반발로 무산되었다. 1995년 유치원법이 개정(유치원 교육의 의무화)된 이래로 3-6세 아동의 보육 상황은 상대적으로 빠르게 향상되고 있다. 그러나 유치원이 보육시설보다는 교육시설로 이해되어서, 여성 취업을 장려하기에는 미흡한 반일제 체제로 운영되고 있다. 또한 여성 취업에 절대적 영향을 미치는 3세 미만 영아를 대상으로 한 보육시설이 매우 취약해서 독일은 OECD 국가 중 최하위 집단에 속한다. 또한 취학 연령기의 방과후 보육시설도 매우 취약해서 여성들이 시간제 근무를 선호하는 경향을 제도적으로 뒷받침하고 있다.

2003년 사민당·녹색당 정권하에서 공표된 노동시장 및 사회보장 개혁안인 '아젠다 2010'에서는 3세 미만 영아의 보육서비스 확충이 강조되고 있다. 그리하여 2005년부터 매년 15억 유로가 보육제도 확충에 투자되도록 하였다.[135] 또한 2013년 8월부터 만 3세 미만 영아에게 보육시설 및 서비스(주간 아이돌보미) 지원을 받을 권리를 보장하고 있으며, 이를 위해

---

134 사순옥, 「통일 이후 독일 여성정책의 발전과정과 현황」, 『괴테연구』 제19집(2006), 198-200쪽.

135 이진숙, 「독일 가족정책의 현황과 젠더적 성격」, 『한국사회복지학』 제58권 4호(2006), 104-105쪽.

2013년까지 3세 미만 영아의 35%가 지원을 받을 수 있도록 제도를 확충할 계획이다.[136]

그러나 보육제도 확충을 위한 재정을 연방정부와 주정부, 지방자치단체가 함께 충원하도록 되어 있기 때문에, 실제 보육제도의 구축에서는 주와 자치단체마다 다른 양상을 보이고 있다. 2007-2008년 사이에 3세 미만 영아의 경우 시설 및 서비스 이용률이 15.5%에서 17.8%로 증가하였다.[137] 그러나 각 주마다 격차가 매우 커서 2008년 2세 영아의 경우 이용률이13.5%에서 85%까지 다양했다. 특히 동서 간의 격차가 매우 두드러지는데, 그 격차는 보육에 대한 투자나 시설 이용, 서비스 이용 등 모든 측면에서 컸다. 구동독 지역은 시설에 투자를 많이 하는 데 비해 구서독 지역은 주간 아이돌보미 서비스의 이용률이 높았다. 그리하여 전반적으로 보면 보육아동 1명당 보육교사 비율에서만 구서독 지역이 구동독 지역을 앞선 것으로 나타났다.[138]

3) 유럽연합 성주류화 정책의 영향

국가의 모든 정책과 조치에 있어서 양성을 평등하게 고려하도록 촉구하는 '성주류화'는 1995년 베이징에서 확정된 유엔 세계여성대회의 정책전략이다. 다음해인 1996년에 유럽연합은 성주류화 전략을 도입하고, 남녀평등을 위한 제4차 행동프로그램에서 처음으로 '젠더'라는 표현을 사용

---

136 Deutscher Bundestag, "Unterrichtung durch die Bundesregierung. Bericht der Bundesregierung über den Stand des Ausbaus für ein bedarfsgerechtes Angebot an Kindertagesbetreuung für Kinder unter drei Jahren für das Berichtsjahr 2008", 3쪽.

137 같은 곳.

138 Kathrin Bock-Famulla/Kerstin Großeß-Wöhrmann, *Länderreport Frühkindliche Bildungssysteme 2009: Transparenz schaffen - Governance stärken* (2010), http://www.bertelsmann-stiftung.de.

했다. 1997년 체결된 암스테르담 조약에서는 양성평등정책이 유럽공동체 법률의 기본원칙이자 공동체의 과제 및 활동지침으로서 명시되었다. 노동과 고용, 임금 문제에서 양성의 기회균등과 동등대우 원칙이 확고해졌고 동시에 여성의 우대조치를 허용하고 있다.

1999년 5월 1일 암스테르담 조약이 발효되자 독일 정부는 그해 6월 성주류화를 도입하기로 결정하고 '여성과 직업'이라는 행동프로그램을 수립했다. 2000년에는 연방부처 직무규정과 남녀평등권실천법에 성주류화 원칙을 포함시켰다.

유럽연합의 성주류화 정책과 그 영향력하에서 개발된 독일 정부의 행동프로그램은 모두 사회정책적 성격을 갖는 것으로서 통일협약 제31조(특히 1, 2항)와 맥을 같이하고 있다. 독일 정부의 '여성과 직업' 프로그램의 내용을 보면 다음과 같다.[139]

1) 청년 여성들의 교육기회 개선(정보사회의 미래지향적 직업 중심)
2) 여성 고용기회 확대 및 승진기회 개선
3) 여성 창업 지원
4) 일/가족 양립 지원과 남성의 가사 참여 촉진
5) 소득과 임금에서 여성 차별 철폐
6) 연구/교수직의 여성 비율 향상

이와 같은 성주류화 프로그램과 통일협약 제31조를 비교해볼 때, 통일 이후 독일 여성정책의 변화 방향을 읽을 수 있다. 여성의 일/가족 양립을 실질적으로 가능하게 할 '보육인프라'의 문제는 경제가 여전히 낙후되어 있는 신연방주(구동독)에서만 유효하며, 독일 차원에서는 보육 문제가 남

139 사순옥, 「통일 이후 독일 여성정책의 발전과정과 현황」, 200-203쪽.

성의 가사참여를 통한 개별 가족의 문제로 돌려지고 있다. 일/가족 양립 지원을 강조하는 사민당·녹색당 연정하에서 만들어진 프로그램임에도 불구하고 그 실현을 위한 실질적 바탕이 되는 육아 문제는 여전히 가족에 남겨져서 전통적인 보충성 원칙이 여전히 유효함을 보여준다.

4) 여성정책의 성과

보육인프라의 확충보다는 노동시장에서의 양성평등과 일/가족 양립에 치중된 여성정책의 성과는 무엇보다도 여성 유연근로 형태의 확산으로 나타났다. 여성 유연근로의 확산은 앞서 언급한 바 있는 구서독 방식의 일/가족 양립 형태('순차적 양립' 모델)가 통일 이후에도 지속되고 있음을 의미한다. 여기에는 2001년 1월 1일 도입된 새로운 육아휴직제도인 '부모시간제도'와 또 같은 날에 시행된 '시간제 및 계약직 고용계약법'(이하 '시간제고용법')이 중요하게 작용했다.[140] 시간제고용법의 핵심은 두 가지로, 차별금지와 피고용자의 시간제 노동권을 규정하고 있다.

차별금지 조항은 기존의 노사단체협약이나 고용법 등에서 인정되었던 것을 명문화한 것에 불과하지만, 시간제 노동권 조항은 시간제 근무를 시장의 요구가 아니라 피고용자의 권리로 명문화했다는 데서 새로운 측면이 있다. 시간제 노동권 조항에 의하면 피고용자는 노동시간 단축의 권리가 있으며, 피고용자가 원할 경우 사업에 큰 지장이 없는 한 사용자는 그것을 받아들여야 한다. 또 피고용자는 다시 전일제로 돌아갈 선택권을 갖는다.[141]

기업 분야에서 확인되는 여성정책의 성과들 역시 주로 여성의 유연근

---

140 같은 글, 206쪽.

141 Christian Pfeifer, "Eine theoretische und empirische Analyse der betrieblichen Determinanten von Teilzeitarbeit, Mini- und Midi-Jobs", *ZAF* (*Zeitschrift für ArbeitsmarktForschung*), 1 (2007), 66쪽.

무 확장으로 나타나고 있다. 2002년과 2004년의 기업패널 결과에 의하면 독일 중소기업의 4분의 3이 작업시간을 융통성 있게 조정하고 재택근무를 허용하는 것으로 나타났다. 독일 민간경제의 대부분을 차지하고 있는 중소기업에서는 여성 고위관리직의 비율이 대기업에 비해 훨씬 높아서 구동서독 지역 모두에서 20%를 상회한다.[142]

기업 또는 단체협약 차원에서 양성 간 기회균등 보장을 합의하거나, 양성 간 기회균등을 위해 기업이 자발적 조처를 취하겠다고 천명한 경우는 2002-2004년 동안 아주 미미하게 증가했을 뿐이다. 이러한 적극적 태도는 기업의 규모가 커질수록 오히려 증가한다. 그리하여 100-500명 규모의 기업에서는 15% 정도만이 기업 수준에서 기회균등 지원을 합의했으나 1천 명 이상의 대기업에서는 36%가 합의했다. 이러한 합의가 이루어진 기업들에서는 전반적으로 여성의 경영참여 비중과 임금이 증가하는 경향을 보인다고 한다.[143]

그러나 여성에 대한 기회균등정책에 비해 보육인프라 확충이 지연되면서 관리직 등 경력형성이 가능한 여성들의 경우에는 일/가족 양립과 무관한 가족형태가 증가하고 있다. 예컨대 한 연구에 의하면 독일 여성 관리자의 40%는 무자녀 상태이다.[144]

어쨌든 남성 (강한)부양자 모델에 기초한 전통적 사회체제가 급격히 바뀌지 않는 가운데 '아젠다 2010'과 같은 외형적 실적 위주의 양성평등정책을 실시한 결과 독일은 빈약한 보육인프라에도 불구하고 세계경제포럼이

142 사순옥, 「통일 이후 독일 여성정책의 발전과정과 현황」, 207쪽.

143 Jutta Allmendinger / Christian Ebner, "Die Situation von Frauen auf dem Arbeitsmarkt heute und in Zukunft", Nora Hummel / Axel Schack (Hg.), *Kinderlärm ist Zukunftsmusik: was Unternehmen und Politik für eine familienfreundliche Lebens- und Arbeitswelt leisten können* (Heidelberg: Haefner, 2006), 48-49쪽.

144 Sonja Bischoff, *Wer führt in (die) Zukunft? Männer und Frauen in Führungspositionen der Wirtschaft in Deutschland* (Bielefeld: Bertelsmann Verlag, 2005), 37-39쪽.

2006년에 발표한 '세계 양성 격차 보고서'의 국가순위에서 6위를 기록하였다. 그리고 경제위기를 겪고 난 2010년 현재에는 12위를 기록하고 있다.

3. 통일 이후의 일/가족 양립 실태: 노동시간의 양극화

독일 여성의 노동시장참여율은 꾸준히 증가해서, 1991년 전체 피고용자의 약 44%가 여성이었으나 2004년에는 49%로 증가하였다.[145] 여성의 취업률 역시 증가해서 2004년까지 60%에 못 미치는 수준에서 안정적이던 취업률이 60%를 넘어 계속 증가하여 현재는 2010년 유럽연합의 목표인 60%선을 훌쩍 뛰어넘었다.[146] 여성 취업률 증가를 이끈 층은 자녀양육기의 여성으로서, 취업률 증가만 보면 여성들의 일/가족 양립이 순조롭게 진행되고 있는 것으로 보인다.[147]

그러나 '노동시간'을 중심으로 성별 분포를 보면 이러한 외형적 증가가 실제로 어떤 내용을 갖는지가 분명해진다. 독일의 1천 1백만 시간제 근무자 중 75%가량이 여성이다. 구서독 지역의 경우 시간제 취업률이 51%에 이르고, 구동독 지역의 경우에는 38%이다. 따라서 취업자의 총노동시간에 근거해서 노동량(Arbeitsvolumen)을 측정할 경우, 2004년 여성의 노동시간은 전체 근로자 노동시간의 약 41%에 불과해서 취업률 49%를 크게 밑도는 실정이다.[148]

---

145 Allmendinger/Ebner, "Die Situation von Frauen auf dem Arbeitsmarkt heute und in Zukunft", 37쪽.

146 Statistisches Bundesamt, *Statistisches Jahrbuch* (2009), 83쪽 해당 그림 참조.

147 Angelika Kümmerling/Andreas Jansen/Steffen Lehndorff, "Immer mehr Frauen sind erwerbstätig – aber mit kürzeren Wochenarbeitszeiten", Hans-Böckler-Stiftung, *IAQ Report*, 2008-04, 2쪽.

148 Allmendinger/Ebner, "Die Situation von Frauen auf dem Arbeitsmarkt heute

1) 여성의 연령별 연간 노동시간 분포

독일 여성의 연령별 경제활동참여율을 보면 일반적 선진국형인 역U자형을 보인다.[149] 그러나 전일제 고용 여성의 연간 노동시간을 연령별로 볼 경우에는 후진국형인 M자형과 비슷한 분포를 보인다. 반면 남성의 경우에는 완만한 역U자형을 보이고 있다.[150] 1996년에는 25-34세 연령층에서 전일제 근무 여성들의 연간 노동시간이 현저하게 줄어들었고, 2004년에는 이런 현상이 30-34세 연령층에 집중적으로 나타나는 동시에 노동시간은 더욱 짧아졌다. 그리고 30-44세 연령층을 제외하고는 1996년에 비해 노동시간이 더 길어졌다. 이러한 경향은 시간제 근무를 하는 여성들에게도 유사하게 나타나서, 특히 20-34세 연령층에서 여성들의 연간 노동시간이 낮게 정체되어 있거나 완만하게만 증가하는 것으로 나타났다.[151]

2) 성별 노동시간 분포 및 시간제 고용 비율

피고용자의 주간 노동시간을 성별로 비교할 경우에도 '노동시간'을 둘러싼 양성 간의 차이가 명확히 드러난다. 2004년의 경우 남성들의 85%가 36시간 이상의 노동시간을 보이는 반면 여성들은 절반 정도만이 전일제 근무에 해당되는 노동시간을 보인다. 36시간 미만인 경우에도 성별 차이가 나타나서 남성은 32-35시간이 가장 많은 반면(8%), 여성은 20시간 이

---

und in Zukunft", 37쪽.

149 2007년 분포는 Statistisches Bundesamt, *Statistisches Jahrbuch*, 91쪽 해당 그림 참조.

150 Allmendinger/Ebner, "Die Situation von Frauen auf dem Arbeitsmarkt heute und in Zukunft", 38쪽.

151 같은 글, 40쪽.

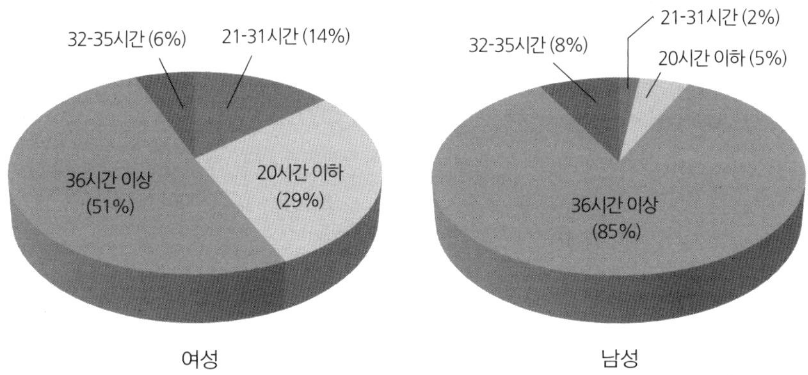

출처: Waltraud Cornelißen (Hg.), *Gender–Datenreport: 1. Datenreport zur Gleichstellung von Frauen und Männern in der Bundesrepublik Deutschland* (München: Deutsche Jugendinstitut, 2005), 122쪽.

그림 II–7 피고용자의 성별 실제 주간 노동시간(2004)

하(29%)가 가장 많다(그림 II-7 참조).

주 20시간 이하의 시간제 노동(또는 비자발적 시간제)은 보통 비정규직(atypische Beschäftigung)으로 이해되지만, 그런 경우에도 사회보험 가입의무를 적용받기 때문에 그것이 불안정고용(prekäre Beschäftigung)에 해당되는지에 대해서는 논란이 있다.[152] 사회보험 적용대상 중 비정규직 시간제 노동의 비중은 지속적으로 증가해서 1999년에 26.8%였던 것이 2008년에는 33.6%로 증가하였다.[153] 그리하여 비정규직 시간제는 오히려 새로운 '정상노동 형태', 즉 여성의 정상노동 형태로 받아들여지는 추세이다.

주간 노동시간이 20시간 이하인 시간제와 달리 20-35시간인 시간제는 '실질적' 시간제로 이해된다. 여성들이 실제적으로 시간제로 일하고 싶어

---

152 Claudia Weinkopf/Bettina Hieming/Leila Mesaros, "Prekäre Beschäftigung: Expertise für die SPD-Landtagsfraktion NRW" (2009), http://www.iaq.uni-due.de.

153 같은 글, 17쪽.

하는 노동시간은 평균 30시간 정도인데,[154] 이와 같이 자발적 시간제노동에 해당될 경우 '실질적' 시간제라고 부르며, 20시간 이하의 비정규직 시간제와 구분한다.

독일 사회경제패널 분석에 의하면 실제 노동시간과 희망 노동시간 간의 차이가 독일 전체에서 성별을 불문하고 상당히 크다. 남성들은 근무시간 감축을, 여성(특히 구동독 여성)들은 근무시간 연장을 원해서 대조를 보였다. 2007년 전일제 남성들의 노동시간은 평균 43시간이었으나 희망 노동시간은 39시간 정도였다. 구동독 여성들은 60%가 전일제나 장시간의 시간제를 원했으나 그 절반 정도만이 원하는 만큼 충분한 노동시간을 가질 수 있었다.[155]

1991-2004년 사이의 시간제 고용 비율 변화를 성별로 비교해보면, 남성은 2.1%에서 6.2%, 여성은 30.2%에서 42.1%로 상승하였다.[156] 그리하여 남성의 시간제 비율이 크게 증가했음에도 불구하고 시간제 고용은 여전히 여성의 현실임을 알 수 있다. 실제로 2006년에 시간제 노동의 87%를 여성이 수행하였다. 그리하여 2006년 남성의 평균노동시간이 38.4시간이었던 것에 비해 여성의 평균노동시간은 29.1시간에 불과하였다.[157]

---

154 Karin Esch/Elke Katharina Klaudy/Sybille Stöbe-Blossey, *Bedarfsorientierte Kinderbetreuung: Gestaltungsfelder für die Kinder- und Jugendpolitik* (Wiesbaden: VS, 2005), 42쪽.

155 Holst, "Vollzeitbeschäftigte wollen kürzere, Teilzeitbeschäftigte längere Arbeitszeiten".

156 Waltraud Cornelißen (Hg.), *Gender-Datenreport: 1. Datenreport zur Gleichstellung von Frauen und Männern in der Bundesrepublik Deutschland* (München: Deutsche Jugendinstitut, 2005), 123쪽.

157 Kümmerling/Jansen/Lehndorff, "Immer mehr Frauen sind erwerbstätig — aber mit kürzeren Wochenarbeitszeiten", 3쪽.

3) 자녀 유무와 성별 노동시간

자녀 유무에 따른 성별 노동시간을 비교해보면, 일반적으로 자녀 수가 많을수록 남성의 노동시간은 길고 여성의 노동시간은 짧게 나타나는데, 이런 경향은 특히 구서독 지역에서 더욱 분명하다. 또한 자녀가 없는 경우에도 남성에 비해 여성의 노동시간이 훨씬 짧은데, 이 역시 구서독 지역에서 더욱 현저하게 나타난다. 무자녀 여성과 유자녀 여성의 격차도 구서독 지역에서 현저한데, 구동독 여성의 경우에는 자녀의 유무보다는 자녀의 수가 더 크게 작용한다(표 II-4 참조).

또한 표 II-4를 보면 2001-2006년 사이에 자녀 유무에 상관없이, 또 성별에 상관없이 전반적으로 노동시간이 짧아지고 있음을 알 수 있는데, 남녀 간의 평균노동시간 격차는 오히려 벌어지는 추세이다. 2001년에는 성별 노동시간 격차가 8.8시간이었으나 2006년에는 9.3시간으로 증가하였다.

그러나 노동시간 격차는 성별로만 나타나는 것이 아니다. 전일제와 시간제 간의 시간 격차 역시 점점 벌어지고 있다. 같은 기간 동안 전일제 비율은 77%에서 71%로 줄어들으나 전일제 노동시간은 39.9시간에서 40.3시간으로 오히려 증가하였다. 반면에 시간제의 경우에는 노동시간에 별 변화가 없어서 전일제와 시간제 간의 노동시간 격차가 커졌을 뿐이다. 2006년 남성의 경우에는 전일제가 40.7시간, 시간제가 16.9시간이었고, 여성의 경우에는 각각 39.5시간과 18.2시간이었다.[158] 남성의 경우에 비해 여성에게서 전일제와 시간제 간의 시간격차가 적게 나타나지만, 여성의 경우 시간제 비중이 매우 높음을 상기할 때, 이것은 여성노동시장에 매우 의미심장한 분화가 진행되고 있음을 의미한다.

---

158 같은 곳.

표 II-4 자녀 수에 따른 성별 노동시간(전일제·시간제 포함)

구분		독일		구서독 지역		구동독 지역	
		2001년	2006년	2001년	2006년	2001년	2006년
무자녀	남성	40.5	39.6	40.5	39.7	40.1	39.0
	여성	33.8	32.8	33.4	32.4	35.8	34.4
1자녀	남성	41.0	40.7	41.0	40.7	41.2	40.5
	여성	29.8	27.6	27.8	25.9	35.6	33.6
2자녀	남성	41.9	41.5	42.0	41.6	41.4	40.4
	여성	26.0	23.0	24.1	21.6	34.2	31.4
3자녀 이상	남성	42.2	41.6	42.4	41.8	40.7	39.7
	여성	24.5	22.2	23.5	21.4	31.1	29.2

출처: Angelika Kümmerling/Andreas Jansen/Steffen Lehndorff, “Immer mehr Frauen sind erwerbstätig—aber mit kürzeren Wochenarbeitszeiten”, Hans-Böckler-Stiftung, *IAQ Report*, 2008-04, 5쪽.

4) 미니 일자리(Mini-job), 미디 일자리(Midi-job)

앙겔리카 큄멀링(Angelika Kümmerling) 등은 여성의 시간제 노동 증가를 주도하는 것은 미니 일자리[또는 자투리 고용(geringfügige Beschäftigung)]라고 본다. 미니 일자리는 월소득 400유로 이하의 초저임금 일자리로서 사회보험 의무가입 대상에서 제외된다. 월소득 400-800유로 사이의 저임금 일자리는 미디 일자리[Midi-job 또는 중간지대(Gleitzone)]라고 한다.[159] 이 경우에는 사회보험에 가입해야 하지만 일자리의 불안정성이 고려되어 보험기여분이 낮게 책정되어 있는 반면 보험수혜는 동일하다.

미니 일자리와 미디 일자리는 2003년부터는 시간제 여부와 무관하게 월소득에 의해서만 규정되어 있어서, 특히 미디 일자리일 경우에는 전일

159 같은 글, 2쪽.

제일 수도 있다. 그러나 전일제 미디 일자리는 급격히 감소해서, 예컨대 니더작센 주의 경우 2003년 미디 일자리의 3분의 1이 전일제였던 데 반해 2004년에는 10분의 1에 불과하였다.[160] 미디 일자리와 달리 사회보험 대상이 아닌 미니 일자리는 주 20시간 이하의 시간제 근로, 계약직, 파견근로와 함께 비정규직으로 정의된다.

미니 일자리와 미디 일자리는 특별한 직업훈련이 필요하지 않은 저임금 일자리로서 노동자 대표조직이 존재하는 경우에는 매우 억제되는 것으로 보인다. 이와 달리 시간제의 경우에는 노동자 대표조직의 영향을 받지 않는 것으로 나타나지만, 시간제와 미니 일자리, 미디 일자리의 공통점은 여성 비율이 높고 비숙련 인력이 많은 사업체에서 높은 비율로 분포한다는 것이다.[161]

미디 일자리와 마찬가지로 미니 일자리도 시간제와 중복되는 경우가 많은데, 비정규직 시간제(주 20시간 미만)의 절반 정도가 미니 일자리라고 한다.[162] 또한 미니 일자리에는 직업교육 비이수자의 비율이 가장 높게 나타난다. 비정규직 시간제도 전체 피고용자 집단에 비해 저학력이어서 직업교육 비이수자 비율이 피고용자 전체로는 13% 정도인 데 비해, 비정규직 시간제에서는 22%로 높게 나타났다. 고학력의 경우에는 차이가 다소 작아서, 전문대졸 이상 비율이 비정규직 시간제의 경우 10% 정도인 데 반해 전체 피고용자 중에서는 17%를 차지하고 있다. 또한 대졸 이상의 비정규직 시간제 비율은 7.6%로 낮은 반면, 직업교육 비이수자의 경우에는 23.9%의 비정규직 시간제 비율을 보인다.[163]

---

160 Pfeifer, "Eine theoretische und empirische Analyse der betrieblichen Determinanten von Teilzeitarbeit, Mini- und Midi-Jobs", 68쪽.

161 같은 글, 71-75쪽.

162 Katharina Puch, "Frauendomäne Teilzeitarbeit—Wunsch oder Notlösung?", Statistisches Bundesamt, *STATmagazin*, 4/2009.

남성들의 전일제 노동시간이 점점 길어지는 반면에 기혼 여성들, 특히 유자녀 기혼 여성들의 노동시간은 점점 짧아지고 있는데, 이것은 비정규직 시간제와 특히 미니 일자리의 비중이 커지기 때문이다. 독일은 유럽에서 여성의 시간제 종사 비율이 매우 높은 나라에 해당되며, 또한 시간제에 종사하는 여성들의 노동시간이 가장 짧은 나라이기도 하다.[164]

시간제의 비중은 구서독 지역보다는 구동독 지역에서 더 가파르게 증가했으나 2009년 구동독 지역 22.6%(여성은 34.5%), 구서독 지역 27.5%(여성은 48.6%)로 여전히 구서독 지역에서 높다.[165] 그러나 미니 일자리는 2003-2008년 사이 구서독 지역에서 한결 급속히 증가해서 구동독 지역에 비해 높은 비율을 보인다.[166] 또한 2006년의 자료에 기초하여 구동서독 여성의 노동시간 분포를 비교해보면, 흔히 전일제로 분류되는 35시간 이상 근무자의 비율이 구동독 여성의 경우에는 62%인데 반해서, 구서독의 경우에는 47%에 불과하다. '실질적 시간제'에 해당되는 30시간 이상의 시간제보다 그 이하의 시간제가 구동서독 지역 모두에서 강세를 보이지만, 특히 구서독 여성의 경우에는 20시간 이하의 시간제 일자리에 종사하는 비율이 높다.[167]

---

163 Weinkopf / Hieming / Mesaros, "Prekäre Beschäftigung: Expertise für die SPD – Landtagsfraktion NRW", 21쪽.

164 같은 글, 16쪽.

165 Statistisches Bundesamt, *20 Jahre Deutsche Einheit – Wunsch oder Wirklichkeit* (2010).

166 Weinkopf / Hieming / Mesaros, "Prekäre Beschäftigung: Expertise für die SPD – Landtagsfraktion NRW", 24쪽.

167 홍찬숙, 「시간제 고용은 일/가족 양립을 지원하는 적절한 방법인가? 구동서독 지역 여성노동시장 비교를 통한 접근」, 『경제와 사회』 통권 제90호(2011), 378쪽.

5) 시간제 고용 증가의 배경과 의미

시간제 고용의 증가에는 두 가지 요인이 작용한다. 하나는 보육인프라가 불충분한 상태에서 일/가족 양립을 위한 방편으로 여성들이 시간제를 선호한다는 사실이다. 시간제 근무자의 대다수가 여성이고, 전일제에서 시간제로 전환을 신청하는 경우도 대부분 여성들이며, 또 시간제 선택의 이유가 대부분 가족의무(특히 구서독 지역)임을 볼 때, 여성의 시간제 '선호'가 매우 중요하게 작용하는 것은 틀림없다. 시간제와 미니 일자리의 증가가 기업의 유연성 전략보다는 오히려 여성의 선호에 기인하는 것으로 보는 견해도 있다.[168]

그러나 특히 미니 일자리의 경우에는 당사자들의 희망 노동시간이 상당히 더 길다. 실제 평균노동시간이 2001-2002년 7시간이었으나 희망 노동시간은 구서독 지역 13.3시간, 구동독 지역 23.8시간으로 나타났다. 특히 18세 미만의 자녀를 둔 경우에는 구서독 지역은 20-25시간, 구동독 지역은 30시간을 희망하였다.[169]

또한 노동력의 공급 차원에서 선호 문제뿐 아니라 시간제에 대한 기업의 수요도 매우 중요하게 작용하는 것이 사실이다. 그리하여 소매업이나 청소업의 경우에는 시간제나 미니 일자리가 이미 대세가 되어 있는 상태이다. 무엇보다도 신자유주의 산업구조조정 과정에서 기존 노동자 대표조직의 영향력이 미치지 않는 신종 서비스 부문의 일자리들은 대부분 유연고용형태를 유지하고 있다.

이러한 신종 서비스 부문의 인력공급은 숙련기술교육 중심의 기존 직

168 Pfeifer, "Eine theoretische und empirische Analyse der betrieblichen Determinanten von Teilzeitarbeit, Mini- und Midi-Jobs".

169 Weinkopf/Hieming/Mesaros, "Prekäre Beschäftigung: Expertise für die SPD-Landtagsfraktion NRW", 27-28쪽.

업교육시스템(이중체제 방식의 교육구조) 외부에서 이루어지는 특징을 보인다. 그리하여 대졸 이상의 고학력자나 저학력 미숙련자를 고용하는 양분된 형태의 인력수요를 갖고 있다. 대졸 이상의 경우 정보통신·창의성 산업이고 저학력의 경우에는 청소, 콜센터, 음식업 등의 분야이다. 이러한 신종 서비스 부문 이외에 제조업 또는 기존 서비스업 부문에서는 유연근로형태가 매우 제한적으로만 사용되고 있다. 사회보험의 적용을 받는 시간제 고용은 단체협약의 영향력하에 있는 기존 서비스 부문이나 그 영향력 밖에 있는 단순 서비스 부문에서 이루어지고, 미니 일자리는 대부분 신종 단순 서비스 부문에서 생성된다. 첨단 서비스 부문의 고학력 일자리는 시간제보다는 계약직으로 충원된다.[170]

따라서 노동자 대표조직이 존재하거나 단체협약의 대상이 되는 기존의 서비스업 부문에서는 시간제 고용이 피고용자 측의 요구에 따라 시간제노동 권리를 인정받는 '실질적 시간제' 형태로 나타나겠지만, 노사 간에 협상 장치가 부재한 신종 단순 서비스 부문에서는 시간제가 비자발적인 비정규직의 성격을 갖거나 미니 일자리와 중첩될 가능성이 크다.

비정규직 시간제의 경우에는 직업안정성이 높으며 사회보험의 혜택을 받는다는 측면에서는 장점을 가지나, 일반적으로 시간당 임금과 월소득이 모두 낮아 사회급여액 역시 제한된다. 또한 경력형성을 가능하게 하는 교육훈련의 기회에서 배제되어 승진이나 발전 가능성이 막혀 있다는 데에서 제한점을 갖는다. 결국 20시간 미만의 시간제는 가장의 수입을 보충하는 부수입원 구실을 하거나 그렇지 않으면 빈곤상태로 빠질 위험성을 수반한다고 할 수 있다.[171]

---

170 Werner Erichhorst/Paul Marx/Eric Thode, *Atypische Beschäftigung und Niedriglohnarbeit: Benchmarking Deutschland. Befristete und geringfügige Tätigkeiten, Zeitarbeit und Niedriglohnbeschäftigung* (Gütersloh: Bertelsmann Stiftung, 2010), 28쪽.

4. 구서독 지역으로 이주한 구동독 여성의 사례 연구: 심층 인터뷰

통일 20년이 지난 지금까지도 구동독 지역의 여성들은 높은 경제활동 의사를 보인다. 이에 대해서는 통일 이후 구동독 지역의 산업붕괴로 인해 남성 실업률이 높고, 또 구서독 주민들과 달리 모아놓은 자산이 없기 때문에 경제적 필요에서 기인하는 바가 크다는 설명이 있다. 그러나 구동독 지역의 낮은 물가와 주거비, 구서독 지역과의 문화적 차이를 고려할 때 경제적 필요 이상의 역사적 요인이 작용하고 있다는 설명이 더 설득력이 있어 보인다.

구동독 지역에 남아 있는 여성들의 경우에는 위에서 살펴본 다양한 통계를 통해 그 특성이 밝혀지고 있다. 그러나 구동독 지역을 떠나 서쪽으로 이주한 여성들의 경우에는 그들이 얼마나 서독화되었는지, 아니면 얼마나 구동독 시절의 특성을 유지하고 있는지를 확인하기가 쉽지 않다. 그들에 대한 연구와 자료가 거의 전무한 상황이기 때문이다. 따라서 여기서는 질적 연구의 장점을 최대한 살려서(즉 통계라는 양적 방법을 통해서는 접근하기 어려운 그들의 개별적 상황을 생생하게 접하기 위해서) 서독이주 여성에 대한 몇 건의 심층 인터뷰를 실시했다.

여러 가지 제약으로 인해 애초에는 2건을 계획했으나, 인터뷰 대상자를 알아보는 과정에서 4명과 연락이 되었다. 그중 1명이 인터뷰 약속장소에 나오지 않아서 3건의 인터뷰가 성사될 수 있었다. 하필이면 성사되지 못한 인터뷰 대상자가 '직업교육기회를 찾아 서독으로 이주한 젊은 미혼 여성'이라는 전형적 경우였기 때문에 아쉬움이 크다. 인터뷰가 성사된 여

---

171 Weinkopf/Hieming/Mesaros, "Prekäre Beschäftigung: Expertise für die SPD-Landtagsfraktion NRW", 20-21쪽.

성들은 모두 기혼자이고 가족이 함께(약간의 시차를 둔 경우도 있다) 이주한 경우였으며, 구동독 시절 이미 직장생활을 시작한 40대 이후의 여성들이다. 통일과 함께 이들은 직장을 잃거나 그만두었으며, 새로 직업교육을 받거나 학력을 인정받음으로써 통일독일에서 새롭게 취업한 경우이다. 이들은 모두 구동독 출신이라는 무산자 신분에서 시작해서 독일의 평균, 또는 평균을 상회하는 정도의 지위를 성취한 성공사례들이다. 그러나 질적 연구가 제공하는 장점으로 인해 사회경제적 성공에도 불구하고 이들의 생활문화가 얼마나 상호 이질적인지를 확인할 수 있었다.

인터뷰는 2010년 4월 4일부터 8일까지 뮌헨 시내와 근교에서 독일어로 이루어졌다. 인터뷰 시간은 각각 2시간으로 예정되었으나 평균 1시간 30분 정도로 마무리되었다. 인터뷰 기록은 녹취와 메모를 병행했다. 사례 1의 경우에는 인터뷰 녹취가 지워져서 상세한 노트를 작성했고, 전적으로 노트에 의존했다. 다른 두 경우는 녹취를 풀어 정리했고, 메모에는 인터뷰 대상자의 인상과 인터뷰 시간, 장소, 분위기, 태도, 여타 관찰사항 등을 적어놓았다.[172] 인터뷰 대상자의 특성을 정리하면 표 II-5와 같다. 표 II-5에는 비교를 위해서 인터뷰가 성사되지 못한 경우(사례 4)를 포함시켰는데, 그 내용은 인터뷰 약속을 정하기 위해 주고받은 이메일 서신에 기초한 것이다.

인터뷰에 성공한 사례 1-3은 모두 대졸자이고 자녀가 없거나 1명뿐이었다. 위에서 살펴보았듯이 산업구조가 변동을 겪고 있고 있는 독일 사회에서 여성의 고학력(특히 대졸)은 노동시장지위에 긍정적인 작용을 한다. 사례 1과 사례 2는 대졸자인 데다가 자녀가 없기 때문에 본인들의 노동의

---

172 인터뷰 대상자를 구한 경로 및 도움을 주신 분에 대한 소개는 홍찬숙, 「독일 통일 후 구동독 출신 여성의 서독 이주와 서독화의 다양성」, 『한국여성학』 제27권 4호(2011), 94쪽의 주 11) 참조.

표 II-5 인터뷰 (계획) 대상자의 특성

구분	사례 1	사례 2	사례 3	사례 4
나이	40세	56세	57세	20대
출신지	동베를린	튀링겐	동베를린	프랑크푸르트(오데)
가족구성	기혼, 무자녀	기혼, 무자녀	기혼, 1남	미혼
교육수준	직업교육 이수 후 대졸	직업교육 이수 후 대졸	대졸	직업교육이수, 재교육 중
소득수준	평균 (단체협약 적용)	평균 (단체협약 적용)	평균/평균 이상 (단체협약 적용)	
거주형태	월세	자가	자가	
이주 동기	자신의 일자리	남편의 일자리	남편의 망명	직업교육기회, 일자리
원가족 배경	인텔리	노동자	노동자	
인터뷰 장소	식당	자택	자택	인터뷰 불발

주: 1) 소득수준 : 사례 1은 평균 정도라고 대답했으나 실제로는 인터넷으로 검색한 당시의 독일 개인 평균소득보다 좀 낮았고, 사례 2는 평균 이상이라고 대답했으나 금액으로는 사례 1보다 조금 적었다.
2) 대졸 : 당시까지 구동서독은 학사졸업이 없었고 대졸은 석사학위에 해당된다.

욕이 강할 경우 노동시장에서 성공확률이 매우 높은 경우이다. 사례 3은 초등학교 저학년인 아들을 동반하여 이주한 경우인데, 취업에 유리한 이공계 대졸 학력을 보유하고 또 과거 동독 시절에 이미 전공분야에서 직업 경력을 쌓은 이력을 갖추고 있어서 취업에는 매우 유리한 경우이다. 실제로 사례 3은 통일 후 직업 관련 재교육을 받은 적이 없고, 처음부터 높은 경쟁력을 뚫고 뮌헨의 지멘스에 입사할 수 있었다. 또 구동독의 대졸학력을 인정받는 데에도 전혀 어려움이 없었다. 그러나 구동독에서와 달리 보육인프라가 제대로 갖추어지지 않은 구서독 지역에서 저학년 자녀를 동반했다는 사실은 노동시장에서의 지속적 경력형성에 걸림돌로 작용할 수 있는 요소이다.

1) 가족배경과 이주

인터뷰 대상자들은 통일 당시 나이가 20-30대로 이미 취업한 상태였다. 사례 1은 대졸자이지만 처음부터 대학교육을 선택한 것은 아니었다. 그녀가 취업하고 있던 당시 동독의 회사에서 그녀에게 대학교육의 기회를 제공하고 또 지원해주었기 때문에 뒤늦게 대학에 다닐 수 있었다. 그녀의 부모는 둘 다 대졸 인텔리로 아버지는 구동독 시절 건축가였고 어머니는 사회서비스 분야(집 담보 문제 상담)에 종사했다. 자신이 애초에 대학진학보다 직업교육 코스를 택한 것은 부모의 영향이 컸다고 한다. 부모는 1991년 자신들보다 먼저 프랑크푸르트(마인)로 이주해서 현재까지도 그곳에 살고 있다. 반면에 시부모는 연금생활자로서 여전히 구동독 지역에서 살고 있다.

남편은 기술자 명장(Meister)인데 전처 소생의 아들(23세)을 두고 있다. 자신이 뮌헨에 볼 일이 있어서 내려오면 남편은 부모를 만나러 구동독 지역에 간다고 한다. 사례 1은 자녀가 없지만 임신 경험은 있었다. 20대와 30대에 한 번씩 유산을 경험한 후 아이가 안 생겨서 자녀가 없는 상태였다. 사례 1은 통일 당시 베를린의 지멘스에서 일하고 있었는데 이후 뮌헨으로 발령이 나서 뮌헨으로 오게 되었고, 남편은 몇 개월 후 자신을 따라 이주하였다.

사례 1이 뮌헨 지멘스에서 근무할 때는 지금보다 수입도 많았고 조건도 더 좋았지만 반여성적인 직장분위기에 적응하지 못해 그만둔 이후 프랑크푸르트에서 직장을 구해 지금까지 다니고 있다.

사례 2도 무자녀였다. 그녀는 원래 노동자 가족 출신으로 출신성분이 좋아서 대학교육을 받을 기회를 얻었다고 말했다. 그녀는 대학교육 기회를 얻는 데 있어서 출신성분이 상당히 특권적인 요소였다고 말했다. 통일 후 서독으로 발령난 남편을 따라 1993년에 서독으로 이주하였다. 남편은 구동독의 관료였으나 통일과 함께 실직한 후 직업교육을 받고 군대에서 근무하게 되었다. 현재는 연금생활자이고 인터뷰 당시에는 피트니스 센터에 간 상태였다.

사례 2는 교류할 친척이 없다고 했다. 양쪽 부모가 모두 사망하고 자신과 남편 모두 형제자매가 없는 독자였다. 그녀는 또 아이를 싫어한다고 했다. 자신이 원하지 않아서 아이를 낳지 않았고, 자녀를 갖기 위해 달리 노력하지도 않았다. 교사생활을 잠깐 한 적이 있는데 아이들이 싫어서 바로 그만두었다고 했다. 구동독에서 무자녀라 불이익이 있었다면 그것은 출산장려금을 못 받는 정도일 뿐, 당시에도 무자녀가 문제될 것도 없고 또 이상한 일도 아니라고 말했다.

반면에 사례 3은 대학생인 아들이 하나 있었는데, 아들 이야기를 할 때마다 한숨을 쉬었다. 현재 아들에게 같은 동에 있는 아파트 한 채를 사주어서 가까이서 살고 있다. 아들은 문학과 정치학을 전공하는데, 재능에 맞지 않는 잘못된 선택이라고 비판적인 태도를 보였다. 또 졸업하면 바로 택시기사가 될 거라고 체념하듯 말했다. 아들에게는 아파트를 사주었을 뿐 아니라 학비며 생활비 일체를 대주는데, 자신의 주변에 있는 모든 부모들이 다 그렇게 한다고 했다(이러한 진술을 통해 그녀가 상당히 안정된 중산층 문화를 대변함을 알 수 있다).

사례 3의 남편은 동독 시절에 정치적인 이유로 서독으로 망명했다. 시부모가 모두 사망한 후여서 남편이 망명을 결심할 수 있었다고 말했다. 자신은 아이 때문에 남편을 따라가지 않았는데, 이후 남편에게 가기 위해 출국 신청을 했다. 그러나 출국 허가가 나왔을 때는 이미 베를린 장벽이 무너진 상태였고, 1990년 9월 아이와 함께 서독에 있는 남편에게로 왔다.

남편은 처음에 뮌헨 북쪽 근교의 작은 도시에서 직장을 잡았는데, 본인은 그곳에서 취업을 하지 못하고 뮌헨에서 취직한 탓에 2년 동안 장거리 통근을 했다. 당시에 아들은 초등학교 3학년으로 육아 때문에 매우 힘들었다. 당시 거주지 주변의 여성들은 거의가 전업주부였다. 사정이 그래서 아이들의 하교시간이 빠른 데다가 아이를 맡아줄 만한 곳도 없었다. 다른 아이들과 마찬가지로 자신의 아들도 오후가 되면 곧바로 귀가했기 때문에 육아에 큰 어려움을 겪었다. 주말에 3-4일치 음식을 준비해놓고 뮌헨으로 통근해서 수요일에 집으로 돌아올 때까지 남편이 아이를 돌보고 숙제를 봐주었다. 수요일 오후에 집에서 집안일을 하고 다시 뮌헨으로 가서 이틀 자고 금요일 저녁에 집으로 돌아오는 생활을 했는데, 새벽 4시에 일어나야 하는 고된 생활이었다.

인터뷰 당시 그녀는 실직 상태였는데, 이런 고된 경험 때문인지 이제는 더 이상 '무슨 일이 있어도 반드시 일해야 된다'고는 생각하지 않는다고 했다. 즐겁게 일할 수 있을 경우에만 다시 취직하겠다고 말했다.

사례 3도 노동자 가족 출신인데 다른 사례들과 달리 처음부터 대학진학 코스를 선택했기 때문에 직업교육을 받은 경험이 없다. 또 사례 2의 진술과는 달리, 대입 코스를 선택하는 데 있어서 출신성분으로 인해 특별히 혜택을 받은 바가 없다고 말했다. 학급에서 자신을 포함해서 단지 2명만이 노동자 출신이었고 나머지는 모두 인텔리나 국가관료 출신이었기 때문이다.

사례 3의 친척은 대부분 구동독 지역에 살고 있는데 지속적으로 교류하고 있다고 말했다. 남편의 누이 4명 중 손위인 3명은 연금수급자이고 손아래는 선생님인데 드레스덴 근처의 소도시에서 산다. 본인의 남동생은 베를린에 살며 부모도 베를린에 거주한다고 말했다. 또한 조카들의 근황에 대해서도 아주 잘 알고 있었다.

2) 교육수준과 직업이력

인텔리 집안에서 자랐지만 사례 1은 직업교육 코스를 선택해서 사무직 훈련을 받았다. 직업교육을 마친 후 회사에 취직했는데, 회사에서 대학진학을 지원해주어 경제학을 공부하였다. 당시 사회주의 동독에서 경제학은 '여성들이나 하는 것'이었다. 회사에서 대학진학을 지원하는 데에는 졸업 후 그 회사에 기여해야 한다는 등의 조건이 전혀 없었다고 한다.

사례 1이 직업교육을 선택한 것은 부모님의 영향도 있었으나 그렇게 해서 외국 경험을 하고 싶다는 본인의 희망도 작용했다. 실제로 대학교육을 전후로 해서, 또 베를린 지멘스에 취직하기 전에 외국생활을 경험했다. 아일랜드에서 반년, 플로리다에서 장학금으로 몇 개월, 싱가포르에서 1개월간 체류한 경험이 있었다. 외국에 나가고 싶고 자유를 동경하는 자신의 태도에는 부모님의 영향이 크다고 말했다.

대학 졸업 후 다니던 회사가 폐쇄되어 통일과 함께 실업상태가 된 후 서베를린에서 직업교육을 받고 인터넷으로 구직해서 베를린 지멘스에 취직했다. 그 후 뮌헨으로 발령이 나서 뮌헨으로 왔으나 여성의 취업을 비아냥대는 직장분위기 때문에 직장을 그만두었다. 3-4개월 후 다시 인터넷을 통해 현재의 직장인 프랑크푸르트 박람회 조직 회사에 취직하여 현재까지 3년이 넘게 이 직장에서 근무하고 있다. 그러나 뮌헨에 친구들이 있어서 뮌헨을 정기적으로 방문한다.

사례 1의 직장은 1천 명 이상의 인원을 고용한 시 관할의 공공부문(서울에도 지사가 나와 있다)으로, 자신은 거기에서 공보, 홍보 쪽 일을 담당한다고 했다. 월급은 독일 평균 정도라고 했고, 액수로는 기술자인 남편보다 400유로 많았다. 남편보다 좀 더 많이 벌지만 지출은 공동으로 한다. 집은 월세인데 집을 소유하고 싶은 생각이 없다고 말했다. 물려줄 자식도 없고 소유보다는 문화생활이나 여행이 더 중요하다고 했다. 휴가는 1년에 두 번인데 주로 외국여행을 한다.

직장은 확실하고 안정적이었다. 정규직에 무기계약, 노동시간은 주당 40시간(계약상으로는 39시간)의 전일제였다. 노동 강도는 구동독 시절과 별 차이가 없다고 말했는데, 지금이 오히려 더 재미있고 또 편하다고 했다.

자신이 취업해서 일하는 이유는 돈 때문만은 아니고 독립성을 갖기 위해서라고 했다. 국가로부터 독립이 우선이고 남편으로부터 독립하는 것은 그 다음이라고 했다. 직업과 관련하여 사례 1은 자신이 운이 좋은 경우에 속한다고 몇 번씩이나 강조하였다. 또 자신과 남편이 둘 다 교육수준과 내용이 모두 좋아서 서독 지역에서도 취업에 전혀 어려움이 없었다고 말했다. 전반적으로 통일은 여성의 실업 문제를 크게 발생시켰는데, 자신들은 예외적이라고 생각하는 것 같았다.

이에 비해 사례 2는 최근(5년 전)에 맘에 쏙 드는 아파트를 사게 되어 무척 만족스러워 했다. 뮌헨 근교에서 현재 8년째 살고 있는데, 드디어 멋진 집을 갖게 되었다며 무척 자랑스러워 했다. 그녀는 구동독의 튀링겐 주에서 경리·회계 계통의 직업교육을 받았다. 그 후 1974-1978년까지 동베를린에서 대학을 다녔다. 전공은 영어와 독일어였는데, 졸업과 함께 교사 자격을 취득했다. 그 후 2년 동안 교사생활을 했는데 교사직이 싫어서 그만두었다. 그리고 두 달 정도 실직상태에 있다가 1981년부터 사회서비스 분야에서 일하게 되었다. 그녀는 사회서비스 분야의 일자리가 매우 만족스러웠다고 말했다.

남편을 따라 1993년 구서독 지역으로 온 후에도 당시에 도입 중이던 요양보험 분야에서 상담일을 했는데, 일에 매우 만족했다. 1999년에 실업상태가 되어 뮌헨 근교에서 컴퓨터, 회계 등 직업교육을 받았다. 관청을 통해 구직했지만 성사가 되지 않다가, 여성잡지에 난 공공 부문 노조의 구인광고를 보고 지원해서 현재 직장에 다니게 되었다. 2000년에 처음에는 계약직으로 일하다가 몇 차례 계약을 연장한 후 지금의 일자리에서 근무하고 있다. 현재 비서직이고 시간제인데 29시간으로 '실질적 시간제'에 해당된다. 연금수급 자격을 얻기 위해서는 앞으로도 10년을 더 일해야 하는데, 꼭 그렇게 할 것이라고 말했다. 또 집을 장만하기 위해 빚을 내었기 때문에 아직도 본인이 돈을 벌어야 한다고 했다. 그녀는 자신이 일을 하는 이유로 집 대출상환 부담과 남편으로부터의 독립을 꼽았다.

시간제 근무는 자신이 원한 것이었다. 가족생활과 병행하고 금요일을 비워두고 싶어서라고 했다. 직장은 320명 정도가 근무하는 곳인데, 직장 분위기에 매우 만족하고 있었다. 흔히 서독 사회를 외골수 경쟁사회라고 하는데 자신은 그런 경험을 한 적이 없다고 말했다. 구동독 시절에는 바이에른 지방 사투리만 들어도 오싹했지만, 바이에른에 살고 있는 지금은 전혀 그렇지 않다고 말했다. 사례 1과 달리 사례 2는 현재 직장의 노동 강도가 구동독 시절에 비하면 몇 배나 더 높다고 말했다. 그런데도 일이 무척 재미있고 만족스럽다고 했다. 사례 1과 마찬가지로 사례 2도 자신이 취업한 것은 행운이라고 몇 번이나 반복해서 말했다.

사례 3은 사례 2보다 1년 연상이고 서독에도 3년 먼저 왔을 뿐이지만 사례 2보다 사정이 현저하게 좋았다. 직업교육 과정을 거치지 않고 바로 대입 코스로 들어가서 시간을 절약한 데다가 본인의 직장이 좋고(뮌헨 지멘스) 또 오랫동안 한 직장에서 일했으며, 남편이 빠르게 승진을 했기 때문에 현재 아들에게 사준 아파트까지 포함해서 뮌헨 시내에 아파트 두 채를 구입했고, 또 그로 인해 안게 된 빚도 이미 다 갚은 상태였다.

그녀는 구동독 시절 물리학을 공부했는데, 당시에도 물리학은 남성지배적인 분야여서 대학시절 여학생이 4명 정도로, 전체 학생의 10%에 불과했다고 한다. 그녀는 구동독 시절 동베를린에서 첫 직장을 구했는데 기술분야에서 일했다. 남편을 따라 망명한 것이긴 하지만 망명을 택한 이유는 직장을 유지하기 위해 정치적 압박을 견뎌야 했기 때문이라고 말했다. 당원이 되지 않으면 승진을 할 수 없었는데, 본인은 당원은 되고 싶지 않았기 때문이다.

서독으로 이주한 후에는 뮌헨 지멘스의 기술 출판 부서에서 일했는데, 현재는 자신이 일하던 통신 분야가 자매회사로 분리되면서 인도로 이전함에 따라 실업상태가 되었다. 새 일자리를 구하고 있기는 하지만 실업자 등록은 하지 않았다. 현재 소득이 만족할 만하고 빚도 다 갚은 상태이기 때문에 아무 일이나 하고 싶지 않기 때문이다. 그래서 아마도 일자리를 못 구하게 될 것이라고도 했다.

사례 3은 구서독 지역에서 구직하는 데 전혀 문제가 없었다. 처음에 다섯 군데에 지원했는데 두 군데는 주소를 잘못 써서 결국 세 군데밖에 지원하지 못한 형편이었다. 당시 뮌헨 지멘스에서 2명만을 뽑았는데, 70명이 지원한 상태에서 자신이 입사했다. 임금은 단체협약 대상이어서 단체협약대로 받았고 학력도 인정받았다.

현재 거주하는 아파트는 자신이 이주한 지 4년 만인 1994년에 샀다. 은행 빚에 친구들 돈까지 빌려서 살 수 있었다. 그래서 빚을 갚기 위해 계속 일할 수밖에 없었다. 지멘스에 다닐 때 근무시간은 5일 노동에 하루에 보통 8-11시간이었다. 프로젝트 단위로 일하기 때문에 언제나 스케줄이 꽉 찼고 잔업까지 했다. 프로젝트가 끝나면 휴가를 받았고 또 크리스마스 때도 휴가를 받았다. 남편은 처음에는 소득이 별로 높지 않았으나, 아주 빨리 상승하여 임금이 계속 제자리였던 자신과 대조된다고 했다. 그 부분에서 성차가 크다고 말했는데, 이것은 사례 3이 서독에서 성차가 존재한다고 인정한 유일한 경우였다. 휴가는 1년에 두 번인데 한 번은 짧고 한 번은 길게 가진다. 휴가 때는 항상 해외여행을 하는데 보통 한 달 정도를 보낸다. 생활수준은 평균이거나 평균을 조금 넘는다고 했다.

그녀에게는 구동독 출신인 지인이 3명 있는데, 그들 모두 구서독 지역에서 취직하는 데 어려움이 없었다. 그들이 모두 대학교육을 받은 고학력자라서 그럴 수도 있지만 대학교육을 받지 않더라도 구서독 지역에서는 취업이 그리 어렵지 않다고 말했다. 슈퍼마켓에서 판매직으로 일하는 구동독 출신 여성을 잘 아는데, 그녀는 베를린 지점에서 일하다가 뮌헨 지점으로 옮기겠다고 신청해서 뮌헨으로 온 경우이다. 그녀가 지금까지 계속 같은 직장에서 일하는 것을 보면 구서독 지역에서 취업이 어렵지 않음을 알 수 있다고 말했다.

3) 가사노동 분담

사례 1은 남편이 집안일을 잘하는 편이라고 말했다. 특히 예전에 자신이 교육을 받느라고 귀가시간이 불규칙할 때에는 남편이 청소도 하고 또 혼자서 집안일을 해놓고서 기다렸다. 그녀는 친구를 만나러 뮌헨에 혼자서 자주 오는데, 그럴 때면 남편은 부모를 방문하러 구동독 지역에 다녀온다. 이렇듯 가족 안에서 상당히 자율적인 생활을 하고 있었다. 그녀는 앞서 자신이 경제활동을 하는 이유로 '독립'을 들었고 독립은 국가로부터의 독립을 의미한다고 말했다. 또 남편한테 예속되는 것이 국가에 예속되는 것보다 낫다고도 말했는데, 이런 그녀의 태도는 가족 안에서 상당히 자율적인 생활을 하는 모습과 관련이 있는 것 같다.

사례 2는 자신이 싫어하는 장보기를 비롯하여 고양이 돌보기, 청소기로 청소하기, 쓰레기 버리기 같은 일을 남편이 한다고 했다. 사례 2의 집은 새로 지은 데다가 매우 깨끗하고 예쁘게 정돈되어 있었다. 지하 주차장에는 자신들만의 주차공간을 따로 설치해서 잠금장치를 했고, 남편 차는 광택이 나는 파란색 소형 BMW, 본인의 차는 빨간색 경차 종류로 매우 경쾌한 분위기였다. 고양이 두 마리와 화분들을 키우고, 가구는 모두 구동독 시절부터 있던 살림살이라고 했는데 매우 깨끗했다. 집 가꾸기를 좋아한다고 했고, 인터뷰 후에 손수 구운 케이크를 대접하기도 했다. 가족생활을 위해 스스로 시간제를 선택했다고 말했듯이, 상당히 가정적으로 보였다. 앞서 자신이 경제활동을 하는 이유로 사례 2는 사례 1과 달리 '남편으로부터 독립'이라고 말했는데, 가정중심적인 그녀의 태도가 그와 유관하지 않나 싶었다.

사례 3은 맞벌이였을 때는 당연히 남편이 집안일을 많이 했다고 말했다. 그러나 누가 어떤 일을 맡아 하느냐는 선호의 문제라고 했고, 자신이 요리를 좋아하기 때문에 음식준비는 전부 자신이 한다고 말했다. 그러면서도 과거에 자신이 뮌헨으로 장거리 통근을 해야 할 때에도 요리나 주말의 장보기, 빨래 등을 모두 자신이 도맡아 했다고 말했다. 그때는 특히 아이 돌보기를 남편이 맡았는데, 현재는 본인이 실직상태이다 보니 모든 일을 자신이 다 한다고 말했다. 인터뷰 당시에도 드릴 작업을 하다가 손에 상처를 입어서 오른쪽 엄지손가락에 붕대를 두른 상태였다. 그녀의 집 역시 매우 깨끗했고 잘 정돈되어 있었다. 사례 2의 경우와는 달리 푸른색 바이에른풍 접시들이 많이 진열되어 있었다.

4) 독일 통일과 여성지위에 대한 의견

사례 1은 독일 통일과 그로 인한 여성의 지위 변화에 대해 상당히 부정적이었다. 특히 뮌헨 지멘스에서의 경험은 높은 연봉을 포기할 만큼 그녀에게 참기 어려운 것이었다. 반면에 현재 직장은 직원의 70%가 여성으로 분위기가 매우 좋다고 말했다. 또 여직원들이 주도적으로 회사에 요구해서 최근 직장 내 보육시설이 확충되기도 했다. 그러나 이런 보육시설 확충은 단지 여성들이 원해서가 아니라 현재 독일 경제가 여성 노동력을 필요로 하기 때문이라고 비판적으로 말하기도 했다.

그녀는 독일의 여성 관련 정책에 대해서도 잘 알고 있었는데, 현재 국가가 관련 법을 개정했음에도 불구하고 실제로는 보육시설에 크게 투자하지 않는다고 비판하였다. 또 그 이유는 무엇보다도 지자체의 예산부족 때문이라고 말했다. 반면에 직장 내 보육시설은 증가 추세인데, 그것은 여성 고급인력에 대한 수요 때문이라고 했다. 또 육아휴직이 3년이나 보장되지만 여성들은 장기 육아휴직보다는 직장보육시설을 원하고, 그래서 요즘은 직장보육시설에서 1년 미만의 신생아도 돌봐주는 추세라고 말했다. 어쨌든 사례 1은 현재 독일의 일/가족 양립 추세에 대해 매우 회의적이었는데, 고소득 여성들이 '가족 관리자' 노릇을 함으로써만 일/가족 양립이 가능할 뿐이라고 비판적인 태도를 보였다.

사례 1은 통일 후 여성지위에서 나타난 가장 큰 변화로, 여성 노동력의 가치절하를 꼽았다. 예컨대 간호사의 직업위상이 크게 하락하는 등 '여성 직업'에 대해 차별이 커졌다고 말했다. 임금은 더 높아졌어도 위신이 하락함으로써 여성 노동력이 제대로 평가받지 못한다고 말했다. 또 그녀는 구서독 지역으로 이주한 구동독 출신 여성이 실업상태에서 가정주부가 된 사례를 안다고 말했는데, 자신의 취업이 행운이라고 말한 부분과 관련해서, 구서독 지역에서도 여성의 취업기회가 만족할 만한 정도는 아니라고 보는 것 같았다. 어쨌든 그녀가 보기에 구동서독 여성은 직업관이 분명히 다른데, 그것은 상이한 역사와 교육의 결과라고 했다. 그녀는 또한 앞으로 구동독 출신 여성들이 통일독일에서 변화를 보이겠지만, 그 변화의 폭이 아주 크지는 않을 것이라고 내다봤다.

사례 1은 구동독 시절로 다시 돌아가고 싶은 생각은 없다고 말했다. 과거 동독의 직장생활에서 가장 싫었던 것은 사례 3과 마찬가지로 정치적 색채라고 했다. 그녀는 구동서독 직장문화를 구별짓는 가장 큰 차이가 동료관계에 있다고 보았는데, 구서독 지역은 경쟁사회라서 직장에서 동료들이 서로 돕지 않는 반면 구동독에서는 직장동료들 간에 상부상조가 가능했다고 말했다. 이런 평가는 구서독 지역을 경쟁사회라고 보지 않는다는 사례 2의 평가와는 사뭇 다른 것이다. 그러나 그럼에도 불구하고 사례 1이 현재 교류하는 사람들 중에는 직장동료가 많았다. 또 직업과 무관하게 독일인, 외국인 가리지 않고 다양하게 교류한다고 말했다.

사례 1은 현재 프랑크푸르트 생활에 매우 만족하지만 더 나이가 들면 고향으로 돌아가고 싶다고 했다. 고향에 남은 친구들 모두 직장생활을 하고 있고 직업도 여러 가지이다. 그들과 현재까지도 계속 연락하며 지낸다고 했다. 사례 1의 개인적인 소망은 직장생활을 계속하고 부모·친지들이 건강한 것이라고 했고, 사회적으로는 여성의 사회적 위신이 향상되었으면 좋겠다고 말했다. 그녀에게 통일 후 얻은 가장 좋은 것은 '더 많은 자유'라고 했다.

남편 직장 때문에 서독으로 이주한 사례 2는 구동독 지역에 살 당시에는 구서독 지역으로 올 생각을 전혀 하지 않았다. 그렇지만 지금은 구동독을 떠난 것이 기쁘고 또 고향으로 돌아가고 싶은 생각도 없다고 했다. 구동독 출신 여성들과는 전혀 교류가 없고, 구동독 시절 친구들도 지금은 다 연락이 끊긴 상태였다. 사례 1이 서독의 보육인프라에 대해 비판적이었던 것과 달리 사례 2는 구동독의 보육시설에 대해 꼭 긍정적이지만은 않았다. 예컨대 구동독에서는 월요일에 아이를 맡기고 토요일에 집으로 데려가는 주 단위 보육시설(Wochenkrippe)이 있었는데, 그것은 너무 지나치다고 말했다.

사례 2는 현재 구서독 지역 여성들에 대해 매우 좋은 인상을 가지고 있었다. 1968년을 거치면서 구서독 여성들이 해방되었다고 말했고, 때때로 구서독 지역 여성들이 너무 반남성적이어서 혼란스럽기도 하지만, 지금은 그들이 왜 그와 같은 태도를 보이는지 이해한다고 말했다. 남편이 아내의 직장에서 아내를 해고시킬 권리가 1950년대까지 서독에 존재했다는 사실을 알고 난 후에 그녀는 구서독 지역 여성들의 급진적 태도를 이해하게 되었다고 말했다. (이것은 사례 1도 한 번 언급했던 내용인데, 그녀 역시 동일한 법조항을 예로 들면서 구서독 여성들을 이해할 수 있다고 말했다.)

또 현재 경제가 어려워진 때문이기도 하겠지만 주변의 구서독 지역 여성들은 나름대로 모두 일을 한다고 말하기도 했다. 하다못해 취미 삼아서라도 일을 하지 전업주부로 눌러앉은 경우는 없지만, 대부분은 아이를 가지면 쉬었다가 다시 취업하는 형태라고 말했다. 그녀는 구서독 지역 여성들이 매우 자신감이 있고 또 구서독 지역에서는 양성 간에 기회가 균등하게 보장된다고 평가했고, 따라서 여성이 실패한다면 그것은 개인의 탓이라고 보았다. 그녀는 자신이 통일 전에 저항운동을 한 것도 아니고 통일 후에는 구서독 지역에서 운 좋게 일자리도 구하고 집도 샀으니 무임승차하는 격이라고 다소 자의식을 드러내기도 했다.

사례 2 역시 통일 후 가장 좋은 것은 '자유'라고 했다. 특히 여행의 자유가 좋지만 그 외에 언론·출판의 자유 등 자유가 좋다고 말했다. 반면에 통일의 가장 어두운 측면으로 실업 문제라든가 지나친 양극화의 문제(예컨대 금융기관 매니저들의 지나친 고소득은 결코 이해할 수 없다고 말함), 점점 불안해지는 경제상황으로 인한 어려움 등, 주로 경제적 측면을 언급했는데, 그러면서 그러한 문제들이 40년간의 분단에서 기인하는 것이라고 보았다.

사례 1, 3과 달리 사례 2는 구동독 시절의 직장생활과 관련하여 정치적 강요로 인한 어려움에 대해서는 아무런 언급도 하지 않았다. 그녀는 구동독 시절에도 교직에 있던 시절을 제외하고는 직장생활에 만족했고, 단지 여행의 자유가 없던 것이 불만이었다. 그리하여 현재 자신의 변화는 자신이 구동독에 그대로 머물렀다면, 또는 통일이 되지 않았다면 일어나지 않았을 것이라고 말했다.

사례 1이 구서독 지역의 반여성적 정서를 언급한 데 비해서 사례 2는 가부장제란 과거의 모습이고 현재 구서독 지역에서는 기회균등이 보장된다고 보았다. 사례 3도 구서독 지역에서 차별대우를 받거나 여성이기 때문에 부당함을 느낀 적이 없다고 말했다. 자신이 종사한 기술 분야에서는 동서독을 막론하고 어차피 고위직에 여성이 거의 없고, 중간관리직에서도 동서 간 차이가 크지 않다는 것이다. 또 구서독 사회에 일반적으로 성차별적 분위기가 있다고 해도 자신은 그런 대우를 받은 적이 없다고 말했다.

구서독 지역에서 여성 노동의 위상이 낮다는 지적에 대해서는 승진 기회의 제한을 들어 긍정했으나, 구동독에서는 입당해야 하는 등 정치적 부담이 있었기 때문에 제한적이기는 마찬가지라고 했다. 또 통일 후 구동독 지역에 남아 있는 여성들은 높은 실업률 때문에 통일의 피해자라고 말할 수 있겠지만 구서독 지역으로 이주한 경우에는 취업에 어려움이 없다고 말했다.

사례 3은 조카들을 포함해서 젊은 사람들의 근황에 대해서도 언급했는데, 구동독 출신의 젊은 사람들이 사는 방식은 다양하다고 말했다. 구동독 지역에서 취업한 경우에는 구서독 지역으로 이주할 생각이 없고, 구서독에서 교육을 받은 경우에는 졸업 후 그곳에 그대로 머문다. 그러나 구서독 지역에서 직장을 구하지 못하면 구동독 지역으로 돌아가기도 하고, 또 그냥 고향이 좋아서 돌아가는 경우도 있다고 말했다. 또 구서독에 살면서 직장을 그만두고 전업주부가 된 경우도 있다고 말했다. 그러면서 그녀는 직장과 가족생활을 병행하기가 힘들 경우, 굳이 직장생활을 계속할 필요가 없다는 견해를 보였다.

사례 3은 사례 1, 2와 달리 구서독 지역의 장점으로 여성이 꼭 취업하지 않아도 되는 자유를 들었다. 자녀가 없는 사례 1, 2와 달리 사례 3에게는 아이를 키우면서 먼 거리를 통근해야 했던 고생스러운 시절이 있었고, 또 현재 대학생활이 자꾸 길어지는 아들이 있다. 아들에 대한 걱정 때문에 그런 견해를 보이는 것 같았다. 그렇지만 그녀 역시 대부분의 구동독 출신 젊은 여성들이 여전히 높은 취업의욕을 갖고 있다고 말했다.

5) 사례 4의 경우와 직업교육 기회를 위한 이주

사례 4는 인터뷰에 성공하지는 못했지만 이메일을 통해 연락을 주고받은 경우이다. 현재 서독이주의 대부분을 차지하는 '직업교육 기회를 위한 이주'에 해당되기 때문에 간단하게라도 언급하겠다.

사례 4는 구동독 지역인 프랑크푸르트 오더에 있는 병원에서 사무직 직업교육을 받았다. 교육을 마치고 1년 후 그 병원이 다른 병원에 합병되었기 때문에 그녀는 시간당 5.11유로의 저임금노동력으로 고용되어 건설

용품 매장에서 1년 동안 일하기도 했다. 그 후 2005년부터는 구서독 지역의 뉘른베르크 병원에서 간호업무로 다시 직업교육을 받아 시험을 마치고, 현재 1년 반 동안 간호사로 실습 중이다. 또 현재 공공부문 연합노조(Ver.di) 바이에른 지부의 청년부 대표로도 활동하고 있다.

독일에서는 현재 저출산·고령화의 인구구조로 인해 건강 및 요양 관련 분야에서 숙련인력에 대한 수요가 높다. 따라서 사례 4의 경우에도 지금까지는 고생스러웠지만 앞으로 취업 가능성이 나쁘다고는 할 수 없을 것이다. 또한 공공부문의 경우에는 단체협약의 적용을 받기 때문에 비교적 안정된 일자리를 얻을 수도 있다. 실제로 독일에서 1990년대 이래 보건분야에서는 여성고용이 증가하고 있다. 2009년 7월부터 2010년 7월 사이에 사회보험 가입의무 취업자 증감 실태를 보면 보건 및 사회서비스업은 사업서비스업 다음으로 높은 취업증가율을 기록하고 있다. 2010년 9월 간호사는 인력수요가 높은 직업 중 4위를 차지하기도 했다. 뿐만 아니라 이 분야는 경제위기에도 위축되지 않는 견고한 특성을 보여서 여성을 위한 미래유망직종으로 인식되고 있다.

그러나 단순한 취업 가능성의 측면이 아니라 일자리의 질이라는 측면에서 볼 때 보건 분야의 일자리가 양질의 일자리로 이해되지는 않는다. 보건 분야의 일자리는 직종별로 인력수요에 부침이 심해서 1997년 이후 취업률뿐 아니라 실업률도 증가하는 특성을 보인다. 특히 2009년 시간제 고용의 83%가 여성이었는데, 여성의 시간제 고용은 주로 이처럼 여성인력수요가 높은 보건 및 사회서비스 분야에서 증가했다. 뿐만 아니라 이 분야에서 미니 일자리에 취업한 경우의 4분의 3이 여성이다. 이처럼 여성들이 취업자의 평균 75%를 차지하는 보건 및 사회서비스 분야에서 숙련 전일제 일자리뿐 아니라 시간제와 미니 일자리, 반숙련 일자리 역시 증가 추세에 있다.[173] 이와 같이 대졸 미만의 학력을 가진 숙련직 여성노동시장의 특성을 고려할 때, 사례 4의 미래가 반드시 성공적일 것이라고 예측하기는 힘들 것이다.

2003년 4월 뮌헨 시에서 발표한 자료에 의하면 뮌헨과 뮌헨 근교의 직업학교(Berufsschule)에서 교육받기 위해 오버바이에른 이외의 지역에서 온 청소년들 중 69%가 구동독 지역 출신(베를린 제외)이다. 당시 뮌헨에서는 지원자에 비해 직업교육 기회가 더 많이 제공되었는데, 이처럼 직업교육 기회가 풍부하게 제공되는 곳으로 구동독 출신 젊은이들이 모여들었다. 구동독 지역 출신 중에서는 드레스덴을 중심으로 첨단산업단지가 형성되어 있는 작센 주 출신이 57%로 가장 많았고, 출신지역의 규모별로는 주민 5천 명 이하의 소규모 지역 출신이 가장 많았다.

구동독 출신자들은 다른 지역 출신자들에 비해 연령이 2세 정도 어렸고, 고졸 비율이 매우 높았다. 교육을 받기 위해 선택한 직업을 보면 간호보조원(여성)과 정육기술 분야의 96-97%가 구동독 출신자들이었다. 정보산업 분야에서는 37%가 구동독 출신으로 구서독 지역 출신보다 많았고, 호텔업(여성)에는 36%로 구서독 지역 출신(44%)보다 낮게 분포되어 있었다. 그들이 뮌헨으로 온 이유는 '출신지역에서 직업교육 기회를 얻지 못해서'가 가장 높았다. 교육을 마친 후 출신지로 돌아가겠다는 비율은 13%로 구서독 출신자들(4%)보다는 오히려 높았으며, 뮌헨에 남겠다는 비율은 32%로 타 지역 출신자들보다 상당히 높았다.

구동독 출신자들은 기숙사(29%)나 해당 기업에서 제공하는 주거지(26%)에서 생활하는 비율이 타 지역 출신자들보다 많았고(구서독 출신은 둘을 합쳐서 24%), 자택에서 생활하는 경우가 타 지역 출신에 비해 현저히 낮아 22% 정도였다. 뮌헨으로 오기 전에 뮌헨에 대한 정보가 전혀 없었던 경우가 56%로, 구서독 출신자에 비해 매우 높았다.

---

173 홍찬숙, 「제2부 독일사례 연구」, 『여성유망직종 발굴관련 해외사례 조사』, 능력개발 2010-70(서울특별시여성능력개발원, 2010), 21-29쪽.

뮌헨 시에서 조사한 이 통계에는 구동독 출신자들 중 여성의 비율은 나와 있지 않고 전체 조사대상자 중 3분의 2가 여성이라는 성별분포만이 밝혀져 있다. 또한 여성들은 전반적으로 전형적인 여성 직종이라고 알려져 있는 직업에 편중되어 교육받고 있었다.[174]

위의 통계를 참고할 때, 구동독 출신 젊은 여성들은 직업교육을 위해 서독 지역으로 와서 일부는 직업전망이 좋은 호텔업 등에서 교육을 받는 반면, 나머지는 숙련인력에 대한 수요는 높으나 일자리의 특성상 구서독 출신자들이 꺼려하는 간호보조업무 등에서 교육받고 있음을 알 수 있다.

5. 구동독 지역 여성의 동독 정체성

구동독 주민들의 기대에 미치지 못하는 통일 이후의 현실, 통일 직후 구동독 청소년들에게서 눈에 띄게 나타났던 외국인 혐오증, 그리고 통일 후 민주주의와 정치에 대한 실망과 이등시민 의식, 구동독에 기원을 둔 좌파 정당에 대한 높은 지지율 등은 구동독 주민을 구서독 주민과 구분 짓는 요인들이다. 그리하여 구동독 주민들이 과거 동독 시절을 그리워한다거나(DDR-Nostalgie, Ostalgie), 구서독 주민(Wessis)과 구동독 주민(Ossis)이 서로 껄끄러워 하고 빈정대며 반목한다는 보도와 연구들이 있어왔다.

그러나 구동독 여성의 동독 정체성과 관련해서는 주로 긍정적인 보도들이 지배적이어서, 특히 여성들의 높은 직업의식과 전일제 일자리에 대한 추구, 일/가족 병행을 당연시하는 태도 등이 많이 언급되었다. 반면에

---

174 Anneliese Durst / Robert Hanslmaier, *Ausbildung und Leben in München: Studie über die Lebenssituation der von außerhalb Oberbayerns zur Berufsausbildung nach München kommenden Jugendlichen*, Referat für Arbeit und Wirtschaft, 4/2003, Heft 145 (München, 2003).

구서독 여성주의자들 사이에서는 구동독 여성들은 높은 직업의식에도 불구하고 반가부장적 여성의식이 부족하며 여성에 대한 이해가 지나치게 사회경제적 측면에 제한되어 있다는 비판이 제기되기도 했다.

독일의 시장조사 및 사회조사 기관인 엠니드(Emnid)의 2009년 조사에 의하면 구동독 주민의 82%가 과거 동독을 붕괴시킨 평화혁명에 대해 긍정적이면서도, 동시에 49%가 과거 동독의 단점보다는 장점을 더 많이 기억하는 것으로 나타났다.[175] 더욱이 8%는 구동독 시절이 더 행복했고 더 좋았다고 응답하기까지 했다. 통일 후 불과 20년 만에 나타나는 이러한 전도된 기억은 여성에게도 예외가 아니어서, 높은 실업률, 특히 장기실업과 빈곤위험, 열악한 경제상황 등으로 인해 여성들은 자신들이 부정했던 구동독에 대해 좋은 면만을 기억하려는 경향을 보인다고 한다.[176]

실제로 2010년 실업기간에 대한 조사를 보면 남녀를 불문하고 구동독 지역의 장기실업률이 매우 높게 나타난다. 또한 구동독 지역의 경우 남성보다는 여성에게 장기실업이 더 많이 나타난다. 구동독 지역의 18-65세 여성 중 실업 경험이 없는 경우는 37%에 불과했고, 2년 이상의 실업을 경험한 경우는 20%에 달했다. 1년 이상 실업까지 포함할 경우에는 그 비율이 35%에 이른다. 1년 이상 실업을 경험한 비율이 구서독 지역 여성의 경우는 14%이고, 구서독 지역 남성의 경우는 11%로 현격한 차이를 보이고 있다(그림 II-8 참조).

1994-2010년 사이에 스스로를 통일의 승자로 보는 경우는 구동독 주민 전체의 43%에서 42%로 거의 변화하지 않았다. 반면에 스스로를 패배자로 보는 경우는 18%에서 29%로 상당히 증가하였다. 패배자 의식이 가

175 http://themen.t-online.de/news/ddr (2009-06-26 입력).

176 Renate Hürtgen, "Die deutsche Vereinigung aus der Perspektive von DDR-Frauen", 『독일 통일 20년, 안과 밖의 시선』(한국독일사학회 국제학술대회 자료집, 2010), 75쪽.

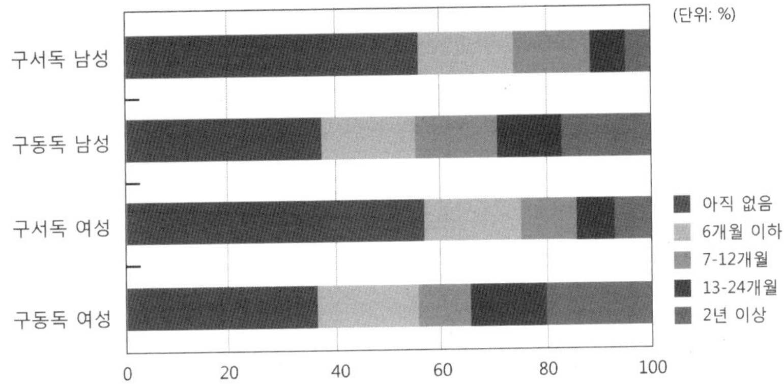

출처: Sozialwissenschaftliches Forschungszentrum Berlin-Brandenburg e.V., *Sozialreport 2010: Daten und Fakten zur sozialen Lage 20 Jahre nach der Vereinigung* (2010), 89쪽.

그림 II-8 18-65세 연령층의 지역별 실업기간 분포(2010)

장 강했던 해는 2005년으로서 37%가 스스로를 패배자로 파악하였다. 반면 승자의식이 가장 약했던 해는 2006년인데, 30%가 스스로를 패배자라고 보았다. 그러나 2005년 한 해를 제외하면 승자 의식의 비율이 패배자 의식의 비율보다 높거나 같아서 전반적으로 통일 후 스스로를 통일의 수혜자로 파악하는 사람들이 더 많다는 것을 알 수 있다.[177]

승자-패자 의식을 성별로 보면 2010년 구동독 남성이 '승자'라고 답한 경우는 47%, 여성은 38%로서 남성이 크게 높게 나타났다. '패배자'라고 답한 경우는 남성이 23%, 여성이 27%로 근소한 차이로 여성에게 높게 나타났다. 그리하여 전반적으로 남성에 비해 여성이 수혜를 적게 보았음을 알 수 있다. 반면에 구서독 지역의 경우 '승자'라고 대답한 남성은 37%, 여성은 36%로 비슷한 데 비해, '패배자'는 남성 40%, 여성 32%로 나타나 오

177 Sozialwissenschaftliches Forschungszentrum Berlin-Brandenburg e.V., *Sozialreport 2010: Daten und Fakten zur sozialen Lage 20 Jahre nach der Vereinigung* (2010), http://www.volkssolidaritaet.de/cms/vs.../2010/100831SR2010langDF.pdf, 25쪽.

히려 남성이 패배자라고 생각하는 경우가 더 많았다.[178]

경제·통화·사회통합 당시(1990. 7. 1)와 현재의 개인적 경제상황을 비교하는 질문에서는 구동독 남성의 47%가 개선되었다고 답했고 여성은 36%가 그렇게 답해서 승자-패자 의식 분포와 비슷하게 나타났다. 반면에 악화되었다는 대답은 스스로를 패배자라고 생각하는 경우보다 한층 높았다(남성 37%, 여성 41%). 즉 통일 당시에 비해 경제사정은 더 나빠졌어도 스스로를 패자라고 보지 않는 경우가 상당수 존재함을 알 수 있다. 또한 경제사정이 개선되었다는 견해는 특히 취업자, 전문대졸 이상의 고학력자, 고소득층의 경우에 많았다.[179]

그러나 다시 동독 시절로 돌아가고 싶다는 의견은 구동독 주민의 9%뿐이었는데, 반면에 25%만이 스스로 독일 시민으로 느낀다고 답했다. 대다수인 59%가 이도저도 아닌 중간위치에 있다고 해서 구동독 주민들의 정체성이 '동독 정체성'이라기보다는 오히려 '신연방주 정체성'이라고 해야 할 것이다.[180]

구동독 주민들은 제도정치 참여의 효과에 대해 구서독 지역 주민에 비해 낮은 기대를 보이는 것에 반해 '시위'에 대해서는 더 높은 기대를 보이는데,[181] 아마도 여기에는 이러한 '회색' 정체성이 어느 정도 작용할 것이다. 뿐만 아니라 구동독 정당의 후신인 '좌파당'에 대한 높은 신뢰[182]도 그러한 불안정한 정체성과 관련되는 것으로 보인다.

계층귀속의식에 있어서 구동독 주민들은 과거에 비해 줄기는 했으나 서독에 비해 높은 노동계층 귀속의식을 보였고, 하층 귀속의식은 크게 증

---

178 같은 책, 22쪽.
179 같은 책, 68쪽.
180 같은 책, 31쪽.
181 같은 책, 103쪽.
182 같은 책, 107쪽.

가하였다(1992년 4%에서 2010년 14%, 구서독 지역은 2010년 현재 5%). 반면에 구서독 주민들은 중산층 귀속의식에서 구동독 지역과 큰 차이로 앞섰는데, 특히 중상층과 상층의 경우에는 그 격차가 매우 컸다.[183]

결국 구동독 주민의 불안정한 회색 정체성은 통일독일의 하층민을 형성하게 되리라는 불안과 연결되어 있다고 볼 수 있다. 위의 여러 가지 지표들을 볼 때, 남성에 비해 여성의 경우에는 이런 불안이 더 클 것이고, 또 이런 불안은 취업기회 및 학력과 반비례한다고 볼 수 있다.

---

183 같은 책, 91쪽.

제6장

결론

독일 통일은 흡수통일이라는 일방적 방식으로 진행되었지만 구서독 사회의 가부장적 성격을 새삼스럽게 돌이켜보는 계기가 되기도 했다. 1960년대 이후 신사회운동의 흐름 속에서 독일에서는 가부장제에 대한 논의가 활발했다. 그러나 1990년대 이후 미시적 또는 중범위 수준으로 사회이론의 관심이 전환되고 개인화 테제[184]와 포스트페미니즘 등이 점차 영향력을 획득하면서 가부장제에 대한 논의는 수그러든다. 그리하여 양성 불평등 문제는 '젠더'라는 통계적 또는 문화적 범주를 중심으로 논의되고, 양성 불평등에 대한 제도적 변화보다는 오히려 삶과 생애형태의 다양성이라는 개인화된 대응양식이 불평등의 주요 주제로 등장했다.

그러나 구동독 사회주의 여성정책의 방어막 안에서 노동시장에 거의 완전하게 통합되어 있던 구동독 여성들이 흡수통일과 함께 노동시장으로부터 대거 탈락하는 역사적 경험에 직면하면서, 독일에서는 양성 불평등

---

184 울리히 벡, 『위험사회』, 홍성태 옮김(새물결, 1997), 157-224쪽; 울리히 벡·엘리자베트 벡-게른스하임, 『사랑은 지독한 그러나 너무나 정상적인 혼란』, 강수영 외 옮김(새물결, 1999).

에서 사회정책의 중요성이 다시금 환기되었다. 특히 통일 후 초기에 나타난 구동독 지역 여성의 높은 실업률과 낮은 출산율, 보육인프라 폐쇄 조치에 대한 저항 등은 양성 불평등의 문제가 생존기회의 문제임을 환기시켰다. 특히 사적인 경제공동체를 형성하여 여성실업의 완충지대로 작용하는 남성가장 가족(좁은 의미의 가부장적 가족)이 부재하는 구동독의 상황에서 여성의 실업은 곧 빈곤을 의미하는 것이었으며 국가재정에 부담을 주는 복지지출을 의미하였다.

그러나 사회정책의 관점에서 젠더 문제에 접근하는 방식은 통일을 통한 구동독 체제와의 대면뿐 아니라 동시에 유럽 통합 과정, 또 세계화 또는 신자유주의화 과정과도 관련된다. 특히 위에서 살펴본 '이중의 변동'론에서는 신자유주의화로 인한 경제조직 및 노동시장의 변화를 가장 중요한 요소로 설명했다. 유럽연합은 경제통합에 기초한 것이기 때문에 전통적으로 젠더 문제를 사회정책의 관점에서 규정했다. 통일과 동시적으로 진행된 유럽 통합의 관점에서 젠더정책은 보육인프라에 대한 규범적 강조 및 유연화를 통한 일/가족 양립의 강조라는 형태로 나타났다. 그리하여 실업과 빈곤이 심각한 문제로 등장하며 동시에 (협의의) 가부장적 가족이 부재한 구동독 지역에서는 보육인프라에 대한 투자가 상대적으로 활성화될 수 있었다. 반면에 여성 실업률이 구동독 지역만큼 높지 않고 가부장적 보충성 원칙이 지배하는 구서독 지역에서는 시간제 유연화를 통한 일/가족 양립을 지원하는 방향으로 젠더정책이 모양새를 잡아갔다.

이러한 과정과 정책의 결과, 위에서 보았듯이 구동서독 지역에서 여성 노동시장의 특성이 상이하게 나타난다. 구동독 지역에서는 노동시장에서 양성 간 격차가 상대적으로 작은 데 반해서 빈곤과 여성 실업이 여전히 중요한 문제이고, 구서독 지역에서는 노동시장에서 양성 간의 격차가 감소하고 있으나 그 영향이 미미하거나 집단별(예컨대 교육수준별)로 상이하게 나타나는 반면 구동독 지역에 비해 차별화된 노동 기회와 리스크가 제공된다.

이러한 구동서독 여성노동시장의 차이는 서독이주의 '여성화'를 초래했으며, 구동서독 여성 간에 나타나는 지역적·역사적·문화적 차이의 파장을 구서독 지역으로까지 확산시켰을 것이다. 이 책에서는 구서독 지역으로 이주한 구동독 출신 여성들의 노동시장 통합 정도와 양상에 대해서는 살펴보지 못했다. 그들이 구서독 지역 여성들과 동일한 노동시장 행태를 보이는지 또는 독특한 행태와 생애과정을 보이는지에 대해 접근하지 못했다. 그러한 전반적 개관 대신에 이 책에서는 서독으로 이주한 구동독 출신 여성 3명의 노동시장 통합 성공사례를 인터뷰하여 제시했다. 대졸 고학력자인 이들의 성공사례에서는 서독 사회의 가부장적 특성(사례 1의 여성비하 사내 분위기로 인한 이직, 사례 2의 시간제를 통한 일/가족 양립, 사례 3의 승진배제 및 퇴출)뿐 아니라 이주 동기와 생활형태의 다양성도 읽을 수 있었다. 즉 가부장적 조합주의라는 서독의 젠더 체제뿐 아니라 개인화라는 문화적 다양성을 겪는 서독 근대성의 특징도 읽을 수 있었다. 생애과정, 라이프스타일, 노동시장 통합의 질 등과 관련된 개인화 및 다양성의 문제는 이 책에서 정식으로 다루지 못한 부분이다. 이 책에서 주로 검토한 평균적·통계적 자료를 통해서는 이러한 부분이 잘 드러날 수 없기 때문이다. 개인화와 다양화의 문제에 접근하기 위해서는 좀 더 차별화된 접근방법 또는 질적 접근방법이 적용될 필요가 있다.

그리하여 예컨대 서독이주 후 노동시장 통합에 실패한 경우와 불안정한 지위로 주변화된 경우를 포함하여 가부장적 조합주의와 개인화라는 상반된 흐름이 여성의 노동시장 통합에 어떤 식으로 영향을 미치는지, 또 어떤 식으로 상호 관련되는지를 연구할 수 있을 것이다. 또한 그렇게 함으로써 구서독 지역으로 이주한 구동독 출신 여성들의 노동시장 특성에 대해 좀 더 균형 잡힌 결과를 제시할 수 있을 것이다. 구동독 지역에 살고 있는 여성들의 경우에는 구서독 지역에 비해 노동시장 개인주의가 오히려 더 현저하게 나타난다. 그렇다면 이들에게도 노동시장의 개인화가 구서독 여성들과 유사한 방식으로 라이프스타일의 다양화 또는 생애과정의 다양화로 귀결되는지를 연구할 필요가 있다. 만일 이들에게서 노동시장의 개인화와 생애과정의 다양화가 구서독과는 다른 방식으로 연결된다면, 그러한 차이를 초래하는 원인이 무엇인지에 대해서도 연구할 필요가 있다. 말하자면 그것이 구동독 여성정체성과는 어떻게, 또 통일 이후의 경험과는 어떻게 상관성을 갖는지를 연구할 필요가 있다. 그리하여 그런 식으로, 이 책에서 공백으로 남겨둔 부분들을 메워나갈 수 있을 것이다. 상호 역설적인 방향으로 진행되는 현실의 힘들을 모두 포괄하는 통일독일 여성노동시장의 역동성을 그런 방법들을 통해 파악함으로써, 구동서독 여성노동시장의 특성을 '평균적'으로 대비시키는 이 책의 접근방법을 뛰어넘어 좀 더 입체적이고 다각적이며 동시에 생동적인 설명이 제공될 수 있을 것이다.

참고문헌

1. 출판물

김경미, 「독일통일과 구동독지역의 여성: 왜 구동독지역의 여성들은 "통일의 잃은 자"가 되었는가?」, 『국제정치논총』 제41집 1호(2001): 287-306.

김창권, 「독일 통일 이후 구동독지역 인구이동 및 인구변화와 한반도 통일에 주는 정책적 시사점」, 『경상논총』 제28권 1호(2010): 28-55.

도기숙, 「통일 이후 구동독출신 여성의 세대별 갈등양상 – 포커스 인터뷰 분석」, 『뷔히너와 현대문학』 제25집(2005): 363-387.

박귀천, 「독일 여성노동시장 참여 현황」, 한국노동연구원, 『국제노동브리프』 제4권 5호(2006): 78-90.

박노영, 「사회통합으로서의 독일 통일」, 『사회과학논총』 제6권(충남대학교 사회과학연구소, 1995): 75-105.

벡, 울리히, 『위험사회』, 홍성태 옮김(새물결, 1997).

벡, 울리히/엘리자베트 벡-게른스하임, 『사랑은 지독한 그러나 너무나 정상적인 혼란』, 강수영 외 옮김(새물결, 1999).

사순옥, 「통일 이후 독일 여성정책의 발전과정과 현황」, 『괴테연구』 제19집(2006): 197-216.

에스핑-앤더슨, 『복지 자본주의의 세 가지 세계』, 박시종 옮김(성균관대학교출판부, 2004).

이진숙, 「독일 가족정책의 변천에 대한 연구」, 『한국인구학』 제25권 1호(2002): 124-179.

이진숙, 「독일 가족정책의 현황과 젠더적 성격」, 『한국사회복지학』 제58권 4호(2006): 93-118.

전복희, 「1989년 이후 체제전환기 구동독지역의 여성문제」, 『국제정치논총』 제40집 1호(2000): 185-204.

정재훈, 「보수주의 복지국가의 성차별적 특성 분석: 독일 보육수당·휴가 정책 변화를 중심으로」, 『사회복지연구』 제22호(2003): 257-289.

정형곤, 「구동독 산업의 사유화 정책」, 유임수 외, 『베를린 시대의 독일 공화국』(엠애드, 2001).

한운석, 「통일독일의 민족통합 문제와 그 원인들」, 『독일연구』 제2호(2001): 75-116.

홍찬숙, 「제2부 독일사례 연구」, 서울특별시여성능력개발원, 『여성유망직종 발굴관련 해외사례 조사』, 능력개발 2010-70(2010): 15-46.

홍찬숙, 「독일 통일 후 구동독 출신 여성의 서독 이주와 서독화의 다양성」, 『한국여성학』 제27권 4호(2011): 83-110.

홍찬숙, 「시간제 고용은 일/가족 양립을 지원하는 적절한 방법인가? 구동서독 지역 여성노동시장 비교를 통한 접근」, 『경제와 사회』 통권 제90호(2011): 363-386.

Adamski, Władysław / Pavel Machonin / Wolfgang Zapt (Hg.), *Structural Change and Modernization in Postsocialist Societies* (Hamburg: Krämer, 2002).

Albert, Michel, *Kapitalismus kontra Kapitalismus* (Frankfurt am Main: Campus, 1992).

Alheit, Peter, "Modernisierungsblockaden in Ostdeutschland?", *Aus Politik und Zeitgeschichte*, B. 40 (2005): 32-40.

Alheit, Peter / Kerstin Bast-Haider / Petra Drauschke, *Die zögernde Ankunft im Westen. Biographien und Mentalitäten in Ostdeutschland* (Frankfurt am Main: Campus, 2004).

Allmendinger, Jutta / Christian Ebner, "Die Situation von Frauen auf dem Arbeitsmarkt heute und in Zukunft", Nora Hummel /Axel Schack (Hg.), *Kinderlärm ist Zukunftsmusik: was Unternehmen und Politik für eine familienfreundliche Lebens- und Arbeitswelt leisten können* (Heidelberg: Haefner, 2006): 37-50.

Baethge, Martin / Peter Bartelheimer, "Sozioökonomische Entwicklung als Gegenstand der Berichterstattung", Soziologisches Forschungsinstitut (SOFI) et al. (Hg.), *Berichterstattung zur sozioökonomischen Entwicklung in Deutschland. Arbeit und Lebensweisen*, 1. Bericht (Wiesbaden: VS, 2004).

Becker, Oliver Arránz/ Daniel Lois, "Unterschiede im Heiratsverhalten westdeutscher, ostdeutscher und mobiler Frauen. Zur Bedeutung von Transformationsfolgen und soziokulturellen Orientierungen", *Soziale Welt*, 61(2010): 5-26.

Berlin-Institut für Bevölkerung und Entwicklung, *Not am Mann. Von Helden der Arbeit zur neuen Unterschicht? Lebenslagen junger Erwachsener in wirtschaftlichen Abstiegregionen der neuen Bundesländer* (Berlin, 2007).

Biernat, A., "Ich erwarte mehr vom Leben", *Motive der Abwanderung junger Frauen aus Ostdeutschland: qualitative Sozialforschung* (Saarbrücken: VDM Verlag Dr. Müller, 2008).

Bischoff, Sonja, *Wer führt in (die) Zukunft? Männer und Frauen in Führungspositionen der Wirtschaft in Deutschland* (Bielefeld: Bertelsmann Verlag, 2005).

Bollinger, Stefan/Ulrich Busch/Daniela Dahn/Fritz Vilmar (Hg.), *Zehn Jahre Vereinigungspolitik. Kritische Billanz und humane Alternative*n (Berlin: Weist, 2000).

Bothfeld, Silke / Ute Klammer / Christina Klenner / Leiber Simone / Anke Thiel / Astrid Ziegler, *WSI - Frauendatenreport 2005. Handbuch zur wirtschaftlichen und sozialen Situation von Frauen*, Forschungsbericht der Hans Böckler Stiftung (Berlin: edition sigma, 2005).

Braun, Norman, "Das Schwellenmodell und die Leipziger Montagsdemonstrationen", *Kölner Zeitschrift für Soziologie und Sozialpsychologie*, 46. Jahrgang, Heft 3 (1994): 492-500.

Braun, Norman, "Individual Thresholds and Social Diffusion", *Rationality and Society*, 7(2)(1995): 167-182.

Busse, Tanja / Tobias Dürr (Hg.), *Das neue Deutschland. Die Zukunft als Chance* (Berlin: Aufbau, 2003).

Cornelißen, Waltraud (Hg.), *Gender-Datenreport: 1. Datenreport zur Gleichstellung von Frauen und Männern in der Bundesrepublik Deutschland* (München: Deutsche Jugendinstitut, 2005).

Deutscher Bundestag, "Unterrichtung durch die Bundesregierung. Bericht der Bundesregierung über den Stand des Ausbaus für ein bedarfsgerechtes Angebot an Kindertagesbetreuung für Kinder unter drei Jahren für das

Berichtsjahr 2008", Drucksache 16-12268 (2009).

Dienel, Christiane, "Abwanderung aus Ostdeutschland — vom Wendephänomen zum langfristigen Trend?", Rainer Hufnagel / Titus Simon (Hg.), *Problemfall Deutsche Einheit* (Wiesbaden: VS, 2004)

Dümcke, Wolfgang / Fritz Vilmar (Hg.), *Kolonialisierung der DDR. Kritische Analysen und Alternativen des Einigungsprozessses* (Münster: agenda, 1996).

Durst, Anneliese / Robert Hanslmaier, *Ausbildung und Leben in München: Studie über die Lebenssituation der von außerhalb Oberbayerns zur Berufsausbildung nach München kommenden Jugendlichen*, Referat für Arbeit und Wirtschaft, 4/2003, Heft 145 (München, 2003).

EC(European Commission), *Database in Women and Men in Decision-Making* (Brussels, 2008).

empirica, *Zuwanderung nach Sachsen-Anhalt* (Berlin, 2006).

Engler, Wolfgang, *Die Ostdeutschen als Avantgarde* (Berlin: Aufbau, 2002).

Erichhorst, Werner / Paul Marx / Eric Thode, *Atypische Beschäftigung und Niedriglohnarbeit: Benchmarking Deutschland. Befristete und geringfügige Tätigkeiten, Zeitarbeit und Niedriglohnbeschäftigung* (Gütersloh: Bertelsmann Stiftung, 2010).

Esch, Karin / Elke Katharina Klaudy / Sybille Stöbe-Blossey, *Bedarfsorientierte Kinderbetreuung: Gestaltungsfelder für die Kinder- und Jugendpolitik* (Wiesbaden: VS, 2005).

Ettrich, Frank, *Die andere Moderne. Soziologische Nachrufe auf den Staatssozialismus* (Berlin: Berliner Debatte, 2005).

Falter, Jürgen W. / Oscar W. Gabriel / Hans Rattinger / Harald Schoen (Hg.), *Sind wir ein Volk? Ost- und Westdeutschland im Vergleich* (München: Beck, 2006).

Frijters, Paul / John P. Haisken-DeNew / Michael A. Shields, "Investigating the Patterns and Determinants of Life Satisfaction in Germany Following Reunification", *The Journal of Human Resources*, 39(3) (2004): 649-674.

Gosch, Sabine, "Ergebnisse der Sächsischen Wanderungsanalyse", Statistisches

Landesamt des Freistaates Sachsen, *Statistik in Sachsen*, 2003-03.

Gottschall, Karin, "Gender: Erwerbsbeteiligung von Frauen und Verdienermodell des Haushalts", *Berichterstattung zur sozioökonomischen Entwicklung in Deutschland. Arbeit und Lebensweisen* (Wiesbaden: VS, 2005).

Grimshaw, Damian / Jill Rubery, "Workforce Heterogeneity and Unemployment Benefits: the Need for Policy Reassessment in the European Union", *Journal of European Social Policy*, 7(4) (1997): 291-318.

Herles, Wolfgang, *Wir sind kein Volk. Eine Polemik* (München: Piper, 2004).

Hirschman, Albert O., *Exit, Voice and Loyalty: Responses to Decline in Firms, Organizations and States* (Cambridge: Harvard University Press, 1970).

Holst, Elke, "Vollzeitbeschäftigte wollen kürzere, Teilzeitbeschäftigte längere Arbeitszeiten", *Wochenbericht des DIW*, 25/2009.

Holst, Elke / Jürgen Schupp, "Situationen und Erwartungen auf dem Arbeitsmarkt", Statistisches Bundesamt (Hg.), *Datenreport* 2008.

Hunt, Jennifer, "Post-Unification Wage Growth in East Germany", *The Review of Economics and Statistics*, 83(1) (2001): 190-195.

Hunt, Jennifer, "The Transition in East Germany: When Is a Ten-Point Fall in the Gender Wage Gap Bad News?", *Journal of Labor Economics*, 20(1) (2002): 148-169.

Hunt, Jennifer, "Staunching Emigration from East Germany: Age and the Determinants of Migration", *Journal of the European Economic Association*, 4(5) (2006): 1014-1037.

Hürtgen, Renate, "Die deutsche Vereinigung aus der Perspektive von DDR-Frauen", 『독일 통일 20년, 안과 밖의 시선』(한국독일사학회 국제학술대회 자료집, 2010): 71-82.

IAB(Institut für Arbeitsmarkt- und Berufsforschung der Bundesanstalt für Arbeit), "Frauen in Führungspositionen. An der Spitze ist die Luft dünn", *IAB Kurzbericht*, 2/2006: 1-4.

Ifo (Institut für Wirtschaftsforschung), "Mittelfristige Perspektiven der Ost-West-Konvergenz", *Ifo Dresden berichtet*, 1/2006: 34-39.

Jansen, Andreas / Angelika Kümmerling / Steffen Lehndorff, "Unterschiede in den

Beschäftigungs- und Arbeitzeitstrukturen in Ost- und Westdeutschland", Hans-Böckler-Stiftung, *IAQ Report*, 2009-03: 1-13.

Jepsen, Maria / Danièle Meulders, "Gender inequalities in European unemployment benefit systems", *International Social Security Review*, 50(4) (1997): 43-61.

Kertzmerick, Thomas/Heike Meier/Bettina Wiener, "Brandenburg und seine Jugend — Regionale Mobilität", Zentrum für Sozialforschung Halle e.V. an der Martin-Luther-Universität Halle-Wittenberg, *Forschungsbericht aus dem zhs* 07-1 (Halle, 2007).

Klenner, Christina, "Wer ernährt die Familie? Erwerbs- und Einkommenskonstellationen in Ostdeutschland", *WSI Mitteilungen*, 11/2009.

Kolbe, Wiebke, *Elternschaft im Wohlfahrtsstaat: Schweden und die Bundesrepublik im Vergleich 1945-2000* (Frankfurt am Main: Campus, 2002).

Kolinsky, Eva, "Women after Muttipolitik", Eva Kolinsky (ed.), *Between Hope and Fear: Everyday Life in Post-Unification East Germany. A Case Study of Leipzig* (Keele: Keele University Press, 1995).

Kollmorgen, Raj, *Ostdeutschland. Beobachtungen; einer Übergangs- und Teilgesellschaft* (Wiesbaden: VS, 2005).

Kollmorgen, Raj, "Diskursive Missachtung. Zur Subalternisierung ostdeutscher Soziolkulturen", *Deutschland Archiv*, 40(3)(2007): 481-491.

Kollmorgen, Raj, "Transformation als Modernisierung. Eine meta- und gesellschaftstheoretische Nachlese", Frank Ettrich (Hg.), *Transformation und Europäisierung* (Münster; Berlin: Lit-Verlag, 2009).

Konietzka, D. / Michaela Kreyenfeld, "Women's Employment and Non-Marital Childbearing: A Comparison between East and West Germany in the 1990s", *Population*, 57(2)(2002): 331-357.

Kümmerling, Angelika /Andreas Jansen / Steffen Lehndorff, "Immer mehr Frauen sind erwerbstätig—aber mit kürzeren Wochenarbeitszeiten", Hans-Böckler-Stiftung, *IAQ Report*, 2008-04.

Land, Rainer, "Ostdeutschland", Soziologisches Forschungsinstitut (SOFI) et al. (Hg.), *Berichterstattung zur sozioökonomischen Entwicklung in Deutschland.*

Arbeit und Lebensweisen, 1. Bericht (Wiesbaden: VS, 2004).

Land, Rainer, "Zur Lage in Ostdeutschland. Bericht des Netzwerkes und des Innovationsverbundes Ostdeutschlandforschung", *Berliner Debatte Initial*, 17(5)(2006): 3-5.

Mayer, Karl Ulrich / Martin Diewald / Heike Solga, "Transitions to Post-Communism in East Germany: Worklife Mobility of Women and Men between 1989 and 1993", *Acta Sociologica*, 42(1)(1999): 35-53.

Meyer, Sibylle / Eva Schulze, "After the Fall of the Wall: The Impact of the Transition on East German Women", *Political Psychology*, 19(1)(1998): 95-116.

Mingerzahn, Flauke, "'Ich will beides. Beruf und Familie' — Lebenslagen von Mädchen in Sachsen-Anhalt zwischen Wunsch und Wirklichkeit", Christiane Dienel (Hg.), *Abwanderung, Geburtenrückgang und regisponale Entwicklung* (Wiesbaden: VS, 2005).

nexus-Institut für Koorperationsmanagement und interdisziplinäre Forschung, *Implementierung familienfreundlicher Maßnahmen und Strategien in ostdeutschen Modellregionen mit stark rückläufiger Bevölkerungszahl: Hochschulen als Katalysator regionaler Entwicklung in Ostdeutschland, Abschlussbericht* (Berlin, 2006).

nexus-Institut für Koorperationsmanagement und interdisziplinäre Forschung, *Rückwanderung als dynamischer Faktor für ostdeutsche Städte, Abschlussbericht* (Berlin, 2006).

Nickel, Hildegard Maria, "Frauen im Umbruch der Gesellschaft. Die zweifache Transformation in Deutschland", *Aus Politik und Zeitgeschichte. Beilage zur Wochenzeitung Das Parlament*, B. 36-37 (1995): 23-33.

Nickel, Hildegard Maria/Hasko Hüning, "Modernisierung mit oder gegen Frauen? Betriebliche Reorganisation und ambivalente Chancenstrukturen", *Supplement der Zeitschrift Sozialismus*, 2 (2001): 29-45.

North, Douglass C., *Structure and Change in Economic History* (New York: Norton, 1981).

Opp, Karl-Dieter / Peter Voss / Christiane Gern, *Origins of a Spontaneous*

Revolution (Ann Arbor: University of Michigan Press, 1993).

Ostner, Ilona, "Arm ohne Ehemann?: Sozialpolitische Regulierung von Lebenschancen für Frauen im internationalen Vergleich", *Aus Politik und Zeitgeschichte*, B. 36-37 (1995): 3-12.

Pfaff, Steven / Hyojoung Kim, "Exit-Voice Dynamics in Collective Action: An Analysis of Emigration and Protest in the East German Revolution", *The American Journal of Sociology*, 109(2)(2003): 401-444.

Pfeifer, Christian, "Eine theoretische und empirische Analyse der betrieblichen Determinanten von Teilzeitarbeit, Mini- und Midi-Jobs", *ZAF* (*Zeitschrift für ArbeitsmarktForschung*), 1 (2007): 65-76.

Puch, Katharina, "Frauendomäne Teilzeitarbeit - Wunsch oder Notlösung?", Statistische Bundesamt, *STATmagazin*, 4/2009.

Reißig, Rolf, *Die gespaltene Vereinigungsgesellschaft* (Berlin: Karl Dietz, 2000).

Rosenfeld, Rachel A. / Heike Trappe / Janet C. Gornick, "Gender and Work in Germany: Before and after Reunification", *Annual Review of Sociology*, 30 (2004): 103-124.

Rucht, Dieter, "German Unification, Democratization and the Role of Social Movements: A Missed Opportunity?", *Mobilization*, 1(1)(1996): 35-62.

Schroeder, Klaus, *Die veränderte Republik. Deutschland nach der Wiedervereinigung* (München: Bayerische Landeszentrale für politische Bildung, 2006).

Schunter-Kleemann, Susanne, "The Implementation of European Community Equality Legislation on Social Security: International Experiences", *Labour*, 6(1)(1992): 37-56.

Statistisches Bundesamt, *Statistisches Jahrbuch* (2009).

Statistisches Bundesamt, *20 Jahre Deutsche Einheit — Wunsch oder Wirklichkeit* (2010).

Statistisches Bundesamt, *Frauen und Männer in verschiedenen Lebensphasen* (2010).

Thelen, Tatjana / Astrid Baerwolf / Tilo Grätz, "Ambivalenzen der Flexibilisierung: Traditionalisierung der Familien- und Geschlechterbeziehungen in Ostberlin und Brandenburg", Working Paper, No. 89 (Halle: Max Planck Institute for Social Anthropology, 2006).

Thomas, Michael, “Paradoxien in der deutschen Transformationsdebatte”, *Berliner Debatte Initial*, 9. Jahrgang, Heft 2/3 (1998): 104-116.

Thomas, Michael, “Transformation–Hypertransformation–Transformation? Drehen wir uns nur im Kreis? Anmerkungen zu einer berechtigten Fragestellung”, E. Binas (Hg.), *Hypertransformation* (Frankfurt am Main: Peter Lang, 2008): 185–206.

Veen, Hans-Joachim, “Vereint, aber noch nicht wirklich eins? Ein Plädoyer wider den völkischen Rückfall”, *Deutschland Archiv*, 33(2)(2000): 269-275.

Völker, Susanne, *Hybride Geschlechterpraktiken. Erwerbsorientierung und Lebensarrangements von Frauen im ostdeutschen Transformationsprozess* (Wiesbaden: VS, 2004).

von der Lippe, Holger / Laura Bernardi, “Zwei deutsche Ansichten über King und Karriere”, *Demografische Forschung aus Erster Hand*, Nr. 3 (2006): 1-2.

Wingerter, Christian, “Kapital 5.1 Arbeitsmarkt und Erwerbstätigkeit”, Statistisches Bundesamt, *Datenreport* 2008.

Winkler, Gunnar, *Sozialreport 2002. Daten und Fakten zur sozialen Lage in den neuen Bundesländern* (Berlin: trafo verlag, 2002).

WSI(Wirtschafts– und Sozialwissenschaftliches Institut), “Zur Entwicklung des ostdeutschen Arbeitsmarkts im Aufschwung”, *WSI Mitteilungen*, 9/2008.

Zapf, Wolfgang, “Der Untergang in der DDR und die soziologische Theorie der Modernisierung”, Bernhard Giesen / Claus Leggewie (Hg.), *Experiment Vereinigung. Ein sozialer Großversuch* (Berlin: Rotbuch, 1991): 38-51.

Zapf, Wolfgang, *How to evaluate German unification?* Discussion paper FS III 00-404 (Berlin: Wissenschaftszentrum Berlin für Sozialforschung (WZB), 2000).

Zapf, Wolfgang, *Modernisierung und Wohlfahrtsentwicklung* (Berlin: edition sigma, 2003).

Zukunftskommission der Friedrich-Ebert-Stiftung, *Wirtschaftliche Leistungsfähigkeit, sozialer Zusammenhalt, ökologische Nachhaltigkeit. Drei Ziele—ein Weg* (Bonn: Verl. J.H.W. Dietz Nachf, 1998).

2. 인터넷 자료

「베를린장벽 붕괴 20년 … 장벽보다 높은 통일독일의 '경제 격차'」, 『매일경제』 2009-11-04, http://news.mk.co.kr/v2/view.php?year=2009&no=572021.

「통독 19주년 … 통일은 아직도 '진행중'」, 『조선일보』 2009-10-01, http://www.chosun.om/site/data/html_dir/2009/10/01/2009100100215.html.

Allmendinger, Jutta/Christine Puschmann/Marcel Helbig, *Frauen auf dem Sprung – Die BRIGITTE-Studie* 2008, http://www.brigitte.de/gesellschaft/politik-gesellschaft/frauen-auf-dem-sprung-567222/.

Bauer, Uta / Susanne Dähner, *Frauen machen neue Länder. Frauen in den neuen Bundesländern - gut positioniert in der Bewältigung der Wirtschaftskrise* (Familien Service, 2009), http://www.frauenmachenneuelaender.de/images/pdf/studie_lang_21.12.2009.pdf.

Bock-Famulla, Kathrin / Kerstin Großeß-Wöhrmann, *Länderreport Frühkindliche Bildungssysteme 2009: Transparenz schaffen - Governance stärken* (2010), http://www. bertelsmann-stiftung.de.

Dölling, Irene, "Ostdeutsche Geschlechterarrangements unter Druck", *Forum Wissenschaft*, 2 (2004), http://www.bdwi.de/forum/archiv/uebersicht/97865.html.

Erler, Daniel / Susanne Dähner, *Frauen machen neue Länder: Lebenssituation und Perspektiven junger Frauen in den neuen Bundesländern – Forschungsstand* (Familien Service, 2008), http://www.frauenmachenneuelaender.de/images/pdf/studie_lang.pdf.

"Frauen verzweifelt gesucht", *Süddeutsche Zeitung*, 2007-05-30, http://www.sueddeutsche.de/politik/ostdeutschland-frauen-verzweifelt-gesucht-1.784869.

"Im Osten fehlen die Frauen", *Welt Online*, 2007-05-30, http://www.welt.de/

politik/deutschland/article906286/Im_Osten_fehlen_die_Frauen.html.

Kümmerling, Angelika / Andreas Jansen / Steffen Lehndorff, *Die Verlängerung der Beschäftigungs- und Arbeitszeitstrukturen in Deutschland 2001 bis 2006, Datenbericht an die Hans-Böckler-Stiftung "Arbeitszeit-Monitor"* (2009), http://www.iab.de/764/section.aspx/Publikation/k090709p03.

Puhani, Patrick A. / Katja Sonderhof, "The Effects of Maternity Leave Extension on Training for Young Women", IZA Discussion Paper No. 3820 (2008), http://ftp.iza.org/dp3820.pdf.

Sozialwissenschaftliches Forschungszentrum Berlin-Brandenburg e.V., *Sozialreport 2010: Daten und Fakten zur sozialen Lage 20 Jahre nach der Vereinigung* (2010), http://www.volkssolidaritaet.de/cms/vs.../2010/100831SR2010langDF.pdf

"Viele Ostdeutsche sehen DDR positiv", http://themen.t-online.de/news/ddr.

Weinkopf, Claudia/Bettina Hieming/Leila Mesaros, "Prekäre Beschäftigung: Expertise für die SPD-Landtagsfraktion NRW" (2009), http://www.iaq.uni-due.de.

제 3 부

문학작품을 통해 본 독일 통일과 여성의 의식

이재원

제3부에서는 통일 이후 발표된 구동독 출신 여성 작가들의 작품을 통해 동독 여성들의 의식을 살펴보고자 한다. 이때 동독 여성 전체를 하나의 틀로 평가하는 것은 여성의 다양한 현실을 이해하는 데 한계가 있다. 제2부에서 분석하였듯이, 동독 여성의 경우 직장의 유무, 계층이나 교육정도, 세대에 따라 통일에 대한 경험도 다르며 그에 따라 통일에 대한 평가도 달라지기 때문이다. 특히 동독의 경우 40-50년이라는 짧은 기간 동안 사회주의 국가의 건설과 해체, 그리고 그에 따른 급격한 이념의 변화를 겪은 만큼 연령 혹은 세대는 의식의 차이를 낳는 결정적인 기준이 될 수 있다. 따라서 본 연구에서는 다양한 세대에 속한 여성 작가들의 작품을 통해 통일에 대한 여성들의 의식을 구체적으로 살펴보고자 한다.

우선 제2장에서는 체제전환기에 동독 작가들이 처한 상황을 세대별로 구분해서 살펴본다. 동독 문학은 크게 3세대로 나눌 수 있다. 제1세대는 제3제국 시기에 망명 작가로 활동하다 전후 동독에 정착한 작가들로, '사회주의 리얼리즘' 문학을 주도했다. 제2세대 작가들은 유년기에 나치와 전쟁을 체험한 세대로, 유토피아적 사회주의에 대한 비전을 갖고 있던 개혁사회주의 작가들이 바로 여기에 속한다. 제3세대는 동독 현실사회주의 체제에서 성장한 작가들로, 억압당한 성장기의 경험으로 인해 동독 체제에 대해 비판적인 태도를 갖는다. 이러한 구분을 토대로 제3장부터 제5장까지 각 세대를 대표하는 여성 작가들의 작품을 분석한다.

제3장에서는 제2세대 개혁사회주의 작가의 대표 격인 크리스타 볼프의 작품을 분석

한다. 이를 통해 통일에 대해 열광하는 사회적 분위기 속에서 통일독일의 현실을 비판적으로 바라보는 개혁사회주의 지식인들의 인식이 어떠한지 살펴본다. 제4장에서는 제3세대에 속하는 모니카 마론의 작품을 분석한다. 사회주의 유토피아에 대한 전망을 끝까지 버리지 않은 크리스타 볼프와 달리, 사회주의 속에서 성장한 세대인 마론의 작품에서는 감시와 통제로 유지되던 사회주의 체제에 대한 가차 없는 비판이 나타난다. 이 세대의 의식에 비친 동독의 현실을 통해, 동독이 왜 붕괴할 수밖에 없었는지 확인할 수 있을 것이다. 제5장에서는 동독의 마지막 세대에 속하는 케어스틴 헨젤의 작품을 통해, 체제로부터 비교적 자유로운 젊은 세대에게 통일 독일의 현실이 어떻게 받아들여지고 있는지 살펴본다. 이상의 분석을 통해 독일 통일이라는 거대한 정치적 변화가 동독 여성 개개인에게 어떻게 받아들여지고 있는지 미시적으로 추적해볼 수 있을 것이다.

제1장

서론

1990년 독일 통일은 잘 알려져 있다시피 서독에 동독이 흡수 통일되는 방식으로 매우 급격하게 이루어졌다. 40년간 지속되어온 사회주의 동독의 이념과 체제와 제도가 하루아침에 사라지고 동독 주민들은 새로운 자본주의 체제에 적응하지 않으면 안 되었다. 대다수의 동독 주민들이 자본주의 체제를 열망했음에도 단기간에 '체제전환'에 적응하는 것은 쉽지 않은 일이었다. 게다가 여태까지 동독 주민들의 삶을 규정해온 모든 가치들이 통일 이후 무가치한 것으로 평가되면서 개인들은 정체성의 혼란을 겪게 된다. 통일에 대한 초반의 기대가 점차 환멸로 바뀌면서 그에 대한 반작용으로서 '오스탤지어', 즉 구동독에 대한 향수가 나타나기도 했다. 이는 과거를 그리워하는 것이라기보다는 자신들의 정체성을 지키기 위한 반응 양상이라고 봐야 할 것이다.

급격한 통일의 결과 이처럼 동서독 간에는 극복하기 힘든 격차가 발생하였고, 지난 20년간 경제적·정치적 통합을 넘어 심리적 통합을 이루기 위한 노력의 일환으로 특히 구동독 주민들의 의식에 대한 다양한 연구가 이루어져왔다. 그러나 구동독 주민들의 현실은 세대와 계층, 교육 수준에 따라 서로 다르며, 따라서 통일 이후의 현실에 대한 반응에도 차이가 있을 수밖에 없다. 따라서 동독인의 의식 일반에 관한 연구를 넘어 성별, 세대별, 계층별 등으로 보다 세분화된 연구가 필요하다.

특히 남성과 여성이 처한 현실은 큰 차이가 있다. 통일 이전의 동독 체제하에서는 사회주의적 여성정책에 따라 여성이 직업을 갖는 것이 당연시되었으며, 결혼 후에도 육아 및 가정생활과 직업활동을 병행하는 것이 보장되었다. 그러나 이처럼 상대적으로 진보적인 동독의 여성정책이 통일 이후 서독의 법 체제로 흡수되면서 대부분 폐기되거나 후퇴하였다. 자본주의 시장경제가 전면적으로 도입되고 동독 경제가 붕괴되면서 가장 먼저 일자리에서 내쫓기게 된 것이 여성이었으며, 직장을 갖고 있는 경우에도 대부분의 탁아소가 문을 닫게 됨에 따라 사실상 가정과 직장생활을 병행하는 것이 어려워졌다. 이처럼 상대적으로 독립적인 의식을 갖고 살아온 구동독 지역의 여성들은 통일 이후 경제적 어려움과 더불어 기존 삶의 가치들이 완전히 부인당하는 현실에서 심각한 정체성의 위기에 부딪히게 되었다.

그러나 통일 과정에서 여성 문제는 시급한 정치·경제 문제에 밀려 거의 고려의 대상이 되지 못했다. 여성 문제는 실업, 사회적 불평등, 정체성의 위기 등 통일로 인해 비롯되는 다양한 사회문화적 모순이 집약되어 드러나는 장으로서, 특히 이러한 모순을 체현하고 있는 동독 지역 여성들은 독일 통일과 사회적 통합의 문제를 연구하는 데 있어서 핵심적인 고리가 될 수 있다.

한편 통일 이후 일정한 시간이 지난 후에는 동독 여성들을 통일독일과 여성의 미래를 이끌어갈 새로운 대안으로까지 보는 입장도 나타난다. 동독 출신 여성들의 경우 서독 여성들에 비해 경제적 자립에 대한 확고한 의지를 가지고 있으며, 통일 이후 가장 힘든 시련을 거치며 남성들에 비해 위기대처능력과 변화에 대한 적응력을 갖게 되었다. 이처럼 서로 다른 두 체제의 장단점을 모두 경험한 동독 여성들의 긍정적 가치관이 통일독일의 사회적 통합을 이끌고 미래의 방향을 제시하는 대안이 될 수 있다는 것이다. 과연 동독 여성은 통일의 희생자인가, 아니면 통일독일의 미래인가? 이에 대한 평가를 위해서는 동독 여성의 객관적 현실과 주관적 의식의 변화에 대한 구체적이고 세분화된 연구가 필요할 것이다.

통일 이후 동독 여성이 처한 이러한 현실은 동독 출신 여성 작가들의 작품에서 다양한 방식으로 형상화되어 나타난다. 이때 앞서 언급했듯이 동독 여성 전체를 하나의 틀로 평가하는 것은 여성의 다양한 현실을 이해하는 데 한계가 있다. 특히 20-40대의 경우는 일반적인 세대구분을 따를 경우 사실상 한 세대로 분류되지만 연령대별로 서로 상이한 경험을 했음을 알 수 있다. 통일 당시 40대였던 여성의 경우에는 동독에서 사회주의 교육을 받았고 사회주의 여성정책의 혜택을 누렸다면, 30대는 사회주의 교육을 받았지만 자본주의 체제에서 사회생활을 시작해야 했고, 20대 이하의 여성은 사회주의 체제에서 태어났지만 자본주의 교육을 어느 정도 받게 되었기 때문이다. 따라서 본 연구에서는 각 연령대에 속한 여성 작가들의 작품을 통해 이들이 각각 어떤 특징을 나타내는지, 또 일정한 차이에도 불구하고 존재하는 공통점은 어떤 것인지 분석할 것이다.

제2장

체제전환기의 동독 문학

통일은 독일 문학계에도 지대한 영향을 미쳤다. 서독과 동독의 문학은 통일 이전에도 비교적 활발한 교류가 이루어졌고, 크리스타 볼프(Christa Wolf)와 하이너 뮐러(Heiner Müller) 같은 몇몇 동독 작가들은 서독의 독자들에게도 널리 읽혀지고 동서독 모두에서 높은 평가를 받는 등 상대적으로 동서독 간에 '동질성' 내지 '유사성'을 지니고 있었던 것으로 평가된다. 그러나 실제로 동독과 서독의 문학체제는 완전히 다른 기반 위에 존재하고 있었다. 서독의 작가들은 자유로운 대신 시장의 논리에 종속되었다면, 동독의 작가들은 검열과 국가의 통제를 받는 대신 국가의 지원하에 안정적인 삶이 보장되었다. 그런데 이제 통일은 동독과 서독이 하나의 문학시장으로 통합되는 것을 의미했고, 동독 작가들은 검열이 사라짐과 동시에 국가 차원의 지원도 받지 못하게 되면서 냉혹한 시장으로 내몰리게 되었다(물론 이는 동독에서 확고한 자리를 차지하고 있던 기성 작가들에게 해당되는 것이고 젊은 작가들의 경우에는 해당되지 않는다는 점에서, 여기서도 세대 간의 차이를 확인할 수 있다).[1] 통일 이후 동독의 출판사 대부분이 문을 닫게 되는 등

1 동독의 저명 작가들은 1990년 3월 31일부터 국가에서 주는 수당을 더 이상 받을 수

이제 많은 작가들이 더 이상 전업작가로만 살아가기 힘들게 되었다.[2]

그러나 동독 출신 작가들이 느끼는 좌절과 환멸은 이러한 현실적 조건의 변화만으로는 충분히 설명할 수 없다. 동독에서 문학이 갖는 의미는 매우 특별했다. 동독은 건국 초기부터 소위 '독서의 나라'를 표방했고, 이에 따라 문학에는 정치적·교육적 임무가 부여되어 당에 의해 장려되고 후원되었다. 그러나 다른 한편으로 동독 주민들에게 문학은 당의 일방적인 선전이 아닌 다양한 목소리를 들을 수 있는 일종의 '대체여론'으로 받아들여졌다. 동독 작가들은 검열을 피해 우회적인 방식으로나마 체제를 비판하는 글들을 발표했다. 실제로 소위 '전환기'[3]에 작가들이 동독의 개혁을 요구하

없게 되었다. Theo Buck, "Die 'Oktoberrevolution' in der DDR und die Schriftsteller", Juni, 4. Jahrgang (1990), Nr. 2-3, 130쪽.

2 독일 통일 이후 동독의 출판사, 문예잡지, 작가단체 등의 문학제도들이 해체되고 재편되는 과정에 대한 구체적인 예들은 다음을 참조. 김경식, 「독일통일에 따른 동독 문학제도들의 붕괴·재편 과정」, 김용민 외, 『통일 이후 독일의 문화통합 과정』(연세대학교 출판부, 2004), 157-178쪽.

3 독일 통일을 서술할 때 자주 부딪치게 되는 '전환기'(Wende)란 용어에 대해 짚고 넘어갈 필요가 있겠다. 독일어의 경우 'Wende'와 'Wiedervereinigung/Einheit'는 분명하게 구별되어 사용된다. 후자는 통일이라고 간단히 옮길 수 있으나 전자를 우리말로 옮기는 것은 간단치가 않다. 'Wende'란 사전적 의미는 "결정적 변화, 사건 혹은 발전의 방향의 전환"이며, 동시에 두 번째 의미로 "1989년 동독의 정치적·사회적 대변혁"(Duden. Deutsches Universalwörterbuch, 5. überarbeitetete Auflage, 2003)이란 의미가 추가되었다. 즉 Wende란 동독에서 1989년 가을에 시작되어 장벽 개방과 통일을 이끌어낸 일련의 개혁운동을 지칭하는 용어로 정착되었다. 결국 Wende란 학자에 따라 차이가 있기는 하지만 대체로 1989년 가을에서부터 11월의 장벽 개방까지, 길게는 소위 '통일 선거'라고 불리는 1990년 3월 18일 동독 인민의회 선거까지의 시기에 해당되는 개념이며〔Kerstin E. Reimann, *Schreiben nach der Wende, Wende im Schreiben?: literarische Reflexionen nach 1989/90* (Würzburg: Koenigshausen & Neumann, 2008), 26쪽 이하 참고〕, 1990년 10월의 '통일'과는 구별된다. 결국 'Wende'란 우리말로 '동독의 체제전환기' 혹은 '독일 통일 과정' 정도로 옮길 수 있겠다. 그러나 용어 사용의 편의성을 위해 앞뒤 맥락이나 부연설명이 있을 경우에는 '전환기'라고 쓰거나, 의미의 차이가 없다면 '통일'로 바꾸어 쓰는 편이 낫다고 생각된다. 특히 'Wenderoman'과 같이 복합어로 사용되는 경우 '전환기소설'보다는 '통일소설'로 옮기는 것이 우리에게 보다 쉽게 전달될 수 있을 것이다.

는 시위에 적극적으로 앞장섰던 것도 이러한 맥락에서 이해할 수 있다.

동독은 1953년의 노동자 봉기가 소련군에 의해 진압되고 1961년 베를린 장벽이 세워지는 등의 과정을 거치며 건국 당시의 사회주의적 이상과는 점점 멀어졌다. 동독의 현실은 슈타지라는 초법적 정보기관이 상징하듯 사회주의통일당(SED)의 일당 독재하에 개인들의 삶이 철저하게 통제되고 자유가 제한된 사회였다. 소련의 개혁·개방의 물결과 더불어 동구권이 붕괴되는 과정에서 1989년 동독에서도 민주화를 요구하는 시위가 벌어졌다. 표현·집회·언론의 자유와 여행의 자유를 요구하는 시위가 거세지는 한편, 동유럽 국경을 통해서 서독으로 넘어가는 동독 주민들의 수도 걷잡을 수 없이 늘어났다. 이때 동독의 민주화 시위를 주도한 지식인들은 동독을 떠나는 사람들을 향해 동독을 지킬 것을 호소했다. 이들 비판적 지식인들이 원했던 것은 서독과 같은 자본주의 체제가 아니라 '서독에 대한 사회주의적 대안'으로서의 동독을 건설하는 것이었다. 1989년 11월 4일 베를린 알렉산더 광장에서 열린 집회에는 1백만 명 가까운 시민이 모였고, 여기에서 크리스타 볼프, 하이너 뮐러, 슈테판 하임(Stefan Heym), 크리스토프 하인(Christoph Hein) 등의 작가들이 연설자로 참여하였다.

그러나 곧이어 11월 9일 베를린 장벽이 무너진 후에는 동독 주민들 사이에 통일에 대한 요구가 커지면서 동독 개혁을 주도한 지식인 세력과 일반 대중들 사이에 간극이 생겼다. "지식인들은 사회주의 이상을 바탕으로 새로운 사회를 만들고자 하는 희망을 갖고 있었다면 동독의 일반 국민들은 이데올로기나 체제의 문제가 아니라 일상생활에서의 자유와 행복을 바랐다."[4] 이제 '인민'은 서독과의 즉각적인 통합을 요구했고 통일은 동독의 해체와 서독으로의 흡수통합이라는 형식으로 급물살을 타고 진행되었다. 이러한 일방적인 통일에 대해 동독의 작가들뿐 아니라 귄터 그라스(Günter

---

4 김용민, 『독일통일과 문학』(창비, 2008), 36쪽.

Grass)와 같은 서독의 작가 역시 비판적인 목소리를 냈지만 이들의 호소는 반향을 얻지 못했고, 이들이 품었던 이상은 환멸로 변했다. 그러나 변화의 '주체'로 등장했던 동독 민중 역시 통합 과정에서는 더 이상 아무런 영향력도 행사하지 못한 채 변화의 '대상'이 되고 말았으며,[5] 통일 이후 기대했던 것과 다른 현실에 직면하여 동독 민중 사이에서도 동독에 대한 향수가 나타나는 등 통일의 결과에 대해 부정적인 평가가 증가하였다.

특히 통일 과정에서 동독의 '개혁사회주의' 작가들은 '동서독 문학 논쟁'에 휘말리면서 정체성의 위기를 맞는다. 논쟁은 1990년 6월, 슈타지에 의해 감시당하는 한 여성 작가의 하루를 다룬 크리스타 볼프의 소설 『남아 있는 것』(*Was bleibt*)의 출간을 계기로 서독 비평가들이 볼프에 대해 비판을 가하면서 시작되었다. 이후 비판은 동독 문학 전체, 나아가 귄터 그라스와 같은 서독의 비판적 작가들에까지 확대되면서 "문학지식인과 권력의 관계, […] 도덕과 미학의 관계"[6] 등의 문제를 둘러싼 논쟁으로 발전하였다.[7] 쟁점 중의 하나는 동독 개혁에 앞장섰던 작가들이 지녔던, 동독 체제에 대한 이중적 입장에 초점에 맞춰진다. 말하자면 크리스타 볼프로 대표되는, 동독에 끝까지 남아 동독의 개혁에 앞장선 작가들의 경우 감시와 검열을 피해 체제에 저항하는 작품을 썼다는 점은 분명하지만, 다른 한편으로 보면 당의 지원을 받으며 특권을 누린 측면 또한 인정하지 않을 수 없는 것이다. 더욱이 수많은 작가들이 서독으로 추방당하거나 스스로 망명하거나, 아니면 동독에서 작품의 출판이 금지당했던 사실에 비추어볼

5 김경식, 「동서독의 통합과정에서 본 민중과 지식인 문제」, 김용민 외, 『통일 이후 독일의 문화통합 과정』, 33-34쪽 참조.

6 토마스 안츠 편, 『통일독일 문학논쟁: 문제는 크리스타 볼프가 아니다』, 이덕형·안삼환 역(경북대학교출판부, 2004), 1쪽.

7 문학 논쟁의 자세한 내용에 관해서는 토마스 안츠의 『통일독일 문학논쟁: 문제는 크리스타 볼프가 아니다』와 김용민의 『독일통일과 문학』(41-77쪽)을 참조할 수 있다.

때, 동독 시절 높은 평가를 받았던 이들 작가들이 통일 이후 '체제의 희생자 내지 저항의 투사'로 나타나는 것에 비판의 화살이 가해졌다. 심지어 이들의 비판적인 작품이 당시 동독인들의 불만이 쌓여 폭발하는 것을 막아주는 일종의 '배출구' 또는 '환기구'의 역할을 함으로써 오히려 체제를 유지하는 데 도움을 주었다는 비난도 있었다. 특히 1993년에는 개혁사회주의 작가들을 포함하여 대다수 동독 작가들이 슈타지에 협력했던 사실까지 밝혀지면서 이들의 도덕성은 치명적 타격을 입게 되었다. 그럼에도 불구하고 이들 작가들이 비판적 의식과 수준 높은 문학작품을 통해 동독 주민들뿐만 아니라 전 세계적으로 많은 영향을 미쳤다는 사실에 대해서는 논란의 여지가 없다.

이 시기의 문학 논쟁을 정리해보면 그것은 결국 통일독일에서 문학의 주도권을 잡기 위한 싸움이었으며, 구동독 문학에 대한 일종의 과거청산 작업이었다고 평가된다. 그것의 성격을 어떻게 규정하든, 이러한 논쟁은 통일독일 문학으로 나아가기 위해 반드시 거쳐야 할 과정이었다고 할 수 있다.

이러한 과정을 거치며 구동독 작가들은 동독 시절에 누렸던 사회적 지위를 상실하고 문학적 평가마저 위기에 처하는 등, 자신의 과거와 이상이 모두 부정당하는 "심각한 실존적 위기와 정체성의 위기"[8]를 겪게 되었다. 그러나 자세히 살펴보면 이 논쟁에서 문제가 된 것은 동독 작가 전체가 아니라 동독의 '개혁사회주의' 작가들이라고 할 수 있다.

동독 문학은 크게 3세대로 나눌 수 있다. 제1세대는 제3제국 시기에 망명 작가로 활동하다 전후 동독에 정착한 작가들로, 베르톨트 브레히트(Bertolt Brecht), 안나 제거스(Anna Seghers), 요하네스 R. 베혀(Johannes R. Becher) 등이 이에 속한다. 이들은 사회주의적 신념에 따라 동독을 선택했

---

8 김용민, 『독일통일과 문학』, 41쪽.

고 동독의 건설에 앞장섰던 세대로서, 1950-60년대 반파시즘 문학, '사회주의 리얼리즘' 문학을 주도하였다.

제2세대 작가들은 유년기에 나치와 전쟁을 체험한 세대로, 크리스타 볼프, 하이너 뮐러 등의 개혁사회주의 작가들이 바로 여기에 속한다.[9] 이들은 나치의 범죄에 대한 죄의식에서 사회주의에 도달한 세대라고 할 수 있으며, 그런 점에서 망명 세대에 대해 "거의 맹목적인 경외심을 가지고"[10] 있었다. 그러나 이들은 1961년 베를린 장벽이 세워지는 등 동독 사회의 스탈린주의적 경향이 심화되어가는 상황에서 '유토피아'와 '현실사회주의'의 모순 속에서 갈등하게 된다. 이러한 현실 속에서 이들은 1970-80년대 사회주의 리얼리즘의 틀을 벗어나 개인과 사회의 갈등, 개인의 삶을 천착한, 성찰적이고 문학적으로 뛰어난 작품들을 발표하였다. 이러한 작품들은 동독 당국과 갈등을 빚기도 했으나 독자들의 호응을 얻었고, 동독과 서독 모두에서 높은 평가를 받았다. 그러나 이들은 동독 체제를 비판하되 사회주의의 이상은 견지하고 있었기 때문에 동독을 떠나지 않고 비판적 작업을 계속하였다. 서독의 좌파 작가들은 자본주의 체제를 거부하고 사회주의를 선택할 수 있었지만, 동독의 개혁사회주의 작가들은 동독의

---

9 이러한 세대 구분은 동독뿐 아니라 서독 문학에도 똑같이 해당된다. 이때 동서독을 막론하고 사실상 전후 독일 문학을 이끌어온 것은 바로 제2세대 작가들이라고 할 수 있으며, 서독의 문학과 동독의 문학을 이야기할 때에는 바로 이들의 문학을 말한다고 해도 과언이 아니다. 서독의 경우에는 '47그룹'을 중심으로 한 귄터 그라스, 하인리히 뵐(Heinrich Böll), 우베 욘손(Uwe Johnson), 페터 바이스(Peter Weiss), 마르틴 발저(Martin Walser) 등이 바로 그들이며, 동독의 크리스타 볼프, 하이너 뮐러, 폴커 브라운(Volker Braun) 등과 함께, 이들 세대는 나치 과거에 대한 죄의식에서 출발하여 전후 과거 극복이 제대로 이루어지지 않는 현실에 대해 끊임없이 비판하고 성찰한다는 공통점을 지닌다. 이런 점이 바로 통일 과정의 문학논쟁에서 울리히 그라이너(Ulrich Greiner)와 같은 보수 평론가들에 의해 '신념미학'(Gesinnungsästhetik)이라고 비판받는 요인이 되었다.

10 김누리, 「또 하나의 장벽: 모니카 마론의 소설 『조용한 거리 6번지』」, 『독어교육』 제16집(1998), 351쪽.

현실사회주의를 거부한다고 해서 자본주의를 택할 수는 없었다.[11] 특히 냉전과 분단 체제 속에서 이들에게는 동독에 남아 동독의 개혁을 요구하는 것이 최선의 선택이었다. 그러나 통일과 더불어 진정한 사회주의의 실현에 대한 희망이 사라져버리자 이들이 '유토피아 상실의 멜랑콜리'에 사로잡히게 되는 것은 당연한 귀결이라고 할 수 있다.

이에 반해 동독 현실사회주의 체제에서 성장한 제3세대 작가들의 경우에는 제2세대 작가들과 같은 의식, 즉 "우리 모두 새로운 역사적 건물 건설에 동참하고 있다는 생각, 이 건물은 많은 결점과 어려운 점에도 불구하고 결국 보다 나은 독일이라는 생각"(우베 콜베)[12]은 더 이상 존재하지 않는다. 그들에게 사회주의는 폐기되어야 할 유물일 뿐이며, "암울하고, 부조리하고, 그로테스크한 일상"[13]으로 그려진다. 이들에게서는 사회주의 유토피아의 상실로 인한 안타까움 같은 것은 찾아볼 수 없다. 이들은 사회주의 유토피아와 동독 현실 간의 분열을 조롱하고 비판하거나 통일독일의 현실의 모습을 객관적이고 냉정한 태도로 묘사한다.

물론 이러한 세대 구분은 편의상 일반화한 것이며, 세대 내에도 다양한 입장 차이가 존재하는 것은 물론이다. 단지 통일 과정에서 개혁사회주의 작가들이 보인 태도, 그리고 특히 통일 이후 그들이 느낀 좌절감과 '멜랑콜리'의 정서를 파악하기 위해서는 이러한 역사적 배경을 이해할 필요가 있다.

여기서 '멜랑콜리'란 개념은 동독 문학 연구의 권위자인 볼프강 에머리히(Wolfgang Emmerich)가 통일 이후 동독 문학의 특징을 가리켜 사용한 개념인데, 이러한 테제는 통일 이후 동독 문학 연구에서 일반적으로 통용되

11 김용민, 『독일통일과 문학』, 72쪽 참고.

12 안츠, 『통일독일 문학논쟁』, 19쪽.

13 김누리, 「또 하나의 장벽: 모니카 마론의 소설 『조용한 거리 6번지』」, 352쪽.

었다. 이때 에머리히는 이 개념을 엄밀히 프로이트의 의미에서 부정적으로 사용하고 있다.[14] 프로이트의 논문 「애도와 우울」에 따르면 애도나 우울 모두 "사랑하는 사람의 상실, 혹은 사랑하는 사람의 자리에 대신 들어선 어떤 추상적인 것, 즉 조국, 자유, 이상 등의 상실에 대한 반응"[15]이다. 그러나 '애도'는 어느 정도 시간이 경과하면 극복될 수 있는 정상적 태도이며, 오히려 "애도작업"(Trauerarbeit)[16]이 완결된 후에는 사랑하는 사람이나 대상을 마음속에서 떠나보낼 수 있게 되고 자아는 비로소 다시 자유롭게 된다. 이에 반해 '우울'은 사랑하는 대상의 상실을 인정하지 못하고 나르시시즘적으로 매달려 있는 "병적 성향"[17]이라고 한다. 에머리히는 개혁사회주의자들이 바로 이러한 '우울병자'(Melancholiker)로서, 동독이 사라져버린 후에도 현실을 받아들이기보다는 여전히 사회주의의 이상에 매달려 있기 때문에 이들의 작품에는 멜랑콜리의 정서가 지배적이라고 보았다.

앞에서 살펴보았듯이 이들의 문학에서 멜랑콜리적 정서가 나타나는 것은 분명한 사실이다. 그러나 에머리히처럼 그러한 정서를 부정적으로만 평가하는 것은 문제가 있다.[18] 현실에 대한 환멸과 멜랑콜리는 부정적인 현실에 맞서는 문학의 고유한 힘이기도 하다. 이들의 문학을 단순히 동독에 대한 향수와 같이 과거지향적이고 시대착오적인 것이라고 볼 수는 없

---

14 Wolfgang Emmerich, *Kleine Literaturgeschichte der DDR. Erweiterte Neuausgabe* (Leipzig: Kiepenheuer, 1997/1996), 460쪽.

15 Sigmund Freud, "Trauer und Melancholie", *GW Bd. X* (Frankfurt am Main: Fischer, 1999), 428쪽 이하.

16 같은 책, 430쪽.

17 같은 책, 429쪽.

18 에머리히의 동독 문학사 서술태도에 대해서는 일방적인 서독의 입장에서 이루어진 평가라고 비판되고 있다. 이에 대해서는 이상복의 「분단 문학사와 통일 문학사: 통일 이후 독문학사 기술에 대한 실증적 연구」(『독일언어문학』 제17집, 2002)와 이덕형의 「문학의 논리, 정치의 논리: W. Emmerich 『동독문학사』 비판 서문」(『독일언어문학』 제29집, 2005)을 참조할 수 있다.

다. 오히려 그것은 자본주의 논리가 일방적으로 지배하는 현실 속에서 '대안적 가치의 모색'이라는 긍정적 의미를 지닐 수 있다. 결국 이들은 문학 논쟁을 거치면서 격렬한 비판을 당했지만 살아남았고, 일방적 흡수통일로 인한 통일독일 사회의 다양한 모순을 비판하는 작품들을 통해 통일독일 문학계에 중요한 기여를 하고 있다.

한편 이러한 멜랑콜리적 정서는 1990년대 중반이 되면서 점차 사라지고, 그 이후 특히 동독의 마지막 세대 작가들이라고 불리는 1960년대생 작가들에게서는 위트와 신랄한 아이러니(토마스 브루시히 등),[19] 혹은 현실에 대한 냉정한 관찰과 감상적이지 않은 묘사(잉고 슐체 등)[20]가 나타난다.[21] 이들에게서는 사회주의 유토피아의 상실로 인한 안타까움 같은 것은 찾아볼 수 없다. 이들은 사회주의 유토피아와 동독 현실 간의 분열을 조롱하고 비판하거나 통일독일의 현실의 모습을 객관적이고 냉정한 태도로 묘사한다.

'동독 문학'이 사라질 것이라는 사람들의 예상과는 달리 2000년대 들어 등단한 신세대 작가들의 작품에도 이미 역사 속으로 사라져버린 동독이 꾸준히 주제로 등장하고 있다. 1970년대에 태어난 세대는 통일 당시 십대의 나이로서 통일독일의 첫 세대로 불리며, 흔히 통일의 수혜자라고 평가된다. 그러나 사람들의 평가와는 달리 이들은 동독 시절의 유년기에

---

19 Frauke Meyer-Gosau, "Ost-West-Schmerz", Heinz Ludwig Arnold (Hg.), *DDR-Literatur der neunziger Jahre, Text+Kritik* (München: edition text+kritik, 2000), 8쪽.

20 같은 글, 10쪽.

21 대표작으로는 브루시히(Thomas Brussig, 1964년생)의 『우리 같은 영웅들』(*Helden wie wir*, 1995), 『존넨알레의 짧은 쪽 끝에서』(*Am kürzeren Ende der Sonnenallee*, 1999)와 슐체(Ingo Schulze, 1962년생)의 『심플스토리』(*Simple Storys*, 1998), 헨젤(Kerstin Hensel, 1961년생)의 『운하 옆에서 춤을』(*Tanz am Kanal*, 1994) 등을 들 수 있다.

대한 기억을 토대로 한 작품들을 발표하며 같은 세대 서독 출신 작가들과는 뚜렷이 구분되는 특징을 보인다.[22] 대표적인 작품들만 예로 들어봐도, 율리아 쇼흐(Julia Schoch, 1974년생)의 『도롱뇽의 몸』(*Der Körper des Salamander*, 2001), 『여름의 속력으로』(*Mit der Geschwindigkeit des Sommers*, 2009), 야콥 하인(Jakob Hein, 1971년생)의 『나의 첫 번째 티셔츠』(*Mein erstes T-Shirt*, 2001), 『옌젠 씨 하차하다』(*Herr Jensen steigt aus*, 2006), 안드레 쿠비첵(André Kubiczek, 1969년생)의 『재능 있는 젊은이들』(*Junge Talente*, 2002), 야나 헨젤(Jana Hensel, 1976년생)의 『동쪽 지역 아이들』(*Zonenkinder*, 2002), 팔코 헤니히(Falko Hennig, 1969년생)의 『트라반트 자동차』(*Trabanten*, 2002) 등 이러한 경향이 부분적이거나 일시적인 것이 아님을 알 수 있다. 그러나 이들의 작품은 동독 과거에 대해 "죄의식이나 책무감, 혹은 분노를 갖지 않"[23]은 채 신세대 특유의 자유롭고 가벼운 글쓰기를 한다는 점에서 이전 세대와도 분명히 구별된다.

통일의 첫 세대로 꼽히는 이들이 통일 이후 10여 년이 지난 후에도 동독을 배경으로 한 작품들을 쏟아내는 이유를 박희경은 '유년기의 상실'에서 찾는다.[24] 이들은 10여 년을 동독에서 살았음에도, 통일 이후 동독과 관련된 모든 것을 지우고 새로운 사회에 적응하도록 강요받았기에 동독에 대한 기억을 거의 갖고 있지 않다. 이들은 역사에 떠밀려 성장과정을 건너

---

22 구서독 출신의 신세대 작가들을 서독의 대중적인 자동차의 이름을 따서 '골프 세대'(Generation Golf)라고 일컬은 것에 빗대어 이들은 동독의 대표적 자동차의 이름을 따 '트라반트 세대'(Generation Trabant)라고 불리기도 한다. '골프 세대'란 2000년에 나온 플로리안 일리스(Florian Illies)의 동명의 작품 제목에서 나온 것으로, 1990년대 중반 이후 독일 문학에 새바람을 일으켰던 서독 출신의 팝문학 작가들에 대해 붙여진 명칭이다. '트라반트 세대'란 용어는 2002년 『벨트』(*Die Welt*)지가 구동독 출신 신세대 작가들과 가진 인터뷰에서 사용되었다.

23 박희경, 「'트라반트 세대'의 멜랑콜리 – 동독에 대한 문학적 기억의 방식들」, 『독어교육』 제47집(2010), 385쪽.

24 같은 글, 385-386쪽 참조.

뛴 채 일찍 어른이 되어야 했기 때문에 자신이 잃어버린 것이 무엇인지 그 정체도 알지 못한 채 막연한 상실감에 시달린다는 것이다. 그런 점에서 이들 역시 상실로 인한 멜랑콜리의 정서를 갖지만 개혁사회주의 세대의 멜랑콜리와는 다르다. 개혁사회주의 세대의 경우 미래에 대한 전망과 이상의 상실로 인한 멜랑콜리였다면 이들의 경우에는 과거의 상실로 인한 멜랑콜리라고 할 수 있다. 따라서 이들은 잃어버린 기억을 찾아 현재와 연결시킴으로써 정체성을 찾고자 한다. 이들에게 동독은 "체험의 시공간이 아니라 기억의 시공간"[25]으로서 창작의 원천이 되고 있다. 이상에서 보았듯이 통일이 된 지 20년이 지났지만 '동독'과 '동독 문학'은 여전히 세대를 아우르며 통일독일 문학에 중요한 기여를 하고 있다.

25 같은 글, 402쪽.

제3장

통일에 대한 비판과, 대안으로서의 유토피아적 사회주의

크리스타 볼프의 『메데아』

1. 개혁사회주의 작가, 크리스타 볼프

크리스타 볼프는 그 자체가 동독 여성문학의 역사이다. 또한 통일 과정의 문학논쟁에서 보았듯이 '크리스타 볼프'는 통일독일 문학의 역사를 보여주는 이름이기도 하다. 무엇보다도 크리스타 볼프는 통일 과정에서 개혁사회주의 작가의 이상과 좌절을 보여준다. 그런 점에서 먼저 크리스타 볼프의 생애와 작품 전반을 소개하고자 한다.

크리스타 볼프는 1929년에 지금은 폴란드 땅이 된 란츠베르크에서 태어나 유년기에 나치즘과 전쟁을 체험하였다. 1945년 가족과 함께 피난을 떠나 동독의 메클렌부르크 지방에 정착한 볼프는 스무 살이 되던 1949년 동독의 건설과 함께 고등학교를 졸업하고 사회주의통일당(SED)에 입당하였다. 예나와 라이프치히 대학에서 독문학을 전공했으며, 1951년 작가인 게르하르트 볼프와 결혼하였다. 출판사와 잡지사의 편집인, 동독작가동맹의 연구원 등으로 일하다가 서른두 살 때인 1961년 소설 『모스크바 이야기』(*Moskauer Novelle*)를 발표하면서 작가로 데뷔하였다. 그 후 볼프의 문학세계는 시대의 변화에 민감하게 반응하며 변화해왔다.

두 번째 작품인 『나누어진 하늘』(*Der geteilte Himmel*, 1963)은 베를린 장벽으로 인해 헤어지게 된 남녀의 사랑과 이별을 통해 분단의 아픔을 다룬, 대표적인 분단문학작품이다. 주인공 리타가 대학에서 공부하기 위해 반드시 공장에서 일정 기간 노동을 하도록 되어 있는 동독 정부의 정책에 따라 공장에 온 여대생으로 설정되어 있는 점, 사회주의 경제체제에 실망하여 서독으로 넘어간 남자친구를 만나러 간 리타가 자본주의 사회에 불편함을 느끼고 동독으로 되돌아온다는 점, 공장 현장의 모습들과 공장 동료들과의 관계가 소설의 상당 부분을 차지하고 긍정적으로 묘사된다는 점 등, 이 소설은 당시 동독의 문화정책에서 표방하고 있는 반파시즘과 '비터펠트 노선'(Bitterfelder Weg)에 충실한 '도달문학'(Ankunftsliteratur)에 속하는 작품으로 평가된다.[26]

하지만 사회주의 체제에 불만을 품고 서독으로 넘어간 인물이 남자 주인공으로 등장하고 있으며, 리타가 갑작스럽게 세워진 베를린 장벽으로 인해 남자친구와 영원히 헤어지게 된 것에 절망하여 자살을 시도한다는 점, 그리고 형식적인 측면에서도 현재와 과거를 교차 서술하고 내적 독백을 사용하는 등 현대소설의 기법들을 활용한다는 점에서, 이 소설은 긍정적 주인공을 내세운 사회주의 리얼리즘이라는 당시 동독 문화정책의 요구를 이미 벗어나고 있음을 알 수 있다.

서구에 크리스타 볼프의 이름을 널리 알린 작품인 『크리스타 T.에 관한 추념』(*Nachdenken über Christa T.*, 1968)은 당시의 동독의 문화정책을

---

26 동독은 1958년 '예술과 삶의 분리', '예술가와 노동자의 소외'가 지양된 독자적인 사회주의 민족문화를 건설한다는 목표를 발표하였다. 이를 위해 작가들은 노동현장으로 들어가고 노동자들에게는 글을 쓰도록 독려하는 정책을 추진했는데, 이를 '비터펠트 노선'이라 부른다. 이러한 정책에 따라 대학생 혹은 지식인이 노동현장에서의 경험을 통해 진정한 사회주의적 인식에 도달하는 과정을 그린 작품들을 가리켜 '도달문학'이라 한다. 브리기테 라이만(Brigitte Reimann)의 소설 『일상에서의 도달』(*Ankunft im Alltag*, 1961)에서 나온 명칭이다.

완전히 탈피한 소설로, 크리스타 볼프의 문학세계뿐만 아니라 동독의 문학사에서 하나의 전환점을 이룬다. 이 소설은 서른다섯 살에 세상을 떠난 친구 크리스타 T.의 삶을 1인칭 서술자가 회상하면서 재구성하는 내용으로, 사회주의 동독 건설 초기 완전히 청산된 것으로 선언되었던 나치 과거의 문제를 새롭게 제기한다. 특히 1950년대 스탈린주의적 분위기 속에서 사회 전반에 남아 있던 '일상 속의 파시즘'을 비판하며, 그 속에서 개인, 특히 여성의 자아실현 문제가 중요하게 제기된다. 이 작품은 1961년 베를린 장벽의 건설과 1963년 신경제정책의 시행으로 사회주의 일상의 모순에 민감하게 직면하게 되면서 "20대에 새로운 국가의 태동을 열광으로 맞았지만 아무리 기다려도 도래하지 않는 퇴색해가는 유토피아의 환상 속에서 사회주의 국가의 잿빛 일상을 감내해야 했던 세대"[27]의 의식을 반영하는 선구적인 작품이라고 할 수 있다.

이러한 주제는 여러 작품을 거쳐 『유년시절의 모범들』(*Kindheitsmuster*, 1976)에서 집중적으로 다루어진다. 자전적 요소를 많이 포함하고 있는 이 소설은 나치 치하 소시민의 가족사를 중심으로 한 유년기에 대한 회상과 현재의 성찰이 서로 맞물리며 서술된다. 그것은 바로 소설 속에서 반복되는 질문인 "어떻게 해서 우리는 오늘의 우리가 되었는가?"[28]에 대한 탐구이다. 이러한 크리스타 볼프의 과거청산문학은 나치 과거의 잔재가 남겨놓은 권위주의적 성격구조, 즉 여전히 동독 사회에서 발견되는 일상화된 파시즘을 주된 표적으로 삼는다는 점에서 동독 체제에 대한 간접적인 비판의 성격을 지닌다고 할 수 있다.[29]

한편 동독 사회에 대해 거침없는 비판과 풍자를 해온 시인 볼프 비어

---

27 전영애, 「두 독일문학을 접목시킨 한 여성: 크리스타 볼프」, 한우근 교수 회갑기념논문집 간행위원회 편, 『독일여성문학』(삼영사, 1990), 295쪽.

28 Christa Wolf, *Kindheitsmuster* (Darmstadt u. Neuwied: Luchterhand, 1979), 96쪽.

29 김누리, 「또 하나의 장벽: 모니카 마론의 소설 『조용한 거리 6번지』」, 352쪽.

만(Wolf Biermann)에 대해 1976년에 당이 시민권을 박탈하는 사건이 벌어졌다. 이는 대내외적으로 엄청난 파장을 가져왔다. 동독에서 예술의 자유가 허용되지 않는다는 사실이 공식적으로 확인된 것이다. 이에 대해 볼프를 비롯한 12명의 저명한 작가들이 공개적인 항의서한을 발표하였다. 이 사건을 겪은 후 1979년 볼프는 동독에서의 예술가의 실존을 우회적으로 비판하는 작품을 발표한다. 낭만주의 시대의 실존 작가인 카롤리네 폰 권더로데(Karoline von Günderode)와 하인리히 폰 클라이스트(Heinrich von Kleist)의 가상의 만남을 그린 『어디에도 설 땅은 없다』(*Kein Ort. Nirgends*, 1979)가 그것이다. 이 소설에서 볼프는 클라이스트의 입을 통해 사회적 구속으로 인해 질식하거나 깨질 수밖에 없는 예술가의 실존에 대해 비판하며 사회 속에서의 예술가의 역할에 대해 고민한다.

한편 첫 작품부터 여성 주체의 경험과 의식에 초점을 맞춰온 볼프는 1970년대 후반부터는 본격적으로 여성성에 대한 성찰을 담고 있는 여성주의적 작품들을 발표한다. 『어디에도 설 땅은 없다』의 경우에도 단순히 당의 문화정책에 대한 비판에 그치는 것이 아니라, 동독을 포함하여 서구문화 전반에 팽배해 있는 이성과 감정, 육체와 정신, 여성과 남성을 대립시키는 이분법적 사고와 이성 중심주의에 대한 비판이 중심이 된다. 특히 클라이스트와 더불어 소설의 한 축을 이루는 여성 작가 권더로데를 통해 "남성적 질서 속에서 억압되고 배제된 여성의 삶"[30]을 보여줌으로써 이성 중심, 남성 중심의 근대 질서에 대한 비판을 가하고 있다. 이러한 흐름은 『카산드라』(*Kassandra*, 1984)를 거쳐 『원전폭발』(*Störfall*, 1987), 그리고 통일 이후 쓰인 『메데아. 목소리들』(*Medea. Stimmen*, 1996)에까지 이어진다.

『카산드라』는 트로이 전쟁을 배경으로, 트로이의 몰락을 경고한 트로

30 정미경, 「볼프의 『어디에도 설 땅은 없다』와 베른하르트의 『네』에 나타난 근대질서 비판의 두 가지 양상」, 『뷔히너와 현대문학』 제23집(2004), 312쪽.

이의 공주이자 여사제인 카산드라를 소재로 한 소설이다. 이 소설은 신화라는 보편적 소재와 서구문명 비판과 여성적 글쓰기라는 보편적 주제로 특히 서독에서 높은 평가와 대중적 인기를 얻었으며 볼프에게 세계적인 명성을 안겨주었다. 동서 양 진영 간에 핵전쟁의 위험이 고조되던 1980년대의 상황에서 볼프는 카산드라를 통해 트로이와 그리스로 상징되는 강대국들 간의 대립과 대결이 결국 세계의 몰락으로 귀결될 수밖에 없음을 경고한다. 이 작품에서도 전쟁으로 치닫는 남성의 폭력적 질서에 대한 비판이 이루어지며, 그에 대한 대안으로서 평등하고 평화지향적인 유토피아적 공동체가 제시된다. 그것은 남성성과 여성성이라는 이분법적 사고를 극복한 제3의 길로서의 새로운 여성성이다. 그러나 이 소설 역시 이러한 보편적인 주제를 통해 감시와 통제, 여론조작을 이용해 체제를 유지하는 동독에 대한 우회적 비판을 담고 있다고 볼 수 있다.[31]

크리스타 볼프는 이처럼 동독 당국과 미묘한 긴장관계를 유지하며 문학작품을 통해 억압적인 동독의 현실에 대해 우회적인 방식으로 비판을 해왔다. 특히 앞에서 보았듯이 전환기에는 동독 체제의 개혁을 요구하며 시위를 주도하였다. 그러나 이 시기에 발표한 소설 『남아 있는 것』(*Was bleibt*, 1990)은 볼프에게 기회주의자 혹은 '어용작가'라는 꼬리표를 붙이며, 통일독일의 문화계를 뒤흔든 문학논쟁을 촉발하였다.

『남아 있는 것』은 슈타지에 의해 감시당하는 여성 작가의 하루를 그린 짤막한 소설이다. 이 소설에서는 특별한 사건이 나타나기보다는 삶의 전반을 통제하는 감시체계가 어떻게 사람들의 행동 하나하나와 의식의 깊은 곳까지 영향을 미치며 파괴하는지를 보여준다. 그런데 이 소설이 문제가 된 것은 내용 때문이 아니라 출간 시점 때문이었다. 이 소설이 출간된 것은 1990년이지만 소설이 집필된 것은 1979년이라고 작가 스스로 밝히고

---

31 김용민, 『독일통일과 문학』, 177-185쪽 참조.

있다. 이에 일부 비평가들이 볼프가 동독 시절 내내 침묵하다가 동독이 무너지고 나자 소설을 발표한 것은 기회주의적인 행동이라고 비판하고 나선 것이다. 그리고 볼프가 자신의 과오에 대한 반성보다는 스스로 희생자임을 주장하고 있다는 것이다. 이러한 비판은 그의 문학 전체에 대한 비판으로 이어졌다. 즉 볼프는 처음부터 동독을 구하는 과제를 충실히 수행해왔다는 것이다. 이처럼 크리스타 볼프의 『남아 있는 것』을 둘러싸고 시작된 논쟁은 이후 통일독일 문학의 성격을 둘러싼 격렬한 논쟁으로 이어졌다. 이러한 문학논쟁은 1993년 '슈타지 논쟁'으로 또다시 불붙게 되는데, 크리스타 볼프가 그 중심에 놓이게 된다.

통일 이후 밝혀진 바에 따르면, 동독 국가안전부(일명 슈타지)에는 1989년 당시 10만 명에 이르는 공식 직원 외에도 '비공식 직원'(일명 IM)으로 불리는 비밀정보원들이 최대 20만 명까지 활동하였다. 동독 국민의 삼분의 일이 사찰 대상이었을 정도로, 친구와 가족을 가리지 않고 거의 모든 사람들을 상대로 일상적이고 무차별적인 감시가 이루어졌음이 확인되었다. 특히 동독의 비판적 지식인에 대한 엄청난 양의 사찰기록이 밝혀져 충격을 주었다. 그런 상황에서 또한 동독의 작가 대부분이, 심지어 저항적인 작가로 알려진 예술가들조차도 비공식 정보원으로 활동했던 사실이 폭로되면서 동독 문학의 도덕성을 둘러싸고 다시 한 번 논쟁이 벌어지게 되었다. 특히 크리스타 볼프와 하이너 뮐러 역시 한때 슈타지와 연관이 있었다는 사실이 밝혀지면서 이들에 대한 마녀사냥식의 비판이 극에 달했다. 그러나 볼프의 경우 당시로부터 30년 전인 1959년부터 1962년까지 3년 정도 극히 소량의 별 의미 없는 정보를 제공했을 뿐이며, 반대로 '비어만 사건' 이후 30년간 슈타지의 감시 대상이 되었다는 점을 고려해야 할 것이다. 볼프에 대한 비판은 그의 문학에 대한 평가와는 별개로, 다분히 이데올로기적인 공격의 측면이 강했다고 할 수 있다. 여태까지 보았듯이 볼프의 문학은 사회주의 유토피아와는 거리가 먼 동독의 현실에 대해 상징적인 방식으로나마 비판의 목소리를 내어온 것은 분명한 사실이며, 그동안 쌓아온 문학적 성취 역시 결코 폄하될 수 없다. 다만 볼프가 동독 사회주의의 개혁을 기대했던 점, 그리고 그러한 기대 속에 동독을 끝까지 떠나지 않은 점, 전환기에도 사회주의 유토피아에 대한 전망을 버리지 못한 점이 그를 비판의 대상이 되게 했다고 할 수 있다.

하루아침에 독일을 대표하는 작가에서 어용작가로 떨어졌을 뿐만 아니라 사회주의의 긍정적 가치들마저 모조리 폄하당하는 현실에 좌절한 볼프는 한동안 작품을 발표하지 못하다 통일 이후 6년 만에 『메데아. 목소리들』(*Medea. Stimmen*, 1996)을 발표하였다. 이 소설은 『카산드라』와 마찬가지로 신화적 소재를 통해 자신과 독일 사회가 처한 현실을 표현하고 있다. 그 후 2002년 소설 『몸앓이』(*Leibhaftig*)에 이어, 2010년에는 여든이 넘은 나이에 400페이지가 넘는 방대한 소설 『천사의 도시, 혹은 프로이트 박사의 오버코트』(*Stadt der Engel oder The Overcoat of Dr. Freud*)를 발표하였다.

2. 『메데아』 분석

『메데아. 목소리들』[32]은 그리스 신화 속에서 애욕에 사로잡혀 자신의 남동생도 찢어 죽이고 연적도 독살하며 심지어 자식들마저 살해한 끔찍한 악녀로 알려져 있는 '메데이아'(희랍어, 독일어로는 메데아)를 주인공으로 한 소설이다. 그런데 볼프의 소설 속 메데이아는 이러한 살인들과 아무런 관련이 없으며, 가부장적 권력의 유지를 위해 무고한 누명을 쓴 희생양으로 그려진다. 오늘날 우리가 정설로 알고 있는 메데이아에 관한 신화는 사실

32 Christa Wolf, *Medea. Stimmen* (München: Luchterhand, 1996). 이하 이 책의 인용은 괄호 안에 쪽수만 표기함.

상 기원전 5세기에 에우리피데스가 쓴 비극 『메데이아』를 통해 정립된 것이며, 무엇보다도 자식을 살해했다는 용납할 수 없는 죄목은 순전히 에우리피데스의 창작에서 기인한 것이라고 한다. 볼프는 자신의 소설을 통해, 원래 치유의 능력을 지닌 여사제인 메데이아가 사악한 마녀로 낙인찍히고 추방당하게 되는 과정을 폭로한다. 이는 통일 이후 독일의 상황과, 특히 여론몰이의 희생양이 된 작가 자신의 처지를 빗댄 것으로 해석되기도 한다. 이 작품에 대해 다양한 해석이 있을 수 있지만 이 글에서는 통일독일의 상황에 대한 비유라는 측면에 초점을 맞추어 살펴볼 것이다.

1) 그리스 신화 속 메데이아와 볼프의 메데이아

그리스 신화에 따르면 메데이아는 콜키스의 왕 아이에테스의 딸로, 황금 양피를 구하러 온 이아손에게 한눈에 반해 아버지를 배신하고 황금 양피를 얻도록 도와준다. 그리고 이아손과 함께 도망치는 과정에서 자신을 쫓아오는 아버지를 막기 위해 남동생 압시르토스를 죽여서 토막 내어 바다에 던진다. 황금 양피를 가지고 이올코스로 돌아온 이아손과 메데이아는 이아손의 숙부이자 이올코스의 왕인 펠리아스에게 왕권을 돌려줄 것을 요구한다. 그러나 펠리아스가 이를 거절하자 메데이아는 펠리아스도 죽여 버린다. 두 사람은 다시 이올코스에서 도망쳐 코린토스로 피신한다. 이아손이 메데이아를 배신하고 코린토스의 왕 크레온의 딸과 결혼하려 하자 메데이아는 결혼식 날 독을 바른 드레스로 공주를 죽인다. 뿐만 아니라 이아손에게 복수하기 위해 그와의 사이에 낳은 친아들마저 죽인다.

이와 같은 기본틀은 그대로 유지한 채 볼프는 메데이아를 가해자에서 희생자로 뒤바꾼다. 메데이아가 콜키스에서 이아손을 도와주고 함께 도망친 것은 이아손에 대한 사랑 때문이 아니라 "타락하고 몰락한 콜키스에 도저히 남아 있을 수가 없어서"(104) 자신을 데려가주는 조건으로 이아손을 돕는 것으로 그려진다. 콜키스가 타락했다는 것은 부왕인 아이에테스가 민심을 외면하고 자신의 권력 유지에만 급급하여 자신의 아들마저 죽였기 때문이다. 메데이아는 동생의 시신을 몰래 수습해 가지고 도망치다가 뒤쫓아오는 아버지를 향해 고발과 항의의 표시로 바다에 던졌고, 아버지는 압시르토스를 죽인 죄를 메데이아에게 뒤집어씌웠다는 것이다.

또한 코린토스에서 자신을 배반하고 글라우케 공주와 결혼하려는 이아손에 대한 질투심에서 독을 바른 드레스로 공주를 죽였다는 신화의 내용 역시, 코린토스 궁정이 자신들의 죄를 감추기 위해 메데이아에게 누명을 씌운 것으로 서술된다. 코린토스도 콜키스와 마찬가지로 왕이 자신의 권력을 유지하기 위해 왕위계승자였던 이피노에 공주를 죽이고 그 사실을 은폐하였다. 그런데 메데이아가 나타나 비밀을 파헤치자 메데이아가 동생을 살해했다는 소문을 퍼뜨리고 마법을 쓰는 사악한 여인으로 몰아 추방하기에 이른다. 이 모든 비밀을 아는 채로 궁정에 갇혀 지내던, 죽은 이피노에의 동생 글라우케 공주는 메데이아를 만나 우정을 나누며 비로소 위안을 얻게 된다. 그러나 메데이아가 누명을 쓰고 아이들을 빼앗긴 채 추방당하자 그것을 막지 못한 죄책감에 자살을 한 것이다.

마지막으로 볼프는 메데이아가 이아손에 대한 복수심에서 친자식마저 살해했다는 에우리피데스 비극의 내용과 정반대로 오히려 메데이아를 코린토스인들에 의해 자식을 잃게 된 희생자로 그린다. 연이은 기근과 지진, 페스트로 흉흉할 대로 흉흉해진 민심이 위정자들에게 쏠리는 것을 막기 위해 콜키스의 권력자들이 이방인인 메데이아를 희생양으로 만들었고, 자신들의 불행의 책임을 돌리고 분노를 표출할 대상을 찾던 군중들은 "역병 같은 그 아이들로부터 코린토스를 해방"시키기 위해 메데이아의 아이들을 "돌로 쳐 죽였다"(232)는 것이다.

이처럼 볼프가 『메데아』에서 전승된 신화를 재해석하는 것은 단지 가부장제 담론에 의해 왜곡되기 이전의 메데이아 신화 본래의 형태를 복원해내기 위한 것도, 후대에 오해되고 있는 메데이아의 가치를 복권시키기 위한 것도 아니다. 볼프의 관심사는 바로 신화가 왜곡되는 과정 그 자체이다. 이를 위해 볼프는 치유의 능력을 지닌 여사제인 메데이아가 사악한 마녀로 낙인찍히게 되는 과정이 어떤 방식으로 이루어지는지를 치밀하게 추적하며 폭로한다. 그것은 바로 '배제의 메커니즘'을 통해서이다. 볼프는 한 대담에서 메데이아를 소재로 한 작품을 쓰게 된 동기를 직접 밝힌 바 있다.

> 신화는 우리 시대 속에 있는 우리를 새롭게 바라볼 수 있도록 도와줄 수 있습니다. […] 우리는 왜 인간의 희생을 필요로 하는가. 왜 우리는 아직도 여전히 그리고 언제나 계속해서 희생양을 필요로 하는가. 독일에서 말하는 소위 '전환기' 이후 지난 몇 년간 나는 […] 이들 질문에 대해 숙고해야 할 이유를 보아왔습니다.[33]

> 제게는 지난 몇 년간 우리 문화가 위기에 빠질 때면 언제나 계속해서 똑같은 행동 양태로 돌아간다는 사실이 분명해졌습니다. 사람들을 배제시키고, 희생양으로 만들고, 적개심을 조장하여 허황되게도 현실을 오인하게 만드는 양태 말입니다. […] 동독 시절에 저는 점점 더 큰 규모의 그룹을 배제시키며 포용 능력을 잃어가는 국가가 어디로 빠져드는지 보았습니다. 이제 더욱 커진 독일연방공화국에서 우리는 점점 더 많은 그룹의 사람들이 사회적·인종적 그리고 그 밖에 다른 이유로 쓸모없이 되어가는 것을 경험하고 있습니다. 그것은 처음에 통일 과정에서 동독의 특정한 그룹 사람들에게 방어태세를 취하면서 시작되었지요. 낯선 것에 대한 이러한 배제는 우리 문화의 전 역사를 관통하고 있습니다. 불안을 야기하는 여성적 요소를 배제하는 일이 언제나 있어왔지요.[34]

---

33 Christa Wolf, "Warum Medea? Gespräch mit Petra Kammann am 25. 1. 1996", Marianne Hochgeschurz (Hg.), *Christa Wolfs Medea. Voraussetzungen zu einem Text* (München: dtv, 2000), 21쪽.

볼프는 통일 과정에서의 논란과 그 이후 동서독 간의 갈등을 겪으며, 현재의 많은 문제들의 근원에 낯선 것을 배제하려는 인간의 심리와 사회의 논리가 작동하고 있다고 보았다. 그리고 그것을 가장 잘 보여줄 수 있는 존재로서 메데이아라는 '이방인' '여성'을 택한 것이다. 서구 문명은 문명/야만, 남성/여성을 대립시키는 가운데 유럽의 백인 남성을 최선의 척도로 삼아왔고, 따라서 낯선 이방인과 여성은 언제나 주변인 혹은 타자였다. 이러한 타자들은 사회가 안정되었을 때에는 너그러이 용인되지만 위기 상황에 처하게 될 경우에는 위기의 원인을 외부로 돌리고 사회의 갈등을 봉합하기 위해 제일 먼저 희생양이 된다. 유럽의 역사에서 마녀사냥이나 유대인에 대한 박해가 그 대표적인 사례라고 할 수 있다.

소설 『메데아』는 메데이아가 이아손과 함께 도망쳐 온 코린토스를 배경으로 전개된다. 이 코린토스에서 메데이아는 미개한 나라에서 온 이방인이자 야성적인 여인으로서 이중의 낯선 존재이다. "정성들여 길들인 가축"(18)과도 같은 코린토스의 여인들에 비해, 자기주장을 내세우며 길을 걸을 때도 꼿꼿하게 걷고 "화가 나면 소리 지르고 기쁘면 큰 소리로 웃는"(67) 메데이아는 "절반은 두려움의 대상이자 절반은 멸시의 대상인 야만인"(113)으로 여겨진다. 특히 메데이아는 병을 치료하는 능력을 지닌 여사제로서, 코린토스 시회가 안정되어 있을 때에는 신비롭고 매력적인 존재로 환대를 받았다. 그러나 기근과 페스트 등이 겹치면서 코린토스에 위기가 닥치자 메데이아는 그 모든 재앙을 불러온 사악한 여인으로 내몰리게 된다. 더구나 메데이아가 크레온 왕이 권력을 유지하기 위해 자신의 딸을 죽였다는 비밀을 알게 되자 집권층은 이를 은폐하기 위해 여론 조작에 나서게 된다. 즉 백성들에게 메데이아가 자신의 친동생을 살해한 악독한 여인이자 질투에 눈이 멀어 글라우케 공주마저 죽게 한 사악한 마녀라는

34 같은 글, 77쪽.

소문을 퍼뜨린다. 사회가 혼란스러울 때 집권층은 국민들의 불만이 자신들에게 향하는 대신 외부의 대상을 향하도록 여론을 조작하고, 또 국민들은 자신들의 불행의 책임을 안전한 희생양에게 돌림으로써 불안한 심리에서 벗어나고자 하는 것이다.

> 코린토스인들로서는 페스트와 하늘의 위협적인 현상, 굶주림과 궁전의 부당한 통제에 대한 두려움을 그 여인에게 전가하지 않고서는 달리 벗어날 길이 없었다.(225)

그리하여 흥분한 코린토스인들은 메데이아를 추방하고, 나아가 이방인인 콜키스인들 전체에 대해 폭력을 행사하기에 이른다. 그리고 그들은 메데이아의 아들들마저 살해한 후 그 죄까지 메데이아에게 돌린다. 이러한 희생제의의 과정을 통해 코린토스 사회는 다시 '정상화'되고 권력은 흔들림 없이 유지된다.

2) 콜키스와 코린트: 미개와 문명 혹은 동독과 통일독일

이처럼 볼프는 신화라는 보편적 소재를 통해 이질적인 존재를 배척하려는 집단의 심리와 그것을 이용하고 조장하는 시스템을 생생하게 보여준다. 그러나 이 소설은 많은 평론가들이 지적하고 있듯이 "시대사적 배경 없이는 이해될 수 없다."[35] 볼프가 앞에서 인용한 대담에서도 밝히고 있다시피, 이 소설은 무엇보다도 독일 통일 이후 볼프가 겪은 체험을 바탕으로, 구동독과 동독인, 나아가 외국인에 대해 배타적인 당시 독일의 현실에

---

35 Volker Krischel, *Erläuterungen zu Christa Wolf, Medea* (Hollfeld: Bange, 2003), 15쪽.

대한 비판이 출발점이자 핵심이 되고 있다. 물론 소설의 내용을 동독과 서독의 일대일 대응으로 축소시켜 정치적으로만 해석하는 것은 작품을 지나치게 단순화시킨 평면적인 이해라고 할 수 있을 것이다. 그러나 신화가 인류의 보편적인 문제에 대한 비유이고 상징이라고 할 때 거기서 통일독일의 현재 문제를 읽어내는 것은 충분히 가능하고 의미 있는 일이다. 오히려 이 소설을 인류 문명의 보편적인 문제를 다룬 것으로만 해석하는 것 역시 추상적인 이해이다. 그동안 크리스타 볼프가 (신화를 다룰 때에도) 언제나 현실의 당면한 문제에 대해 적극적으로 대결해왔던 것을 볼 때 더욱 그러하다.

우선 콜키스와 코린토스는 각각 동독과 서독에 대한 비유로 읽힌다. 메데이아의 고향인 콜키스는 "동쪽 끝에 있는 낯선" "미개한 나라"(46)로서 금을 별로 소중하게 여기지 않는 소박한 사회이지만 또한 "전체가 어두운 비밀들로 가득 차 있"(16)는 사회이다. 이에 반해 서쪽에 위치한 코린토스는 화려하고 문명화되었으며 "황금에 대한 욕망에 사로잡혀 있"(38)는 나라로 묘사된다.

특히 콜키스에 대한 메데이아의 다음과 같은 언급은 구동독에 대한 볼프 자신의 비판으로 들린다.

> 콜키스에서 우리는 옛 전설에 심취되어 있었지. 정의로운 왕과 왕비 지하에서 소유물은 아주 공평하게 분배되어 아무도 다른 사람을 시기하거나 재산이나 생명을 노리는 일이 없이 서로 의좋게 살았다는 전설 말이다. [⋯] 우리 콜키스 사람들에게는 그러한 이상향이 손에 잡힐 듯 눈앞에 있었으며, 늘 우리 삶의 척도였다[⋯]. 우리는 해를 거듭할수록 우리의 이상향으로부터 멀어져가는 것을 목격했고, 곧 고루한 늙은 왕이 최대의 걸림돌이라는 사실을 깨달았지.(99-100)

동독은 소유물이 공평하게 분배되고 모든 국민이 평등한 나라를 건설하려는 모든 이의 이상을 품고 건설되었다. 그러나 현실은 점점 이상향으로부터 멀어져가고, 그러한 이상은 '옛 전설'로만 남게 되었다. 그렇게 된 원인은 '고루한 늙은 왕'으로서, 이는 동독의 지도자 에리히 호네커(Erich Honecker)에 대한 직접적인 비판으로 해석되기도 했다. 그러나 볼프는 많은 사람들이 현실을 직시하기보다는 '옛 전설'에 심취되어 있었다는 점 또한 비판한다. 왕의 통치방식에 불만을 품은 젊은이들이 메데이아가 사제로 있는 신전에 모이기도 했지만,[36] 결국 메데이아는 왕을 몰아내는 데 실패하고, 뜻을 같이하는 소수의 사람들과 함께 콜키스를 떠난다. 메데이아 자신의 말대로, "그것은 도피였다"(104).

이에 반해 메데이아가 도착한 코린토스의 첫인상은 어두운 비밀로 가득 찬 콜키스와 달리 "그 어떤 비밀도 없"(16)고 모든 사람이 만족하며 살고 있는 곳처럼 보였다. 그러나 점차 코린토스 역시 겉보기와는 달리 바람직한 곳이 아니라는 사실들이 드러난다. 우선 코린토스에서는 시민의 가치를 "각자가 소유한 황금의 양에 따라"(38) 평가한다. 여성의 지위에 있어서도 모계사회의 전통이 남아 있던 콜키스와는 달리 마치 '가축'처럼 남성에게 무조건 순종해야 하는 존재로 묘사된다. 또한 코린토스인들은 처음부터 콜키스인들에 대해 가난하고 미개한 나라에서 온 이방인이라고 멸시하며 오만한 태도로 대한다.[37] 메데이아가 소유물이 공평하게 분배되고 모두가 의좋게 사는 "콜키스인들의 꿈"에 대해 이야기를 하면 코린토스인들은 "불신과 동정심이 어우러진 착잡한 표정을 짓다가 급기야 싫증을 내며 혐오감을 드러내"(99-100)었다. 이러한 태도는 통일 이후 동독인들을

---

36 "아이에테스 왕이 콜키스를 다스리는 방식이 점점 더 많은 이들에게 반감을 불러일으켰다[…]. 여신의 신전은 […] 불만을 품은 사람들, 특히 젊은이들의 모임 장소가 되었지."(98-99)

37 "우리는 우리의 부유한 생활에 눈이 휘둥그레진 콜키스인들의 감탄어린 표정을 즐겼다."(125)

대하는 서독인들의 태도를 연상시킨다. 서독인들 역시 코린토스인들처럼 처음부터 거리를 가지고 동독인들을 대했고 그것은 결코 극복될 수 없었다. 특히 코린토스인들은 자신의 관습만을 올바른 것으로 여기고 자신들이 세운 기준에 맞지 않는 것은 모두 야만적이거나 악한 것으로 배척한다. 메데이아를 배신한 아가메다처럼 약삭빠르게 처신하여 코린토스에서 성공을 거둔 경우도 있지만, 대부분의 콜키스인들은 코린토스의 삶에 쉽게 적응하지 못하고 고향을 떠나온 것을 뒤늦게 후회한다. 그리고 그 책임을 메데이아에게 돌린다.

> 제가 데려간 나라에 실망한 우리 콜키스 사람들은 고향을 잃어버린 모든 책임을 저한테 돌리기 시작하였답니다. 돌아보니 그제야 고향이 더없이 찬란하게 빛나 보였던 게지요.(32)

베를린 장벽이 무너지고 통일에 대해 본격적으로 논의되기 시작했을 때, 동독인들도 콜키스인들처럼 자유롭고 풍요로운 서독의 겉모습에 현혹되어 즉각적인 통일, 즉 동독의 해체와 서독 체제로의 편입을 원했다. 그러나 막상 통일이 되자 동독인들은 동독에서 살아온 모든 삶의 가치들이 부정당하고 서독의 체제와 규범들에 새롭게 적응해야 하는 데에서 어려움을 느꼈으며, 서독인들과의 경제적 격차, 문화적 차이로 인한 상대적 박탈감과 소외감이 커졌다. 무엇보다도 동독의 모든 문화와 가치를 무시하는 '돈만 아는' 서독인들의 오만한 태도는 서독인들에 대한 반발심을 넘어 '동독에 대한 향수(Ostalgie)'까지 불러일으켰다. 그러나 볼프는 코린토스로 상징되는 서독과 서독인들에 대해서뿐만 아니라 콜키스로 상징되는 동독과 동독인들에 대해서도 거리를 두고 서술한다. 볼프는 그러한 '향수'가 이미 뒤늦은 후회일 뿐, 현실의 변화에 아무런 기여도 하지 못한다는 것을 지적하는 것이다.

이처럼 『메데아』는 구동독의 스탈린주의적 체제, 서독 및 통일독일의 물질만능주의, 통일 이후 동독인들과 서독인들의 갈등〔오씨(Ossi) 대 베씨(Wessi)〕 문제 등 동독과 서독, 그리고 통일독일의 현실에 대한 볼프의 문학적 대응으로 해석할 수 있다. 그런 점에서 "동서독 소설이며 전환기 텍스트이자 자신의 처지에 대한 지극히 개인적인 볼프의 논평"[38]이라고 평가된다. 무엇보다도 전환기와 통일 직후 온갖 비난과 오해, 인신공격에 시달린 볼프는 역사 속에서 희생양으로 만들어진 메데이아의 모습에 자신의 처지를 투영한 것으로 보인다. 그런 점에서 이 소설은 '자기치유의 글쓰기'라고도 할 수 있을 것이다. 이에 대해 일부 비평가들은 볼프가 자신을 메데이아처럼 '무고하게 누명을 쓴 희생자'라고 주장하면서 자신의 책임을 남에게 전가하고 있다고 비판하였다.[39] 그러나 이는 동독과 서독을 콜키스와 코린토스에 일대일 대응하는 것으로 해석하는 것과 마찬가지로 피상적이고 일면적인 해석이다. 메데이아의 모습에 볼프의 모습이 많이 겹쳐지는 것은 사실이지만 볼프가 메데이아를 통해 보여주고자 했던 것은 이방인을 배제하는 메커니즘이 어떻게 이루어지는가 하는 것이다. 그런 점에서 『메데아』의 메시지에도 불구하고 볼프에 대한 '오해'는 끝나지 않았다. 소설은 코린토스에서 쫓겨난 메데이아의 절망적인 탄식으로 끝난다.

> 내게 남아 있는 것이 무엇인가. 저들을 저주하는 것. 〔…〕 나, 메데아는 너희를 저주한다.
>
> 나는 어디로 가야 하는가. 내게 어울리는 세계, 그런 시대가 있을까. 물어볼 이가 아무도 없다. 이것이 대답이다.(236)

---

38 Sigrid Löffler, "Medea des Ostens", *Falter*, Nr. 9 (1996), 59쪽.

39 Volker Hage, "Kein Mord, nirgends. Ein Angriff auf die Macht und Männer: Christa Wolfs Schlüsselroman *Medea*", *Der Spiegel*, 9/1996, 206쪽 참조.

이러한 메데이아의 목소리에서 사회주의의 이상을 지키기 위해 끝까지 싸웠으나 현실의 벽에 부딪쳐 좌절할 수밖에 없었고 이제는 어디서도 그 이상을 실현할 전망을 가질 수 없는 동독 개혁사회주의 작가들의 탄식을 들을 수 있다.

그러나 이러한 절망스러운 현실 속에서 볼프는 (『카산드라』에서도 그랬듯이) 유토피아적 공동체에 대한 전망을 내비친다. 메데이아가 성난 폭도들에게 쫓겨 도망다니던 중에 그녀를 구해준 오이스트로스를 통해 만나게 된 모임이 그것이다. 거기에는 조각가 오이스트로스와 크레타 출신의 보석세공사 아레투자, 코린토스의 천문학자 로이콘, 그리고 메데이아의 고향 친구인 리사와 리사의 딸 아린나, 게다가 코린토스의 공주인 글라우케까지 함께한다. 이처럼 이 모임은 '다른 것'을 배제하며 자신의 기준만을 강요하는 코린토스 사회 속에서, 인종과 성별, 지위 고하와 관계없이 서로 격의 없이 어울리는 희망의 공간으로 나타난다. 글라우케는 "내 도시에 그렇게 아름다운 공간이 있을 줄은 꿈에도 생각해보지 못했다."(154)라면서 "마치 다른 세계에 온 기분이었다."(156)라고 말한다. 이곳에서 메데이아는 욕심 없고 겸손하며 모든 사람을 동등하게 대하는 이상적인 인간으로 그려지는 오이스트로스와 사랑하는 사이가 되며, 아레투자와는 자매애를 나눈다. 또한 위험에 내몰린 상황에서 마지막으로 친구 리사와 아이들과 함께 평화롭고 행복한 순간을 만끽한다. 그러나 이러한 순간은 찰나의 꿈처럼 스쳐갈 뿐 철저하게 파괴되고 사라져버린다.

이처럼 볼프는 통일 이후 독일 사회에서 나타나는 다양한 문제들에 대해 비판하며 유토피아적 전망을 대립시킨다. 그러나 그러한 유토피아는 말 그대로 어디에도 없는 곳이기에, 개혁사회주의자들이 좌절할 수밖에 없었듯이 공허하게 들릴 수도 있다. 그러나 그러한 전망 속에서 비로소 현실의 모순은 더욱 날카롭게 대비되어 드러난다. 그것은 "모든 시간을 차지하고 있는 어두운 현재 속으로 가느다란 한 가닥의 미래를 밀어

넣는 것"[40]이다. 볼프는 메데이아의 입을 통해 "살아 있는 모든 생명체가 마음껏 자신을 발휘할 수 있도록 도와주는 게 진정 선한 것"(123)이라고 말한다.

통일 이후 동독에 대한 배타적 태도뿐만 아니라, 특히 동독 지역에서 외국인에 대한 배타적 태도가 심해지는 것을 볼 때 『메데아』의 메시지는 더욱 절실하게 다가온다. 나아가 전 세계적으로 인종적·종교적·민족적 반목과 약자 내지 소수자에 대한 박해가 계속되는 현실에서 『메데아』는 인류보편적인 타당성을 갖는다고 하겠다.

---

40 Christa Wolf, *Kassandra* (Darmstadt; Neuwied: Luchterhand, 1986), 152쪽.

제4장

동독에 대한 과거청산작업[41]

모니카 마론의 『고요한 거리 6번지』

1. 동독을 떠난 작가, 모니카 마론

모니카 마론(Monika Maron)은 1941년생으로, 크리스타 볼프가 유년기에 나치와 전쟁을 경험한 제2세대 작가라면, 그녀는 전후 세대에 속한다고 할 수 있다.[42] 이들은 소위 "made in DDR"[43] 세대로서, 사회주의 속에서 성장한 세대이다. 이들에게 사회주의는 더 이상, 추구해야 할 이념이 아니라 기형적 현실일 뿐이었다. 특히 마론은 1980년대 이후 줄곧 체제비판적인 작품을 발표해왔으며, 동독에서의 출판이 계속 거부당하자 결국 1988년 동독을 떠난, 동독의 체제에 대해 철저하게 비판적인 태도를 가진

41 이 장은 같은 제목으로 『인문논총』 제65집(서울대학교 인문학연구원, 2011)에 발표한 논문을 일부 수정한 것이다.

42 모니카 마론의 경우에는 따로 세대 구분을 하기보다는, 제2세대와 제3세대 사이에 낀 세대 정도로 구분하기도 한다. 여기에는 볼프강 힐비히(Wolfgang Hilbig), 토마스 로젠뢰혀(Thomas Rosenlöcher) 등의 1940년대생 작가들이 해당된다.

43 Patricia Herminghouse, "Schreiben in gewendeteten Vehältnissen: Ostdeutsche Autorinnen in historischer Sicht", Hiltrud Gnüg / Renate Möhmann (Hg.), *Frauen Literatur Geschichte* (Stuttgart; Weimar: Metzler, 1999), 488쪽.

작가라고 할 수 있다.

서베를린에서 태어난 마론은 열 살 때인 1951년에 철저한 공산주의자였던 어머니를 따라 동베를린으로 이주하였다. 마론의 어머니는 동독 초기 권력의 핵심이었던 칼 마론(Karl Maron)과 재혼했는데, 계부 칼 마론은 1950년에서 1955년까지 동독 경찰청장을 지내고 1955년부터 1963년까지는 내무부장관을 지낸, 동독 건국의 주역이라고 할 수 있는 인물이었다. 이러한 분위기에서 마론은 철저한 사회주의 교육을 받으며 "반파시스트 아이"[44]로 성장하였다. 그러나 점차 스탈린주의적 통치가 심화되는 동독의 현실에 대해 비판의식이 커졌다. 마론은 베를린대학에서 연극학과 미술사를 전공한 후 잡지사의 기자로 잠시 활동하다 1976년부터 전업 작가의 길로 접어들었다. 데뷔작인 『분진』(*Flugasche*)은 동독의 환경오염 문제를 고발한 소설로, 동독에서 출판 금지를 당한 후 1981년 서독에서 출간되었다. 이후 『경계 넘는 여인』(*Die Überläuferin*, 1986) 등 여러 작품이 서독에서만 출간되었고, 결국 마론은 남편, 아들과 함께 통일 직전인 1988년 서독으로 이주하였다.

1991년에 발표한 소설 『고요한 거리 6번지』(*Stille Zeile Sechs*)는 통일 직후에 발표되었지만 통일 이전인 1980년대의 동독을 배경으로 하고 있는 작품으로, "동독의 정치적·사회문화적 과거에 대한 가장 중요하고 도덕적으로 인상 깊은 청산작업"[45] 중의 하나로 평가된다.

통일 직후에 나온 『고요한 거리 6번지』에서 동독 체제에 대한 단절과 청산이 시도되었다면, 『슬픈 짐승』(*Animal triste*, 1996)에서는 통일 이후 동독 출신 여성과 서독 출신 남성의 만남과 사랑에 관한 이야기를 통해 통

---

44 Monika Maron, "Ich war ein antifaschistisches Kind", *Die Zeit*, Nr. 49 (1989), 70쪽.

45 Volker Wehdeking, *Die deutsche Einheit und die Schriftsteller* (Berlin: Kohlhammer, 1995), 36쪽.

일 이후 동서독 갈등과 통합의 문제가 본격적으로 다루어진다. 이후 작가 자신의 가족사를 담은 『파벨의 편지』(*Pawels Briefe*, 1999)에서는 유대인으로 나치에 의해 폴란드의 수용소에서 죽임을 당한 작가의 외조부와 자신의 어머니에 대한 이야기를 통해, 동독에서의 나치 과거 청산의 문제를 다루면서, 동독 체제에 대한 비판을 넘어 나치 과거에까지 관심을 확대하고 있다.

2. 『고요한 거리 6번지』[46] 분석

1) 제1세대: 죽은 자들의 독재

소설은 동독 공산당 고위간부 출신인 헤르베르트 베렌바움의 장례식으로 시작된다.[47] 그리고 이 장례식에 1인칭 서술자인 로잘린트 폴코브스키가 참석했다가 돌아오는 것으로 끝난다. 소설은 이러한 장례식이라는 틀 속에서, 1인칭 서술자가 장례식 당사자인 베렌바움을 처음 만나서 베렌바움의 회고록을 대필해가는 과정에 대한 회상, 그리고 서술자 주변 인물들에 대한 묘사들이 장례식의 진행 과정과 더불어 서술된다.

베렌바움은 동독에서 대학 교수와 고위관리직을 역임한 거물급 인사로 거의 여든 살 가까이 된 노인이다. 그는 은퇴하여 자신의 회고록을 집필하고자 하고, 카페에서 우연히 만난 로잘린트에게 자신의 불편한 오른손을 대신해 구술을 받아 적는 일을 맡긴다.

---

46 Monika Maron, *Stille Zeile Sechs* (Frankfurt am Main: Fischer, 1991). 이하 이 책에서의 인용은 괄호 안에 쪽수만 표기함.

47 소설의 첫 문장은 "베렌바움은 판코우 공동묘지에 매장되었다."(7)로 시작된다.

서술자인 '나' 로잘린트는 '바라바스 연구소'에서 연구원으로 일하다 자발적으로 그만둔 마흔두 살의 독신여성이다. '나'는 "돈을 벌기 위해 생각하는 것은 수치"(19)라고 생각하며 "더 이상 돈을 벌기 위해 생각하지 않겠다"(24)고 결심하고 연구소를 그만둔다. 역사학 연구소에서 작센과 프로이센의 프롤레타리아 운동을 연구하던 '나'는 자신이 자기 관심사와는 상관없이 위에서 주어지는 대로 과제를 수행해야 하는 대체가능한 소모품에 불과하다는 사실을 깨닫는다.

> 나에게 업무영역이 부여된 게 아니고 내가 그 업무영역에 또는 그 방에 배당된 꼴이었다. 그 업무영역과 그 방은 내가 오기 전에도 존재했던 것처럼 내가 죽는 경우에도 여전히 존재할 것이다.(22)

'나'는 이처럼 단순히 부속품이나 어떤 목적을 위한 도구로 소모되는 삶을 거부하고 자신이 하고 싶은 일을 하면서 살겠다고 마음먹는다. 그런 삶을 위해 '나'는 피아노를 배우고 모차르트의 오페라 <돈조반니>의 이탈리아어 레시터티브를 독일어로 번역하고자 한다. 베렌바움의 제안을 받아들인 것도, 베렌바움이 불러주는 것을 기계적으로 옮겨 적기만 하면 되리라 기대했기 때문이다(그러나 회고록을 대필해가는 과정에서 그러한 일은 애초부터 가능하지 않다는 것이 드러난다.).

회고록 대필 작업은 '내'가 매주 두 번씩 베렌바움의 집을 방문하여 이루어지는데, 베렌바움의 집이 바로 '슈틸레 차일레' 거리 6번지이다. 이 거리가 속해 있는 구역은 일반 시민들에 의해 일명 '작은 도시'라고 불렸던 곳으로, 과거 정부 기관들과 함께 "초대 대통령, 초대 국무총리, 초대 문화장관 등"(8) 동독의 특권층이 모여 살던 곳이었다. 그러나 정부청사가 시 외곽으로 옮겨간 후 지금은 "지난날 막강했던 남성들"(8)의 미망인들과 베렌바움 같은 은퇴자들이 살고 있는 쇠락한 곳으로 그려진다. 이 지역은 소설 첫 부분에 등장하는 베렌바움의 죽음과 마찬가지로 동독의 몰락을 증언하는 듯하다. 한때 철책으로 둘러싸인 채 군대와 경찰이 지키고 있던 모습이나 집집마다 설치된 도청장치들에 대한 무성한 소문들은 곧 감시와 통제로 유지되던 동독 체제의 축소판이다. 그러나 지금은 오가는 주민들도 보이지 않고 정원에서 노는 아이들도 찾아볼 수 없으며 "청동판에 새겨진 죽은 사람들의 이름"(9)만이 남아 있는, 마치 거대한 공동묘지와도 같은 모습으로 묘사된다. 이처럼 베렌바움이 살고 있는 곳은 베렌바움이 죽기 전부터 이미 모든 생명력이 질식당한 채 죽어 있는 상태이다. 따라서 거리의 이름이자 소설의 제목인 '슈틸레 차일레'는 '고요한 거리'라는 의미로, 곧 죽은 자들이 산 사람을 통치하는 동독의 현실을 상징한다고 할 수 있다. 동독의 2세대 작가라고 할 수 있는 하이너 뮐러 역시 다음과 같은 말로 이러한 현실을 매우 함축적으로 표현한 바 있다.

> 동독의 유일한 정당화는 반파시즘, 죽은 사람들, 희생자들로부터 나왔습니다. 그것은 한동안은 존경할 만했지만 어떤 시점부터 살아 있는 사람들의 짐이 되기 시작했습니다. 그것은 살아 있는 사람들에 대한 죽은 자들의 독재가 된 것입니다.[48]

베렌바움은 바로 이러한 동독의 "국부"[49] 세대, 한때 반파시스트였으나 또 다른 독재체제를 구축한 세대를 대표하는 인물이다. 베렌바움의 이력은 그를 처음 만난 서술자가 거의 정확하게 알아맞힐 수 있을 정도로 전

---

48 Heiner Müller, "Das Böse ist die Zukunft. Heiner Müller im Gespräch mit Frank Raddatz. Siebte Folge", *TransAtlantik*, H. 3 (1991), 35쪽, Frank Thomas Grub, *Wende und Einheit im Spiegel der deutschsprachigen Literatur*, Bd. 1: Untersuchungen (Berlin: Walter de Gruyter, 2003), 366쪽에서 재인용.

49 Grub, *Wende und Einheit im Spiegel der deutschsprachigen Literatur*, Bd. 1, 354쪽.

형적이다. 베렌바움은 1907년생으로, 루르 지방에서 가난한 광부의 아들로 태어났다. 초등학교만 마치고 노동자로 일하다 열일곱 살에 공산당에 입당하였으며, 제3제국 시절에 소련으로 망명을 떠났다가 전쟁이 끝난 후 소련 점령지역으로 돌아왔다. 그 후 동독 공산당에서 중책을 담당하였으며 대학교수까지 지냈다. 그는 철저한 반파시스트이자 "완고한 스탈린주의자"(29)로서, "미래의 세대에게 증거를 남겨야 할 의무"(47)에서 회고록을 집필하려 한다.

이러한 베렌바움의 모습은 서술자에게 자신의 아버지의 모습을 떠올리게 한다. "베렌바움의 거실은 내 부모님의 거실과 닮았"(45)고 '나'의 아버지 역시 베렌바움이 입었던 것과 같은 실내복을 입었다. 무엇보다도 '나'의 아버지 역시 가난한 노동자 출신으로 초등학교밖에 졸업하지 못했지만 교장을 역임한 철저한 공산주의자였다. 베렌바움과 마찬가지로 아버지도 반파시즘과 '계급본능'이란 말을 전가의 보도처럼 휘두르며 국민들을 통제하고 자신들만의 권력을 유지하는 데 이용하였다.

> 아마도 아버지가 한 줄도 읽어보지 않았을 카프카의 책들이 왜 퇴폐적이고 해로운 문학인지에 대해 〔…〕 근거를 대고자 할 때면 계급본능이라는 끔찍한 단어가 아버지의 가장 확실한 무기였다.(58)

그들은 모든 것을 자신의 '계급본능'을 근거로 평가했으며 그러한 본능은 언제나 옳은 것이었다.[50] 그들에게 계급본능은 이미 전제되어 있는 것으로, 논박할 수 없는 것이었다. 아버지는 학교에서나 집에서나 권위적인 지배자로 군림하며 개인의 개성을 존중하지 않고 자신의 기준만을 강요했다. 무엇보다도 '나'는 어린 시절에 아버지와의 친밀한 교감을 원했지만 "아버

---

50 "본능이라는 단어로써 나의 아버지는 무오류성을 주장했다."(59)

지는 교육적 의도에서만 나와 말하였고, 그 외에는 나와 어떤 대화도 나누지 않았다."(61-62) 서술자는 이처럼 권위주의적인 아버지에 대한 반감이 매우 커서 아버지가 죽기를 바랄 정도였다. 이처럼 서술자의 아버지와 베렌바움의 모습이 겹쳐지면서 이들은 곧 제1세대에 대한 상징이 된다.

2) 제3세대 동독 지식인의 의식

1인칭 서술자 로잘린트는 동독의 현실에 환멸을 느껴 어떤 목적을 위해 자신의 지식이 사용되는 것을 거부하기로 한 지식인이다. 지식마저도 당의 목표와 필요에 맞춰 조종되고 통제되는 동독 사회에서 지식인으로 살아간다는 것은 당의 요구에 예속될 수밖에 없기 때문이다. 그 대신 그녀는 "유용성과 목표의 세계에서 완전히 물러나"(30), 피아노 연주와 같은 사적인 삶을 선택한다. 지식인의 삶과 개인의 자유가 서로 양립될 수 없는 현실에서 그녀는 지식인이라는 자신의 정체성을 스스로 포기할 수밖에 없는 것이다.

이러한 태도는 그녀가 술집에서 만나는 동료들의 경우에도 마찬가지이다. 한때 애인 사이였다가 지금은 친구로 지내는 브루노와, '백작'이라는 별명으로 불리는 중국학자 칼-하인츠 바론이 그 모임의 중심인물이다. 이들은 모두 지식인으로서, 현실의 세계와는 "다른 법칙이 통용되는 반대세계"로서의 "술집의 제국"(172)으로 도피한다. 그 술집은 "베렌바움의 권력이 끝나"(173)는 곳이다. 그곳은 현실의 질서와는 반대로, '라틴어를 아는 사람들', 즉 교양을 가진 사람들이 '라틴어를 모르는 사람들', 즉 현실에서 권력을 휘두르는 야만인들을 지배하는 곳이다.

"역사의 수레바퀴를 앞으로 돌리기"(154) 위해 손에 무기를 들고 싸웠던 베렌바움 세대와 달리 제3세대는 "나 이외에는 아무것도 지킬 것이 없는"(154) 세대이다. 다시 말해 3세대는 거창한 역사적 명분 아래 개인의 자유와 소소한 일상의 행복을 빼앗은 1세대에 맞서서 자신의 삶을 지켜내야 하는 것이다. 그러기 위해 이들은 1세대의 죽음을 바란다. 이에 반해 2세대 개혁사회주의자를 대표하는 크리스타 볼프의 경우 "이 나라를 통치했던 일군의 반파시스트들이 정확히 규정하기 힘든 어떤 시점에 실용적인 이유에서 자신들의 승리의식을 전 국민에게 전이시켰다."[51]라고 비판하면서도, 사실상 "우리는 나치 시대에 강제수용소에 수감되었던 사람들에 맞서 저항을 하는 것에 대해 매우 가책을 느낀다."[52]라고 고백한다. 여전히 내일의 유토피아에 대한 희망을 버리지 않고 있는 2세대들을 '내일' 세대라고 한다면, 로잘린트와 같은 3세대는 1세대가 죽은 후 비로소 자신의 삶을 시작하게 되는 '모레' 세대이다.

> 이 모든 문장은 모레로 시작되었다. 모레는 사막이 얼어붙을 것이다. [⋯] 모레는 바다가 하늘로 전복될 것이므로, 수영 못하는 사람은 조심하시길. 한 번도 내일이 말해진 적이 없었다. 내일은 아직 나의 날이 아니었다. 내일 일어날 일은 이미 베렌바움의 일정표에 들어 있었다. 모레는 베렌바움이 죽은 후의 날이다.(155)

그러나 '술집공동체'에서 부딪치게 되는 모레 세대 지식인의 모습은 아직 '모레'가 오지 않은 상태에서, 그리고 그 '모레'가 언제 올지도 모르는 상태에서, 아무런 전망도 없이 절망에 빠진 채 삶을 소모하는 모습으로 나

---

51 Christa Wolf, "Das haben wir nicht gelernt" [21. Okt. 1989], Wochenpost v. 27. 10. 1989, Grub, *Wende und Einheit im Spiegel der deutschsprachigen Literatur*, Bd. 1, 366쪽에서 재인용.

52 Christa Wolf, "Schreiben im Zeitbezug. Gespräch mit Aafke Steenhuis" (11. Dez. 1989), Christa Wolf, *Reden im Herbst* (Berlin: Weimar, 1990), 136쪽, Grub, *Wende und Einheit im Spiegel der deutschsprachigen Literatur*, Bd. 1, 366쪽에서 재인용.

타난다. 이들은 1세대가 구축해놓은 그로테스크한 현실에 부딪쳐, 알코올 중독이나 정신박약 상태에 빠지는 등 "삶의 의미상실과 절망, 무정부주의적 방황, 현실도피와 네오 비더마이어의 성향"[53]을 보인다. 로잘린트는 이들과의 교류에서 같은 세대 지식인이자 삶을 빼앗긴 세대로서 동류의식을 느끼긴 하지만, 또한 지적 우월감에 사로잡힌 채 지적 유희만을 일삼는 이들의 태도에 불편함을 느낀다. 무엇보다 그곳은 "남성의 자유의 마지막 보루"(74)로서, 바깥세상과 마찬가지로 남성중심적 위계질서가 뿌리 깊게 자리 잡고 있다. 그곳에서는 교양 '귀족'이 라틴어를 모르는 '야만인'들을 지배할 뿐이다. 여자이자 라틴어를 모르는 로잘린트는 그들만의 공동체에서 단지 "청중"(77)에 불과할 뿐이다. 그것은 소수의 엘리트만으로 구성된 배타적인 공동체로서 현실도피의 수단에 불과할 뿐, 결코 죽어가는 동독 현실에 대한 대안이 될 수 없다.

그에 비해 로잘린트는 피아노를 새로 배우고 오페라 레시터티브를 번역하는 등 자신의 삶에 의미가 있는 생산적인 일을 시도하고자 한다. 이 과정에서 이웃에 사는 피아노 선생님인 테클라 플라이셔에게 피아노를 배우고 서로의 고민을 함께 나누면서 여성적 연대를 구축한다. 테클라는 "다른 모든 인물들에 대한 반대기획"[54]으로 나타난다. 숨 막히는 도시에서 "어느 정도 손상되지 않은 오아시스"(196)와 같은 역할을 하는 호젓한 공원과 마찬가지로, 테클라와의 만남과 피아노 연주는 로잘린트에게 베렌바움의 세상 속에서 어느 정도나마 자신을 지킬 수 있는 희망의 계기로 그려진다.

---

53 김누리, 「또 하나의 장벽: 모니카 마론의 소설 『조용한 거리 6번지』」, 365쪽.

54 Grub, *Wende und Einheit im Spiegel der deutschsprachigen Literatur*, Bd. 1, 364쪽.

3) 제3세대에 의한 제1세대의 청산 시도

이 소설에서는 표현주의 극작가이자 행동주의자 에른스트 톨러(Ernst Toller)의 다음과 같은 질문이 라이트모티프처럼 반복된다.

> 행동하는 자는 언제나 죄를 지을 수밖에 없는가? 아니면 죄를 짓지 않으려면 몰락해야 하는가?(41)

소설 초반에 로잘린트 자신에게 던지는 이 질문은 그녀로 하여금 베렌바움과의 관계와 나아가 그녀의 삶 자체를 이끌어가게 하는 동인이 된다.

로잘린트는 "두뇌작업을 하지 않는 조건으로"(29) 회고록의 대필을 시작했지만 작업이 진행됨에 따라, 지난날의 역사적 과오에 대해서는 회피로 일관하고 자신의 삶을 합리화하고 미화하기에 급급한 베렌바움의 구술 내용에 대해 참을 수 없는 역겨움을 느낀다. 그리고 베렌바움을 도움으로써 공범자가 되는 것은 아닌가 하는 죄책감을 느끼게 된다.[55]

이러한 죄책감은 세 가지 사건을 거치며 베렌바움에 대한 분노로 직접적으로 표출된다. 첫 번째 충돌은 베렌바움이 베를린 장벽에 대해 "반파시즘 방어벽"(Antifaschistischer Schutzwall)(107)이라며 정당화했을 때이다.

> 역사적인 61년 8월 이전에는 […] 브란덴부르크 문을 통해 적의 탐욕스런 몸체 속으로 신생공화국의 생명수의 강이 붉게 고동치며 흘러들어가는 환영을 종종 보았다고 베렌바움은 말했다.(107-108)

---

55 "내가 베렌바움이 불러주는 것을 저항하지 않고 받아쓰는 동안 나는 그가 자신의 기념비를 활자로 주조하는 것을 도움으로써 내 자신을 공범자로 만드는 것은 아닌지, 그의 공범자가 되는 것은 아닌지 점점 더 의문을 가지게 되었다."(77)

베렌바움의 이러한 평가에 대해 '나'는 분노를 참지 못하고 다음과 같이 소리친다.

> 그때 당신들 스스로 피가 흘러가게 했잖아요. 당신들이 장벽을 세워 사람들의 몸에 총으로 구멍을 낼 수 있었으니까[…](108)

베렌바움은 이러한 '나'의 비판이 현실의 어려움을 모르는 철부지의 생각이라고 무시하면서 당시 상황에서 "불가피한 결정"(109)이었다고 강변한다.

두 번째는 베렌바움이 모스크바 망명 시절에 대해 무비판적으로 묘사했을 때이다. 모스크바의 룩스 호텔은 나치를 피해 망명한 독일의 공산주의자들이 대거 머물렀던 곳이다. 스탈린의 '대숙청' 기간에 1937년에는 소련 내의 독일인들에 대해서도 대량학살이 이루어졌고, 이곳에 머물던 망명자들 중 많은 수가 나치의 스파이라는 혐의로 처형되거나 수용소로 끌려갔다. 서술자가 당시 룩스 호텔에 머물렀던 베렌바움에게 그 일에 대해 질문하자, 베렌바움은 "몰랐다"고 하면서 "우리는 히틀러에 맞서 싸웠다"(138)라고 대답한다. 서술자는 히틀러에 맞서 싸우고 국가를 건설한 '그들'이 스탈린의 범죄행위에 대해 눈감고 번번이 '반파시즘 투쟁'이란 명목으로 스스로를 정당화하는 것에 분노한다.[56]

> 그들은 언제나 옳지, 라고 나는 생각했다. […] 내가 불평하려고 입을 열자마자 그들을 라벤스브뤼크나 부헨발트 같은 덩어리를 내 이빨 사이에 처넣었다.(141)

---

56 어린 시절 서술자의 아버지 역시 서술자의 질문에 대해 스탈린이 '천재'이며 공산주의에는 살인자가 없다고 말한다.

동독을 건국한 이 세대는 스스로를 파시즘의 희생자로 둔갑시키며 그것을 무기로 반대의 목소리를 철저하게 억눌러 왔다. 그런 점에서 '내'가 볼 때 그것은 스탈린의 통치와 다를 바가 없다. 스탈린의 희생자들에 대한 질문에 당황한 베렌바움은 곧 자신의 아내가 1939년에 나치의 수용소로 끌려갔다는 내용을 받아쓰게 한다. 그러면서 "그것〔라벤스브뤼크 집단수용소〕은 시베리아에 있지 않소."(141)라고 외친다. 그러나 '나'는 베렌바움의 말을 그대로 받아쓰는 대신 "39년 가을에 그레테가 체포되었다. 그녀는 라벤스브뤼크 집단수용소로 갔다. 시베리아는 라벤스브뤼크 옆에 있다."(142)라고 덧붙인다. 서술자는 나치와 스탈린의 강제수용소를 병치시킴으로써 파시즘의 희생자가 가해자로 변모한 현실을 상징적으로 표현하고 있다.

이러한 일련의 사건을 거치며 서술자는 결국 생각하지 않고 일하겠다는 자신의 계획이 실패했음을, 아니 애초부터 불가능한 것이었음을 인정하게 된다. 자신이 단순한 '타자기'가 될 수 없다는 인식[57]에도 불구하고 '나'는 베렌바움의 요청으로 어쩔 수 없이 일을 계속하게 된다. 오히려 그 일을 계속하는 것을 자신의 임무처럼 느낀다.

> 나는 그것을 끝까지 가져가 볼 생각이었다. 나는 베렌바움을 이겨보고자 했다. 나는 삶이 나에게 부여한 하나의 과제로서 그를 받아들였던 것이다. 〔…〕 베렌바움에 맞서서 나는 진 싸움을 뒤늦게나마 이겨보려고 했다.(182)

이제 '나'는 단순히 받아쓰기만 하는 역할에서 벗어나 점차 적극적으로 베렌바움과 맞서 싸우게 된다. 그것은 동독의 건국세대에 대한 개인적인

---

57 "비록 내가 타자기 이상의 어떠한 책임도 없더라도, 〔…〕 베렌바움을 위해서는 더 이상 일하고 싶지 않았다. 한 살인자가 타자기에게 자신의 고백을 썼다고 해서 누가 타자기에게 죄를 물을 수 있을까? 하지만 나는 결코 타자기가 아니었다〔…〕."(121-122)

과거청산의 시도로 보인다. 급기야 '나'는 자신의 동료인 칼-하인츠 바론을 무고하게 감옥에 보낸 책임을 물어 베렌바움을 비난한다. 서독으로 탈출한 중국-일본학 연구소의 조교가 바론에게 자신의 교수자격취득논문을 부쳐줄 것을 부탁했고, 바론이 몰래 논문을 부쳐주었는데, 그 사실이 당시 대학에서 중요한 지위에 있던 베렌바움의 고발로 알려져 비밀경찰에 체포되었던 것이다. 저명한 중국학자였던 바론은 1962년에 체포되어 3년간 감옥에 가게 된다. 그 일에 대해 책임을 묻자 베렌바움은 역시 자신의 입장만을 강변한다.

> 우리는 대학에 다닐 수 없었지. 우리는 다른 사람들이 대학에 갈 수 있도록 돈을 지불했소. 먼저 무산자로서 우리의 땀으로, 그리고 우리 국가의 돈으로 말이오. 〔…〕 이러한 교양은 우리의 재산이고, 그것을 가지고 도망친 자는 도둑놈인 거요. 〔…〕 도둑놈은 감옥에 가야지.(206)

이처럼 베렌바움은 끝까지 과거에 대해 반성할 줄 모르고, 모든 것을 계급투쟁의 틀에 맞추어 재단하고 그 틀에 맞지 않는 것은 모두 반동적인 것으로 탄압하는, 시대에 뒤떨어진 고루한 사고방식을 고수한다. 서술자는 베렌바움이 지병이 악화되어 몸 상태가 좋지 않다는 걸 알면서도 그동안 쌓인 자신의 분노를 베렌바움을 향해 거침없이 쏟아낸다. 서술자는 그들이 자기 세대의 삶을 소진시켜 버렸다며 "한 무리의 고문 형리들을 거느린 노예주인"(207)이라고 비난한다. 결국 베렌바움은 그녀의 '심문'을 견디지 못하고 심장 발작을 일으키게 되고, 그로부터 얼마 지나지 않아 죽고 만다.

이 장면에서 서술자는 '나'와 '로잘린트'로 분리되어, '나'는 마치 다른 사람을 보듯이 로잘린트의 행동을 관찰하고 서술한다. 그리고 '나'는 격분한 로잘린트가 "복수의 여신처럼"(205) 베렌바움을 때리고 짓밟아 직접 살해하는 환상을 본다. 이것은 어린 시절 아버지의 죽음을 바랐던 것처럼 베렌바움의 죽음을 간절히 바랐던 '나'의 소망을 환상을 통해 실현한 것이라고 볼 수 있다.

> 나치도 아니었고, 비겁한 위선자도 아니었고, 게다가 저항의 용사였던 당신을 나는 자랑스럽게 여길 수 있기를 바랐습니다. 그렇지만 이제 당신께 말해두어야겠습니다. 나는 당신의 죽음을 바랍니다. 당신이 모든 집과 모든 종이와, 모든 거리, 모든 생각을, 당신이 내가 살기 위해 필요로 하는 모든 것을 내게서 훔쳐가서는 다시 돌려주지 않기 때문입니다. 당신은 나에게 생각할 수 있는 가장 잔인한 일을 하도록 강요합니다. 누군가의 죽음을 갈망하게 하는 것입니다. 어떻게 내가 당신이 계속 사는 것을 바랄 수 있겠습니까?(156)

로잘린트와 같은 3세대는 빼앗긴 삶, 즉 개인의 자유와 일상의 행복을 되찾기 위해 그것을 가로막고 있는 1세대의 죽음을 바란다. 베렌바움의 죽음은 한 개인의 죽음이 아니라 국부 세대 전체의 죽음을 상징할 뿐 아니라, 그들에 의해 짓눌리고 왜곡되었던 동독의 과거 삶 전체로부터의 작별을 의미한다.

> 나는 단순히 베렌바움의 삶과 작별한 것이 아니다. 나는 우리가 만나기 오래 전부터, 마치 자신의 것이라도 되는 것처럼 그가 자리를 차지하고 있던 나의 삶으로부터 작별한 것이다.(57)

그리고 '나'는 베렌바움이 죽었다는 사실을 신문 기사에서 접한 후 그의 죽음을 확인하기 위해 장례식에 참석한다.

> 나는 작별이 필요했기 때문에, 그가 정말로 매장되었는지, 정말로 이 세상에서 사라졌는지를 알아야 했기 때문에 여기에 와 있다. 나는 그를 위해 우는 사

람이 있는지, 그를 위해 우는 사람이 누구인지 알아야만 했다.(34)

이처럼 로잘린트는 술집의 남성공동체처럼 모든 '행동'을 조롱하며[58] 현실을 도피하거나, '베렌바움이 죽은 후의 날'을 기다리기만 하는 것이 아니라 (상징적인 의미에서) 베렌바움을 직접 살해하고 매장한다. 소설의 끝부분에 가서 그녀는 톨러의 질문에 스스로 '그렇다'고 대답하며, 설사 죄를 짓더라도 행동을 하는 쪽을 선택한다. 로잘린트는 '희생자'로서 승리자가 되는 대신 차라리 '행동하는 사람'으로서 죄인이 되기로 한 것이다. 그리고 그것은 로잘린트가 자기 자신에게 던지는 질문이자 곧 독자를 향한 질문으로 남는다.

그러나 로잘린트의 행동은 그 자체로는 현실에 아무런 영향도 미치지 못하는 무의미한 것처럼 보인다. 베렌바움에 대한 로잘린트의 공격은 베렌바움에게 어떠한 반성도 이끌어내지 못하고 그저 개인적인 복수로 그치고 마는 것처럼 보이기 때문이다. 사실상 소설 속에서 베렌바움은 마지막까지도 불멸의 희생자로 기려진다.

베렌바움은 죽어서 묻혔다. 그런데 모든 것이 전과 똑같다. 모레는 베렌바움이 죽은 후의 날이다. 모레는 언제인가? [⋯] 모레는 이미 있었는데 내가 그것을 알아채지 못한 것인가?(216)

로잘린트는 1세대들이 죽는다 해도 그들이 구축해놓은 "동독이란 이름의 거대한 교육임무"[59]는 계속 영향을 미치고 있음을 깨닫는다. 오랜 세월에 걸쳐 삶의 세세한 부분과 사람들의 의식 깊은 곳까지 지배해왔기 때

---

58 "'명상적 삶 만세'(Viva vita contemplativa)라고 브루노가 내 옆을 지나 술집 전체에 울리게 외쳤다."(176)

59 Emmerich, *Kleine Literaturgeschichte der DDR. Erweiterte Neuausgabe*, 490쪽.

문이다. 이러한 회의에 대해 그녀는 유명한 이솝우화의 내용을 떠올린다. 아버지가 포도밭에 보물이 묻혀 있다는 유언을 하고 죽자 아들들이 숨겨진 보물을 찾으려고 포도밭을 다 파헤쳤으나 금은보화를 찾는 데 실패하고 아버지를 원망하고 불평한다. 그러나 다음 해 여름, 잘 일구어진 포도밭에서 포도가 풍성하게 열매를 맺었고, 결국 아버지가 말한 보물이 그 포도열매였다는 내용이다(217-218 참조). 즉 모레가 언제인지는 알 수 없지만 아무것도 하지 않은 채 기다리기만 한다면 우리가 바라는 미래는 주어지지 않지만 당장 눈에 보이는 결과가 없더라도 뭔가 행동을 한다면 언젠가 반드시 결실이 있을 수 있다는 것이다. 그런 점에서 로잘린트의 싸움은 미래의 수확을 위한 작은 한 삽이 될 수 있을 것이다.

소설은 동독이 무너진 현재를 상징하듯 베렌바움의 매장으로 시작된다. 1세대 혹은 동독의 죽음이 전제된 상황에서 출발하여 베렌바움이 죽음에 이르는 과정이 회상의 형식으로 서술되는 것이다. 그런 점에서 이 소설은 곧 동독이 어떻게 죽음에 이르게 되었는가에 대한 기록이라고 할 수 있다. 로잘린트가 베렌바움의 회고록을 함께 써나가는 과정에서 보여주듯이, 1세대는 자신들의 기억, 자신들이 만들어낸 역사를 모든 세대에게 강요했다. 따라서 이 소설은 1세대가 만들어낸 기억의 허구성을 폭로하는 과정이기도 하다. 베렌바움이 죽은 후인 지금 동독의 역사를 다시 쓰는 일은 3세대의 몫으로 남는다. 동독은 이미 역사 속으로 사라졌지만 동독의 역사는 지금부터 다시 씌어져야 한다. 그리고 그것이 일방적 단죄나 향수어린 회상에 머무르지 않기 위해서는 철저한 자기성찰과 미래에 대한 전망을 토대로 이루어져야 함을 이 소설은 역설한다.

제5장

통일독일에서의 새로운 여성정체성 모색[60]

케어스틴 헨젤의 『운하에서 춤을』

1. 동독의 마지막 세대 작가, 케어스틴 헨젤

크리스타 볼프가 동독의 제2세대, 모니카 마론이 제3세대에 속하는 여성 작가라면, 1961년생인 케어스틴 헨젤(Kerstin Hensel)은 통일 당시 20대 후반으로, 통일을 전후한 시기에 작품 활동을 시작한 동독의 마지막 세대 작가에 속한다. 1950년대 후반 혹은 1960년대에 태어나 동독 몰락 직전, 혹은 통일 이후 작품 활동을 시작한 이 세대는 동독에서 태어나 성인이 될 때까지 사회주의 교육을 받은 세대로서, "최후의 '순수' 동독 세대"[61]로 불린다. 그런 점에서 이들은 통일독일의 첫 세대로 평가되는 1970년대생 신세대 작가들과 구분된다. 둘 사이에는 불과 10여 년 정도의 나이 차이밖에 나지 않지만, 주로 2000년대 들어 작품 활동을 시작한 1970년대생 작가들의 경우 비록 동독에서 태어났지만 일찌감치 새로운 사회에 적응해야 했

---

60 이 글은 '단절인가 연속인가: 통일 독일에서의 여성의 삶－케어스틴 헨젤의 『운하에서 춤을』'이란 제목으로 『카프카연구』 제25집(2011)에 발표한 논문을 일부 수정한 것이다.

61 Jana Hensel, *Zonenkiner* (Reinbek bei Hamburg: Rowohlt, 2003), 155-156쪽.

던 통일독일의 첫 세대라는 점에서 근본적인 경험의 차이가 존재하기 때문이다.[62]

헨젤과 같은 최후의 동독 세대에 속하는 작가로는 옌스 슈파르슈(Jens Sparschuh, 1955년생), 잉고 슐체(Ingo Schulze, 1962년생), 토마스 브루시히(Thomas Brussig, 1965년생) 등이 있다. 이들은 동독의 과거와 통일독일의 현실에 대해 멜랑콜리 대신 위트와 신랄한 아이러니를 통해 "이상과 현실, 체제와 인간 사이의 분열에 비판적인 칼날을 들이대고 치부를 파헤"[63]친다는 공통적인 특징을 보인다. 그중에서도 헨젤은 여성 특유의 시각으로 통일 이후 동독 여성들이 처한 현실과 그들의 의식을 날카롭게 드러내는 작품들을 발표하였다.

헨젤은 당시 동독의 칼-마르크스 시(지금의 켐니츠)에서 태어나 간호사로 일하다 1980년대 초에 라이프치히에 있는 요하네스 R. 베혀 문학연구소에서 공부하였다. 1986년 시집 『앙케트 노트』(*Poesiealbum*)로 데뷔한 후 방송극, 에세이, 소설, 희곡 등 다양한 작품들을 발표했으며 통일 이후 『운하에서 춤을』(*Tanz am Kanal*, 1994) 외에도 『석고 모자』(*Gipshut*, 1999), 『강제노동수용소』(*Das Spinnhaus*, 2003), 『미트로프』(*Falscher Hase*, 2005) 등의 소설을 잇달아 발표하면서 대표적인 동독 출신의 여성 작가로 평가받고 있다.

모니카 마론이 동독의 1세대에 맞서는 딸 세대로서 개인의 삶을 질식시키는 동독의 정치권력에 대해 비판적인 청산을 시도했다면, 헨젤의 경

---

62 이들을 가리켜 일명 '트라반트 세대'(Generation Trabant)라고 부르기도 한다. 이는 동독 시절 만들어진 자동차의 이름 '트라반트'를 딴 것으로, 마찬가지로 서독의 가장 대중적인 자동차의 이름을 딴 '골프 세대'에 대응하여 붙여진 이름이다. 골프세대 작가들과 마찬가지로 트라반트 세대의 작가들도 가벼운 글쓰기라는 공통점을 보이지만, 동독에 대한 기억을 문학의 소재로 삼고 있다는 점에서 그들 고유의 특징을 찾아볼 수 있다.

63 박희경, 「'트라반트 세대'의 멜랑콜리 – 동독에 대한 문학적 기억의 방식들」, 384쪽.

우 동독은 거대한 정치체제로서가 아니라 우스꽝스럽고 부조리한 일상으로 나타난다. 헨젤은 자신과 같은 세대에게는 권력이 권력으로 보이지 않았기 때문에 두려움도 없었다고 말한다.[64] 따라서 헨젤에게 동독은 상실을 아쉬워할 유토피아도, 청산해야 할 대상도 아니었다. 통일 역시 헨젤에게는 단절이 아니라 연속된 삶일 뿐이다.

> 나의 글쓰기는 전혀 달라지지 않았습니다. […] 사람들은 변함없이 남아 있습니다: 광신, 속물근성, 의존성, 그리고 그 밖에 나의 글쓰기에서 주제가 되었던 것, 즉 파놉티콘은 몇주 동안 무너지기 시작하다가 마찬가지로 단시간에 복원되었습니다.[65]

헨젤은 동독 시절 개개인의 삶을 지배했던 감시와 통제의 시스템이 동독의 붕괴와 함께 무너지는 듯 보였지만 통일 이후에도 모습만 바뀐 채로 여전히 작동하고 있다고 느꼈다. 다만 동독에서는 국가 권력에 의해 직접적인 방식으로 이루어졌다면 이제는 자본과 언론이라는 형태로 좀 더 교묘하고 은밀하게 이루어질 뿐이다. 헨젤은 소설 『운하에서 춤을』에서 동독 시절의 이야기와 현재 통일 독일의 현실을 번갈아 서술함으로써 두 체제의 일상 속에서 작동하는 억압적 메커니즘과 그 속에서 고통받는 여성의 삶을 풍자적 글쓰기로 폭로한다.

---

64 Kerstin Hensel, "Über dem Jammertal", *Neue deutsche Literatur*, 41. Jahrgang, Heft 1 (1993), 81쪽.

65 Klaus Hammer, "Gespräch mit Kerstin Hensel", *Weimarer Beiträge*, 37. Jahrgang, Heft 1 (1991), 110쪽.

2. 『운하에서 춤을』[66] 분석

『운하에서 춤을』은 동독 출신의 여성 가브리엘라 폰 하슬라우가 1인칭 서술자로서 통일 이후의 시점에서 자신의 삶을 회고하는 형식으로 되어 있다. 현재 시점의 서술에서는 1994년 여름부터 겨울까지 라이프니츠[67]라는 가상의 동독 도시의 운하 옆에서 노숙을 하면서 살아가는 1인칭 서술자의 삶이 그려진다. 과거 이야기에서는 서술자가 네 살이던 1963년에서 독일 통일 무렵까지, 귀족 출신 의사의 딸에서 노숙자로 전락하게 되는 드라마틱한 삶이 서술된다. 현재와 과거 이야기가 번갈아 서술되다가 마지막에 서로 만난다. 이때 과거 이야기와 현재 이야기는 독일 통일을 기점으로 나뉨으로써 단순히 시간의 차이를 넘어 구동독의 삶과 통일독일의 삶으로 대비된다.

1) 동독에서의 여성의 삶

과거이야기는 폰 하슬라우 가족의 "끝없는 몰락"(16)의 이야기라고 할 수 있다. 가브리엘라의 아버지 에른스트 폰 하슬라우는 잘 나가는 외과의사로서 오래된 귀족 가문 출신이라는 특권의식에 사로잡힌 인물이다. 그는 가정에서 가부장적으로 군림하며 자신의 기준을 아내와 딸에게 강요한다. 가브리엘라의 어머니는 대부분의 동독 여성들이 결혼한 후에도 가정생

---

66 Kerstin Hensel, *Tanz am Kanal* (Frankfurt am Main: Suhrkamp, 1994). 이하 이 책에서의 인용은 괄호 속에 쪽수만 표기함.

67 라이프니츠란 이름은 동독의 도시 라이프치히(Leipzig)와 작가의 고향이기도 한 켐니츠(Chemnitz)를 따서 만든 것으로 보인다. 나아가 베데킹은 철학자 라이프니츠(Leibniz)를 연상시키는 이름을 통해 주인공의 "단자적으로 고립된 실존"을 상징하고 있다고 한다. Wehdeking, *Die deutsche Einheit und die Schriftsteller*, 95쪽 참조.

활과 직장생활을 병행하던 것과 달리 결혼 후에 직업을 포기하고 전업주부의 삶을 살아야 했다. 또한 아버지는 가브리엘라가 나쁜 친구들과 어울릴까봐 밖에서 놀지도 못하게 한다. 그리고 흥미도 소질도 전혀 보이지 않는 딸에게 억지로 바이올린을 배우게 한다. 그는 "특권"(46)이란 말을 입에 달고 살면서 동독 사회에서 자신의 신분에 걸맞은 삶을 누리고자 했다. 그리고 실제로 고위직 의사로서 일반 국민들은 누릴 수 없는 많은 특권을 누리기도 했지만, '노동자와 농민의 국가' 동독에서 그가 기대하는 특권은 충족될 수 없는 것이었다. "빌어먹을 국가!"(54)로 인해 번번이 좌절한 그는 알코올중독에 빠지고, 결국 의사로서의 '특권'마저 잃어버린다. 이처럼 권위주의적이고 이기적인 아버지의 태도로 인해 외로움을 견디다 못한 어머니는 젊은 남자와 바람이 나서 가브리엘라가 열세 살 때 아버지와 이혼하고 집을 나간다. 아버지는 알코올중독을 치료한 후 병원에 복귀했지만 "잃어버린 특권"(62)을 다시 얻는 데 실패하고 결국 서독으로 떠나버린다. 그런 아버지는 가브리엘라에게 "낯선 짐승처럼"(50) 보일 뿐이었다.

이러한 아버지의 태도는 가브리엘라가 사회에 적응하는 데 부정적으로 작용한다. 나쁜 친구들과 어울릴까봐 밖에서 놀지 못하게 한 아버지로 인해 그녀는 "나쁜 친구건, 좋은 친구건 아예 친구를 사귀지 못했"(11)으며, 귀족 출신을 뜻하는 '폰'이 들어간 이름 때문에 학교에서는 웃음거리가 된다. 아버지는 자신의 신분에 어울리도록 가브리엘라에게 바이올린을 배우게 하지만 어린 가브리엘라는 바이올린에 적응하지 못하고, 결국 아버지의 병원 직원들 앞에서 연주를 망쳐버린다. 아버지는 자신을 "바닥까지 망신을 주었다"(19)라며 딸에게 불같이 화를 낸다. 이는 아버지의 강압적 교육에 대한 저항심리가 무의식적으로 표출된 것이라고 볼 수 있다. 그리고 학교에 들어간 후에는 부모가 '나쁜 친구'라며 어울리지 못하게 한 카트카와 심지어 학교까지 빼먹고 몰래 어울려 다닌다. 카트카는 "반에서 가장 작고 뚱뚱하고 더러운 여학생"(27)으로, 세탁소에서 일하는 어머니와 여덟 형제와 사는 극빈층이다. 카트카의 집은 더럽고 악취가 풍기며 무질서와 방종으로 넘쳐나는 곳이다. 가브리엘라는 자신의 집과는 정반대인 카트카의 집에서 "악취와 매혹", "구역질나는 마력"(27)을 느낀다. 가브리엘라는 부모 몰래 매일 카트카와 어울리며 싸구려 사탕을 훔치고 운하에서 알몸으로 춤을 추며 부모의 규율로부터의 일탈을 시도한다.

> 날씨가 따뜻할 때면 우리는 매일 알몸으로 운하 가에서 뛰어다니며 웃고 장난치며 놀았다. 우리는 미역취의 꽃을 머리에 꽂았고 운하에서 자라는 대황의 씨와 어린 줄기를 먹고 배탈이나 설사를 했다. 누군가 다리에서 우리를 내려다볼 때는 비명을 질렀다.(31)

악취를 풍기는 더러운 물이 흐르는 운하 옆에서 소녀들이 머리에 꽃을 꽂고 알몸으로 춤을 추는 이 "카니발적 장면"[68]은 단순히 아버지의 규범에 대한 저항의 행동을 넘어, 사회의 모든 규범과 속박에서 벗어나 완전한 자유를 만끽하며 자기 자신과 온전히 혼연일체가 되는 순간을 보여준다.

제목에서도 드러나듯이, 소설 속에서 '운하'는 중심적인 위치를 차지한다. 운하는 동독 시절 공업도시 라이프니츠의 온갖 공장에서 배출되는 폐수가 흐르는 더러운 곳으로서, 사회에서 배제된 사람들이 사는 곳이었다. 예를 들어 가브리엘라의 바이올린 가정교사였던 포피올 부인은 마녀라고 손가락질당하는 존재로서 장애인 아들과 함께 운하 옆 움막과 같은 곳에서 살았다. 통일 이후에는 동독의 몰락한 경제 상황을 반영하듯 공장들이 하나둘씩 문을 닫고 운하에는 점차 공장의 폐수가 흐르지 않게 되었지만 그 대신 직업을 잃고 갈 곳이 없는 수많은 노숙자들이 운하 옆으로 모여든

---

68 임홍배, 「독일 통일 전후의 여성정체성에 대한 비판적 진단 – 케르스틴 헨젤의 『강변에서 춤을』」, 『독일어문학』 제43집(2008), 147쪽.

다. 이처럼 운하는 “더러움과 사회적 몰락을 상징”[69]하지만 다른 한편으로는 사회적 규범에서 벗어난 절대적 자유의 상징이기도 하다. 모든 것을 잃고 운하로 돌아온 ‘나’는 그곳에서 글을 쓰며 자유와 독립을 느낀다.

> 나는 자유이다. 내 가족의 끝없는 몰락이 완결된 오늘날 나는, 모든 것이 나를 독립된 상태로 옮겨놓았을 뿐이라는 사실을 인식하고 있다.(16)

‘나’는 가족으로부터도 벗어나고 사회로부터도 단절된 지금, 자신의 처지에 절망을 느끼는 것이 아니라 오히려 사회의 강요와 기대로부터 벗어난 자유를 만끽한다. 그곳은 ‘나’에게 사회의 요구로부터 자유로울 수 있는 안전한 도피처인 것이다. 그곳에서 ‘나’는 비로소 자신의 삶을 돌아볼 수 있게 된다(그러나 그곳은 말 그대로 일시적인 도피 수단에 불과할 뿐, 영원히 사회와 격리된 채 존재하는 것은 불가능하다).

한편, 가브리엘라의 성장을 가로막는 것은 학교의 경우도 마찬가지이다. 아버지가 계급적 특권의식에 따른 자신의 가치기준을 딸에게 권위적으로 강요하는 것과 마찬가지로 학교 역시 체제의 요구에 맞춰 권위적인 방식으로 학생들을 통제하였다. 학교는 자유로운 개성의 표현을 가로막는다. 사춘기가 지난 카트카는 이제 운하에서 춤을 추는 대신 “예술에 몰두했다.”(56) “카트카는 수업시간에 끊임없이 미친 듯한 기하학적 인물들, 거친 사물들, 괴상망측한 얼굴들을 끄적여댔다.”(56-57) 그러나 그러한 자유분방한 행위는 학교의 규범에 어긋나는 것으로서 용납될 수 없었다. 국민윤리 선생은 카트카의 그림을 벽에 붙여놓고 성적을 미끼로 학생들로 하여금 젖은 지우개를 던지게 한다. 불려나온 학생들은 선생의 위협에도

---

69 Reimann, *Schreiben nach der Wende, Wende im Schreiben?: Literarische Reflexionen nach 1989/90*, 285쪽.

불구하고 대부분 지우개 던지기를 포기하지만 오히려 가브리엘라는 보란 듯이 지우개를 던진다. 가브리엘라의 행동은 국민윤리 교사에 대한 반항심과, 자신이 이해하기 힘들어진 카트카에 대한 시기심이 뒤섞인 심리에서 나온 것으로 보인다. 그러나 카트카는 오히려 죄책감으로 우는 가브리엘라를 위로한다. 그 후 '나'는 아버지에 대한 반항심에서 동독의 청소년 단체인 '자유청년단'(FDJ)에 가입하는가 하면, 국민윤리 교사를 성추행 혐의로 고발하여 학교에서 쫓아내는 등 아버지와 학교에 대해 미성숙하고 종잡을 수 없는 방식으로 반항심을 표출한다.

국가 역시 체제유지를 위해 개인의 삶을 철저하게 짓밟는 모습으로 나타난다. 가브리엘라는 어느 날 공원에서 부랑자들에게 집단 강간을 당한다. 강간 후 그들은 가브리엘라의 팔에 십자가를 새겨놓는다. 가브리엘라가 경찰서에 가서 신고를 하지만 경찰은 오히려 그녀가 허위사실을 꾸며냈다며 그녀를 범죄자로 몬다. 그녀의 팔에 새긴 십자가는 나치의 하켄크로이츠를 상징하는 것으로, 그녀를 강간한 것은 신나치의 소행으로 짐작된다. 그러나 정권의 수립 이래 나치 과거의 극복이 성공적으로 이루어진 것으로 선전해온 동독 정부로서는 신나치의 존재 자체를 인정할 수 없었다. 사회주의 동독에서 신나치의 존재를 공개적으로 언급하는 것은 터부였다. 따라서 국가는 오히려 그녀가 자해를 한 것이라며 그녀를 "국가모독"(70) 죄로 고발한다. 그리고 그녀의 가족과 주변 인물들은 슈타지로부터 철저하게 탐문과 협박을 당한다. 슈타지는 결국 그녀의 아버지로 하여금 피부이식수술을 해서 그녀의 팔에 난 상처를 덮도록 한다. 이는 문제의 근본적인 해결을 외면한 채 얄팍한 거짓으로 진실을 은폐하려는 동독 당국의 태도를 상징적으로 보여준다. 그녀는 결국 자신이 겪은 사실에 대해서조차 스스로 의심을 하게 되는 지경에 이른다.[70] 이 일이 있은 후 그녀

---

70 "나는 내가 착각을 한 것이라고, 내가 자제력을 잃고 스스로 상처를 냈고 나머지는 꿈

에게는 대학진학이 거부된다. 당국이 겉으로 내세우는 명분은 "역사의 정의를 근거로" "대학의 자리는 주로 노동자의 자식들에게 주어진다"(73)는 것이었다. 그 대신 그녀에게는 강철연마공 견습생의 자리만이 주어진다. 이는 사회주의라는 이념이 명분만 남은 채 실제로는 체제유지의 수단으로 전락한 동독의 실상을 단적으로 보여준다.

엄청난 무게의 강철판을 옮기고 갈아내야 하는 강철연마공의 일은 여자가 감당하기엔 불가능한 일이었다. 가브리엘라는 일을 견디다 못해 공장을 뛰쳐나온다. 그러나 그녀를 기다리는 것은 슈타지의 정보원 노릇이었다. 슈타지는 그녀의 소위 '자해' 사건을 언급하고 그녀의 부모를 비롯한 주변 인물들에게 불이익이 돌아갈 것을 암시함으로써 그녀를 협박한다. 슈타지는 그녀 가브리엘라는 고등학교를 졸업한 다음 글을 쓰기 시작하는데, 슈타지가 이를 이용하여 그녀에게 신인작가로서 예술가들의 비밀모임에 참석하여 그들의 동태를 보고하도록 한다. 그러나 그녀는 그곳에서 바이올리니스트 포피올 부인, 어머니의 애인이었던 연극배우 사무엘, 그리고 화가가 된 카트카를 다시 만나며, 사람들로부터 작가로 인정받는다. 그녀는 자신의 처지를 잊은 채 비로소 자신이 원하는 것, 작가로서의 정체성을 찾았다고 느끼고 행복해한다. 그리고 어린 시절 모든 통제로부터 벗어나 자유와 독립을 만끽했던 그 순간처럼 그날 밤 카트카와 함께 운하 옆에서 춤을 춘다. 그러나 다음날 잠에서 깨어난 그녀를 맞는 것은 슈타지의 감시요원들이었다. 결국 그녀가 경험했던 행복한 순간은 현실인지 꿈인지 모호한 채로 남는다. 이는 동독이라는 체제가 온존하는 상황에서 그녀가 자유로운 예술가로서의 정체성을 발전시킨다는 것은 환상에 불과하다는 것을 상징한다.

가브리엘라의 성장과정에 결정적인 영향을 미쳤던 인물들을 한자리에

을 꾼 것이라고 믿게 될 정도였다."(73)

서 만났다는 것은 실제로 일어난 일이라기보다는 그녀의 환상으로 보인다. 대머리에 "남자처럼"(13) 양복을 입고 다니는 양성적인 모습으로 그려지는 포피올 부인은 "마녀"(32)라고 기피당하며 장애인 아들과 함께 도시의 버려진 지역인 운하 옆에서 사는 등, 그 자체로 국외자이자 낯선 존재이다. 그녀는 가부장적 질서를 비롯한 사회의 질서에 위협이 되는 존재라고 할 수 있다. 그녀는 어린 가브리엘라에게 키스를 하며 "네가 원하는 곳으로"(20) 가라며, 자신의 의지와 욕망을 자유롭게 추구할 수 있는 가능성을 처음으로 보여준 사람이다. 그러나 그녀는 가브리엘라의 아버지에 의해 환자로 낙인찍히고 해고된다. 이 말은 가브리엘라의 의식 속에 깊이 각인되어 소설 속에서 여러 차례 반복되어 나타나는데, 지하 술집 장면에서는 카트카의 입을 통해 언급된다(104). 그리고 '나'는 카트카와 함께 운하에 가서 춤을 춘다. 카트카 역시 아버지와 학교로부터 '비사회적' 존재로 낙인찍힌 인물이며, 운하에서의 춤 역시 앞에서 보았듯이 모든 사회적 제약으로부터 벗어난, 자신의 욕망의 자유로운 표현을 상징한다. 따라서 지하 술집 장면은 모든 출구가 가로막힌 가브리엘라가 자신에게 자유로운 의지 표현의 가능성을 보여주었던 인물들을 다시 만남으로써, 자기 자신에 대한 자각에 이르는 계기가 되는 장면이라고 할 수 있다. 다음날 슈타지와 함께 보트를 타고 나간 가브리엘라는 다음과 같은 각성에 이른다.

> 첫 번째 노를 저은 후 나는 정신이 들었다. 갑자기 내가 누구와 보트에 앉아 있는 것인지 보았고, 지난밤에 무슨 일이 일어났었는지, 내가 어디에 있었고 누구를 보았는지 알았다. [···] 각성은 끔찍했다. 이 명료함은 두통을 유발했다. 그리고 시시각각 통증은 나를 점점 더 다음과 같은 인식에 이르게 했다. 이것은 아니다. 이제는 너에게로. 가브리엘라.(110)

가브리엘라는 보트를 전복시켜 슈타지 요원들을 물속에 처박은 후 외

딴 시골로 도주한다. 이는 동독에서의 사회화로부터 완전히 단절하는 장면이라고 해석된다.[71] 동독에서의 가정과 학교와 국가는 여성의 자아실현과 자유로운 예술가로서의 삶을 가로막는 것으로서, 가브리엘라는 국외자의 삶으로 내몰린다. 그러나 얼마 지나지 않아 동독의 민주화 시위 소식이 들려오고, 가브리엘라는 고향 도시로 돌아오면서 자아실현의 가능성에 대한 기대를 갖게 된다.

2) 통일독일에서의 여성의 삶

가브리엘라는 어린 시절부터 자신이 누구인지 혼란을 겪는다. "우리가 누군데!"(36, 41)라는 말로써 자신의 신분과 권력을 과시하려던 아버지로 인해 그녀는 자신이 누구인지 알 수 없었으며,[72] 학교에서 그녀의 '폰'이란 이름은 웃음거리가 될 뿐이었다. 공장에 들어간 그녀는 사회주의의 구호와는 달리 노동을 통한 자아실현이 아닌 자기소외를 경험할 뿐이다. 그녀는 "8시간이 지난 후 더 이상 내가 누구인지 모르"(85)는 지경에 이른다. 그리고 슈타지는 그녀에게 가명을 부여한다. 슈타지에게서 도망쳐 시골에 숨어살면서 가브리엘라는 자신의 이름 대신 자신을 빙카(Binka)[73]나 카트카, 혹은 포피올이라고 소개했었다. 그러나 그녀는 고향으로 돌아오는 길에 운전수들에게 가브리엘라 폰 하슬라우라고 자신의 이름을 말한다.

---

71 Wehdeking, *Die deutsche Einheit und die Schriftsteller*, 97쪽 참조.

72 그녀는 "우리가 누군데"라고 말하는 아버지에게 "도대체 우리가 누군데요?"라고 되묻는다. Hensel, *Tanz am Kanal*, 62쪽 참조.

73 빙카는 작가의 고향인 켐니츠에서 조금 아둔한 사람들을 가리키는 말이라고 한다. Julia Kormann, *Literatur und Wende. Ostdeutsche Autorinnen und Autoren nach 1989* (Wiesbaden: Deutscher Universitätsverlag, 1999), 318쪽. 소설 속에서 '빙카'는 가브리엘라의 어린 시절 애칭이자 운하 옆의 노숙자들이 그녀를 부르는 이름이기도 하다. 무엇보다도 가브리엘라를 강간한 자들도 그녀를 빙카라고 부른다.

–서독 출신인가요?
–아니요.
–그럼 어디 출신인가요?
–안할트의 귀족 출신이에요.(116)

어린 시절 귀족 출신임을 내세우는 아버지로 인해 고통을 받았던 가브리엘라는 이제 스스로 귀족 출신임을 내세우는 자가당착적 태도를 보인다. 그러나 그녀의 이름은 통일독일에서도 웃음거리가 될 뿐이며, 심지어 그녀는 사람들로부터 정신병자 취급을 당한다. 그리고 카트카건, 포피올 부인이건, 그녀를 아는 사람도 더 이상 찾을 수 없다. 통일독일에서 그녀는 자신이 귀족 출신이며 공훈의사 에른스트 폰 하슬라우의 딸이자 작가라고 주장하지만 아무도 그녀의 말을 믿어주지 않는다. 이제 가족도, 친구도, 집도, 직업도 없이 운하 옆에서 홀로 노숙을 하는 그녀는 사회로부터 완전히 고립된 존재이다. 그녀는 자신의 정체성을 확인하기 위해 자신의 삶을 기록하기 시작한다.

아무도 더 이상 내 이름을 알지 못한다. 아무도 내가 무엇을 했는지, 내가 누구였고, 내가 지금 누구인지 모른다. 얼마나 행운인가. 물론 내가 글을 쓰도록 부름을 받지 않았다면 내 상황은 달리 보였을 것이다."(16-17)

글쓰기는 모든 사회적 관계로부터 고립된 '나'에게 자신이 누구인지 확인할 수 있는 수단이다. 동시에 글쓰기는 자신을 다른 사람과 구분시켜주는 능력으로서, 삶을 지탱할 수 있게 해주는 유일한 수단이다.

그러던 중 서독의 여성잡지 『마밀리아』의 기자들이 그녀를 찾아온다. 그들은 "구동독 여성들이 겪는 고초"(79)에 대해 독자들에게 널리 알리기 위해 가브리엘라를 인터뷰하고자 한다. 그들의 관심사는 구동독의 현실 그 자체도, 가브리엘라 개인의 삶도 아닌, 오로지 '통일의 희생자'로서의 동독 여성에 대한 상투적 관념을 가브리엘라를 통해 입증하는 것뿐이다. 잡지에 실을 사진을 찍을 때에도 그들은 가브리엘라의 자연스러운 모습이 아닌 희생자의 역할을 연출하도록 한다.

> 웃지 마세요, 세상에, 평소처럼 바라보세요. 괴롭힘을 당하고 지치고 학대당한 것처럼요. 그래, 좋아요. 이젠 추위에 언 것처럼. 그래! 그래요! 그럼 이번엔 굶주린 것처럼.(80)

이런 그들 앞에서 가브리엘라는 또다시 자신이 누구인지 혼란에 빠진다.[74] 그러나 그들은 가브리엘라가 자서전을 쓰고 있다는 사실을 알고 환호하며 그 글을 잡지에 싣기로 한다. 귀족 출신 의사의 딸이자 작가인 한 여성이 동독 체제의 희생양이 되어 노숙자로까지 전락하게 되는 비극적 운명은 서독인들이 동독에 대해 갖고 있는 상투적 관념을 충족시킬 뿐 아니라 독자의 호기심을 불러일으킬 만한 좋은 소재였던 것이다. 가브리엘라의 이야기는 지저분한 몰골의 사진과 함께 "운하 옆에서 근근이 살아가는 라이프니츠의 여성 작가의 삶 현장보고와 그녀의 자서전 최초 공개"(90)란 제목으로 잡지의 표지를 장식한다. 가브리엘라의 자서전은 이제 자신의 정체성에 대한 추구가 아니라 언론의 선정주의에 빠진 하나의 상품이 된다.

이 일을 계기로 파프라트 경감이 조사차 가브리엘라를 찾아오고, 그 후 그는 그녀에게 호의를 표하며 그녀를 자신의 집으로 데려간다. 그리고 소설은 그녀가 파프라트와 섹스를 나누는 것으로 끝난다. 이 마지막 장면은 많은 논란을 불러일으켰는데, 특히 성행위에 대한 묘사와 파프라트가 그녀를 "착하고 사랑스럽고 예쁜 것"(118)이라고 부르는 것이, 그녀가 신

---

74 "내 이름은 빙카인가? 엘헨인가? 아마도 가브리엘라? 가브리엘라 폰 하슬라우."(80)

나치들에게 강간을 당하던 장면을 연상시키기 때문이다. 더구나 파프라트라는 이름은 그녀가 강간당한 후 경찰서에 가서 신고를 했을 때 조서를 작성하던 경찰의 이름이었다. 그러나 가장 논란이 된 것은 소설의 맨 마지막에 1993년이라는 연도가 덧붙여져 있다는 점이다. 소설 첫 부분에서 '내'가 자신의 삶을 기록하기 시작한 시점을 1994년 7월이라고 밝히고 있으며,[75] 『마밀리아』의 기자들을 만난 시점이 1994년 12월 18일[76]이고 잡지가 나온 후에 파프라트를 만난 것으로 서술되고 있으므로 마지막 장면 뒤에 1993년이라고 기록된 것은 앞뒤가 맞지 않기 때문이다. 그러나 이는 1인칭 서술자의 작위성을 보여주기 위한 의도적인 장치로 보인다. 즉 독자로 하여금 마지막 장면의 신빙성에 대해 의혹을 품게 함으로써, 서술자의 이제까지의 서술내용, 즉 자서전 자체가 서술자가 꾸며낸 허구가 아닌가 하는 의문을 갖게 만드는 것이다.

마지막 장면의 허구성은 앞의 서술을 통해 분명해진다. 서술자는 파프라트의 방에서 그를 기다리며 이야기를 구상한다.

> 알몸으로 파프라트를 맞이하는 거야. 그는 경찰복을 입은 채로! 나체의 여성, 경찰을 맞이하다. 『마밀리아』에서 그렇게 대서특필하겠지. 바로 그거야! 특종감이야! 나는 마지막 수렁에서 벗어나려면 내 이야기를 끝까지 밀고 가서 크게 한방 터뜨려야 해. 〔…〕 안할트의 귀족. 폰 하슬라우. 여성 작가. 경찰 앞에 벌거벗은 채. 누가 그걸 믿겠어. 『마밀리아』의 여성독자들은 다음 편을 기다리고 있어. 귀족으로 시작한 건 좋아. 내 아버지는 유명한 의사였어. 그건 이미 이야기했지. 이야기는 다르게 끝나야 해, 전혀 예상치 못하게.(113)

이러한 내용을 볼 때 마지막 장면은 잡지에 센세이셔널한 내용을 싣기

---

75 Hensel, *Tanz am Kanal*, 8쪽 참조.

76 같은 책, 77쪽 참조.

위해 서술자가 의도적으로 상황을 연출한 것이든, 아니면 아예 일어나지도 않은 사건을 상상 속에서 꾸며낸 것이든, 1인칭 서술자가 잡지의 독자를 의식해서 지어낸 이야기라는 것을 알 수 있다. 이런 정황을 볼 때 마지막의 연도 표기는 가브리엘라가 자신의 전기가 기자들을 만나기 전에 이미 완성된 것이고, 따라서 잡지의 독자들의 구미에 맞게 나중에 지어낸 것이 아니라는 사실을 확실히 보여주기 위해 의도적으로 덧붙인 것이라고 볼 수 있다. 이는 역설적으로 이 책의 독자들에게는 가브리엘라의 전기가 허구일 수 있음을 확인시켜주는 역할을 한다.

특히 "귀족으로 시작한 건 좋아. 내 아버지는 유명한 의사였어."라는 언급은 독자로 하여금 1인칭 서술자의 전기가 처음부터 모두 꾸며낸 것이 아닌가 하는 의심과 당혹감을 불러일으킨다. 그러나 기자들을 만난 이후에 서술되는 부분은 가브리엘라가 강철연마공의 견습 일을 하면서 슈타지를 처음 만나게 되는 시기부터이다. 다시 말해 어린 시절의 이야기부터 강간을 당하는 부분까지는 기자들을 만나기 이전에 서술되고 있고, 따라서 어린 시절의 이야기까지 가브리엘라가 모두 꾸며낸 것이라고는 보기 힘들다. 또한 처음에는 길에서 주운 포장지나 쇼핑백의 이면에 닥치는 대로 글을 쓰다가 파프라트의 방에서 일어난 뒤에는 "질 좋은 흰 종이 묶음"(113)에 글을 쓰는 것에서도 이러한 사실을 짐작할 수 있다. 버려진 종잇조각에 쓴 것이 가브리엘라의 진짜 자서전이었다면, 깨끗한 종이에 쓴 것은 『마밀리아』의 독자들을 위한 "스토리"(113), 즉 허구라고 할 수 있다.

실제로 어린 시절 부분에 비해, 슈타지를 만난 이후부터는 과거 이야기의 내용에 점점 불합리한 부분들이 많아진다. 그 뒤에는 예술가로서의 삶과 슈타지 활동에 관한 내용이 이어지는데, 앞에서 언급했듯이 지하 술집 모임에서 가브리엘라의 유년기에 중요한 영향을 미쳤던 인물들을 모두 한자리에서 만나게 된다든지, 여자 혼자서 건장한 슈타지 요원 2명을 호수에 빠트리고 도망치는 등 곧이곧대로 받아들이기 어려운 상황들이 자주 등장한다. 특히 가브리엘라의 강간 사건을 조사하던 경찰과 동일한 이름을 가진 파프라트 경감이 다시 등장하지만 두 인물이 동명이인일 뿐인지 아니면 동일인인지 드러나 있지 않으며, 과거에 강간범이 했던 "착하고 사랑스럽고 예쁜 것"(69)이란 말을 마지막에 파프라트가 똑같이 반복하는 장면 등은 쉽게 이해하기 힘들다.

과거 이야기와 현재 이야기가 번갈아 서술되는 소설의 전체 구성을 볼 때 글쓰는 사람의 상황이 과거 서술에 직접적으로 영향을 미친다는 것을 알 수 있다.[77] 서독의 기자들을 만나는 현재 이야기에 이어서 슈타지를 만나는 과거 이야기가 서술되는 부분에서 이러한 사실이 분명하게 드러난다. 즉 『마밀리아』를 위해 글을 쓰는 것과 슈타지의 강요에 의해 글을 쓰는 내용을 대비시켜 서술함으로써, 슈타지를 위해 거짓 보고서를 썼던 것처럼 『마밀리아』를 위한 글쓰기 역시 상업주의의 강요에 의한 거짓 보고서라는 사실이 암시되는 것이다. 결국 기자들을 만난 이후에 등장하는 과거 이야기는 '동독 체제와 통일독일의 희생자로서의 여성(작가)'에 대한 서독 미디어와 서독인들의 상투적 관념에 맞게 왜곡된 것이라고 볼 수 있다.[78]

역시 동독 출신의 여성 작가인 부르마이스터(Brigitte Burmeister, 1940-)는 『운하에서 춤을』과 같은 해에 출간된 소설 『노르마의 이름으로』(*Unter dem Namen Norma*)에서 동독인과 서독인들이 서로에 대해 느끼는 낯설음

---

77 Ulrike Bremer, *Versionen der Wende. Eine textanalytische Untersuchung erzählerischer Prosa zur Wiedervereinigung* (Osnabrück: V&R Unipress, 2002), 66쪽 참조.

78 심지어 브레머는 가브리엘라가 강간당한 이야기조차도 작가가 당시 실제로 벌어졌던 사건을 소설에 끼워 넣음으로써 1인칭 서술자의 신빙성을 의심하게 만든 것이라고 지적한다. 당시 열일곱 살의 소녀가 자신의 팔뚝에 하켄크로이츠를 새겨 넣은 다음 극우주의자의 공격이라고 신고를 했는데, 이것이 구동독 지역에서 극우주의자들이 득세하고 있다는 이미지와 맞아떨어졌기 때문에 언론에 의해 사실로 크게 보도된 일이 있었다고 한다. 같은 책, 78쪽 참조.

과 상투적 관념들을 폭로하고 있다. 소설은 통일 이후 구동독 지역에 살고 있는 중년 여성 마리안네의 눈을 통해 통일 직후 동독의 모습과 다양한 동독인들의 처지를 보여준다. 그리고 더 나은 경력을 위해 서독으로 이주한 남편을 방문한 후 그녀의 눈에 비친 서독과 서독인들의 모습을 묘사한다. 마리안네는 남편 집에서 열린 파티에서 서독인들이 자신을 동독인이라는 편견을 가지고 대하는 태도에 화가 나서, 한 서독 여성에게 자신의 생애를 거짓으로 꾸며내 이야기한다.[79] 그녀는 서독인들이 생각하는 전형적인 동독인의 이력을 만들어내는데, 특히 자신이 사랑하는 남자를 위해 슈타지의 '비공식 직원'(IM)으로 일했다고 말한다. 이는 자신의 정체성이 외부에 의해 규정되는 것에 대한 일종의 "반항심에서 나온 반응"[80]이다. 통일 이후 크리스타 볼프의 '비공식 정보원' 전력에 대한 서독 언론의 마녀사냥에서 시작되어 동독 작가 전체에 대한 의혹과 비난이 팽배해 있던 당시 분위기를 고려할 때 동독 작가의 이러한 반응은 충분히 짐작할 수 있다. 그런 점에서 『운하에서 춤을』에서 가브리엘라가 자신의 자서전을 서독 독자들의 구미에 맞게 쓰는 행위 역시 자신에게서 전형적인 동독인의 모습만을 찾는 서독의 미디어에 대한 반항심에서 나온 행동이라고 볼 수 있다.

그러나 다른 한편으로 그것은 동독인들이 서독인들에 대해 갖고 있는 상투적 생각이기도 하다. 서독인들이 동독인들을 그렇게 생각할 것이라는 동독인 스스로의 편견인 것이다. 두 작품은 베를린 장벽은 붕괴되었지만 동독인과 서독인들의 머릿속에는 여전히 넘을 수 없는 장벽이 버티고 서 있는 통일독일의 현실을 비판적으로 보여준다.

『운하에서 춤을』은 이러한 편견에 맞서서 동독 여성으로서 스스로의

---

79 Brigitte Burmeister, *Unter dem Namen Norma* (Stuttgart: Klett-Cotta, 1994), 224-244쪽 참조.

80 Emmerich, *Kleine Literaturgeschichte der DDR. Erweiterte Neuausgabe*, 502쪽.

정체성을 찾으려는 시도가 이루어지지 않을 경우 몰락할 수밖에 없음을 역설적인 방식으로 보여준다. 이 소설에서는 '각성'이라는 단어가 자주 등장한다.

> 나의 병은 각성이다. 내가 글쓰기를 중단할 때마다 그 병은 나를 정신이 들도록 위협한다. 내가 유일하게 두려워하는 것이 이 병이다.(58)

> 〔…〕 각성의 위협. 그것만은 안 된다, 스스로를 인식하는 이 끔찍한 공포만은 다시 아니기를.(77)

각성은 자신의 정체성에 대한 자각, 혹은 받아들이고 싶지 않은 비참한 현실에 대한 인식을 의미한다. 그러한 각성은 고통을 동반하기 때문에 가브리엘라는 각성을 두려워하며 피하고자 한다. 가브리엘라가 각성에서 도피하는 방법은 뜻밖에도 글쓰기이다. 일반적으로 자신의 전기를 쓰는 행위는 자신의 정체성을 확인하기 위한 수단이다. 그러나 가브리엘라는 현실을 잊기 위해 글쓰기에 몰두한다. 운하에서 글을 쓰는 행위는 아무도 자기를 아는 사람이 없고, 자신이 누구인지 스스로도 혼란스러운 상황에서 자신의 정체성을 확인하려는 목적에서 나온 것이기도 하지만, 다른 한편으로는 노숙자로 전락한 자신의 비참한 현실을 망각하기 위한 것이기도 하다. 그녀는 자신이 '안할트의 귀족' 출신임을 강조하며, 스스로 글을 쓰도록 선택받은 존재라고 생각한다. 결국 그녀는 고통스러운 '각성'의 과정을 받아들이는 대신 서독인들이 생각하는 스테레오타입에 따라 자신의 정체성을 만들어낸다. 통일독일에서도 가브리엘라 폰 하슬라우라는 그녀의 이름은 정신병자의 헛소리로 받아들여지거나 불행한 동독 여성의 인생에 대한 표상으로서 선전될 뿐이다. 이에 대해 그녀는 거짓 자서전을 꾸며내는 것으로 대응한다.

가브리엘라는 동독 시절과 통일독일에서 모두 정체성의 포기를 강요당한다. 그리고 소설 속에서 그녀의 정체성 추구 과정은 실패로 끝난 것처럼 보인다. 동독 시절뿐 아니라 통일독일에서도 그녀는 여성으로서도, 자유로운 작가로서도 자아를 실현하는 데 실패한다. 그런 점에서 미성숙한 소년/청년이 기존 사회질서를 받아들임으로써 사회로의 통합을 이루는 과정을 그리는 전통적인 교양소설의 틀에서 본다면 이 소설은 '반성장소설'이라고 할 수 있다. 그러나 "여성주의적 성장소설"(Feminist Bildungsroman)[81]의 경우 여성의 억압적 현실에 대한 자각이 바로 '성장'이라고 할 수 있으며, 따라서 '여성주의적 성장소설'은 사회에 대한 부적응의 기록, 즉 반성장소설이 될 수밖에 없다고 한다. 전통적인 남성적 성장소설이 과거로부터의 성장을 그린 것이라면 여성적 성장소설은 미래로의 성장을 그리는 것이라고 할 수 있다.[82] 작가는 이처럼 주인공의 실패를 통해 통일독일에서도 변화된 것이 없으며, 두 사회체제에서 모두 억압적 메커니즘과 권위적 상태가 지속됨을 보여준다. 이 소설은 한편으로는 동독 체제와 통일독일에서 고통을 겪는 여성의 생애로 읽을 수 있지만, 다른 한편으로는 통일 과정에 대한 작가의 비판이자 특히 문학이나 여타 매체에서 통일을 다루는 방식에 대한 비판이라고 할 수 있다.[83]

---

81 Rita Felski, *Beyond Feminist Aesthetics* (Harvard University Press, 1989), 133쪽.

82 K. K. 루트벤, 『페미니스트 문학비평』, 김역수 옮김(탑출판사, 1989), 152쪽 참조.

83 Bremer, *Versionen der Wende. Eine textanalytische Untersuchung erzählerischer Prosa zur Wiedervereinigung*, 70-71쪽 참조.

제6장

결론

본 연구에서는 서로 다른 세대에 속하는 동독 출신 여성 작가들의 작품을 통해 독일 통일을 대하는 의식의 차이를 살펴보았다. 우선 크리스타 볼프는 동독의 2세대 작가이자 개혁사회주의 작가로서, 동독의 현실사회주의 체제를 비판했지만 동독에 끝까지 남아 체제개혁을 요구하였다. 그녀는 서독에 의한 일방적인 흡수통일의 방식과 통일독일의 자본주의적 현실에 대해 비판하며 그 대안으로서 사회주의적 유토피아의 가치를 견지할 것을 호소한다. 이에 반해 제3세대에 속하는 작가로서 동독 체제에 환멸을 느끼고 일찌감치 서독으로 이주했던 모니카 마론은 동독 체제를 신랄하게 비판한다. 나치 체제를 체험하고 동독 건설 초기의 낙관적 전망에 대한 기억을 간직하고 있는 제2세대와는 달리, 동독에서 태어나 억압적인 체제만을 체험한 제3세대 작가에게 동독은 청산되어야 할 역사일 뿐이었다. 마론은 동독이 역사 속으로 사라진 지금 비로소 동독의 역사를 다시 쓰고자 한다. 이에 반해 통일을 전후한 시기에 작품 활동을 시작한 케어스틴 헨젤에게 동독은 거대한 정치체제가 아니라 그저 부조리한 일상으로 나타난다. 마찬가지로 통일독일의 삶 역시 부조리한 일상의 연속일 뿐이다. 개인에게 통일은 '체제전환'의 문제가 아니라 구체적인 삶의 문제이다.

헨젤은 여성으로서의 자아실현을 가로막는다는 점에서 동독과 통일독일의 현실을 모두 비판한다.

이상에서 살펴본 각 세대별 의식은 남성 작가와 여성 작가를 막론하고 비슷하게 관찰된다. 따라서 통일과 관련된 의식에 있어서 성별보다는 세대에 따른 역사적 경험의 차이가 더욱 결정적인 것으로 보인다. 그러나 여성 작가들의 경우 남성 작가들에 비해 사회적 약자라는 위치로 인해 현실의 모순을 더욱 민감하게 포착해낼 수 있으며, 특히 통일과 같은 사회적 격변의 시기에 배제되고 소외된 사람들의 목소리를 대변할 수 있다. 본 연구에서 살펴본 여성 작가들은 권위주의적이고 가부장적인 동독 사회에서 여성주의적 의식을 가지고 작품활동을 해왔으며, 통일독일에서 동독 출신 여성이라는 이중의 소외된 위치를 통해 남성 작가들과는 구분되는 특징을 보인다. 즉 이들은 세대에 따라 동독과 통일에 대한 평가는 서로 다르지만, 동독뿐만 아니라 통일 이후에도 여전히 작동하고 있는 권위주의적이고 남성중심적인 메커니즘과 그로 인해 고통받는 여성의 삶에 대해 천착한다는 점에서는 공통점을 보인다.

본 연구에서 다룬 작품들은 1991년부터 1995년까지 출간된 것으로서, 최초의 통일독일 문학이라고 할 수 있다. 이 작품들을 통해 통일이라는 역사적 충격에 대한 다양한 의식들을 확인할 수 있었다. 그러나 동독 문학이 사라질 것이라는 통일 직후의 예상과는 달리 2000년대 들어서도, 더구나 통일독일의 첫 세대라고 불리는 1970년대에 태어난 신세대 작가들에게서도 '동독'은 여전히 중요한 주제로 다루어지고 있다. 이들은 동독 시절의 유년기에 대한 기억을 통해 자신의 정체성을 찾고자 한다. 이런 점에서 그들의 작품은 같은 세대 서독 출신 작가들의 작품들과는 뚜렷이 구분되는 특징을 보인다. 뿐만 아니라 2010년에는 크리스타 볼프가 여든이 넘은 나이에 장편소설로는 『메데아』 이후 14년 만에 400여 페이지에 달하는 장편소설 『천사의 도시, 또는 프로이트 박사의 오버코트』(*Stadt der Engel oder The Overcoat of Dr. Freud*)를 발표하였다. 이 자전적 소설은 나치와 사회주의 동독, 그리고 통일독일의 자본주의 체제까지 모두 경험했으며, 통일 과정에서 온갖 논란의 중심이 되었던 노작가가 자신의 삶을 회고하면서 이제 역사가 되어버린 동독의 삶에 대해 성찰한 작품이다. 이처럼 통일 이후 20년이 지난 지금까지도 '동독'과 '동독 문학'은 여전히 세대를 아우르며 통일독일 문학에 중요한 기여를 하고 있다.

동독은 한편으로는 지나간 역사로서 박물관의 전시품이나 향수를 자극하는 기념품으로 전락해버렸다.[84] 그러나 다른 한편으로는 1990년대 중반의 '동독 향수'(Ostalgie)의 단계를 지나 2000년대 들어서는 동독인들 사이에 고유한 '동독 정체성'이 형성되고 있다. 그것은 헨젤의 소설에서 나타났던 것과 같은 '저항적 정체성'에서 출발하여 서독인과 구분되는 동독의 고유성을 강조하는 '배제적 정체성'으로 발전했다고 한다.[85] 동독 정체성의 성격에 대해서는 여러 가지 논란이 있지만, 그 자체로는 부정적이거나 긍정적이라고 평가할 수 없다고 본다. 경우에 따라 그것은 외국인에 대한 적대감이나 지역감정과 같은 배타적 정체성으로 발전할 수도 있고, 일방적인 신자유주의적 흐름 속에서 평등과 복지의 가치를 강조하는 일종의 대안적 정체성이 될 수도 있다. 통일 후 20년이 지난 지금 독일은 이처럼 중요한 도전에 직면해 있는 것으로 보인다. '동독 정체성'이 통일독일의 미래에 긍정적인 힘으로 기여할 수 있으려면 경제적 격차의 해소 못지않게 의식적 차원에서의 노력이 중요하다. 그런 점에서 문학은 자신을 되돌아보고 상대방을 이해하는 데 큰 역할을 할 수 있을 것이다.

---

84 2006년에는 베를린 중심부에 '동독 박물관'(DDR Museum)이 문을 열었다. 이 박물관은 동독 시절의 일상문화를 체험할 수 있도록 꾸며진 일종의 생활사 박물관이다.

85 김누리, 「동독의 귀환: 통일 이후 독일의 가치관 변화」, 김누리 외, 『동독의 귀환, 신독일의 출범. 통일독일의 문화변동』(한울, 2009), 52쪽 참고.

참고문헌

김누리, 「또 하나의 장벽: 모니카 마론의 소설 『조용한 거리 6번지』」, 『독어교육』 제16집(1998).

김누리, 「동독의 귀환: 통일 이후 독일의 가치관 변화」, 김누리 외, 『동독의 귀환, 신독일의 출범. 통일독일의 문화변동』(한울, 2009).

김누리 외, 『동독의 귀환, 신독일의 출범. 통일독일의 문화변동』(한울, 2009).

김용민, 『독일통일과 문학』(창비, 2008).

김용민 외, 『통일 이후 독일의 문화통합 과정』(연세대학교출판부, 2004).

루트벤, K. K., 『페미니스트 문학비평』, 김경수 옮김(탑출판사, 1989).

박희경, 「'트라반트 세대'의 멜랑콜리-동독에 대한 문학적 기억의 방식들」, 『독어교육』 제47집(2010).

안츠, 토마스 (편), 『통일독일 문학논쟁. 문제는 크리스타 볼프가 아니다』, 이덕형·안삼환 옮김(경북대학교출판부, 2004).

이덕형, 「문학의 논리, 정치의 논리. W. Emmerich 『동독문학사』 비판 서문」, 『독일언어문학』 제29집(2005).

이상복, 「분단 문학사와 통일 문학사. 통일 이후 독문학사 기술에 대한 실증적 연구」, 『독일언어문학』 제17집(2002).

임홍배, 「독일 통일 전후의 여성정체성에 대한 비판적 진단-케르스틴 헨젤의 『강변에서 춤을』」, 『독일어문학』 제43집(2008).

전영애, 「두 독일문학을 접목시킨 한 여성: 크리스타 볼프」, 한우근 교수 회갑기념논문집 간행위원회 (편), 『독일여성문학』(삼영사, 1990).

정미경, 「볼프의 『어디에도 설 땅은 없다』와 베른하르트의 『네』에 나타난 근대질서 비판의 두 가지 양상」, 『뷔히너와 현대문학』 제23집(2004).

Arnold, Heinz Ludwig (Hg.), *DDR-Literatur der neunziger Jahre, Text+Kritik* (München: edition text+kritik, 2000).

Bremer, Ulrike, *Versionen der Wende. Eine textanalytische Untersuchung erzählerischer Prosa zur Wiedervereinigung* (Osnabrück: V&R Unipress,

2002).

Buck, Theo, "Die 'Oktoberrevolution' in der DDR und die Schriftsteller", *Juni. Magazin für Kutur und Politik*, 4. Jahrgang, Nr. 2-3 (1990).

Burmeister, Brigitte, *Unter dem Namen Norma* (Stuttgart: Klett-Cotta, 1994).

Emmerich, Wolfgang, *Kleine Literaturgeschichte der DDR. Erweiterte Neuausgabe* (Leipzig: Kiepenheuer, 1997/1996).

Felski, Rita, *Beyond Feminist Aesthetics* (Cambridge: Harvard University Press, 1989).

Freud, Sigmund, "Trauer und Melancholie", *GW Bd. X* (Frankfurt am Main: Fischer, 1999).

Grub, Frank Thomas, *Wende und Einheit im Spiegel der deutschsprachigen Literatur*, Bd. 1: Untersuchungen (Berlin: Walter de Gruyter, 2003).

Hage, Volker, "Kein Mord, nirgends. Ein Angriff auf die Macht und Männer: Christa Wolfs Schlüsselroman Medea", *Der Spiegel*, 9/1996.

Hammer, Klaus, "Gespräch mit Kerstin Hensel", *Weimarer Beiträge*, 37. Jahrgang, Heft 1 (1991).

Hensel, Jana, *Zonenkiner* (Reinbek bei Hamburg: Rowohlt, 2003).

Hensel, Kerstin, *Tanz am Kanal* (Frankfurt am Main: Suhrkamp, 1994). 번역본: 『운하에서 춤을』, 이상금 옮김(천년의시작, 2009).

Hensel, Kerstin, "Über dem Jammertal", *Neue deutsche Literatur*, 4. Jahrgang, Heft 1 (1993).

Herminghouse, Patricia, "Schreiben in gewendeteten Vehältnissen: Ostdeutsche Autorinnen in historischer Sicht", Hiltrud Gnüg / Renate Möhmann (Hg.), *Frauen Literatur Geschichte* (Stuttgart; Weimar: Metzler, 1999).

Kormann, Julia, *Literatur und Wende. Ostdeutsche Autorinnen und Autoren nach 1989* (Wiesbaden: Deutscher Universitätsverlag, 1999).

Krischel, Volker, *Erläuterungen zu Christa Wolf, Medea* (Hollfeld: Bange, 2003).

Löffler, Sigrid, "Medea des Ostens", *Falter*, Nr. 9 (1996).

Maron, Monika, "Ich war ein antifaschistisches Kind", *Die Zeit*, Nr. 49 (1989).

Maron, Monika, *Stille Zeile Sechs* (Frankfurt am Main: Fischer, 1991). 번역본: 『침묵의 거리』, 정인모 옮김(부산대학교출판부, 1995).

Meyer-Gosau, Frauke, "Ost-West-Schmerz", Heinz Ludwig Arnold (Hg.), *DDR-Literatur der neunziger Jahre, Text+Kritik* (München: edition text + kritik, 2000).

Reimann, Kersin E., *Schreiben nach der Wende, Wende im Schreiben?: Literarische Reflexionen nach 1989/90* (Würzburg: Koenigshausen & Neumann, 2008).

Wehdeking, Volker, *Die deutsche Einheit und die Schriftsteller* (Berlin: Kohlhammer, 1995).

Wolf, Christa, *Kindheitsmuster* (Darmstadt u. Neuwied: Luchterhand, 1979/1976).

Wolf, Christa, *Kassandra* (Darmstadt u. Neuwied: Luchterhand, 1986/1983).

Wolf, Christa, *Medea. Stimmen* (München: Luchterhand, 1996). 번역본: 『메데이아, 또는 악녀를 위한 변명』, 김재영 옮김(황금가지, 2005).

Wolf, Christa, "Warum Medea? Gespräch mit Petra Kammann am 25. 1. 1996", Marianne Hochgeschurz (Hg.), *Christa Wolfs Medea. Voraussetzungen zu einem Text* (München: dtv, 2000).

덧붙이는 말

한정숙

동독과 서독의 재통일은 여러 요소들이 점진적으로 누적되어 이루어졌다. 국제관계의 유리한 변화, 체제 개혁을 요구하는 동독 시민사회 내부의 응집된 움직임이 동서독의 통일로 이어졌지만, 이에 앞서 동서독 두 사회 사이에서 꾸준히 이루어져온 인적·물적 상호 교류와 이에 따른 상호 적대감의 해소 및 이해 증진이 궁극적으로 두 사회의 정치적 통합을 가능케 했다는 것은 상식에 속한다.

이 과정에서 동서독 두 사회의 여성은 적지 않은 역할을 했다. 특히 동독과 서독 두 사회를 모두 넘어서서 새로운 사회로 나아가야 한다고 생각했던 여성 평화운동가들의 크고 작은 접촉과 만남이 동독의 개혁운동과 더 나아가 체제전환으로까지 연결되는 데 중요한 기여를 했음은 누구도 부인할 수 없다. 동서독의 재통일은 자기 사회의 발전을 위해 진지하게 노력해온 사람들이 이루어낸, '사람과 사람의 만남'의 결과였다.

그런 한편 동서독의 재통일 과정은 두 사회의 단순한 물리적 결합을 넘어서는 새로운 차원의 사회적 통합과 새로운 사회적 원리의 형성에 관한 많은 고민을 낳았다. 다른 체제, 다른 제도 속에서 살아온 사람들을 어떻게 하나의 사회 속의 통합적 구성원으로 형성해낼 것인가 하는 것은 중차대한 문제였다. 젠더관계의 재규정은 핵심적 쟁점 가운데 하나였다. 구동독과 구서독의 여성들은 2차 대전이 끝날 때까지 거의 같은 경험을 했지만 패전 이후 분단과 동서독 두 국가의 수립 이후 전혀 다른 사회체제, 전혀 다른 여성정책 아래서 살게 되었다. 여성과 관련되는 상이한 제도에서 무엇을 받아들이고 무엇을 배제할 것인가 하는 것은 새로운 통일 권력의 주인들에게도 쉽기만 한 문제는 아니었다. 이 변화를 사회 구성원으로서의 여성시민 개개인이 어떻게 받아들이는가 하는 것은 독일 통일의 대의명분과 정당성을 확보하는 것과 관련해서 무시해도 좋을 일은 결코 아니었기 때문이다.

과거의 연구에서 일반적으로 동독 여성들은 독일 통일의 최대 패배자라고 일컬어졌다. 홍찬숙의 사회학적 연구는 그것이 구체적으로 무엇을 의미하는 것이었는지를 확인하게 해준다. 그렇다고 서독 여성이 일방적인 승자가 된 것도 아니다. 서독은 스칸디나비아 국가들에 비해서 상대적으로 보수적인 성별분업체제를 가지고 있는 나라였다. 구서독의 여성관과 가족관을 이어받은 통일독일은 육아, 가사노동, 병자와 노인, 장애인 같은 약자의 돌봄 등을 모두 기본적으로 여성의 책임으로 부과하는 사회였으며 이 같은 방식은 사실상 통일 이후에도 지속되고 있다.

그렇다면 통일은 여성에게는 도움이 되지 않았다고 말할 수도 있다. 전체적으로 볼 때 여성은 독일 재통일의 중요한 추동자였음에도 그 주요 수혜자는 아니었다. 그러나 과도한 단순화는 게으른 사고 관습의 결과일 수도 있다. 동서독 통일 전부터 이미 두 독일 전체를 논쟁의 소용돌이 속에 몰아넣었던 낙태 규정 논쟁은 1995년이 되어서야 일단락되었다. 그리고 이 논쟁의 결론은 구동독의 낙태 규정을 대폭 받아들인다는 것이었다. 즉 낙태를 범죄화하던 구서독의 형법 규정과는 달리, 이제 통일독일의 여성들은 임신 3개월 이내에는 처벌의 두려움을 느끼지 않고 임신 계속 여부를 결정할 수 있는 훨씬 더 많은 재량권을 가지게 된 것이다. 이는 서독 사회가 동독 사회의 제도 가운데 중요한 부분을 수용했음을 의미하는데, 이를 통해 서독 여성들도 여성운동의 오랜 숙원을 풀었다고 할 수 있다. 다른 한편, 동독 출신 앙겔라 메르켈은 독일 최초의 여성 총리가 되었다. 아마 동독이 계속 존속했다면 그녀가 일국의 집권자가 되기는 어려웠을 것이다.

계층, 연령, 교육수준에 따라 구동독 여성의 삶의 모습은 다양화 혹은 양극화의 양상을 띤다. 이재원의 문학작품 연구에서 드러나듯, 패배자 동독 여성 일반의 모습을 확인하고자 하는 열성적인 시도는 동독 여성들 자신에 대한 관심보다 오히려 관찰자의 편협한 고정관념의 산물일 수도 있다. 삶은 여러 가지 모습을 가지고 있고 이 속에서 인간은 주체적으로 대응한다. 독일 여성들 또한 변화에 대응하는 주체로서 존중되어야 할 것이다. 사회통합 과정은 그러한 주체들의 통합 과정이다.

정책과 이념의 면에서 본다면 구동독의 여성정책을 역사의 쓰레기 더미에 던져버릴 필요가 전혀 없다. 오히려 그 반대다. 두 독일 사회의 통합이 어느 정도 이루어지고 사회적 요구가 새로운 차원에서 제기되면, 사회와 여성의 관계에 관해 새로이 사유하는 사람들이 동독 시절의 여성정책을 다시 참고하게 될지도 모른다. 그리고 그것은 시장경제의 지배 아래 있는 사회 전체를 위한 새로운 교훈을 제공하게 될지도 모른다. 다만, 그 교훈은 변증법적인 것이어야 할 것이다.

찾아보기

ㄴ

ㄷ

ㄹ

ㅅ

ㅈ

ㅊ

ㅋ

ㅌ

ㅍ

ㅎ

▮ Abstract ▮

Women and the German Reunification

Hahn, Jeong-Sook

Hong, Chan-Sook

Lee, Jae-Won

This study seeks to analyze and evaluate the process of the German reunification from the perspective of women and to show through inter-disciplinary studies the experiences and roles of German women during this process.

The history of German division and reunification in the second half of the 20th century covers the whole period of the Cold War and represents a model case of the reunifying process of a divided nation. Reunification of formerly divided societies cannot be attained only by their physical fusion in the form of political union. It is essentially complete only when the inner integration of the people who had had different social systems and ways of life in each society reaches an acceptable standard. The question of what reunification means to German women is in this sense one of the most critical issues examining the inner process of the historical change known as the 'End of the Cold War in Europe'.

Scholars have tended to maintain that women were most directly exposed to rapid changes in the process of German reunification and especially women of the former East Germany bore, as the greatest victims of the reunification, the heaviest burden. However, what happened concretely? The issues associated with women during the German reunification process do not refer only to the matter of the relationships between men and women but represent an entire problem-complex burdened with diverse conflicts interrelated with the ideology and systemic differences of the two German states. Gender relations and women's status in a society reflect the whole character of its ruling system, family relations, and its education, welfare and employment systems. These relations also influence a society's defensive military affairs. In short, the gender system of s society is relevant to its whole value system. The authors of this book feel that women's experiences can serve as a guide map for the investigation of the inner workings of the two German societies before and after their reunification. To understand the process of the division and reunification of German states is indispensable for a synthetic study of the cold war and the way to overcome it. It should invite historical, political, social and cultural perspectives. It is therefore necessary to pay attention to German women's history in the long-term process from the starting point of the division of this country after the Second World War through reunification and to the post-reunification period.

This study consists of three parts. The first part is historical research that surveys the life of women in modern German history from the post-war period up to reunification. It considers the experiences of women during the post-war occupation, the gender/women policies of the two German states, the political activities of women in each country and the roles of women during the reunification process.

The life of German women as members of German society was determined within the boundary of policies of the German Empire/nation states and was over-determined by the conditions of gender relations. Whether state or gender, it is difficult to determine which of the two was the more important, independent factor. Women led their lives within the frame of the state, becoming accommodated to the state system and voluntarily collaborating to create state policy, but they also were mobilized by the state and had to bear burdens and suffer in the name of the state. In some cases, sacrifice and responsibility were indivisibly interconnected.

The first chapter describes and analyzes the burden women had to bear for the survival of the German nation and their sufferings as women after the defeat of Germany in the Second World War. Key words and phrases, such as 'the Hour of Women', 'Trümmerfrau', and 'mass rape' indicate the diverse aspects of the experience of German women as women after the war.

The second chapter asks the following questions: 'What was the status of women in socialist East Germany and capitalist West Germany?' and 'How did women react to the gender situation in the two German states?' The labor, family, and reproduction policies of East and West Germany regarding women were instruments of the states to command and mobilize women. In particular, the East German government made every effort to draw women to its side and thus enacted many pro-women policies, but women created their own lives through various creative reactions. Another key issue in this chapter is the role of women and the women's movement as regards social and political changes in the German societies before and during the process of reunification. In West Germany, the social movements of the Revolution of 1968 helped to change the narrow anti-communist atmosphere of the society, pushing the state to take a policy of rapprochement towards socialist states. Women and the women's movement also played not a small role in this process. Especially important was the women's peace movement. Also in East Germany, the women's peace movement paved the way for solidarity with the West German social movement, and these experiences were crucial in how they affected the fate of the East German political establishment. The author of this chapter pays special attention to the role of women leaders who led the East German reform movement before and after the fall of the Berlin Wall.

In the third chapter, the focus is on the lives women experienced as women during the reunification process as well as their active choices. The author attempts to go beyond the simple thesis that the transformed social system after reunification was disadvantageous for women from the former East Germany, seeking instead to investigate how it was 'in reality' and how women themselves perceived it and reacted toward it.

The fourth chapter consists of interviews with former East German women and men.

The second part of this book involves sociological research. Women from the former East Germany experienced drastic changes after reunification. The most significant phenomenon was mass unemployment among them. As a result, birth rates also decreased dramatically. During the second decade after the reunification, however, female unemployment rates and birth rates stabilized.

However, the proportion of women from the former East German area who feel that they belong to the underclass of a reunified Germany has increased. The new flexibility in the labor market has had a much more negative influence on female than on male workers. Long-time unemployment is also more frequently the fate of women compared to men. The number of women who now feel worse off than before reunification overwhelms that of those who feel their lives have economically improved. For men, it is just the opposite. Many young and highly educated women continue to move to the western regions of the country due to the lack of job training programs in the east.

Nonetheless, the author of the second part concludes that former East German women cannot be defined as a homogeneous losing group. They are rather undergoing a process of differentiation, or polarization. The author starts with the assumption that the former East German society is experiencing a double transformation, i.e., national reunification and postindustrial transformation simultaneously. In order to understand the labor market situation of the former East German women, it is necessary to consider not only the women living in the eastern area but also those who moved to west. For the former group the author approaches this with a review of the literature and statistics, while for the latter group, three in-depth interviews are done. Three women who left the eastern area immediately after reunification and have since lived in the west are interviewed.

The third part of this study examines the consciousness of former East German women after German reunification through the literature of former GDR (East Germany) female writers. After reunification, the former East German writers lost their social status, and their works were criticized from an ideological perspective. Subsequently they experienced collectively an acute existential or identity crisis. Nonetheless, they have different conceptions of post-reunification reality according to their generation. Many of those writers over 50 experienced the Nazi regime and the Second World War during their childhood. They were given a socialist education after the war and benefited from socialist women's politics. The women of this generation are melancholic due to their frustration with their socialist utopia. In contrast, female writers who grew up in the real socialist system of the GDR criticize the East German system thoroughly, as it had controlled and watched everyone every day of their lives. Finally, to the youngest generation of writers, the former East Germany was neither a socialist utopia nor something to liquidate. For them, reunification did not mean a discontinuity, and their daily lives did not greatly change. Nonetheless, despite these generational differences, all the women writers deal in their work with the painful lives of women who suffered during the authoritarian patriarchal system of GDR society and who continue to suffer in the reunified German society.

| 저자 약력 |

한정숙(韓貞淑) 서울대학교 역사교육학과와 동 대학원 서양사학과를 졸업한 뒤 독일 튀빙겐대학교에서 혁명기 러시아의 경제사상사 연구로 역사학 박사학위를 받았다. 부산여자대학(현 신라대학교), 세종대학교 교수를 거쳐 서울대학교 여성연구소 소장을 역임하였다. 현재 서울대학교 서양사학과 교수로 재직하고 있다. 저서로는 『여성은 이렇게 말했다』, 『여성주의 고전을 읽는다』(편), 『한·러관계사료집 1990~2003』(공저), 『유라시아 천년을 가다』(공저) 등이 있다. 그 밖에도 『봉건사회』, 『노동의 역사』, 『비잔티움 제국사』 등 역사 관련 저서를 다수 번역하였고, 러시아 역사에 관한 여러 편의 논문을 발표하였다.

홍찬숙(洪燦淑) 서울대학교 영어영문학과를 졸업한 후 이화여자대학교 대학원 여성학과를 거쳐, 1998년 독일 뮌헨대학교 사회학과에서 울리히 벡 교수의 지도 아래 박사학위를 받았다. 사회정의론, 사회학이론, 페미니즘, 성과 계급, 독일 통일과 여성노동시장 등을 주된 연구주제로 다룬다. 현재 서울대학교 여성연구소 책임연구원이며 서울대학교와 인천대학교에서 강의하고 있다. 역서로 울리히 벡의 『세계화 시대의 권력과 대항권력』, 울리히 벡 부부의 『장거리 사랑』(공역) 등이 있고, 저서로는 『여성주의 고전을 읽는다』(공저)가 있다. 「루만과 벡의 근대성 이론 비교: 자기대면(reflexivity) 개념과 주체의 문제를 중심으로」 등 여러 편의 논문을 발표하였다.

이재원(李在媛) 서울대학교 독어독문학과를 졸업하고, 서울대학교 독어독문학과 대학원에서 독일 현대 작가 우베 욘손에 관한 연구로 박사학위를 받았다. 독일 베를린 훔볼트대학교에서 수학하였으며, 서울대학교 여성연구소 책임연구원을 거쳐 현재 아주대학교 다산학부대학 강의교수로 재직하고 있다. 저서로는 『독일 명작의 이해』(공저)가 있으며, 『내 모든 사랑을 아이에게?』, 『유럽의 폭풍-게르만족의 대이동』, 『헤세의 인생』, 『장거리 사랑』(공역) 등의 책을 번역하였다. 「독일 현대사와 '아버지문학'」 등 독일의 과거청산과 통일 및 여성문학과 관련하여 여러 편의 논문을 발표하였다.

서울대학교통일학연구총서

01 **북한체제의 형성과 한반도 국제정치**
김세균 외 7인

02 **북한 산업개발 및 남북협력방안 – 지리적 접근**
박삼옥 · 허우긍 · 박기호 · 박수진

03 **탈북 가족의 적응과 심리적 통합**
이순형 · 조수철 · 김창대 · 진미정

04 **남북한 환경정책 비교연구 1 – 자연환경, 자원 및 에너지**
윤여창 외 6인

05 **남북한 환경정책 비교연구 2 – 물환경, 대기, 폐기물, 도시계획**
김정욱 외 4인

06 **남북통합지수, 1989–2007**
김병연 · 박명규 · 김병로 · 정은미

07 **통일한국의 어린이 영양**
이연숙 · 윤지현 · 심재은 · 장수정

08 **북미 대립 – 탈냉전 속의 냉전 대립**
장달중 · 이정철 · 임수호

09 **네트워크 세계정치 – 은유에서 분석으로**
하영선 · 김상배 엮음

10 **김일성사회주의청년동맹과 조선민주녀성동맹 – 사회변동과 체제유지의 기제**
이우죽 · 이인정

11 **다플랫폼 다채널 시대의 통일방송**
윤석민 · 배진아 · 곽정래 · 이현우 · 채정화

12 **기초자료로 본 독일 통일 20년**
임홍배 · 송태수 · 정병기

13 **탈북인의 공 · 사적 관계와 의사소통**
이순형 · 김창대 · 진미정

14 **북한의 『조선어학전서』 연구**
권재일

15 **판례로 보는 남북한관계**
이효원

16 **북한 경제에서의 시장과 정부**
김병연 · 양문수

17 **통일농업 성장보고서(1991-2009) – 남북농업 교류협력 평가와 발전방향**
최정남 · 김완배 · 리금 · 최장호

18 **남북한 교류협력 거버넌스의 구조와 동학**
정근식 · 정은미 · 강동완

19 **독일 통일과 여성 – 젠더 관점에서 조망한 독일의 분단과 재통일**
한정숙 · 홍찬숙 · 이재원

20 **북한사회와 굴절된 근대 – 인구, 국가, 주민의 삶**
박경숙

21 **북한이탈청소년과 남한청소년의 도덕성, 법의식과 권위 인식**
이순형 · 김창대 · 진미정

22 **남북 언어의 어휘 단일화**
권재일

23 **남북한 젊은 세대의 통일관**
강원택 · 이재철 · 조진만 · 한정택 · 김새미

24 **북한이탈주민의 종교경험**
이순형 · 최현실 · 진미정

25 **여성 북한이탈주민의 경제적 적응 – 취업, 소득, 소비**
이순형 · 최현실 · 진미정

26 **북한의 체육과 여가**
나영일 · 현주 · 안지호 · 신영진 · 진현주 · 성제훈

27 **중국의 대북 무역과 투자 – 단둥시 현지 기업 조사**
김병연 · 정승호

28 **북한주민의 질병관과 질병행태**
김석주 · 이왕재 · 박상민 · 이혜원 · 최희란

29 **북한의 수학 연구 현황 분석**
김도한 · 신정선

30 **한국전쟁 사진의 역사사회학 – 미군 사진부대의 활동을 중심으로**
정근식 · 강성현

31 **통일 의료 – 남북한 보건의료 협력과 통합**
신희영 · 이혜원 · 안경수 · 안형순 · 임아영 · 전지은 · 최소영